本書獲陝西師範大學優秀學術著作出版基金資助

說文部首段注疏義

（上冊）

主　編　胡安順

編　者　（按姓氏音序排列）

胡安順　劉　琨　邵　英

申紅義　王俊英　薛永剛

中 華 書 局

圖書在版編目(CIP)數據

説文部首段注疏義/胡安順主編. —北京:中華書局,2018.4
(2024.12 重印)
　ISBN 978-7-101-09123-6

　Ⅰ.説…　Ⅱ.胡…　Ⅲ.①《説文》-注釋②部首-研究
Ⅳ.H161

　中國版本圖書館 CIP 數據核字(2012)第 312963 號

書　　名	説文部首段注疏義(全二册)	
主　　編	胡安順	
初版編輯	秦淑華	
責任編輯	張　可	
責任印製	韓馨雨	
出版發行	中華書局	
	(北京市豐臺區太平橋西里 38 號　100073)	
	http://www.zhbc.com.cn	
	E-mail:zhbc@zhbc.com.cn	
印　　刷	河北新華第一印刷有限責任公司	
版　　次	2018 年 4 月第 1 版	
	2024 年 12 月第 3 次印刷	
規　　格	開本/880×1230 毫米　1/32	
	印張 26¾　插頁 4　字數 1056 千字	
印　　數	6001-6800 册	
國際書號	ISBN 978-7-101-09123-6	
定　　價	130.00 元	

目　録

前　言

　　《説文解字》（後稱《説文》）是我國第一部系統整理漢字的著作，在漢字學史上具有劃時代的意義。作者許慎，東漢著名的文字學家和經學家。《説文》一經問世，即引起了時人鄭玄、應劭等著名學者的重視。東漢以後，对《説文》的研究逐漸發展成爲漢字學的一個重要分支，整理研究者代有其人，著名的學者有唐人李陽冰，南唐徐鍇，宋人徐鉉，清人江聲、孔廣居、段玉裁、桂馥、邵瑛、錢坫、嚴可均、姚文田、徐承慶、鈕樹玉、苗夔、王筠、朱駿聲、馮桂芬、徐灝、饒炯，近人章太炎、丁福保、馬敘倫、陸宗達，等等。

　　清代是小學的黃金時期，研究《説文》的學者前後多達二百餘人，研究《説文》的名著不下百種。對《説文》進行全面研究並且産生重大影響的學者主要有段玉裁、桂馥、王筠和朱駿聲四人，號稱“清代《説文》四大家”，其中段玉裁的成就和影響居四家之首。段玉裁（1735—1815），字若膺，號懋堂，江蘇金壇人，曾官貴州玉屏、四川巫山等縣知縣。段氏研究《説文》的主要著作是《説文解字注》，該書歷時三十一年（1776—1807），於嘉慶二十年（1815）正式問世。全書對《説文》體例、漢字結構、音義關係以及詞義系統等方面進行了深入的研究，旁徵博引，探賾鉤玄，成就卓著。

　　《説文》部首是一部字共有的表示意義的基本構件。《説文》共含部首五百四十個，它們是許慎對所收 9353 個漢字研究歸納的結果。由於部首和字義密切相關，又是漢字的基本構件，所以無論學習或研究《説文》都首先要從部首開始，誠涉六書之要津，開《説文》之鈐鍵。段氏《説文解字注》是研究《説文》價值最高的著作，其中對部首的注解更是縱橫其説，異彩紛呈，然要順利閱讀並非易事。前人闡釋《説文》部首的著作多矣，而專事疏通段氏之注的著作時或未見。有鑒於此,本書嘗試對段氏有關部首的注釋進行了疏通,同時做了一些相關工作,包括選列古今學者的解釋及同部字等,旨在幫助讀者熟悉《段注》的基本内容,並對前人的説解及《説文》全書有所瞭解,但願能爲普通讀者和專家學者帶來方便。

　　本書内容主要包括八個方面:(1)注音。注出《説文》部首及所舉同部字的今音和古音,同時隨文注出《説文》正文和《段注》中繁難字的讀音。(2)注形。注出《説文》部首及本書所列同部字的古文字字形。(3)釋義。隨文注釋許慎的説解。(4)翻譯。翻譯許慎的説解。(5)對勘。比對大徐本《説文》和《段注》的説解原文。(6)疏義。疏通段氏的釋義。(7)集解。選列古今學者對《説文》部首的有關解釋。(8)同部字舉例。選列同部字並作簡釋。

　　《段注》的内容非常廣泛,除了字形、字義和音韻外,尚涉及經史子集、金石碑銘、典章制度等多方面的知識,做好疏義工作並非易事。本書草創於 2000 年,至今已是十有五年,其間雖經多次修改,然疏謬在所不免,故知仰山鑄銅,煮海爲鹽,學無止境。

　　本書參編者申紅義教授對全書進行過校改工作,中華書局秦淑華先生對全書進行了逐字審校。本書編者及其單位、分工如下:

　　申紅義　四川外國語大學中文系　　1—50 部;151—180 部;451—540 部

　　劉　琨　陝西師範大學國際漢學院　51—150 部

　　邵　英　陝西師範大學國際漢學院　181—270 部

　　薛永剛　西安石油大學人文學院　　271—360 部

　　王俊英　西安外國語大學漢學院　　361—450 部

　　胡安順　陝西師範大學文學院　　負責體例設計、《説文》原文的對勘、注釋、翻譯及全書修改定稿工作。

　　本書校對工作主要由王璐、李聖楠同志負責。

　　本書 2011 年獲陝西師範大學優秀學術著作出版基金資助,既而中華書局應允出版。付梓之際,謹向陝西師範大學和中華書局表示謝意! 同時向各位參編者、審校者及校對者表示謝意!

胡安順
2014 年夏日於陝西師範大學菊香齋

凡　例

一、字頭

字頭（即部首）取自《段注》。部首之後依次列出其篆文、序號、今音、古文字字形、反切、中古音、上古音以及字頭所在大徐本《説文》和《段注》中的頁碼。例如：

弓　**弓**　463　gōng　甲文 ⟋、⟍、β、ᵩ、ᶁ　金文 β、ᵩ、ℨ　居戎切　見東合三平　見蒸（269/270；639/645）

括弧内的數字分別爲大徐本《説文》（中華書局 1963/2013）和《段注》（上海古籍出版社 1988/中華書局 2013）的頁碼。其中上古音的分部基本依照郭錫良《漢字古音手册》，唯於部分中古陰聲去聲字，《手册》歸入上古入聲韻部，本書則歸入上古陰聲韻部，書中"同部字舉例"所加的上古韻部亦作如此處理。

二、對《説文》原文的解釋

部首原文取自《段注》。對《説文》原文的解釋一般只限於《段注》未涉及的内容，包括對繁難字詞的注音、釋義以及大徐本不同於《段注》的對勘説明等。對《説文》原文的釋語直接置於有關字句之後，用小號字以示區别同時外加括號；對大徐本不同於《段注》的對勘説明亦用小號字，但不加括號。例如弓、冥二部：

窮（同"窮"）**也**大徐本無此二字[一]。**以近竆遠者**大徐本無"者"[二]。**象形**[三]。**古者揮作弓**[四]。**《周禮》六弓：王弓、弧弓，以射甲革甚**（通"椹"）**質**（箭靶）；**夾弓、庾弓，以射干侯**（干侯：用豻皮裝飾的箭靶。干，通"豻"）**鳥獸；唐弓、大弓，以授學射者**[五]。**凡弓之屬皆从弓。**

窈（yǎo，幽深）**也**[一]。**从日**、大徐本有"从"**六，从冖**（mì，覆蓋）"从冖"大徐本作"冖聲"[二]。**日數十，十六日而月始虧，冥**大徐本作"幽"**也**[三]。**冖亦聲**大徐本無此句[四]。**凡冥之屬皆从冥**。

三、譯文

譯文依據的是《段注》的原文，例如弓部的譯文：

窮盡。由近及遠的器具。象形。古時一個叫揮的人發明了弓。《周禮》中有六種弓：王弓、弧弓，用來射鎧甲或木製的箭靶；夾弓、庾弓，用來射野狗皮或鳥獸皮製作的箭靶；唐弓、大弓，用來給習射的人做教具。凡是和"弓"義有關的字都以"弓"爲構件。

四、疏義

疏義是對《段注》的解釋。《段注》的序號外加方括號，疏義的序號外加圈。疏義的內容包括注音、釋義、指明《段注》引文出處、引出原文等。其中注音一般直接置於原文有關字詞之後，外加括號。例如對部首"弓"的疏義：

【段注】

[一]補此二字，以疊韻爲訓之例也。　[二]"者"字今補。[三]居戎切。古音在六部（蒸），讀如"肱"。　[四]郭景純引《世本》曰："牟夷作矢，揮作弓。"①此等皆當出《世本・作篇》。揮，黃帝臣。[五]《夏官・司弓矢》文也，説詳鄭注②。"甚質"今作"椹（zhēn）質"。按：故書作"報"（hén），大鄭云"報"當爲"椹"③，許書無"椹"字，蓋許從鄭，鄭本作"甚"也。"干"今作"犴"（àn）。

【疏義】

①郭景純：即郭璞。《山海經・海內經》："少暤生般，般是始爲弓矢。"郭璞注："《世本》云：'牟夷作矢，揮作弓。'"　②《周禮・夏官・司弓矢》："王弓、弧弓以授射甲革、椹質者。夾弓、庾弓以授射犴侯、鳥獸者。唐弓、大弓以授學射者、使者、勞者。"鄭玄注："王、弧、夾、庾、唐、大六者，弓異體之名也。往體寡、來體多，曰'王、弧'。往體多、來體寡，曰'夾、庾'。往體、來體若一，曰'唐、大'。甲革，革甲也……

質，正也。樹椹以爲射正。射甲與椹，試弓習武也。豻侯五十步，及射鳥獸，皆近射也。近射用弱弓，則射大侯者用王、弧，射參侯者用唐、大矢。學射者弓用中，後習强弱則易也。使者、勞者弓亦用中，遠近可也。勞者，勤勞王事，若晉文侯、文公受王弓矢之賜者。故書‘椹’爲‘鞎’。鄭司農云‘椹’字或作‘鞎’，非是也。”椹：墊板。豻侯：兩邊用豻皮裝飾的箭靶。豻，北方胡地的野狗。往體：鬆弦時弓臂外向的姿勢。來體：張弦時弓臂内向的姿勢。質、正：箭靶。鞎：古代車廂前的革製遮蔽物。　　③大鄭：又稱先鄭、鄭司農，即東漢經學家鄭衆。

五、集解

集解是將古今學者解釋《説文》部首的部分觀點彙集在一起供讀者參考，置於疏義之後。例如弓部的集解：

孔廣居《説文疑疑》：“弓本作乁，象弛弓之形。乀，弓體也；丿，未張之弦也。”

黄天樹《部首與甲骨文》：“甲骨文作𝄐，象一把上了弦的弓。”

董蓮池《部首新證》：“字見甲骨文，寫作𝄐、𝄐、𝄐諸形（《甲骨文編》501 頁），爲‘弓’的象形文。”

六、同部字舉例

同部字舉例是列舉同部中的部分字以供讀者參考，如果部中本身無字則付闕如。所舉例字均取自大徐本《説文》。對這類字只作簡釋，簡釋内容包括今音、釋義、古文字字形、中古音和上古音，其中中古音只列聲母、韻部和聲調，上古音只列聲母和韻部。注音直接置於字頭之後。正文有關字詞之注音、釋義一般直接置於有關字詞之後，外加括號。原反切用楷體置於正文末以醒目。正文與古文字字形、古音之間用〇號間隔。下面是弓部所列的部分同部字：

弧 𦥑 hú　木弓也。从弓，瓜聲。一曰：往體寡來體多曰“弧”。户吴切。〇匣模平　匣魚

張 𢎏 zhāng　施弓弦也。从弓，長聲。陟良切。〇金文𢎏　知陽平　端陽

七、字形

《説文》和《段注》中的舊字形一般都替换爲新字形（説解字形時

有例外)，被替换的字主要如下(後者爲新字形)：

說—説	黃—黄	別—别	內—内	戶—户	產—産
彥—彦	絕—绝	虛—虚	宮—宫	溫—温	縕—緼
蘊—藴	氳—氲	換—换	銳—鋭	涗—涚	稅—税
脫—脱	沒—没	申—申	神—神	曵—曳	呂—吕
靑—青	淸—清	卽—即	彔—录	錄—録	祿—禄
遙—遥	瑤—瑶	謠—謡	剝—剥	頁—頁	囟—囟
㐬—㐬	値—值	眞—真	鼎—鼎		

避諱字徑改。

《説文》和《段注》中的異體字，如“從从、韵韻”等，儘量統一，但不强求一致。古字、俗字等，多數被替换爲今通行字，少數保持原形。《段注》的“引伸”多改爲“引申”。本書疏義儘量使用今通行字。被替换的字主要如下(後者爲今通行字)：

萠—萌	䛐—詞	㠯—以	佀—似	香—香	刪—删
𦣻—首	盇—盍	葢—蓋	闔—闔	㫄—旁	滂—滂
蕐—華	畱—留	毄—繫	冡—蒙	㪅—更	註—注
襍—雜	眾—衆	鬬—鬥	䙳—腰	䰟—魂	畧—略
逺—遠	墻—牆	籒—籀	賔—賓	矦—侯	候—候
裡—裏	甯—寧	茲—兹	履—履	竝—並	䠶—射
殻—殼	列—列	畞—畝	舅—舅	凥—居	鼔—鼓
揔緫—總	澁—澀	埶—埶	辥—薛	晨—晨	閇—閉
踈—疏	徳—德	亝—齊	竒—奇	氷—冰	根—根
穉—稚	蘓—蘇	芒—芒	煑—煮	刑—刑	壷—壺
壹—壹	跡—迹	寫—寫	逹—達	爇—爇	緐—繁
灋—法	亾—亡	𨽻—隸	冣—最	𥿊—素	脊—脊
為—爲	強—强	韵—韻	朙明—明	埀𠂹—垂	剣劒—劍
叠疊—疊	攷考—考	褱褢—懷	退—退	褎—褒	遅—遲

八、標點

對於須要加引號的並列成分，本書一般只在首尾加引號(特殊情況例外)，各成分之間加頓號；但對於引文中的並列成分，其標點仍保留原文的面貌。對於並列的書名，只分别加書名號，其間一律不加頓號。

九、部首序次

《段注》的部首序次與大徐本有所不同，大徐本“曰、乃、丂、可、兮、号、亏、旨”等八部的序次，《段注》改作“旨、曰、乃、丂、可、兮、号、亏”，本書采用《段注》的序次。

部首序次

说明：大徐本《说文解字》卷五上 151—158 部的排序是：曰 151、乃 152、丂 153、可 154、兮 155、号 156、亏 157、旨 158；《说文解字注》的排序改作：旨 151、曰 152、乃 153、丂 154、可 155、兮 156、号 157、亏 158。本书目录及正文均根据《说文解字注》排序。

部首四角號碼索引

说明:本索引采用的是四角号码新码,所涉字的新码与旧码对照如下(新码在前,旧码在后):庚 0028/0023、癸 1280/1243、水 1290/1223、沝 1299/1223、天 2080/2043、黍 2090/2013、泉 2690/2623、麤 2699/2623、矢 2780/2743、桌 2790/2713、永 3090/3023、糞 3280/3253、左 4010/4001、大 4080/4003、犬 4380/4303、泰 4090/4013、夫 5080/5003、矢 8080/8043。

1071	**1166**	了　789	**1790**	**2040**	糸　690
亡　676	茜　147	**1722**	录（录）	妥　177	**2110**
瓦　682	**1211**	彌　102	369	乑　646	上（二）3
1073	北　430	刀　190	**2000**	**2050**	止　37
雲　616	**1223**	乃　217	｜　16	手　644	**2120**
1080	氚　38	弜　686	ノ　656	**2060**	步　39
頁　473	**1241**	矛　743	｜　671	舌　63	少　180
1090	飛　623	**1732**	**2002**	香　378	**2121**
示　4	**1244**	刃　193	莘（花）	**2071**	虍　236
不　628	𡗉　87	**1740**	314	乇　312	虎　236
1110	**1271**	又　106	**2010**	毛　442	虎　238
韭　390	甕　125	子　786	垂（乑）	毳　443	虒　239
1111	**1280**	**1741**	313	乚（乙）	**2122**
珏　12	癸　786	卂　625	壬　433	627	行　50
珏　210	**1290**	**1744**	重　434	乚　674	**2128**
非　624	水　597	叕　305	壬　783	**2073**	須　481
1120	**1299**	叕　757	**2020**	幺　170	**2140**
廿　155	㳄　600	㐬　790	彳　47	厶　506	攴　126
琴　672	**1702**	**1751**	彡　482	**2080**	**2160**
1121	马　357	乵　104	**2021**	辵　44	鹵　359
崔　154	弓　684	**1760**	隹　151	夭　570	鹵　634
覓　545	**1703**	習　148	雔　160	**2088**	**2177**
1140	乀　658	**1762**	雦　161	乑（垂）	齒　51
延　49	**1710**	司　489	禿　462	313	**2190**
1144	丑　793	**1771**	豸　527	**2090**	未　388
开　731	**1712**	乙　772	**2025**	采　25	**2200**
1160	羽　149	己　777	舜　287	禾　370	門　105
首　156	**1720**	**1780**	**2030**	黍　376	川　605
1162	予　175	疋　55	⺄　602	系　687	**2201**
苟　502					儿　454

5513		**6022**		睸	140	**7210**		尾	448	**7740**	
蚰	698	囧	352	**6611**		丘	431	風	701	殳	118
5544		易	531	鼺	335	**7220**		几	734	**7744**	
菁	168	**6033**		**6621**		厂	657	**7722**		冊	58
5550		黑	558	瞿	159	**7221**		用	133	舁	91
芈	167	思	591	覤	465	厄	490	甹	183	丹	246
5560		**6040**		**6660**		**7222**		骨	185	**7755**	
曲	679	曼	136	瞥	767	斤	740	冂	266	冓	518
5702		田	720	**6666**		**7223**		月	348	毌	652
刃	194	**6042**		睸	62	爪	103	冃	405	**7771**	
5825		男	724	**6680**		瓜	391	冐	406	兆	460
羼	28	**6050**		哭	34	辰	611	网(兩)		鼠	550
6000		甲	769	**6702**		**7226**			407	黽	706
口	31	**6060**		朤	351	盾	142	网	409	巴	779
口	322	吕	397	**7024**		后	487	冄	491	巳	800
6002		晶	722	辟	497	**7272**		門	639	**7772**	
号	221	**6066**		**7120**		髟	485	**7723**		印	493
6010		品	56	厂	512	**7274**		晨	93	卯(卯卿)	
目	137	晶	347	**7123**		氏	659	𡦂(𡦂)			496
曰	215	**6071**		豚(豚)		氐	662		529	卵(卯卯)	
日	337	邑	330		526	**7290**		**7724**			496
旦	340	**6080**		辰	798	禾	316	履	449	卵	709
里	718	是	43	**7132**		**7710**		腳(豚)		卯	796
6020		足	53	馬	536	皿	240		526	**7774**	
皐	272	只	67	**7171**		且	736	**7726**		臤	115
6021		異	90	臣	116	**7720**		眉	141	民	654
兄	456	員	324	臣	643	尸	443	**7732**		**7777**	
見	464	貝	326	匚	678	**7721**		羉(𡦂)		臼	92
四	754	**6600**		**7173**		几	122		529	冊	356
		吅	33	長	515						

臼 383	入 260	**8022**	**8060**	犬 613	**9022**
7780	人 421	龠 57	谷 65	**8768**	州 418
爨 94	**8001**	弟 290	會 258	歙 468	**9050**
尺 446	气 13	**8026**	首 478	**8800**	半 26
7794	**8002**	倉 259	谷 612	从 428	**9080**
毅 382	兮 220	**8040**	酋 811	**8822**	火 554
7810	**8010**	午 802	**8073**	筋 189	炎 557
鹽 636	人 256	**8050**	食 255	竹 201	**9088**
7870	金 729	羊 157	**8077**	**8880**	焱 561
臥 435	**8021**	**8055**	缶 261	箕 205	**9090**
8000	兦(尢)	羴 159	**8080**	**9000**	米 379
八 24	573		矢 263	小 23	

部首音序索引

説明:凡一字大徐本《説文》注有又音者,或今讀有又音者,索引中將本讀與又音同時列出。正文的字頭下相應地列出本讀與又音,本讀與又音之間以/相隔。

部首筆畫索引

旡	471	午	802	矢	263	且	736	竹	201	亦	567
丏	477	**五畫**		出	309	矛	743	旨	215	交	572
文	484	示	4	宋	310	四	754	虍	236	凶	589
(卯)	496	玉	9	生	311	宁	756	血	243	辰	611
勿	516	半	26	禾	316	甲	769	缶	261	至	630
丮	518	癶	38	旦	340	丙	773	舛	286	西	632
犬	546	正	42	禾	370	戊	775	叒	305	耳	640
火	554	延	49	瓜	391	卯	796	㕚	342	曲	679
㐅	570	疋	55	穴	401	未	803	有	349	丮	686
(夰)	573	冊	58	广	403	申	804	多	355	糸	690
宂	580	句	69	白	417	**六畫**		束	358	虫	694
夫	585	古	71	北	430	艸	20	柬	361	劦	727
心	593	只	67	丘	431	吅	33	米	379	开	731
水	597	叕	87	兄	456	此	40	臼	383	自	747
夊	613	史	109	司	489	行	50	末	388	厽	753
不	628	聿	111	卮	490	舌	63	网	409	戍	813
户	638	皮	124	印	493	辛	82	襾	410	亥	814
手	644	用	133	(卯)	496	共	88	似	432	**七畫**	
毌	652	目	137	包	500	乳	104	肙	437	釆	25
氏	659	白	144	户	509	聿	112	衣	438	告	29
戈	663	廿	155	石	514	臣	116	老	441	走	35
瓦	682	玄	174	夲	582	自	143	舟	451	步	39
斤	740	㐱	180	介	583	羽	149	兆	460	辵	44
斗	741	凸	183	立	587	羊	157	先	461	足	53
五	760	左	208	永	609	丝	171	后	487	谷	65
六	761	甘	213	民	654	受	177	色	494	肉	68
内	766	可	219	氐	662	死	182	由	505	言	75
巴	779	号	221	戉	667	肉	186	屾	509	臼	92
壬	783	皿	240	它	703	刃	194	危	513	華	167
丑	793	去	242	田	720	耒	196	而	519	奴	179

卷一上

一 一 ¹ yī 甲文一 金文一 於悉切 影質開三入 影質(7/1;1/1)

惟初大極"大極"大徐本作"太始"，**道立於一**(一:道家指天地未分開前的混沌狀態)，**造分天地，化成萬物**⁽一⁾。**凡一之屬皆从一**⁽二⁾。ᐱ**，古文一**⁽三⁾。

【譯文】

在天地初始之時，"道"產生於"一"，進而分成天地，生成萬物。凡是和"一"義有關的字都以"一"爲構件。ᐱ，是古文"一"字。

【段注】

[一]《漢書》曰："元元本本，數始於一。"① [二]一之形，於六書爲指事。凡云"凡某之屬皆从某"者，《自序》所謂"分別部居，不相雜廁"也②，《爾雅》《方言》所以發明轉注、假借，《倉頡》《訓纂》《滂熹》及《凡將》《急就》《元尚》《飛龍》《聖皇》諸篇③，僅以四言、七言成文，皆不言字形原委。以字形爲書，俾(bǐ)學者因形以考音與義④，實始於許，功莫大焉。於悉切。古音第十二部(質)。○凡注言一部、二部以至十七部者，謂古韻也。玉裁作《六書音均表》，識古韻凡十七部。自倉頡造字時至唐虞三代⑤，秦漢以及許叔重造《說文》曰"某聲"、曰"讀若某"者，皆條理合一不紊，故既用徐鉉切音矣，而又某字志之曰"古音第幾部"。又恐學者未見《六書音均》之書，不知其所謂，乃於《說文》十五篇之後附《六書音均表》五篇，俾形聲相表裏，因尚推究⑥，於古形、古音、古義可互求焉。 [三]凡言"古文"者，謂倉頡所作古文也。此書法後王，尊漢制，以小篆爲質⑦，而兼錄古文、籀文，所謂"今敘篆

文,合以古、籀"也。小篆之於古、籀,或仍之,或省改之,仍者十之八九,省改者十之一二而已。仍則小篆皆古、籀也,故不更出古、籀;省改則古、籀非小篆也,故更出之⑧。"一、二、三"之本古文明矣,何以更出"弌、弍、弎"也? 蓋所謂即古文而異者,當謂之"古文奇字"。

【疏義】

①引文見班固《漢書·敘傳》。師古注:"張晏曰:'數之元本,起於初九(《周易》每卦六爻。第一爻爲陽爻時稱作"初九",表示事物正處在發展變化的初始階段,後因以"初九"指事物尚未發迹之時)之一也。'"數:義同"道",法則。一:這裏指天地分開之前的混一狀態。《老子》四十二章:"道生一,一生二,二生三,三生萬物。"按:許氏"道立於一"當本於"數始於一"一語,與老子之"道生一"語法不同,取意亦或不同。 ②語出許慎《説文解字·敘》。大意是:全書所收字按部歸類,不相雜置。 ③《爾雅》:中國最早解釋詞義的專書,由漢代學者編撰而成。《方言》:全名《輶軒使者絕代語釋別國方言》,西漢揚雄撰,是中國第一部比較方言詞彙的著作。《倉頡》:字書,秦代李斯撰。《訓纂》:字書,西漢揚雄撰。《滂熹》:字書,西漢賈魴撰。《凡將》:字書,西漢司馬相如撰。《急就》:字書,西漢史游撰。《元尚》:字書,西漢李長撰。《飛龍》:字書,東漢崔瑗撰。《聖皇》:字書,東漢蔡邕撰。 ④俾:使。因形:通過形體。 ⑤唐虞三代:指唐堯、虞舜、夏禹時代。 ⑥耑:"端"的古字。 ⑦質:主体。《管子·君臣下》:"天道人情,通者質,寵者從,此數之因也。"尹知章注:"質,主也。" ⑧"小篆"幾句大意:小篆對於古文、籀文來説,有些繼承了其形體,有些則做了簡省改動,繼承古、籀形體的達到十之八九,省改的僅有十之一二。繼承者其小篆都保留的是古、籀的形體,故無須再列出古、籀字形;省改後古、籀已非小篆,所以還要再列出古、籀的字形。

【集解】

班固《漢書·董仲舒傳》:"臣謹案:春秋謂一元之意,一者萬物之所從始也,元者辭之所謂大也。謂一爲元者,視大始而欲正本也。"

桂馥《説文義證》:"一者,天之數。"

朱駿聲《説文定聲》:"一爲記數之始,后世簿書假壹乙字爲之,所以防奸易也。一字於六書爲指事，凡从‘一’之字多指事。”

徐灝《説文注箋》：“造字之初先有數而後有文，一、二、三、三畫如其數，是爲指事，亦謂之象事也。”

黄天樹《部首與甲骨文》：“‘一’象用來計數的小棍，即所謂‘算籌’。”

董蓮池《部首新證》：“甲骨文所見作一，比照二作二、三作三、四作三，其構形顯然是取積畫成字方式，非如許慎講的那樣神秘深奥。所表示的本義不過是數目中的‘一’，並非初始義。”

【同部字舉例】

元 yuán　始也。从一从兀。愚袁切。○甲文 金文 疑元平　疑元

天 tiān　顚也。至高無上，从一、大。他前切。○甲文 金文 透先平　透真

丕 pī　大也。从一，不聲。敷悲切。○金文 滂脂平　滂之

吏 lì　治人者也。从一从史，史亦聲。力置切。○甲文 金文 來志去　來之

二 2 shàng　甲文二、二　金文二、二、上　時掌切　禪
二（上）二　養開三上　禪陽(7/1;1/1)

高也。此古文上“上”大徐本作“上”[一]。**指事也**[二]。**凡二**“二”大徐本作“二”，下同**之屬皆从二**[三]。**二**“二”大徐本作“上”，**篆文上**“上”大徐本作“上”[四]。

【譯文】

高。這是古文“上”字。屬於指事。凡是和“二”義有關的字都以“二”爲構件。二，是篆文“上”字。

【段注】

[一]古文“上”作“二”，故“帝”下、“旁”下、“示”下皆云“从古文上”，可以證古文本作“二”，篆作二。各本誤以二爲古文，則不得不改篆文之“上”爲二，而用“上”爲部首，使下文从“二”之字皆無所統，“示”次於“二”之恉亦晦矣。今正：二爲“二”，二爲“二”，觀者勿疑怪

可也。凡《說文》一書，以小篆爲質，必先舉小篆，後言“古文作某”。此獨先舉古文，後言“小篆作某”，變例也。以其屬皆從古文“上”，不從小篆“上”，故出變例而別白言之。　　[二]凡指事之文絕少，故顯白言之。不於“一”下言之者，“一”之爲指事，不待言也。象形者，實有其物，“日、月”是也；指事者，不泥其物而言其事，“⊥、丁”是也。天地爲形，天在上，地在下，地在上，天在下，則皆爲“事”。　　[三]時掌、時亮二切。古音第十部（陽）。　　[四]謂李斯小篆也。今各本篆作上，後人所改。

【集解】

黃天樹《部首與甲骨文》：“甲骨文‘上’、‘下’作‘⌣’、‘⌢’，是指事字。足證段説不誤……後來，爲了避免與數目字‘二’相混淆，在‘⌣’和‘⌢’之上各加一豎而寫成‘上’、‘下’。”

董蓮池《部首新證》：“其構形是用一較長的橫畫作爲基本筆畫，表示一個基點，復於其上畫一短畫表示上方之意，是個典型指事字。”

【同部字舉例】

帝 帠 dì　諦也。王天下之號也。从⊥，朿聲。帟，古文帝。古文諸⊥字皆从一，篆文皆从二。二，古文上字。辛、示、辰、龍、童、音、章皆从古文⊥。都計切。〇甲文呆、呆、承、呆　金文呆、承、帠、帠、帠　端霽去　端支

旁 旁 páng　溥也。从二。闕。方聲。𣃙，古文旁。𣃙，亦古文旁。𣃙，籀文。步光切。〇甲文𡴂、𡴂、𡴂、𡴂　金文𣃙、𣃙　並唐平　並陽

下 丅 xià　底也。指事。丅，篆文丅。胡雅切。〇甲文⌢　金文⌢、⌢、丅、丅　匣馬上　匣魚

示 祘
3 shì　甲文丅、丅、祘、祘　神至切　船至開三去　船脂　
（7/1；2/2）

天垂象，見吉凶[一]，所以示人也。从二[二]；三垂[三]，日月星也。觀乎天文，以察時變[四]。示，神事也[五]。凡示之屬皆从示[六]。𥘰，古文示[七]。

【譯文】

上天垂示其象,體現吉凶,用來昭示世人。字形上部爲“二”;下面的三豎道代表日、月、星。人们觀察天象,據以瞭解人事的變化。示,屬於神事。凡是和“示”義有關的字都以“示”爲構件。𝍫,是古文“示”字。

【段注】

[一]見《周易·繫辭》①。　[二]古文“上”。　[三]謂“川”。　[四]見《周易·賁·彖(tuàn)傳》②。　[五]言天縣象箸明以示人,聖人因以神道設教③。　[六]神至切。古音第十五部(脂、微、物、月)。《中庸》《小雅》以“示”爲“寘”④。　[七]所謂古文諸“上”字皆從“一”也⑤。

【疏義】

①《周易·繫辭上》:“是故天生神物,聖人則之;天地變化,聖人效之;天垂象,見吉凶,聖人象之。”《繫辭》:《周易》十翼之一,内容是有關《易經》大義的論述。　②《周易》賁卦:“亨。小利有攸往。”《彖》:“觀乎天文,以察時變。觀乎人文,以化成天下。”《彖傳》:《周易》十翼之一。分《上彖》《下彖》兩篇,解釋六十四卦的卦名和卦辭。③“言天”二句:是説上天垂其象向世人昭示,以便聖人據神道施行教化。　④《禮記·中庸》:“其如示諸掌乎?”鄭玄注:“‘示’讀如‘寘諸河干’之‘寘’。寘,置也。”《詩經·小雅·鹿鳴》:“人之好我,示我周行。”鄭玄箋:“示當作寘。寘,置也。”　⑤《説文》二部“帝”字:“古文諸上字皆從一,篆文皆從二。二,古文上字。辛、示、辰、龍、童、音、章皆從古文上。”

【集解】

黃天樹《部首與甲骨文》:“甲骨文較原始的寫法作𝍫,象神主的牌位。後來改勾廓寫法爲單綫條而簡化作丅、示。‘示’的本義是神主或神靈。”

董蓮池《部首新證》:“考甲骨文,‘示’字原始的構形作𝍫(董作賓《殷虚文字乙編》8670,史語所 1948—1953 年)(本書按:以下簡稱《殷虚文字乙編》)、𝍫(金祖同《殷契遺珠》628,臺北藝文印書館 1974年),象神主,爲獨體象形字。”

【同部字舉例】

禮禮 lǐ　履也。所以事神致福也。从示从豊，豊亦聲。靈啟切。○金文 �096　來薺上　來脂

禧禧 xī　禮吉也。从示，喜聲。許其切。○曉之平　曉之

禄祿 lù　福也。从示，录聲。盧谷切。○金文 �096　來屋入　來屋

祥祥 xiáng　福也。从示，羊聲。一云善。似羊切。○邪陽平　邪陽

祉祉 zhǐ　福也。从示，止聲。敕里切。○甲文 �096　徹止上　透之

福福 fú　祐也。从示，畐聲。方六切。○甲文 �096、�096　金文福、
禴、祔　幫屋入　幫職

祐祐 yòu　助也。从示，右聲。于救切。○雲宥去　匣之

神禛 shén　天神，引出萬物者也。从示，申。食鄰切。○甲文
�096、�096、�096、�096　金文 �096、祇、祇　船真平　船真

祭祭 jì　祭祀也。从示，以手持肉。子例切。○甲文 �096、�096　金
文 �096、�096、祥　精祭去　精祭

祖祖 zǔ　始廟也。从示，且聲。則古切。○金文 �096、祖、祇、�096
精姥上　精魚

祝祝 zhù　祭主贊詞者。从示，从人、口。一曰：从兌省。《易》
曰：“兌爲口爲巫。”之六切。○甲文 �096、�096、�096、�096、祝　金文 �096、�096、
祝、�096、�096　章屋入　章覺

祈祈 qí　求福也。从示，斤聲。渠稀切。○羣微平　羣文

禱禱 dǎo　告事求福也。从示，壽聲。祠禱或省。�096籀文禱。都
浩切。○端晧上　端幽

禪禪 shàn　祭天也。从示，單聲。時戰切。○禪線去　禪元

社社 shè　地主也。从示、土。《春秋傳》曰：“共工之子句龍爲社
神。”《周禮》：“二十五家爲社，各樹其土所宜之木。”祏，古文社。常者
切。○甲文 �096、�096、�096、�096　金文 �096　禪馬上　禪魚

禍禍 huò　害也，神不福也。从示，咼声。胡果切。○甲文 �096、
�096、�096　金文 �096　匣果上　匣歌

祟祟 suì　神禍也。从示从出。雖遂切。○心至去　心微

禁禁 jìn　吉凶之忌也。从示，林聲。居蔭切。○見沁去　見侵

三 一 4 sān　甲文 ≣　金文 ≣　穌甘切　心談開一平　心侵
三 二 （9/3；9/9）

數名大徐本無"數名"二字。**天地人之道也**[一]。**於文一耦二爲三，成數也**"於文"二句大徐本作"从三數"[二]。**凡三之屬皆从三**[三]。**弎，古文三**"古文"句大徐本作"古文三从弋"。

【譯文】

　　數字名。代表天道、地道和人道。字形是給一畫加上兩畫變爲三，屬於成數。凡是和"三"義有關的字都以"三"爲構件。弎，是古文"三"字。

【段注】

　　[一]陳煥曰①："數者，《易》數也。三兼陰陽之數言。"②"一"下曰："道立於一。""二"下曰："地之數。""王"下曰："三者，天地人也。"《老子》曰："一生二，二生三，三生萬物。"此釋"三"之義，下釋"三"之形，故以"於文"二字別言之。　　[二]此依《韻會》所引③。《韻會》多據鍇本④，今鍇本又非舊矣。"耦"各本作"偶"，今正⑤。"二"下曰："从一，耦一。"以一儷（lì）一也⑥。此曰"一耦二爲三"，以一儷二也。今又皆脱"一"字⑦。三畫而三才之道在焉⑧，故謂之"成數"。"又"字下曰："手之列多略不過三。"　　[三]穌甘切。古音在七部（侵、緝）。

【疏義】

　　①陳煥：即陳奐（1786—1863），字碩甫，號師竹，清長州（今蘇州）人，經學家，先後師事江沅、段玉裁等人，著有《詩毛氏傳疏》《釋毛詩音》《毛詩傳義類》等書。　　②"數者"三句：數，是指《周易》中所説的數。"三"這個數兼包陰陽兩個對立的概念而言。　　③所引見元黃公紹、熊忠《韻會舉要》覃韻。　　④鍇本：指徐鍇所撰《説文繫傳》，世稱"小徐本"。徐鍇，徐鉉的胞弟。徐鉉校訂的《説文解字》世稱"大徐本"。　　⑤"三"字的説解大徐本無"於文"句，《説文繫傳》同大徐本。《説文》耒部："耦，耒廣五寸爲伐，二伐爲耦。"《段注》："今之耜岐頭兩金，象古之耦也……引申爲凡人耦之偶，俗借'偶'。"兩人並耕爲耦，引申爲並列。又人部："偶，桐人也。"《段注》："木偶之'偶'與二枱並

耕之‘耦’義迥別，凡言‘人耦、射耦、嘉耦、怨耦’皆取耦耕之意，而無
取桐人之意也，今皆作‘偶’則失古意矣。”　⑥从一，耦一：大徐本作
“从耦一”。儷：配，並列。　⑦《韻會舉要》覃韻：“三，《說文》：‘三，數
名。天地人之道也。於文偶二爲三，成數也。’”“偶”字前無“一”字。
⑧三才之道：指天道、地道和人道。

【集解】

　　董蓮池《部首新證》：“今考甲骨文、西周金文及戰國文字均作
‘三’，是積三橫畫表示數目之‘三’，本義爲數名。”

王　王　5　wáng　甲文⟨⟩、⟨⟩、⟨⟩、⟨⟩　金文⟨⟩、⟨⟩、王　雨方切
　　　　　雲陽合三平　匣陽(9/3;9/9)

　　天下所歸往也[一]。董仲舒曰：“古之造文者，三
畫而連其中謂之王。三者，天地人也，而參通之者，
王也。”[二]孔子曰：“一貫三爲王。”[三]凡王之屬皆从
王[四]。⟨⟩，古文王。

【譯文】

　　天下所歸順擁戴的人。董仲舒說：“古代造字時，把三個橫畫從中
間連接起來就是王字。三橫畫，代表天、地、人，能夠貫通這三者的人，
就是王。”孔子說：“能夠用一貫通三的人就是王。”凡是和“王”義有關
的字都以“王”爲構件。⟨⟩，是古文“王”字。

【段注】

　　[一]見《白虎通》①。王、往疊韻。　[二]見《春秋繇(fán)露》②，
引之說字形也。韋昭注《國語》曰：“參，三也。”③　[三]又引孔子語證
董說④。　[四]雨方切。十部(陽)。

【疏義】

　　①班固《白虎通·號》：“王者，往也，天下所歸往。”　②繇：一般
作“繁”。董仲舒《春秋繁露·王道通》：“古之造文者，三畫而連其中
謂之王。三畫者，天、地與人也，而連其中者，通其道也。取天、地與人
之中，以爲貫而參通之，非王者孰能當是？”　③《國語·越語下》：“夫
人事必將與天地相參，然後乃可以成功。”韋昭注：“參，三也。天、地、

人事三合，乃可以成大功。"　④孔子説未詳所出。

【集解】

徐灝《説文注箋》："'王'與'玉'篆體相似，故以中畫近上別之。"

朱駿聲《説文定聲》引李陽冰曰："（王）中畫近上，王者，則天之義。"

董蓮池《部首新證》："今考'王'字，甲骨文所見初形本作 㞢（林澐釋。字見《加拿大安大略博物館所藏明義士舊藏甲骨文字》211），取象於横置之鉞，後删除柲之尾飾，簡化成 王（甲骨文）形。'王'字爲何取象於鉞？根據林澐等學者研究，鉞作爲大斧，古代既是一種兵器，同時又是用於大辟之刑的刑具。當人類處於軍事民主制社會階段，它曾被用作最高軍事酋長權力的象徵物。進入王權制社會後，握有最高行政權力的'王'是以軍事民主制時期的最高軍事酋長爲其前身的，斧鉞這時便轉而成爲王權的象徵物（《尚書·牧誓》載周武王於克殷大戰之前誓師時'左杖黄鉞'向將士宣言的情景即可作爲一證）。"

【同部字舉例】

閏閏 rùn　餘分之月，五歲再閏。告朔之禮，天子居宗廟，閏月居門中。从王在門中。《周禮》曰："閏月王居門中終月也。"如順切。○日稺去　日真

皇皇 huáng　大也。从自。自，始也。始皇者，三皇，大君也。"自"讀若鼻，今俗以始生子爲"鼻子"。胡光切。○金文 皇、皇、皇 匣唐平　匣陽

玉王 6 yù　甲文 㞷、㞵、㞷、玊　金文 王、王、玊　魚欲切　疑燭　合三入　疑屋（10/4；10/10）

石之美有五德者大徐本無"者"字[一]**。潤澤以温，仁之方也。䚡理自外，可以知中，義之方也。其聲舒揚，專**大徐本作"專"**以遠聞**[二]**，智之方也。不撓**"撓"大徐本作"橈"**而折**[三]**，勇之方也。鋭廉而不忮**(zhì，凶狠)"忮"大徐本作"技"**[四]**，絜之方也**[五]**。象三玉之連**[六]**，丨，其貫也**[七]**。凡玉之屬皆从玉**[八]**。㺨，古文玉。**

【譯文】

　　石頭中精美且有五種品德的那一種。潤澤而温和,是仁的表現。紋理自外可以知内,是義的表現。其聲音舒緩悠揚,專一直達遠方,是智的表現。不屈而致折斷,是勇敢的表現。有棱角卻不傷人,是圓轉的表現。字形象是三塊玉相連,丨,是穿玉的繩子。凡是和"玉"義有關的字都以"玉"爲構件。靑,是古文"玉"字。

【段注】

　　[一]"者"字新補。　　[二]"專"鍇作"専",音"敷",布也①。玉裁按:汲古閣毛氏刊鉉本初作"専"②,後改作"專",非也。《管子》曰:"叩之,其音清摶徹遠,純而不殺。"③"摶"古專壹字④,今本作"搏",蓋非。此"專"謂專壹也。上云"舒揚"矣,則不必更云"專"。　　[三]謂雖折而不撓。《管子》《孫卿》皆作"折而不撓"⑤。　　[四]忮,很也。[五]"絜"(xié)取圓轉之義。凡度直曰"度",圍度曰"絜"⑥。《管子》《孫卿》皆作"廉而不劌,行也"⑦。已(同"以")上《禮記·聘義》《管子·水地》《孫卿·法行》辭皆不同⑧。　　[六]謂三也。　　[七]貫謂如璧有紐,雜佩有組,聘圭有繫,瑬(liú)有五采絲繩,荀偓以朱絲係玉二瑴(jué)之類⑨。　　[八]魚欲切。三部(幽、覺)。

【疏義】

　　①徐鍇《説文繫傳》玉部:"玉,石之美……專以遠聞,智之方也……臣鍇曰:'専音敷,布也。'"　　②汲古閣:明藏書家毛晉的藏書樓和印書館,曾刊刻大徐本《説文解字》。　　③《管子·水地》:"夫玉温潤以澤,仁也;鄰以理者,知也;堅而不蹙,義也;廉而不劌,行也;鮮而不垢,潔也;折而不撓,勇也;瑕適皆見,精也;茂華光澤,並通而不相陵,容也;叩之其音清摶徹遠,純而不殺,辭也。"　　④《説文》手部:"摶,圜也。"《段注》:"以手圜之者,此篆之本義……古亦借爲專壹字。"⑤《管子·水地》:"折而不撓,勇也。"《荀子·法行》:"折而不撓,勇也。"楊倞注:"雖摧折而不撓屈,似勇者也。"《孫卿》:即《荀子》一書,因避漢宣帝劉詢諱而改之。　　⑥絜:量物體的周長。　　⑦《荀子·法行》:"廉而不劌,行也。"楊倞注:"劌,傷也。雖有廉棱而不傷物,似有德行者不傷害人。"　　⑧《禮記·聘義》:"温潤而澤,仁也;縝密以栗,

知也;廉而不劌,義也;垂之如隊,禮也。"《荀子·法行》:"夫玉者,君子比德焉。温潤而澤,仁也;縝栗而理,知也;堅剛而不屈,義也;廉而不劌,行也;折而不撓,勇也;瑕適並見,情也。"　⑨璧:平圓形中間有孔的玉。紐:古代器物上係絲繩的部位。雜佩:連綴在一起的各種佩玉的總稱。組:用以佩印或佩玉的絲帶。遂:旗子上下垂的飾物。荀偃:春秋中期晉國的正卿,即中行獻子,荀林父之孫,知罃的堂侄。《左傳·襄公十八年》:"晉侯伐齊,將濟河。獻子以朱絲係玉二毂而禱曰:'齊環怙恃其險,負其衆庶,棄好背盟,陵虐神主。'"杜預注:"雙玉曰毂。"

【集解】

朱駿聲《説文定聲》:"象三玉之連,丨,其貫也,謂貫組。古文又象綬。"

吳大澂《説文古籀補》:"王,以一貫三玉,象形。"

商承祚《殷虚文字》:"卜辭亦作‡,或露其兩端,知‡即玉也。"

黃天樹《部首與甲骨文》:"甲骨文作‡,象一根綫上串着三塊玉。"

董蓮池《部首新證》:"甲骨文作‡、‡、‡等形,象一串玉形,三、三表示玉塊,丨、丫、丫表示貫玉之索,玉塊或三、或四、或五不等。"

【同部字舉例】

璐瓂 lù　玉也。从玉,路聲。洛故切。○來暮去　來魚

瑛瑛 yīng　玉光也。从玉,英聲。於京切。○影庚平　影陽

球球 qiú　玉聲也。从玉,求聲。璆,球或从翏。巨鳩切。○羣尤平　羣幽

琳瑜 lín　美玉也。从玉,林聲。力尋切。○來侵平　來侵

璧璧 bì　瑞玉圜也。从玉,辟聲。比激切。○金文璧、璧、璧、璧　幫昔入　幫錫

瑗瑗 yuàn　大孔璧。人君上除階以相引。从玉,爰聲。《爾雅》曰:"好倍肉謂之瑗,肉倍好謂之璧。"王眷切。○雲線去　匣元

環環 huán　璧也。肉好若一謂之環。从玉,睘聲。户關切。○金文環、環、環　匣刪平　匣元

璜璜 huáng　半璧也。从玉,黃聲。户光切。○金文璜　匣唐平　匣陽

琮瑜 cóng　瑞玉。大八寸，似車釭。从玉，宗聲。藏宗切。○從冬平　從冬

琥瑚 hǔ　發兵瑞玉，爲虎文。从玉从虎，虎亦聲。《春秋傳》曰："賜子家雙琥。"呼古切。○曉姥上　曉魚

玠琭 jiè　大圭也。从玉，介聲。《周書》曰："稱奉介圭。"古拜切。○見怪去　見祭

珩琭 héng　佩上玉也，所以節行止也。从玉，行聲。户庚切。○匣庚平　匣陽

玦琺 jué　玉佩也。从玉，夬聲。古穴切。○見屑入　見月

琢瑒 zhuó　治玉也。从玉，豕聲。竹角切。○知覺入　端屋

琱瑚 diāo　治玉也。一曰：石似玉。从玉，周聲。都寮切。○金文𩇈、𪔤、𩇈　端蕭平　端幽

理理 lǐ　治玉也。从玉，里聲。良止切。○來止上　來之

珍琇 zhēn　寶也。从玉，㐱聲。陟鄰切。○知真平　端文

珏珏 7　jué　甲文𤤴、珏、𤤴、𤤴　古岳切　見覺開二入　見屋
（14/8；19/19）

二玉相合爲一珏"珏"大徐本作"珏"，下同[一]。**凡珏之屬皆从珏**[二]。**瑴，珏或从㲄**（què，從上擊下）[三]。

【譯文】

兩串玉合起來是一"珏"。凡是和"珏"義有關的字都以"珏"爲構件。瑴，"珏"的異體以"㲄"爲構件。

【段注】

[一]《左傳》正義曰：瑴，《倉頡篇》作"珏"。云"雙玉爲珏"，故字从雙"玉"①。按：《淮南書》曰："玄玉百工。"注："二玉爲一工。"②"工"與"珏"雙聲，"百工"即"百珏"也。不言从二玉者，義在於形，形見於義也。古岳切。三部（幽、覺）。　[二]因有"班、瓀（fú）"字，故"珏"專列一部，不則綴於玉部末矣③。凡《說文》通例如此。　[三]㲄聲也，《左傳》"納玉十瑴"，《魯語》"行玉廿瑴"，字皆如此作。韋昭、杜預解同《說文》。

【疏義】

①《左傳・莊公十八年》："皆賜玉五瑴，馬三匹。"孔穎達正義：

“《倉頡篇》‘瑴’作‘珏’。雙玉爲瑴，故字从兩玉。”　②引文見《淮南子·道應訓》及高誘注。玄玉：黑色的玉。　③不，今作“否”。

【集解】

王國維《觀堂集林·説珏朋》：“殷時……所係之貝玉，於玉則謂之‘珏’。合二係爲一珏，若一朋。”

黄天樹《部首與甲骨文》：“甲骨文作𤤴，象合在一起的兩串玉。”

董蓮池《部首新證》：“字見甲骨文，作𤤴、珏等形（《甲骨文編》16頁），是兩串玉的象形。”

【同部字舉例】

班　班 bān　分瑞玉。从珏从刀。布還切。○金文班、珏　幫刪平元幫

珏　瑍 fú　車笭閒皮篋，古者使奉玉以藏之。从車、珏，讀與“服”同。房六切。○並屋入　並職

气　8 qì　甲文三、三　金文三、𝌆、气　去既切　溪未開三去　溪微（14/18；20/20）

雲气也[一]。象形[二]。凡气之屬皆从气。

【譯文】

雲气。象形。凡是和“气”義有關的字都以“气”爲構件。

【段注】

[一]气、氣，古今字。自以“氣”爲雲气字，乃又作餼（xì），爲廩氣字矣①。“气”本雲气，引申爲凡气之偁。　[二]象雲起之皃。三之者，列多不過三之意也。是類乎从“三”者也，故其次在是②。去既切。十五部（脂、微、物、月）。借爲气假於人之“气”，又省作“乞”。

【疏義】

①《説文》米部：“氣，饋客芻米也。从米，气聲。《春秋傳》曰：‘齊人來氣諸侯。’餼，氣或从食。槩，氣或从既。”氣、餼：贈送給客人的糧食或飼料。　②大意爲：“气”字小篆構形近似“三”，所以編排在這裏（和“三”同在一篇）。

【集解】

朱駿聲《説文定聲》：“古文云、气象雲气。此气象天地間氤氳之

气也,經傳皆以廩氣字爲之。字亦作炁。"

徐灝《説文注箋》:"气古蓋作㇈,象形。"

黃天樹《部首與甲骨文》:"甲骨文作三,象雲氣流動之形。"

董蓮池《部首新證》:"甲骨文作二(《甲骨文編》17頁),以上下兩橫長中間一橫短爲形體特徵。無雲氣之象,也不用爲雲氣之'氣'。西周金文作三(天亡簋),與甲骨文形同。春秋戰國時,爲了和'三'字形成較大區別,便把在上的一橫畫左端上翹,作㇈(洹子孟姜壺),又將在下的一橫畫右端下拽,作㇉(洹子孟姜壺),爲篆文所本。表示'雲氣'義是假借,這一意義後來又借米部'饋客芻米也'的'氣'字表示。'气'的初形,方述鑫、林小安等認爲二象河之兩岸,中自爲河床,而一短畫居其中,當表河床水流已枯盡,即訓爲'水涸也'之'汽'的初文(詳見方述鑫、林小安《甲骨金文字典》)。"

【同部字舉例】

氛氛 fēn　祥气也。从气,分聲。雰,氛或从雨。符分切。○滂文平　滂文

士士 9 shì　金文士、士、𡈼　鉏里切　崇止開三上　崇之(14/8;20/20)

事也[一]。數始於一,終於十。从一、大徐本有"从"十[二]。孔子曰:"推十合一爲士。"[三]凡士之屬皆从士。

【譯文】

役事者。數從一開始,到十爲止。由"一、十"構成。孔子説:"能將衆多事務統管的人爲士。"凡是和"士"義有關的字都以"士"爲構件。

【段注】

[一]《豳風》《周頌》傳凡三見①。《大雅》:"武王豈不仕。"《傳》亦云:"仕,事也。"②鄭注《表記》申之曰:"仕之言事也。"③士、事疊韻。引申之,凡能事其事者偁士。《白虎通》曰:"士者,事也,任事之稱也。故《傳》曰:'通古今、辯然不,謂之士。'"④　[二]三字依《廣韻》⑤,此説會意也。　[三]《韻會》《玉篇》皆作"推一合十",鉉本及《廣韻》皆作"推十合一"⑥,似鉉本爲長。數始一終十,學者由博返約,故云"推

十合一"。博學、審問、慎思、明辨、篤行,惟以求其至是也,若一以貫之,則聖人之極致也。鉏里切。一部(之、職)。

【疏義】

①《詩經·豳風·東山》:"勿士行枚。"《詩經·周頌·敬之》:"陟降厥士,日監在兹。"《詩經·周頌·桓》:"保有厥士,于以四方,克定厥家。"毛傳皆曰:"士,事也。"　②引文見《詩經·大雅·文王有聲》及毛傳。③《禮記·表記》:"《詩》云:'豐水有芑,武王豈不仕?'"鄭玄注:"仕之言事也……言武王豈不念天下之事乎?"　④引文見《白虎通·爵》。《傳》:具體所指不詳。　⑤《廣韻》止韻:"士,《説文》曰:'事也。數始於一,終於十。從一、十。孔子曰:推十合一爲士。'"　⑥《韻會舉要》紙韻:"士,鉏里切。《説文》:'……孔子曰:推一食十爲士。'"今按:"食"字中華書局2000年影印明人秦鉞、李舜臣刻十七年劉儲秀重修本《韻會舉要》原文如此。顧野王《玉篇》士部:"孔子曰:'推一合十爲士。'"顧野王(519—581):字希馮,南朝吳郡吳縣(今蘇州)人,文字訓詁學家、史學家。

【集解】

桂馥《説文義證》:"馥按:'《春秋元命苞》:'木者,其字八推十爲木。'則作'推一合十'者是也。問一知十爲士。"

朱駿聲《説文定聲》:"(推十合一爲士)此返約之義。"

董蓮池《部首新證》:"西周金文作𡈼(敔尊)、𡈼(臣辰卣)、𡈼(敦簋'吉'所從),均爲斧鉞的象形,'士'之取象斧鉞,推考其原因當是上古治獄之官稱'士'(《尚書·舜典》:'汝作士,五刑有服。'江聲集注引馬融曰:'士,獄官之長。'又引鄭玄曰:'士,察也,主察獄訟之事。'是其證),斧鉞是治獄之官施行大辟(砍頭)之刑的刑具,大辟於五刑中最殘酷,施此刑之具自然令人望而生畏,所以給'士'造字,取象斧鉞最能體現'士'的威嚴。'士'取象斧鉞寫作𡈼,便與'王'字同形(因爲'王'也取象於斧鉞),爲了區别,便在𡈼形上部加一橫畫作𤣩專門表示'王',而以𡈼形專門表示'士'。後來'王'字由𤣩形至篆綫條化爲'王','士'字由𡈼形至篆綫條化爲'士'。"

【同部字舉例】

壻 �壻 xù　夫也。從士,胥聲。《詩》曰:"女也不爽,士貳其行。"

士者,夫也,讀與"細"同。𤦺,壻或从女。穌計切。〇心霽去　心魚

壯 𡉡 zhuàng　大也。从士,爿聲。側亮切。〇莊漾去　莊陽

丨　丨 ¹⁰ gǔn　古本切　見混合一上　見文(14/8;20/20)

下上通也^[一]。引而上行讀若囟(xìn,囟門)^[二],引而下行讀若退^[三]。凡丨之屬皆从丨。

【譯文】

上下貫通。從下向上運筆叫做"囟",從上向下運筆叫做"退"。凡是和"丨"義有關的字都以"丨"爲構件。

【段注】

[一]依《玉篇》^①。　[二]囟之言進也。　[三]可上可下,故曰"下上通"。竹部曰:"篆,引書也。"凡字之直,有引而上、引而下之不同。若"至"字當引而下,"不"字當引而上^②。又若"才、屮、木、生"字皆當引而上之類是也^③,分用之則音讀各異。讀若囟,在十三部(文);讀若退,在十五部(脂、微、物、月)。今音思二切,囟之雙聲也。又音古本切。

【疏義】

①《玉篇》丨部:"丨,思二切。《説文》曰:'下上通也。引而上行讀若囟,引而下行讀若退。'"　②《説文》不部:"不,鳥飛上翔不下來也。从一,一猶天也。象形。"《段注》:"𣎴象鳥飛去而見其翅尾形。"至部:"至,鳥飛从高下至地也。从一。一猶地也。象形。"《段注》:"'不'象上升之鳥,首鄉上。'至'象下集之鳥,首鄉下。"　③《説文》才部:"才,艸木之初也。从丨,上貫一,將生枝葉。一,地也。"《段注》:"凡艸木之字,才者,初生而枝葉未見也。屮(chè)者,生而有莖有枝也。之者,枝莖益大也。出者,益兹上進也。"屮部:"屮,艸木初生也。象丨出形,有枝莖也。"《段注》:"'丨'讀若囟,引而上行也。枝謂兩旁莖枝。"木部:"木,冒也。冒地而生。東方之行。从屮,下象其根。"《段注》:"屮象上出。"生部:"生,進也。象艸木生出土上。"《段注》:"下象土,上象出。"

【集解】

　　桂馥《説文義證》：“引而上行若草木之出土上通也，引而下行若草木之生根下通也。”

　　張舜徽《説文解字約注》：“｜爲今棍棒字。”

　　馬敘倫《説文解字六書疏證》引王廷鼎：“｜爲今棍棒字。”

【同部字舉例】

　　中 屮 zhōng　　内也。从口、｜，上下通。 屮，古文中。 ，籀文中。陟弓切。〇甲文 、 、 、 　金文 　知東平　端冬

　　屮 屮 chǎn　　旌旗杠皃。从｜从屮，屮亦聲。丑善切。〇徹獮上透元

卷一下

屮 屮 ¹¹ chè 甲文 屮、屮、屮、屮 金文 屮 丑列切 徹薛開三入 透月（15/9；21/22）

  屮木初生也。象丨（gǔn，下上通）出形，有枝莖也^[一]。古文或以爲艸字^[二]。讀若徹^[三]。凡屮之屬皆从屮。尹彤（漢代學者，生平不詳）説^[四]。

【譯文】

  草木初生。字形象草木剛長出的形狀，有枝有莖。古文有時把“屮”字當“艸”字來用。讀音如“徹”。凡是和“屮”義有關的字都以“屮”爲構件。這是尹彤的説法。

【段注】

  [一]“丨”讀若囟，引而上行也。枝謂兩旁莖枝，柱謂“丨”也。過乎屮則爲屮，下垂根則爲朱。 [二]漢人所用尚爾。“或”之言有也，不盡爾也。凡云“古文以爲某字”者，此明六書之叚借。以，用也，本非某字，古文用之爲某字也。如古文以“洒”爲灑埽字^①，以“疋”爲《詩·大雅》字^②，以“丂(yú)”爲“巧”字^③，以“𣃚”爲“賢”字^④，以“𢁢”爲魯衞之“魯”^⑤，以“哥”爲“歌”字^⑥，以“詖”爲“頗”字^⑦，以“㬎(juàn)”爲“覥”(tiǎn)字^⑧，籀文以“爰”爲“車輮”字^⑨，皆因古時字少，依聲託事。至於古文以“屮”爲“艸”字，以“疋”爲“足”字，以“丂”爲“亏”字，以“𠈧”爲“訓”字，以“𦦬”爲“澤”字，此則非屬依聲，或因形近相借，無容後人效尤者也。 [三]上言“以爲”，且言“或”，則本非“艸”字。當何讀也？讀若徹。徹，通也，義存乎音。此尹彤説。尹彤見漢人屮木字多用此，俗誤謂此即“艸”字，故正之。言叚借必依聲託事，屮、艸音類遠隔，古文叚借尚屬偶爾，今則更不當爾也。丑列切。

十五部（脂、微、物、月）。　　[四]三字當在"凡中"上，轉寫者倒之。凡言"某説"者，所謂博采通人也。有説其義者，有説其形者，有説其音者。

【疏義】

①《説文》水部："洒，滌也。从水，西聲。古文爲灑埽字。"　②《説文》疋部："疋，足也。上象腓腸，下从止。《弟子職》曰：'問疋何止。'古文以爲《詩·大疋》字。"《大疋》：即《大雅》。　③《説文》丂部："丂，气欲舒出，勹上礙於一也。丂，古文以爲'亏'字，又以爲'巧'字。"　④《説文》臤部："臤，堅也。从又，臣聲。凡臤之屬皆从臤。讀若鏗鏘之'鏗'。古文以爲'賢'字。"　⑤《説文》㫃部："旅，軍之五百人爲旅。从㫃从从。从，俱也。𠂹古文旅。古文以爲魯衞之'魯'。"　⑥《説文》可部："哥，聲也。从二可。古文以爲'謌'字。"　⑦《説文》言部："詖，辯論也。古文以爲'頗'字。"　⑧《説文繫傳》䀠(jù)部："䀠，目圍也……讀若書卷之'卷'，古文以爲'䁧'。"　⑨《説文》受部："爰，引也。从受从于。籀文以爲車轅字。"

【集解】

王筠《説文句讀》："實則'中'衹是'艸'"。

朱駿聲《説文定聲》："古文或爲艸字。按：謂作艸字偏旁或省从'中'也。"

章炳麟《文始》："'中'本義與'壬'相類。壬者，物之挺生也。"

董蓮池《部首新證》："甲骨文作丄，象草形，與'艸'爲一字。"

【同部字舉例】

屯 𡴄 zhūn　難也。象艸木之初生，屯然而難。从中貫一。一，地也。尾曲。《易》曰："屯剛柔始交而難生。"陟倫切。○甲文 𠂤、𠂤、𠂤、丄　金文 𠂤、𠂤、𠂤、𠂤、𠂤　知諄平　端文

每 𣫣 měi　艸盛上出也。从中，母聲。武罪切。○甲文 𣫣、𣫣、𣫣、𣫣、𣫣　金文 𣫣、𣫣、𣫣、𣫣、𣫣　明賄上　明之

毒 𡴀 dú　厚也。害人之艸，往往而生。从中从毒。𧅎，古文毒。从刀、葍。徒沃切。○定沃入　定覺

熏 𤎼 xūn　火煙上出也。从中从黑。中黑，熏黑也。許云切。○金文 𤎼、𤎼、𤎼　曉文平　曉文

艸 ㅆ ¹² cǎo　甲文 ㅆ　倉老切　清晧開一上　清幽(15/9；22/22)

百芔也[一]**。从二中**[二]**。凡艸之屬皆从艸。**

【譯文】

各種草的總稱。由二"中"構成。凡是和"艸"義有關的字都以"艸"爲構件。

【段注】

[一]"卉"下曰："艸之總名也。"是謂轉注。二中、三中一也。引申爲艸稿、艸具之"艸"①。　　[二]倉老切。古音在三部(幽、覺)。俗以"草"爲"艸"，乃別以"皁"爲"草"②。

【疏義】

①艸具：草擬。　　②皁：櫟樹的果實。

【集解】

朱駿聲《説文定聲》："艸，經傳皆以'草'爲之。《漢書》多以'中'爲之。"

董蓮池《部首新證》："甲骨文寫作 ㅆ (《甲骨文編》20 頁'萑'所从)，西周金文寫作 ㅆ (夆莫父卣)，構形篆與之同，草木之'草'的本字，'草'則是'艸'的假借字。"

【同部字舉例】

芝 芝 zhī　神艸也。从艸从之。止而切。○章之平　章之

其 芺 qí　豆莖也。从艸，其聲。渠之切。○羣之平　羣之

葵 葵 kuí　菜也。从艸，癸聲。彊惟切。○羣脂平　羣脂

茅 茅 máo　菅也。从艸，矛聲。莫交切。○金文 茅　明肴平　明幽

蒲 蒲 pú　水艸也，可以作席。从艸，浦聲。薄胡切。○並模平　並魚

菌 菌 jūn　地蕈也。从艸，囷聲。渠殞切。○羣軫上　羣文

荊 荊 jīng　楚木也。从艸，刑聲。荊，古文荊。舉卿切。○金文 荊、荊、荊、荊、荊　見庚平　見耕

芽 芽 yá　萌芽也。从艸，牙聲。五加切。○疑麻平　疑魚

萌 萌 méng　艸芽也。从艸，明聲。武庚切。○明耕平　明陽

苗 苗 zhuó　艸初生出地皃。从艸，出聲。《詩》曰："彼苗者莪。"

郒滑切。○莊薛入　莊物

葉 䕦 yè　艸木之葉也。从艸,枼聲。与涉切。○金文 䕦 　以葉入　定葉

蓐 䕅 13 rù　甲文 苪 、苸 、苲 、蕬 、蕏 　而蜀切　日燭合三入　日屋(27/21;47/48)

陳艸復生也。从艸,辱聲[一]。一曰:蔟(cù)也[二]。凡蓐之屬皆从蓐。 䕭 ,籒文蓐从茻(同"莽")[三]。

【譯文】

舊草再次長出。"艸"爲意符,"辱"爲聲符。又一種説法是:蓐是養蠶用的蓐席。凡是和"蓐"義有關的字都以"蓐"爲構件。 䕭 ,籒文"蓐"以"茻"爲構件。

【段注】

[一]而蜀切。三部(幽、覺)。　[二]此別一義。艸部曰:"蔟,行蠶蓐也。"①"蓐"訓"陳艸復生",引申爲薦席之"蓐"②,故蠶蔟亦呼"蓐"。　[三]此不與艸部五十三文爲類而別立蓐部者,以有"薅"字從"蓐"故也。

【疏義】

①蔟:用茅草做成的供蠶做繭的器具。　②薦席:墊放東西用的草席。

【集解】

徐灝《説文注箋》:"陳艸復生曰'蓐',因之除艸曰'薅',除艸之器謂之'耨'(nòu)。"

董蓮池《部首新證》:"甲骨文寫作 苲 、苪 諸形(《甲骨文編》23、24頁),象以手持辰(清除草木的一種農具)除去草木之形,本爲'耨'、'農'二詞的初文(耨、農二詞古音近義通,故用一形,後追加意符'田'作 䕥 [沈其鐘]、䕦 [散盤],分化出'農'專字)。"

【同部字舉例】

薅 䕱 hāo　拔去田艸也。从蓐,好省聲。 䕫 ,籒文薅省。 㧜 ,薅或从休。《詩》曰:"既茠荼(苦菜)蓼(水艸)。"呼毛切。○曉平豪　曉幽

茻 茻 14 mǎng 甲文茻 金文茻 模朗切 明蕩開一上 明
陽(27/21；47/48)

衆屮也[一]。从四屮。凡茻之屬皆从茻。讀若大
徐本無"若"字與冈(wǎng)同[二]。

【譯文】

各種草。由四個"屮"字構成。凡是和"茻"義有關的字都以"茻"
爲構件。讀音與"冈"字相同。

【段注】

[一]按：經傳艸莽字當用此。 [二]謂其讀若與"冈"之讀若同
也①。模朗切。十部(陽)。

【疏義】

①讀若：指讀音。冈：當爲"罔"。《説文繫傳》作"讀若與罔同"。

【集解】

徐灝《説文注箋》："茻从四屮，猶重艸也，會意。"

朱駿聲《説文定聲》："經傳艸茻字皆以'莽'爲之。"

董蓮池《部首新證》："甲骨文寫作茻(《甲骨文編》24 頁'莫'所
從)，西周金文寫作茻(散盤'莫'所從)，均從四'屮'，草莽之象。"

【同部字舉例】

莫莫 mù 日且冥也。从日在茻中。莫故切，又慕各切。○甲文
茻、茻 金文茻、茻、茻、莫 明暮去 明魚

莽茻 mǎng 南昌謂犬善逐菟艸中爲莽。从犬从茻，茻亦聲。謀
朗切。○甲文茻、茻、茻 明蕩上 明陽

葬茻 zàng 藏也。从死在茻中。一，其中所以薦之。《易》曰：
"古之葬者，厚衣之以薪。"則浪切。○甲文茻、茻、茻 精宕去 精陽

卷二上

小 川¹⁵ xiǎo　甲文川、小、㣺　金文八、小、㣺　私兆切　心小
開三上　心宵（28/22；48/49）

**物之微也。从八，丨見而八分之^[一]。凡小之屬
皆从小。**

【譯文】
　　物體微小。以"八"爲構件，"丨"表示將物分開。凡是和"小"義
有關的字都以"小"爲構件。

【段注】
　　[一]八，別也，象分別之形，故解"从八"爲"分之"。丨才見而輒
分之，會意也。凡梱（hún）物分之則小^①。私兆切。二部（宵、藥）。

【疏義】
　　①梱：完整。

【集解】
　　商承祚《殷虛文字》："小，卜辭作三點，示微小之意。"
　　吳大澂《説文古籀補》："古文小、少爲一字。"
　　黃天樹《部首與甲骨文》："甲骨文作川，以三個小點表示微小的意思。"
　　董蓮池《部首新證》："考甲骨文，字本寫作川（《甲骨文編》27頁），
用三小點來表示微小之意。西周金文寫作八（宅簋），仍以三小點會意。
後來在下的兩點拉長並且上移，寫作小（令鼎）形，爲小篆所本。"

【同部字舉例】
　　少 㐱 shǎo　不多也。从小，丿聲。書沼切。○甲文㣺　金文少、
㣋、㣺、㣢　書小上　書宵

八)(

16 bā　甲文)(、、)(　金文八、)(　博拔切　幫點開二入
幫質(28/22;48/49)

別也[一]。象分別相背之形。凡八之屬皆从八[二]。

【譯文】

分開。字形象物體被分開相背離的樣子。凡是和"八"義有關的字都以"八"爲構件。

【段注】

[一]此以雙聲疊韻説其義。今江浙俗語以物與人謂之"八",與人則分別矣。　　[二]博拔切。古音在十一部(耕)。

【集解】

饒炯《説文部首訂》:"其形爲背,故音取於'北','北'即古'背'字。部屬'仌'即'八'之繁文。"

林義光《文源》:"八、分雙聲對轉,實本同字。"

董蓮池《部首新證》:"甲骨文所見作)((《甲骨文編》28頁),金文所見作八(《金文編》46頁),與篆形略同,均以旁分綫條示分別相背離之意,本即'分'之初文。"

【同部字舉例】

分 ﾊﾊ fēn　別也。从八从刀。刀以分別物也。甫文切。○甲文 ﾊﾊ、ﾊﾊ　金文 少　幫文平　幫文

尒 亓 ěr　詞之必然也。从入、丨、八。八象气之分散。兒氏切。○金文 ₸　日紙上　日脂

尚 尙 shàng　曾也,庶幾也。从八,向聲。時亮切。○甲文 尙、尙　金文 尙、尙、尙、尙　禪漾去　禪陽

詹 詹 zhān　多言也。从言从八从厃。職廉切。○章鹽平　章談

介 介 jiè　畫也。从八从人。人各有介。古拜切。　○甲文 介、介、介、介　見怪去　見祭

公 公 gōng　平分也。从八从厶。八猶背也。韓非曰:"背厶爲公。"古紅切。○甲文 公、公　金文 公、公、公　見東平　見東

余 余 yú　語之舒也。从八,舍省聲。以諸切。○甲文 余、余、余、余　金文 余、余、余　以魚平　定魚

采 釆

17 biàn　甲文釆、釆、釆、釆、釆、釆　金文釆、釆　蒲莧切
並襉開二去　並元(28/22；50/50)

辨別也。象獸指爪分別也[一]。凡釆之屬皆从釆。讀若辨[二]。釆,古文釆[三]。

【譯文】

分辨。字形象獸類指爪分開的樣子。凡是和"釆"義有關的字都以"釆"爲構件。讀音同"辨"字。釆,是古文"釆"字。

【段注】

[一]倉頡見鳥獸蹏迒(tíháng)之迹①,知文理之可相別異也,遂造書契。"釆"字取獸指爪分別之形。　[二]蒲莧切。十四部(元)。[三]惠氏棟云:"《尚書》'平章、平秩','平'字皆當作'釆',與古文平相似而誤。"②按:此肊測不可從。

【疏義】

①迒:野獸足迹。　②惠氏棟(1697—1758):即惠棟,字定宇,清江蘇元和(今江蘇吳縣)人,著名的漢學家,著有《易漢學》《易例》《周易述》《古文尚書考》《後漢書補注》《九經古義》《惠氏讀説文記》等書。《尚書·堯典》:"平章百姓。"孔安國傳:"百姓,百官。言化九族而平和章明百姓。"又《堯典》:"平秩東作。"孔安國傳:"秩,序也。歲起於東而始就耕,謂之東作。東方之官敬導出日,平均次序東作之事,以務農也。"

【集解】

徐灝《説文注箋》:"'釆'象獸指爪,中四點其體,千其分理也。"

王筠《説文釋例》:"'釆'字當以獸爪爲正義,辨別爲引申義,以其象形知之。""釆、番蓋一字也。'釆'下云象獸指爪分別也,'番'下云獸足謂之'番',足以明之。蓋'釆'爲古文,'番'爲篆文。"

董蓮池《部首新證》:"金文作釆、釆(《金文編》53頁),取象於獸爪。"

【同部字舉例】

番 番 fān　獸足謂之番。从釆,田象其掌。𨆌,番或从足从煩。

𥸤，古文番。附袁切。○金文𥸤、𥸤、𥸤　敷元平　滂元

悉 𢞬 xī　詳盡也，从心从采。𢞬，古文悉。息七切。○心質入　心質

釋 釋 shì　解也。从采，采，取其分別物也。从睪聲。賞職切。○
書昔入　書鐸

半 半 18 bàn 金文 半　博幔切　幫換合一去　幫元（28/22；48/50）

物中分也。从八、大徐本有"从"字**牛。牛爲物大，可以分也**[一]。**凡半之屬皆从半**[二]。

【譯文】

物體從中間分開。由"八、牛"構成。牛的形體大，故用以作爲被分的對象。凡是和"半"義有關的字都以"半"爲構件。

【段注】

[一]故取牛會意。　[二]博幔切。十四部（元）。

【集解】

徐灝《説文注箋》："'半'即肥胖本字。"

朱駿聲《説文定聲》："此字實即'判'之本字。或曰：'即'胖'之古文，故从牛。'"

董蓮池《部首新證》："'八'表剖分，'牛'表被分之物，以'牛'剖成兩半會'物中分'意。"

【同部字舉例】

胖 胖 pàn　半體肉也。一曰：廣肉。从半从肉，半亦聲。普半切。○滂換去　滂元

叛 𣊥 pàn　半也。从半，反聲。薄半切。○並換去　並元

牛 牛 19 niú 甲文 牛、牛、牛、牛　金文 牛、牛　語求切　疑尤開三平　疑之（28/22；50/51）

事也，理也[一]。**像**大徐本作"象"**角頭三、封、尾之形也**[二]。**凡牛之屬皆从牛。**

【譯文】

牛是任事的動物，其紋理可分析。字形象牛頭、兩角三部分以及

肩部、尾巴的樣子。凡是和"牛"義有關的字都以"牛"爲構件。

【段注】

[一]事也者,謂能事其事也,牛任耕;理也者,謂其文理可分析也。庖丁解牛,"依乎天理,批大郤(xì),道大窾"①。牛、事、理三字同在古音第一部(之、職)。此與"羊,祥也""馬,怒也,武也"一例。自淺人不知此義,乃改之云"大牲也,牛件也。件,事理也"②,與"吳"字下妄增之曰"姓也,亦郡也"同一紕繆。　　[二]角頭三者,謂上三岐者象兩角與頭爲三也。牛角與頭而三,馬足與尾而五。封者,謂中畫象封也,封者,肩甲墳起之處,字亦作犎(fēng)③。尾者,謂直畫下垂像尾也。羊、豕、馬、象皆像其四足,牛略之者,可思而得也。語求切。古音讀如"疑"。

【疏義】

①引文見《莊子·養生主》。郭象注:"有際之處因而批之令離,節解窾空就導令殊。"郤、窾:縫隙。　②大徐本《説文》:"牛,大牲也,牛件也。件,事理也。象角頭三、封、尾之形。"　③墳起:隆起。犎:牛背上突起的肉。

【集解】

黄天樹《部首與甲骨文》:"用牛頭之形來表示'牛'。"

董蓮池《部首新證》:"今考甲骨文,寫作 ψ、ψ、ψ 諸形(《甲骨文編》32 頁),是牛頭的綫條化寫法,並無封、尾之象。"

【同部字舉例】

特 牿 tè　朴特,牛父也。从牛,寺聲。徒得切。○定德入　定職

牝 牝 pìn　畜母也。从牛,匕聲。《易》曰:"畜牝牛吉。"毗忍切。○甲文 牝、牝、牝　並軫上　並脂

牭 牭 sì　四歲牛。从牛从四,四亦聲。犝,籀文牭,从貳。息利切。○心至去　心脂

牟 牟 móu　牛鳴也。从牛,象其聲气从口出。莫浮切。○甲文 牟　明尤平　明幽

牢 牢 láo　閑,養牛馬圈也。从牛,冬省,取其四周帀也。魯刀切。○甲文 牢、牢、牢、牢、牢　金文 牢、牢　來豪平　來幽

犓 犓 chú 以芻莖養牛也。从牛、芻，芻亦聲。《春秋國語》曰："犓豢幾何。"測愚切。○初虞平　初侯

犀 犀 xī 南徼外牛，一角在鼻，一角在頂，似豕。从牛，尾聲。先稽切。○金文 犀　心齊平　心脂

物 物 wù 萬物也。牛爲大物，天地之數，起於牽牛，故从牛。勿聲。文弗切。○甲文 、 、 　明物入　明物

犧 犧 xī 宗廟之牲也。从牛，義聲。賈侍中説：此非古字。許羈切。○曉支平　曉歌

犛 犛 [20] lí/máo 里之切　來之開三平　來之(30/24；53/53)

西南夷長髦(máo，動物頭頸上的長毛)**牛也**[一]**。从牛，𠩺**(xī，裂開，裂紋)**聲**[二]**。凡犛之屬皆从犛。**

【譯文】

西南少數民族地區的長毛牛。"牛"爲意符，"𠩺"爲聲符。凡是和"犛"義有關的字都以"犛"爲構件。

【段注】

[一]今四川雅州府清谿縣大相嶺之外有地名"旄牛"，産旄牛。而清谿縣南抵寧遠府，西抵打箭鑪，古西南夷之地，皆産旄牛，如郭璞注《山海經》所云"背、䣎及胡、尾皆有長毛"者①。小角，其體純黑，土俗用爲菜，其尾腊(xī)之可爲拂子。云"長髦"者，謂背、䣎、胡、尾皆有長毛。下文"氂"字乃專謂尾也。此牛名犛(lí)牛，音如"貍"。《楚語》："巴浦之犀、犛。"《上林賦》："獑(yōng)、旄、貘(mò)、犛。"②以其長髦也，故《史記·西南夷傳》謂之"髦牛"③；以其尾名"氂"也，故《周禮·樂師》注謂之"氂牛"④；以犛可飾旄也，故《禮》注、《爾雅》注、《北山經》、《上林賦》注、《漢書·西南夷傳》皆謂之"旄牛"⑤。氂、髦、旄三字音同，因之讀"犛"如"毛"，非也。據《上林賦》則旄、犛異物。《中山經》："荊山多犛牛。"郭曰："旄牛屬。"⑥　[二]里之切。一部(之、職)。按："犛"切"里之"，"氂"切"莫交"。徐用《唐韻》不誤，而俗本誤易之⑧。

【疏義】

①《山海經·北山經》:"又北二百里,曰潘侯之山……有獸焉,其狀如牛,而四節生毛,名曰旄牛。"郭璞注:"今旄牛背膝及胡、尾皆有長毛。"　②《國語·楚語》:"巴浦之犀、犛、兕、象,其可盡乎?"韋昭注:"犛,犛牛也。"《史記·司馬相如列傳·上林賦》:"獸則㺟(yōng)、旄、獏、犛、沈牛、麈(zhǔ)、麋。"㺟:一種領肉隆起之牛。獏:獸名,似熊,銳頭。沈牛:水牛。麈:鹿一類的動物,其尾可做拂塵。麋:麋鹿。

③《史記·西南夷列傳》:"取其筰(zuó)馬、僰(bó)僮、髦牛。"筰:古部族名,在今四川漢源一帶。僰:西南少數民族名。　④《周禮·春官宗伯·樂師》:"有旄舞。"鄭玄注:"旄舞者,犛牛尾也。"　⑤《禮記·樂記》:"比音而樂之,及干戚羽旄謂之樂。"鄭玄注:"旄,旄牛尾也,文舞所執。"《爾雅·釋畜》"犩牛",郭璞注:"旄牛也。"《文選·上林賦》:"其獸則㺟、旄、獏、犛。"李善注:"張揖曰:'旄,旄牛也,其狀如牛而四節毛……犛,牛黑色,出西南徼外。"《漢書·西南夷傳》:"旄牛重千斤。"　⑥《山海經·中山經》:"東北百里曰荊山,其陰多鐵,其陽多赤金,其中多犛牛。"郭璞注:"旄牛屬也。黑色,出西南徼外也,音'狸',一音'來'。"　⑧《唐韻》:唐孫愐撰,已佚。今大徐本《說文》"犛"下注"莫交切","氂"下注"里之切"。

【集解】

桂馥《說文義證》:"旄牛大,犛牛小。犛牛黑色,旄牛黑白二色,此其別也。"

饒炯《說文部首訂》:"犀名專水犀,犛名專山犀。"

【同部字舉例】

氂氂 lí　犛牛尾也。从犛省,从毛。里之切。○來之平　來之

氂氂 lái　彊曲毛,可以箸起衣。从犛省,來聲。麻,古文氂省。洛哀切。○來咍平　來之

告 𠮿 21 gào　甲文𠮷、𠮷、𠮷、𠮷　金文𠮷、𠮷、𠮷　古奧切　見　号開一去　見幽(30/24;53/54)

牛觸人,角箸橫木,所以告人也。从口从牛[一]。

《易》曰:"僮牛之告。"^[二]凡告之屬皆从告。

【譯文】

　　牛觸抵人,所以在其角上綁一根橫木,用以告示人。由"口、牛"構成。《周易》説:"幼牛角上的橫木。"凡是和"告"義有關的字都以"告"爲構件。

【段注】

　　[一]如許説則"告"即楅(bī)衡也①,於牛之角寓人之口爲會意。然牛與人口非一體,牛、口爲文,未見告義,且字形中無"木",則告意未㬎。且如所云,是未嘗用口,是告可不用口也。何以爲一切"告"字見義哉? 愚謂此許因"童牛之告"而曲爲之説,非字意,故木部"楅"下不與此爲轉注。此字當入口部,从口,牛聲,"牛"可入聲讀"玉"也。《廣韻》:"告上曰告,發下曰誥。"古沃切。三部(幽、覺)。音轉古到切。○又汪氏龍曰:"此因嚳字,故立告部。"②愚謂誠然。"嚳"从"斅"省③,"斅"亦"教"也。教之,故急急告之,告亦聲。然則當立斅部,"嚳"屬焉,不當有告部。　　[二]《大畜》爻辭。僮牛,僮昏之牛也。告,九家同④。王弼作"牿"。

【疏義】

　　①楅衡:捆在牛角上以防觸人和保護牛角的橫木。　②汪龍:清代學者,乾隆時舉人,字辰叔,曾官知縣,著有《毛詩異義》四卷、《毛詩申成》十卷,同時精通《説文解字》。　③《説文》告部:"嚳,告急之甚也。从告,學省聲。"　④《周易·大畜·六四》:"童牛之牿,元吉。"《經典釋文》:"童牛,無角牛也……牿,古毒反……九家作'告',《説文》同。"童牛:牛犢。

【集解】

　　朱駿聲《説文定聲》:"此字篆體小譌,當从口从之,會意,訓謁白。或曰:从口,牢省聲,亦通。"

　　林義光《文源》:"古作屮,作屮,从口、之,口之所之爲告也。屮中畫稍長,譌从'牛',作屮、作屮。"

　　徐中舒《甲骨文字典》:"甲骨文……象仰置之鈴,下象鈴身,上象鈴舌。"

董蓮池《部首新證》:"字見甲骨文,作 ǂ、ǂ、ǂ 諸形(《甲骨文編》38 頁),ǂ 的上部从 ψ、ψ、ǂ,以 ψ 最爲習見。'牛'字這時則作 ψ、ψ、ǂ(同前書 32 頁),ψ、ψ、ǂ 與 ψ、ψ、ψ 判然有別……實則'告'字 ǂ 上的 ψ、ψ 當是舌形之變,成字是取'舌'字 ǂ、ǂ、ǂ 爲基本形體,如同'言'字取舌字 ǂ、ǂ 爲基本形體一樣(因爲'言'、'告'均與舌器官有關),所不同的是'言'字在舌形 Y、ǂ、ǂ 的上部加一横畫成字,而'告'字則是將舌形 Y、ǂ、ǂ 的豎畫向上延伸成 ǂ、ǂ、ǂ 形以表告義,大概因後一形 ǂ 上所从 ǂ 近 ψ(牛字),爲避免誤解,便普遍將下部的 ∨ 形改造爲横筆,這纔有了 ǂ 形'告'字。"

【同部字舉例】

嚳 ǂ kù 急告之甚也。从告,學省聲。苦沃切。○溪沃入 溪覺

口 口 22 kǒu 甲文 ǂ、ǂ 金文 ǂ、ǂ 苦后切 溪厚開一上 溪侯(30/24;54/54)

人所以言、食也[一]。**象形**[二]。**凡口之屬皆从口。**

【譯文】

人用來説話和飲食的器官。象形。凡是和"口"義有關的字都以"口"爲構件。

【段注】

[一]言語、飲食者,口之兩大耑[1]。"舌"下亦曰:"口所以言、別味也。"《頤·象傳》曰:"君子以慎言語,節飲食。"[2] [二]苦厚切。四部(侯、屋)。

【疏義】

①耑:"端"的古字。 ②《周易》頤卦:"貞吉,觀頤,自求口實。"《象傳》:"山下有雷,頤。君子以慎言語,節飲食。"《象傳》:《周易》十翼之一,解釋六十四卦的卦名和爻辭。

【集解】

朱駿聲《説文定聲》:"口,古文作▽,象形。"

黄天樹《部首與甲骨文》:"象人嘴。"

【同部字舉例】

吞 ǂ tūn 咽也,从口,天聲。土根切。○透痕平 透文

咽 咽 yān　嗌也。从口,因聲。烏前切。○影先平　影真

呱 呱 gū　小兒噭聲。从口,瓜聲。《詩》曰:"后稷呱矣。"古乎切。○見模平　見魚

咳 咳 hāi　小兒笑也。从口,亥聲。𡼡,古文咳,从子。戶來切。○匣咍平　匣之

咀 咀 jǔ　含味也。从口,且聲。慈呂切。○從語上　從魚

味 味 wèi　滋味也。从口,未聲。無沸切。○明未去　明微

喘 喘 chuǎn　疾息也。从口,耑聲。昌沇切。○昌獮上　昌元

呼 呼 hū　外息也。从口,乎聲。荒烏切。○曉模平　曉魚

吸 吸 xī　內息也。从口,及聲。許及切。○曉緝入　曉緝

名 名 míng　自命也。从口从夕。夕者,冥也。冥不相見,故以口自名。武并切。○明清平　明耕

吾 吾 wú　我,自稱也。从口,五聲。五乎切。○疑模平　疑魚

問 問 wèn　訊也。从口,門聲。亡運切。○明問去　明文

唯 唯 wéi　諾也。从口,佳聲。以水切。○以脂平　定微

唱 唱 chàng　導也。从口,昌聲。尺亮切。○昌漾去　昌陽

和 和 hè　相䧹也。从口,禾聲。戶戈切。○匣戈平　匣歌

听 听 yǐn　笑皃。从口,斤聲。宜引切。○疑軫上　疑文

右 右 yòu　助也。从口从又。于救切。○雲宥去　匣之

吉 吉 jí　善也。从士、口。居質切。○見質入　見質

哇 哇 wā　諂聲也。从口,圭聲。讀若醫。於佳切。○影麻平　影支

吁 吁 xū　驚也。从口,于聲。況于切。○曉虞平　曉魚

呻 呻 shēn　吟也。从口,申聲。失人切。○書真平　書真

吟 吟 yín　呻也。从口,今聲。訡,吟或从音。𤝔,或从言。魚音切。○疑侵平　疑侵

叫 叫 jiào　嘑也。从口,丩聲。古弔切。○見嘯去　見幽

否 否 fǒu　不也。从口从不。方九切。○幫有上　幫之

哀 哀 āi　閔也。从口,衣聲。烏開切。○影咍平　影微

吠 吠 fèi　犬鳴也。从犬、口。符廢切。○並廢去　並祭

凵凵 ²³ kǎn　口犯切　溪范合三上　溪談(35/29;62/63)

張口也。象形[一]。凡凵之屬皆从凵。

【譯文】

　　張着口。象形。凡是和"凵"義有關的字都以"凵"爲構件。

【段注】

　　[一]也，《廣韻》作"皃"①。口犯切。八部(談)。

【疏義】

　　①《廣韻》范韻："凵，張口皃。丘犯切。"

【集解】

　　徐灝《說文注箋》："凵蓋古'函'字，象形。"

　　朱駿聲《說文定聲》："凵，坎也，塹也，象地穿，'凶'字从此。"

　　王筠《說文釋例》："'口'字象形，'凵'則省口以指事。""'凵'祇是'口'字變體，許君誤分爲二。"

　　楊樹達《積微居小學述林》："凵象坎陷之形，乃'坎'之初文。"

叩吅 ²⁴ xuān　況袁切　曉元合三平　曉元(35/29;62/63)

驚嘑(同"呼")也[一]。从二口。凡吅之屬皆从吅。讀若讙(huān，喧嘩)[二]。

【譯文】

　　驚叫。由兩個"口"字構成。凡是和"吅"義有關的字都以"吅"爲構件。讀音如"讙"字。

【段注】

　　[一]《玉篇》云："'吅'與'讙'通。"①按：言部"讙、譁"二字互訓，與驚嘑義別②。　[二]況袁切。十四部(元)。

【疏義】

　　①《玉篇》吅部："吅，火袁切。嚻也，驚呼也。與'讙'通。"　②《說文》言部："讙，譁也。""譁，讙也。"

【集解】

朱駿聲《説文定聲》："'吅'字亦作'喧'、作'嚾'。"

【同部字舉例】

嚴 嚴 yán　教命急也。从吅，厰(yín)聲。嚴，古文。語杴切。○金文 𣎴、�、嚴、嚴、嚴、嚴　疑嚴平　疑談

咢 咢 è　譁訟也。从吅，屰聲。五各切。○金文 咢、咢、咢、咢、咢　疑鐸人　疑鐸　按：同"㖾"。

單 單 dān　大也。从吅、甲，吅亦聲。闕。都寒切。○甲文 丫、丫、丫、丫、丫、丫　金文 丫、丫、丫、丫　按："單"本爲獨體象形字，象一種防身的兵器。端寒平　端元

喌 喌 zhōu　呼雞重言之。从吅，州聲。讀若祝。之六切。○章尤平　章幽

哭 哭 ²⁵　kū　苦屋切　溪屋合一入　溪屋(35/29；63/63)

哀聲也。从吅，从大徐本無"从"字**獄省聲**[一]**。凡哭之屬皆从哭。**

【譯文】

哀痛的叫聲。以"吅"爲意符，以"獄"的省體爲聲符。凡是和"哭"義有關的字都以"哭"爲構件。

【段注】

[一]苦屋切。三部(幽、覺)。按：許書言"省聲"多有可疑者。取一偏旁，不載全字，指爲某字之省，若"家"之爲"豭(jiā)"省①，"哭"之从"獄"省，皆不可信。"獄"固从"狀(yín)"，非从"犬"，而取"狀"之半。然則何不取"㲉(hù)、獨、倏、猢(gū)"之省乎？竊謂从犬之字，如"狡、獪、狂、默、猝、猥、姍②、狠、獷、狀、獳(nòu)、狎、狃(niǔ)、犯、猜、猛、犺(kàng)、猰(qiè)、狟(huán)、戾、獨、狩、臭、獘、獻、類、猶"卅字皆从犬③，而移以言人。安見非"哭"本謂犬嗥，而移以言人也？凡造字之本意，有不可得者，如"禿"之从"禾"④；用字之本義亦有不可知者，如"家"之从豕、"哭"之从犬。愚以爲"家"入豕部，从豕、宀，"哭"

入犬部,从犬、吅,皆會意,而移以言人。庶可正"省聲"之勉强皮傅乎⑤? 哭部當廁犬部之後。

【疏義】

①《説文》宀部:"家,居也。从宀,豭省聲。"《段注》:"此字爲一大疑案。'豭'省聲讀'家',學者但見从豕而已。从豕之字多矣,安見其爲'豭'省耶? ……竊謂此篆本義乃豕之尻(同'居')也,引申叚借以爲人之尻。字義之轉移多如此。"　②"姍"應爲"狦"之誤。《説文》犬部:"狦,惡健犬也。从犬,删省聲。"　③段氏所舉實只有二十七字。④《説文》禿部:"禿,無髮也。从人,上象禾粟之形,取其聲。凡禿之屬皆从禿。王育説:倉頡出見禿人伏禾中,因以制字。未知其審。"《段注》:"因一時之偶見,遂定千古之書契,禿人不必皆伏禾中,此説殆未然矣。"　⑤皮傅:以膚淺的言詞牽强附會。

【集解】

朱駿聲《説文定聲》:"哭,犬哀嗥聲也。从犬,㹞省聲。"

【同部字舉例】

喪 鹵 sàng　亡也。从哭从亡。會意。亡亦聲。息郎切。〇甲文

𣦼、𣦼、𣦼、𣦼、𣦼、𣦼　金文𣦼、𣦼、𣦼、𣦼　心宕去　心陽　按:以衆"口"爲意符,以"桑"之象形初文爲聲符。

走 迮　26 zǒu　甲文𣥂、𣥂　金文𣥂、𣥂、𣥂、𣥂　子苟切　精厚
　　　　　　開一上　精侯(35/29;63/64)

趨也[一]**。从夭、止。夭**大徐本有"止"者,**屈也**[二]**。凡走之屬皆从走。**

【譯文】

跑步。由"夭、止"構成。夭,是"屈"的意思。凡是和"走"義有關的字都以"走"爲構件。

【段注】

[一]《釋名》曰"徐行曰步、疾行曰趨、疾趨曰走"①。此析言之。許渾言不別也。今俗謂走徐、趨疾者,非。　[二]依《韻會》訂②。夭部曰:"夭,屈也。"止部曰:"止爲足。"从夭、止者,安步則足胻(héng)較

直③，趨則屈多。子苟切。四部（侯、屋）。《大雅》假"本奏"爲"奔走"④。

【疏義】

①《釋名·釋姿容》："徐行曰步，步，捕也，如有所伺捕，務安詳也。疾行曰趨，趨，赴也，赴所至也。疾趨曰走，走，奏也，促有所奏至也。"　②大徐本《説文》作"夭止者，屈也"。《韻會舉要》有韻："走，《説文》：'走，趨也。'本作'㐬'，从夭、止。夭者，屈也。"　③胻：小腿。④《詩經·大雅·緜》："予曰有奔奏。"鄭玄箋："奔奏，使人歸趨之。"《經典釋文》作"奔走"，曰："'奔'又作'本'，'走'又作'奏'。"

【集解】

王筠《説文句讀》："'夭'當作'犬'。止者，足也。"

朱駿聲《説文定聲》："此字顧藹吉《隸辨》訂从犬从止，存參。"

林義光《文源》："古作ㄓ，象人走搖兩手形。从止，止象其足。"

黄天樹《部首與甲骨文》："甲骨文作ㄓ，是'走'之初文。金文增加足趾形作 ，象人小跑時兩臂擺動得很劇烈的樣子。"

董蓮池《部首新證》："甲骨文寫作 ，象人擺動雙臂奔跑之形，是獨體象形字。"

【同部字舉例】

趨 qū　走也。从走，芻聲。七逾切。○清虞平　清侯

赴 fù　趨也。从走，仆省聲。芳遇切。○滂遇去　滂侯

趣 qù　疾也。从走，取聲。七句切。○清遇去　清侯

超 chāo　跳也。从走，召聲。敕宵切。○徹宵平　透宵

赳 jiū　輕勁有才力也。从走，丩聲。讀若鐈。居黝切。○見幽平　見幽

越 yuè　度也。从走，戉聲。王伐切。○雲月入　匣月

起 qǐ　能立也。从走，己聲。，古文起，从辵。墟里切。○溪止上　溪之

趙 zhào　趨趙也。从走，肖聲。治小切。○澄小上　定宵

趠 chuō　遠也。从走，卓聲。敕角切。○徹覺入　透藥

趄 jū　趑趄也。从走，且聲。七余切。○清魚平　清魚

止 止

27 zhǐ 甲文 ⏁、⏂ 金文 止 諸市切 章止開三上 章之（38/32;67/68）

下基也[一]。**象艸木出有阯**“阯”大徐本作“址”[二]，**故以止爲足**[三]。**凡止之屬皆从止**。

【譯文】

基礎。字象草木生出下部有根基之形，所以用“止”表示足。凡是和“止”義有關的字都以“止”爲構件。

【段注】

[一]與“兀(jī)”同部同義①。　[二]“止”象艸木生有阯。“屮”象艸木初生形。“㞢”象艸過屮，枝莖益大。“出”象艸木益滋，上出達也②。　[三]此引申假借之法。凡以“韋”爲皮韋，以“朋”爲朋黨，以“來”爲行來之“來”，以“西”爲東西之“西”，以“子”爲人之偁，皆是也③。以“止”爲人足之偁與以“子”爲人之偁正同。許書無“趾”字，“止”即“趾”也。《詩》“麟之止”，《易》“賁其止、壯于前止”，《士昏禮》“北止”，注曰“止，足也”④。古文“止”爲“趾”，許同鄭，从今文，故不錄“趾”字。如从今文“名”，不錄古文“銘”也。或疑“銘、趾”當爲今文，“名、止”當爲古文。周尚文，自有委曲煩重之字不合於倉頡者，故“名、止”者，古文也；“銘、趾”者，後出之古文也。古文《禮》、今文《禮》者，猶言古本、今本也。古本出於周，從後出之古文；今本行於漢，轉從最初之古文。猶隸、楷之體，時或有捨小篆用古、籀體者也。諸市切。一部(之、職)。

【疏義】

①《説文》兀部：“兀，下基也，薦物之兀。象形。”　②《説文》之部：“之，出也。象艸過屮，枝莖益大，有所之。一者，地也。”屮部：“屮，艸木初生。象丨出形，有枝莖也。”出部：“出，進也。象艸木益滋上出達也。”《段注》：“艸木由才而屮而之而出，日益大矣。”　③《説文》韋部：“韋，相背也。獸皮之韋可以束枉戾相韋背，故藉以爲皮韋。”鳥部：“鳳，神鳥也……𦾖，古文鳳，象形。鳳飛，羣鳥從以萬數，故以爲朋黨字。”𦾖，隸作“朋”。來部：“來，周所受瑞麥來麰。一來二

縫,象芒朿之形。天所來也,故爲行來之‘來’。”西部:“西,鳥在巢上。象形。日在西方而鳥棲,故因以爲東西之‘西’。”子部:“子,十一月陽氣動,萬物滋,人以爲偁。象形。” ④《詩經·周南·麟之趾》:“麟之趾,振振公子。”毛傳:“趾,足也。”《周易》賁卦·初九:“賁其趾,舍車而徒。”《經典釋文》:“趾一本作‘止’。鄭云:‘趾,足。’”《周易》夬卦·初九:“壯於前趾。”《經典釋文》:“趾,荀作‘止’。”《儀禮·士昏禮》:“皆有枕,北止。”鄭玄注:“止,足也。古文‘止’作‘趾’。”

【集解】

朱駿聲《説文定聲》:“‘止’當以足止爲本義。”

王筠《説文釋例》:“止者,‘趾’之古文也。”

黄天樹《部首與甲骨文》:“(止)是‘趾’的初文。”

董蓮池《部首新證》:“字見甲骨文,作、、(《甲骨文編》55頁),象人足趾,是‘趾’的初文。”

【同部字舉例】

歱 zhǒng　跟也。从止,重聲。之隴切。○金文　章腫上　章東

歬 qián　不行而進謂之歬。从止在舟上。昨先切。○甲文、、、　金文、、、、　從先平　從元

歷 lì　過也。从止,厤聲。郎擊切。○甲文、、、、　金文、　來錫入　來錫

歸 guī　女嫁也。从止,从婦省,𠂤聲。,籀文省。舉韋切。○甲文、、、、、、　金文、、、、、、、　見微平　見微

歰 sè　不滑也。从四止。色立切。○山緝入　山緝

癶[28]　bō　北末切　幫末合一入　幫月(38/32;68/68)

足刺癶(同“癶”)也[一]。**从止、㞢。凡癶之屬皆从癶**[二]。**讀若撥**[三]。

【譯文】

　　兩腳相背不順。由"止、𣥠"構成。凡是和"𣥠"義有關的字都以"𣥠"爲構件。讀音同"撥"字。

【段注】

　　[一]刺、𣥠疊韻字。刺,盧達切。　　[二]隸變作"𣥠"。　　[三]北末切。十五部(脂、微、物、月)。

【集解】

　　徐灝《説文注箋》"止、𣥠相並爲'𣥠'。"

　　朱駿聲《説文定聲》:"止、𣥠相背曰'𣥠',止、𣥠相連曰'步'。"

　　董蓮池《部首新證》:"考'登'字,甲骨文所從'𣥠'作 𣥠 、𣥠 ,二'止'或相背,或相對。許訓'登'爲'上車也',則'𣥠'當表雙足向上登進義。又考'癹'字,甲骨文作 𣥠 (《甲骨文合集》9085,1321頁),所從'𣥠'作二'止'相對形,許訓'癹'爲'以足蹋夷艸'。則'𣥠'當表足蹋之意。"

【同部字舉例】

　　登 𤾙 dēng　上車也。从𣥠、豆,象登車形。𤾦,籕文登,从収。都滕切。○甲文 𤾙 、𤾙 、𤾙 、𤾙 、𤾙 、𤾙 　金文 𤾙 、𤾙 、𤾙 、𤾙 、𤾙 、𤾙 、𤾙 　端登平　端蒸

　　癹 𤼲 bá　以足蹋夷艸。从𣥠从殳。《春秋傳》曰:"癹夷蘊崇之。"普活切。○甲文 𤼲 、𤼲 、𤼲 、𤼲 、𤼲 、𤼲 　滂末入　滂月

步 步 [29] bù　甲文 𣥵 、𣥵 　金文 𣥵 、𣥵 、𣥵 　薄故切　並暮合一去　並魚(38/32;68/69)

行也[一]。从止𣥠相背[二]。凡步之屬皆从步。

【譯文】

　　行走。由"止、𣥠"二字相背而成。凡是和"步"義有關的字都以"步"爲構件。

【段注】

　　[一]行部曰:"人之步趨也。"步徐,趨疾。《釋名》曰:"徐行曰步。"　[二]止、𣥠相並者,大登之象;止、𣥠相隨者,行步之象。"相背"猶"相隨"也。薄故切。五部(魚、鐸)。

【集解】

朱駿聲《説文定聲》：“止、屮相連曰‘步’。”

羅振玉《增訂殷虛書契考釋》：“‘步’象前進時左右足一前一後形。”

黃天樹《部首與甲骨文》：“甲骨文作𣥂，象左右兩‘止’（腳）一前一後交替前進之形。”

董蓮池《部首新證》：“商代金文作𣥂（子且午尊），甲骨文寫作𣥂（《甲骨文編》60頁），均以左右兩足前後相隨表示行進義。”

【同部字舉例】

歲 歲 suì　木星也。越歷二十八宿，宣徧陰陽，十二月一次。從步，戌聲。《律歷書》名五星爲五步。相銳切。○甲文𡉉、𡧑、𡧑、𡉉、𡉉、𡉉、𠂤　金文𡉉、𡌉、𡌉、𡇨、𡇨、𡉉、𡆥　心祭去　心祭

此 30 cǐ　甲文𣥂、𧿸、𧿸、𣥂、𣥂　金文𧿸、𧿸、𧿸　雌氏切
清紙開三上　清支（38/32；68/69）

止也[一]。從止、匕（bǐ）[二]。匕，相比次也[三]。凡此之屬皆從此。

【譯文】

停止。由“止、匕”構成。匕，相並列。凡是和“此”義有關的字都以“此”爲構件。

【段注】

[一]《釋詁》曰：“已，此也。”① 正互相發明。於物爲止之處，於文爲止之詞。　[二]句。　[三]此釋從匕之故，相比次而止也。雌氏切。十五部（脂、微、物、月）。漢人入十六部（支、錫）。

【疏義】

①《爾雅·釋詁》：“茲、斯、咨、呰、已，此也。”

【集解】

朱駿聲《説文定聲》：“‘此’從‘匕’聲。”

徐灝《説文注箋》：“止者，所止之處，‘匕’當爲聲。”

林義光《文源》：“古作𧿸，亻即‘人’之反文，從人、止。此者，近處

之稱,近處即其人所止之處也。"

董蓮池《部首新證》:"字見甲骨文,寫作屮屮(《甲骨文編》62 頁),西周金文寫作屮(此盉),左从足趾之屮(趾),右从枇杷之丿(枇),依許説,丿在構形中表示相並列之意,如此則丿應是𠤎(比)之省。字从'比'省,是以足相並列不前會停止意。"

【同部字舉例】

　　啙 齜 zǐ　窳(yǔ)也,闕。將此切。○按:窳意爲惡劣、粗劣。精

紙上　精支

卷二下

正 𤴓 ³¹ zhèng　甲文 𧿹、𠩊、𧾷、𧾷、𠯑　金文 𧾷、𧾷、𤴓、𤴓、𤴓、
𤴓、𤴓　之盛切　章勁開三去　章耕(39/33；69/70)

是也。从一“一”大徐本作“止”^[一]，一以止^[二]。凡正
之屬皆从正。𤴓，古文正，从二。二，古文上字^[三]。
𤴓，古文正，从一、足。足大徐本有“者”亦止也^[四]。

【譯文】

　　端正不斜。以“一”爲構件，“一”用以表示制止。凡是和“正”義有
關的字都以“正”爲構件。𤴓，是古文“正”字，以二爲構件。二，是古文
“上”字。𤴓，也是古文“正”字，由“一、足”構成。“足”也是“止”。

【段注】

　　[一]句。　[二]江沅曰：“一，所以止之也。如‘乍’之止亡，
‘毋’之止姦，皆以‘一’止之。”^①之盛切，十一部(耕)。　[三]此亦同
辛(qiān)、示、辰、龍、童、音、章，皆从二(shàng)^②。　[四]止部曰：
“止爲足。”

【疏義】

　　①引文見江沅《説文解字音韻表》。江沅：清代江蘇吳縣人，著名的
經學家和文字訓詁學家。　②《説文》辛部：“辛(𢆉)，辠也。从干、二。
二，古文上字。”示部：“示，天垂象，見吉凶，所以示人也。从二。三垂，日
月星也。”《段注》：“二，古文‘上’。”辰部：“辰，震也……从二。二，古文
‘上’字。”龍部：“龍，鱗蟲之長……从肉，飛之形，童省聲。”辛部：“童，
男有辠曰奴，奴曰童，女曰妾。从辛，重省聲。”音部：“音，聲也……从
言，含一。”章部：“章，樂竟爲一章。从音从十。十，數之終也。”

【集解】

朱駿聲《説文定聲》：“此字本訓當爲‘侯中也’，象方形。即曰‘从止’，亦矢所止也。”

徐灝《説文注箋》：“一者，建中立極之義，由是而至焉，則正矣。”

黄天樹《部首與甲骨文》：“甲骨文作 𝌆，‘囗’代表行程的目的地，‘止’向‘囗’表示向目的地行進。‘正’是‘征’的初文，本義是遠征。”

董蓮池《部首新證》：“考甲骨文作 𝌆、𝌆 諸形（《甲骨文編》63頁），所从的 囗 代表目的地，下面的 𝌆（‘趾’的象形）朝向它，表示往目的地行進，即‘征’的初文，本義是遠行。”

劉釗《古文字構形學·聲符的誤解》：“甲骨文‘正’字作 𝌆，从 囗 从止。過去多以爲是會意字，謂 囗 象城邑，以腳趾表示前往征伐，應爲征伐之‘征’的本字。按甲骨文‘丁’字作 囗，所以 𝌆 所从之 囗 也有是‘丁’字的可能。曾有學者指出‘正’字从‘丁’聲，這一分析應該是正確的。”

【同部字舉例】

乏 乏 fá　《春秋傳》曰：“反正爲乏。”房法切。○並乏入　並葉

是 是 32 shì　金文 𝌆、𝌆、𝌆、𝌆、𝌆、𝌆　承旨切　禪紙開三　上　禪支（39/33；69/70）

直也[一]。从日、正[二]。凡是之屬皆从是。 𝌆，籀文是，从古文正[三]。

【譯文】

端正。由“日、正”構成。凡是和“是”意有關的字都以“是”爲構件。 𝌆，是籀文“是”字，以古文“正”爲構件。

【段注】

［一］直部曰：“正見也。”　［二］十目燭隱則曰“直”[①]，以日爲正則曰“是”，从日、正會意。天下之物莫正於日也。《左傳》曰：“正直爲正，正曲爲直。”[②]《五經文字》“是”入日部[③]，則唐本从曰也恐非。承旨切。“旨”當作“紙”。十六部（支、錫）。　［三］按：此知籀、篆皆从日。

【疏義】

①燭：明察，察看。《説文》乚（yǐn）部“直”下曰：“从十、目、乚。”

《段注》:"謂以十目視乚,乚者無所逃也。"乚:同"隱"。　②《左傳·襄公七年》文。　③《五經文字》:辨正經傳文字形體的字書,唐人張參撰。

【集解】

朱駿聲《説文定聲》:"籀从古文'正',或曰从旦从正,亦通。"

董蓮池《部首新證》:"今考字見西周金文,寫作 𝌆(毛公旅鼎)、𝌆(毛公鼎),不从'日'、'正',構形原理不明。"

【同部字舉例】

𦙍 𦙍 wěi　是也。从是,韋聲。《春秋傳》曰:"犯五不韙。"悻,籀文韙,从心。于鬼切。○雲尾上　匣微

𣲏 𣲏 xiǎn　是少也,𣲏俱存也。从是、少。賈侍中説。穌典切。○心獮上　心元

辵 辵　33 chuò　甲文 𢖩、𢖩、𢖩、𢖩　丑略切　徹藥開三入　透鐸(39/33;70/70)

乍行乍止也[一]。**从彳、**大徐本有"从"**止**[二]。**凡辵之屬皆从辵。讀若《春秋傳》**大徐本作"《春秋公羊傳》"**曰:"辵階而走。"**[三]

【譯文】

忽行忽止。由"彳、止"構成。凡是和"辵"義有關的字都以"辵"爲構件。讀音同《春秋公羊傳》"辵階而走"一語中的"辵"。

【段注】

[一]《公食大夫禮》注曰:"不拾級而下曰辵。"①鄭意不拾級而上曰"栗階",亦曰"歷階";不拾級下曰"辵階"也。《廣雅》:"辵,奔也。"②　[二]彳者乍行,止者乍止。丑略切。古音蓋在二部(宵、藥),讀如"超"。　[三]"讀若"二字衍。《春秋傳》者,《公羊·宣二年》文。今《公羊》作"躇",何休曰:"躇猶超,遽不暇以次。"③

【疏義】

①《儀禮·公食大夫禮》:"賓栗階升,不拜。"鄭玄注:"不拾級而下曰辵。"栗:通"歷","栗階"即"歷階"。　②引文見《廣雅·釋宮》。

③《春秋公羊傳·宣公六年》：“躇（chuò）階而走。”何休注：“‘躇’猶‘超’，遽不暇以次……一本作‘辵’，音同。”宣二年：當屬“宣六年”之誤。遽不暇以次：匆忙之中顧不上拾級而行。躇階：越階。遽：迅速。

【集解】

商承祚《殷虛文字》：“〳〱，此殆即許書之‘辵’，古文从‘辵’者亦从‘行’。”

林義光《文源》：“辵，从行省，从止。”

黃天樹《部首與甲骨文》：“這是個會意字。小篆‘辵’是由‘彳’跟‘止’合成的。‘彳’本是當道路講的‘行’的省體，‘止’是腳的象形，合起來表示在路上行走的意思。”

董蓮池《部首新證》：“甲骨文所見寫作〳〱、〰諸形（《甲骨文編》64頁‘逆’所从），从彳，彳是十字街路的象形〹的一半，表示街路；〤是足趾之‘趾’的象形，合起來表示在街路上行走，本義爲行。”

【同部字舉例】

迹 𧗸 jī　步處也。从辵，亦聲。𨾈，或从足，責。𨙲，籀文迹，从朿。資昔切。○金文 𨒨、𨒗、𨒫、𨒬　精昔入　精錫

巡 𨒅 xún　延行皃。从辵，川聲。詳遵切。○邪諄平　邪文

逝 𨖨 shì　往也。从辵，折聲。讀若誓。時制切。○禪祭去　禪祭

述 𧗸 shù　循也。从辵，术聲。𧗸，籀文从秫。食聿切。○船術入　船物

遵 𨕐 zūn　循也。从辵，尊聲。將倫切。○精諄平　精文

適 𨖷 shì　之也。从辵，啻聲。適，宋魯語。施隻切。○金文 𨘹　書昔入　書錫

造 𨕜 zào　就也。从辵，告聲。譚長說：造，上士也。𦨶，古文造从舟。七到切。○金文 𨖧、𨖨、𨖩、𨖪、𨖫、𨖬、𨖭、𨖮、𨖯、𨖰　清號去　清幽

逾 𨗈 yú　䎀進也。从辵，俞聲。《周書》曰：“無敢昏逾。”羊朱切。○金文 𨗈　以虞平　定侯

速 𨘷 sù　疾也。从辵，束聲。𨙘，籀文从欶。𠣙，古文从欶从

言。桑谷切。○金文🀆　心屋入　心屋

　　迅🀆 xùn　疾也。从辵，卂聲。息晉切。○心震去　心眞

　　逆🀆 nì　迎也。从辵，屰聲。關東曰"逆"，關西曰"迎"。宜戟切。○甲文🀆、🀆、🀆、🀆、🀆、🀆、🀆、🀆、🀆、🀆　金文🀆、🀆、🀆、🀆、🀆、🀆、🀆　疑陌入　疑鐸

　　迎🀆 yíng　逢也。从辵，卬聲。語京切。○疑庚平　疑陽

　　遇🀆 yù　逢也。从辵，禺聲。牛具切。○甲文🀆　金文🀆、🀆　疑遇去　疑侯

　　遭🀆 zāo　遇也。从辵，曹聲。一曰：遭行。作曹切。○精豪平　精幽

　　逢🀆 féng　遇也。从辵，夆省聲。符容切。○甲文🀆　金文🀆　並鍾平　並東

　　通🀆 tōng　達也。从辵，甬聲。他紅切。○甲文🀆、🀆、🀆、🀆、🀆、🀆　金文🀆、🀆、🀆、🀆　透東平　透東

　　返🀆 fǎn　還也。从辵从反，反亦聲。《商書》曰："祖甲返。"𣊟，《春秋傳》返从彳。扶版切。○金文🀆、🀆、🀆、🀆　幫阮上　幫元

　　送🀆 sòng　遣也。从辵，俗省。🀆，籀文不省。蘇弄切。○金文🀆　心送去　心東

　　逗🀆 dòu　止也。从辵，豆聲。田候切。○定候去　定侯

　　逶🀆 wēi　逶迤，衺去之皃。从辵，委聲。🀆，或从虫、爲。於爲切。○影支平　影歌

　　遂🀆 suì　亡也。从辵，㒸聲。🀆，古文遂。徐醉切。○金文🀆、🀆、🀆、🀆、🀆、🀆、🀆、🀆　邪至去　邪微

　　逃🀆 táo　亡也。从辵，兆聲。徒刀切。○金文🀆　定豪平　定宵

　　追🀆 zhuī　逐也。从辵，𠂤聲。陟佳切。○金文🀆、🀆、🀆、🀆、🀆、🀆、🀆　知脂平　端微

　　逐🀆 zhú　追也。从辵，从豚省。直六切。○金文🀆、🀆、🀆　澄屋入　定覺

　　近🀆 jìn　附也。从辵，斤聲。🀆，古文近。渠遴切。○羣隱上

羣文

迃 訏 yū　避也。从辵，于聲。憶俱切。○金文訏　影虞平　影魚

道 䢔 dào　所行道也。从辵从首。一達謂之道。𪥀，古文道，从首、寸。徒晧切。○金文䢔、衟、衟、衟、衟、衟、衟、道、道　定晧上　定幽

彳　彳　34 chì　甲文彳、彳　丑亦切　徹昔開三入　透鐸（42/36；76/76）

小步也。象人脛三屬相連也[一]**。凡彳之屬皆从彳。**

【譯文】

小步子。字象人大腿、小腿、足三部分相連之形。凡是和"彳"義有關的字都以"彳"爲構件。

【段注】

[一] 三屬者，上爲股，中爲脛，下爲足也。單舉脛者，舉中以該上下也，脛動而股與足隨之。丑亦切。李斯作彳，筆迹小變也[①]。

【疏義】

①李斯作彳：相傳嶧山石刻爲秦相李斯所書，其中"辵"旁多作辵，如"逆"作辤；"彳"旁多作彳，如"御"作𢓜，與《説文》小篆略異。

【集解】

王筠《説文釋例》："彳、亍二字，分'行'字以會意。許謂彳象形……誤也。"

黃天樹《部首與甲骨文》："甲骨文偏旁作彳，本是'行'的省體，象道路之形。"

董蓮池《部首新證》："考甲骨文所見寫作彳、彳，是'行'字的左半部分，'行'字甲骨文寫作行、行（《甲骨文編》81 頁），是十字街路的象形，引申以表行走義，'彳'取'行'之左半成字，亦取其行走義。"

【同部字舉例】

徑 徑 jìng　步道也。从彳，巠聲。居正切。○見徑去　見耕

復 復 fù　往來也。从彳，复聲。房六切。○甲文復　金文復、

復、徬、須、彗、𦥑、𦥻、𨒪、𢔔、𡲥　並屋入　並覺

　　往徃 wǎng　之也。从彳，坒聲。𨓆，古文从辵。于兩切。○甲
文𡳿　金文𨓵、𡳿　雲養上　匣陽

　　彼𢔏 bǐ　往有所加也。从彳，皮聲。補委切。○金文𢑚　幫紙
上　幫歌

　　循𢔺 xún　行順也。从彳，盾聲。詳遵切。○邪諄平　邪文

　　徐𢓡 xú　安行也。从彳，余聲。似魚切。○邪魚平　邪魚

　　待𢓩 dài　竢也。从彳，寺聲。徒在切。○金文𡳿　定海上　定之

　　後𢔏 hòu　遲也。从彳，幺，夂者，後也。𨒨，古文後，从辵。胡口
切。○甲文𢔏、𢔏　金文𢔏、𢔏、𢔏、𢔏、𢔘、𢔏　匣厚上　匣侯

　　得𢔶 dé　行有所得也。从彳，旻聲。𢔶，古文省彳。多則切。○
甲文𢔘、𢔘、𢔘、𢔘、𢔣、𢔘、𢔜　金文�、�、�㝵、�㝵、�㝵、�㝵、�㝵　端
德入　端職

　　律𢔵 lǜ　均布也。从彳，聿聲。呂戌切。○來術入　來物

　　御𢔜 yù　使馬也。从彳从卸。𢔷，古文御，从又从馬。牛據切。
○甲文𢔏、𢔏　金文�㐄、�㐄、�卸、�卸、�御、�御、�御、�御、�御、�御　疑御去
疑魚

亍彳³⁵　yǐn　余忍切　以軫開三上　定真(44/38；77/78)

長行也[一]。**从彳，引之**[二]。**凡亍之屬皆从亍。**

【譯文】

　　引長。以"彳"爲構件，拉長末筆。凡是和"亍"義有關的字都以
"亍"爲構件。

【段注】

　　[一]《玉篇》曰："今作'引'。"①是引弓字行而"亍"廢也。
[二]引長之也。余忍切。十二部(真)。

【疏義】

　　①顧野王《玉篇》亍部："亍，余忍切。長行也。今作'引'。"

【集解】

饒炯《説文部首訂》：“廴，經典皆借引弓字爲之。”

徐灝《説文注箋》：“長行者，連步行也，故从‘彳’而引長之。”

惠棟《惠氏讀説文記》：“‘廴’俗作‘引’。”

董蓮池《部首新證》：“此即‘彳’的變文。”

【同部字舉例】

廷 𢓜 tíng　朝中也。从廴，壬(tǐng)聲。特丁切。○金文 𡊁、𡊁、
𡊁、𡊁、𡊁、𡊁　定青平　定耕

建 𢀜 jiàn　立朝律也。从聿从廴。居萬切。○金文 𢀜、𢀜、𢀜
見願去　見元

延 㢟 36　chān　甲文 𣥐、𣥐　金文 𣥐、𣥐、𣥐、𣥐、𣥐、𣥐　丑連切
徹仙開三平　透元(44/38；77/78)

安步延延也。从廴、止[一]。凡延之屬皆从延。

【譯文】

緩步行走的樣子。由“廴、止”構成。凡是和“延”義有關的字都以
“延”爲構件。

【段注】

[一]引而復止，是安步也。丑連切。十四部(元)。《魏志》：“鍾
會兄子毅及峻延下獄。”裴曰：“延，敕連反。”①按：即延字也，“止”之隸
變作“山”。

【疏義】

①陳壽《三國志・魏書》：“會所養兄子毅及峻延等下獄。”裴松之
注：“延，敕連反。”

【集解】

徐灝《説文注箋》：“辵部延字與此形義皆相近，疑本一字。”

饒炯《説文部首訂》：“从廴从止，會意。”

林義光《文源》：“从廴之字，如‘廷、建’古皆从‘∟’，‘∟’象庭隅。
止，足迹，在其上，庭隅可以安步也。”

董蓮池《部首新證》：“从‘彳’从‘止’，表示人在路上行走，與部内
‘延’爲一字。”

【同部字舉例】

延延 yán　長行也。从延,丿聲。以然切。〇金文 ⿰ 以仙平
定元

行 ⿰ 37 xíng　甲文 ⿰、⿰、⿰　金文 ⿰、⿰、⿰、⿰、⿰　戸庚切
匣庚開二平　匣陽(44/38;78/78)

人之步趨也[一]。**从彳**、大徐本有“从”**亍**[二]。**凡行
之屬皆从行。**

【譯文】

人行走。由“彳、亍”構成。凡是和“行”義有關的字都以“行”爲
構件。

【段注】

[一]步,行也;趨,走也。二者一徐一疾,皆謂之行,統言之也。
《爾雅》:“室中謂之時,堂上謂之行,堂下謂之步,門外謂之趨,中庭謂
之走,大路謂之奔。”①析言之也。引申爲巡行、行列、行事、德行。
[二]彳,小步也;亍,步止也。戸庚切。古音在十部(陽)。

【疏義】

①引文見《爾雅·釋宮》。孫奭疏:“此皆人行步趨走之處,因以名云。
室中名時,時然後動。堂上曰行,謂平行也。堂下曰步。”時:通“伺”。

【集解】

商承祚《殷虚文字》:“⿰象四達之衢,人所行也。由⿰而變爲⿰,
形已稍失。許書作⿰,則形義全不可見。”

羅振玉《殷虚書契考釋》:“⿰象四達之衢,人之所行也。”

黄天樹《部首與甲骨文》:“甲骨文作⿰,象十字交叉的道路之形。
‘行’的本義是道路,行走是引申義。”

董蓮池《部首新證》:“考甲骨文寫作⿰(《甲骨文編》81 頁),象十
字街路形,本義指道路。因道路供人行走,故引申爲行走義。”

【同部字舉例】

術 ⿰ shù　邑中道也。从行,术聲。食聿切。〇船術入　船物

街 ⿰ jiē　四通道也。从行,圭聲。古膎切。〇見佳平　見支

衢𘗵 qú　四達謂之衢。从行，瞿聲。其俱切。○羣虞平　羣魚

衝𘗶 chōng　通道也。从行，童聲。《春秋傳》曰：“及衝，以戈擊之。”昌容切。○昌鍾平　昌東

衛𘗷 wèi　宿衛也。从韋、帀，从行。行，列衛也。于歲切。○甲文𘗸、𘗹、𘗺、𘗻、𘗼　金文𘗽、𘗾、𘗿、𘘀、𘘁、𘘂、𘘃、𘘄、𘘅　雲祭去　匣祭

齒 𘘆　38 chǐ　甲文𘘇、𘘈、𘘉、𘘊、𘘋、𘘌、𘘍　金文𘘎　昌里切　昌止開三上　昌之(44/38;78/79)

口齗(yín)骨也[一]。象口齒之形[二]，止聲[三]。凡齒之屬皆从齒。𘘏大徐本作𘘐[四]，古文齒字[五]。

【譯文】

口中牙齦上長的骨頭。象口和牙齒的形狀，“止”爲聲符。凡是和“齒”義有關的字都以“齒”爲構件。𘘏，是古文“齒”字。

【段注】

[一]鄭注《周禮》曰：“人生齒而體備。男八月、女七月而生齒。”①　[二]𘘑者，象齒，餘“口”字也。　[三]昌里切。一部(之、職)。　[四]从小徐也，大徐本誤②。　[五]古文獨體象形，不加聲旁。

【疏義】

①《周禮·秋官司寇·小司寇》：“及大比，登民數，自生齒以上，登於天府。”鄭玄注：“大比，三年大數民之衆寡也。人生齒而體備，男八月而生齒，女七月而生齒。”　②𘘏爲《説文繫傳》的古文字形，與大徐本不同。

【集解】

王筠《説文句讀》：“‘一’者，上下齒中間之虛縫。𘘑則齒形。”

于省吾《甲骨文字釋林》：“甲骨文‘齒’字象口内齒牙形。”

黃天樹《部首與甲骨文》：“甲骨文作𘘒，象口内有齒牙之形。到了戰國銅器《中山王𬹭壺》始加注音符‘止’寫作𘘎，成爲形聲字。”

董蓮池《部首新證》：“甲骨文作𘘓（《甲骨文編》85頁），正象口内長着牙齒之形。篆文所从凵是口之省……到了戰國，追加‘止’聲而作𘘎（中山王𬹭壺）。”

【同部字舉例】

齔齓 chèn　毀齒也。男八月生齒，八歲而齔；女七月生齒，七歲而齔。从齒从七。初董切。○按：毀齒，指兒童換牙。初震去　初真

齵齵 óu　齒不正也。从齒，禺聲。五婁切。○疑侯平　疑侯

齧齧 niè　噬也。从齒，㓞聲。五結切。○疑屑入　疑月

齨齨 jiù　老人齒如臼也。一曰：馬八歲齒臼也。从齒从臼，臼亦聲。其久切。○羣有上　羣幽

齬齬 yǔ　齒不相值也。从齒，吾聲。魚舉切。○疑語上　疑魚

牙 39 yá　金文 �укартинки 、㝊、㝙、㝘、㝚、㝞　五加切　疑麻開二平

疑魚（45/39；80/81）

壯大徐本作"牡"**齒也**[一]。**象上下相錯之形**[二]。**凡牙之屬皆从牙。** 㝞，**古文牙**[三]。

【譯文】

曰齒。字象上下齒相交錯之形。凡是和"牙"義有關的字都以"牙"爲構件。㝞，是古文"牙"字。

【段注】

[一]"壯"各本譌作"牡"。今本《篇》《韻》皆譌[1]，惟石刻《九經字樣》不誤，而馬氏版本妄改之[2]。士部曰："壯，大也。"壯齒者，齒之大者也，統言之皆偁"齒"偁"牙"，析言之則前當脣者偁"齒"，後在輔車者偁"牙"[3]。牙較大於齒，非有牝牡也。《釋名》："牙，櫇（zhā）牙也。隨形言之也。"[4]"輔車……或曰牙車，牙所載也。"[5]《詩》"誰謂雀無角""誰謂鼠無牙"[6]，謂雀本無角，鼠本無牙，而穿屋穿牆似有角牙者然。鼠齒不大，故謂"無牙"也。東方朔說"騶（zōu）牙"曰："其齒前後若一，齊等無牙。"[7]此爲齒小牙大之明證。　[二]五加切。古音在五部（魚、鐸）。　[三]从齒而象其形也。㝞，古文齒。

【疏義】

①《玉篇》牙部："牙，牛加切。牡齒也。"《韻會舉要》麻韻："牙，牛加切。《説文》：'牙，牡齒也。象上下相錯形。'"《集韻》麻韻："牙，牛加切。《説文》：'牡齒也。象上下相錯之形。'"　②《九經字

樣》:辨正經傳文字形體的書,唐玄度撰。唐玄度:唐代書法家和文字學家。馬氏版本:指清人馬曰璐刊本。　③輔車:面頰骨和下牙床。　④引文見《釋名·釋形體》。　⑤《釋名·釋形體》:"輔車,其骨强,所以輔持口也。或曰'牙車',牙所載也。"　⑥《詩經·召南·行露》:"誰謂雀無角,何以穿我屋?……誰謂鼠無牙,何以穿我墉?"　⑦《史記·滑稽列傳·東方朔傳》:"朔乃肯言,曰:'所謂騶牙者也。遠方當來歸義,而騶牙先見,其齒前後若一,齊等無牙,故謂之騶牙。'"騶牙:傳説中的一種仁獸。

【集解】

徐灝《説文注箋》:"口斷骨齊平者謂之齒,左右鋭者謂之牙。"

黄天樹《部首與甲骨文》:"古代門牙叫齒,後面的叫牙,區別明顯。金文作𦫫,象上牙和下牙相咬合之形。"

董蓮池《部首新證》:"其字西周金文寫作𦫫(十三年瘐壺)、𦫫(師克盨),象大牙上下咬合之形。"

【同部字舉例】

猗𪘛 qí　武牙也。从牙从奇,奇亦聲。去奇切。○溪支平　溪歌

足

40 zú　甲文𦥛、𦥑、𦥑　金文𦥑、𦥑、𦥑、𦥑　即玉切　精燭合三入　精屋(45/39;81/81)

人之足也。在體大徐本無"體"字**下。从口、止**大徐本作"从止、口"**[一]。凡足之屬皆从足。**

【譯文】

人的足。在身體下部。由"口、止"構成。凡是和"足"義有關的字都以"足"爲構件。

【段注】

[一]依《玉篇》訂①。"口"猶人也,舉口以包足已上者也。齒,上止下口,次之以足,上口下止;次之以疋,似足者也;次之以品,从三口。今各本从口,非也。即玉切。三部(幽、覺)。

【疏義】

①大徐本《説文》:"足,人之足也。在下。从止、口。"《玉篇》足

部:"足,子欲切。《説文》云:'人之足也。在體下。从止、口。'"

【集解】

朱駿聲《説文定聲》:"足,膝下至蹠(zhí)之總名也。从止即'趾'字,从口象膝形,非口齒字。"蹠:腳掌。

楊樹達《積微居小學述林》:"足从口者,象股脛周圍之形。人體股脛在上,跟蹠在下,依人所視,象股脛之'口'當在上層,象跟之'止'當在下層,然文字之象形,但有平面,無立體,故止能'口'上'止'下表之也。"

董蓮池《部首新證》:"'足'與'疋'西周以前本同字,甲骨文的(《甲骨文合集》17146,2331頁)是其共源。之構形,表示由膝蓋往下的脛(小腿),是脛下的足。其後在發展過程中演變爲(《甲骨文編》669頁)、,又進一步演變爲(《甲骨文合集》34039,4230頁),形體發生割裂,甲骨文部只保留靠膝蓋的部分,用綫條化了的'止'(趾)旁表示。西周金文承之寫作(師晨鼎),小篆以此形結體。"

【同部字舉例】

跟 gēn 足踵也。从足,皀聲。,跟或从止。古痕切。○見痕平 見文

踝 huái 足踝也。从足,果聲。胡瓦切。○匣馬上 匣歌

跪 guì 拜也。从足,危聲。去委切。○羣紙上 羣支

踰 yú 越也。从足,俞聲。羊朱切。○以虞平 定侯

跨 kuà 渡也。从足,夸聲。苦化切。○溪禡去 溪魚

蹋 tà 踐也。从足,昜聲。徒盍切。○定盍入 定葉

蹈 dǎo 踐也。从足,舀聲。徒到切。○定号去 定幽

踐 jiàn 履也。从足,戔聲。慈衍切。○從獮上 從元

踵 zhǒng 追也。从足,重聲。一曰:往來皃。之隴切。○章腫上 章東

跳 tiào 蹶也。从足,兆聲。一曰:躍也。徒遼切。○定蕭平 定宵

跌 diē 踢也。从足,失聲。一曰:越也。徒結切。○定屑入 定質

蹲 dūn　踞也。从足，尊聲。徂尊切。○從魂平　從文

踞 jù　蹲也。从足，居聲。居御切。○見御去　見魚

跛 bǒ　行不正也。从足，皮聲。一曰：足排之。讀若彼。布火切。○幫果上　幫歌

路 lù　道也。从足从各。洛故切。○金文　來暮去　來魚

疋

41 shū　甲文、、、、　所菹切　山魚開三平　山魚（48/42；84/85）

足也。上象腓腸（小腿肚）[一]**，下从止**[二]。**《弟子職》曰**[三]**："問疋何止。"**[四]**古文以爲《詩·大雅》**"雅"大徐本作"疋"**字**[五]。**亦以爲足字**[六]。**或曰：胥字**[七]。**一曰：疋，記也**[八]。**凡疋之屬皆从疋**[九]。

【譯文】

足。字的上部象小腿肚，下部是"止"字。《弟子職》説："問足放在何處。"古文中把"疋"字用作《詩·大雅》的"雅"字。也或當作"足"字用。或説："疋"即"胥"字。又有一説：疋，就是"記"。凡是和"疋"義有關的字都以"疋"爲構件。

【段注】

[一]肉部曰："腨（shuàn），腓腸也。"　**[二]**止，下基也。**[三]**《弟子職》，《管子》書篇名①。《漢·藝文志》以列於《孝經》十一家②，是其單行久矣。　**[四]**謂問尊長之臥，足當在何方也。《内則》曰："將衽，長者奉席，請何止。"③"止"一作"趾"，足也。　**[五]**"雅"各本作"疋"，誤。此謂古文叚借"疋"爲"雅"字，古音同在五部（魚、鐸）也。　**[六]**此則以形相似而叚借，變例也。　**[七]**此亦謂同音叚借。如府史胥徒之"胥"徑作"疋"可也。　**[八]**"記"下云"疋也"，是爲轉注。後代改"疋"爲"疏"耳。疋、疏，古今字。此與"足也"別一義。　**[九]**所菹切。五部（魚、鐸）。

【疏義】

①今本《管子·弟子職》："先生將息，弟子皆起，敬奉枕席，問所何趾。"　②《漢書·藝文志》："《弟子職》一篇，《説》三篇，凡《孝經》

十一家五十九篇。” ③《禮記·内則》：“將衽，長者奉席，請何趾。”
《經典釋文》：“一本作‘止’。鄭云：趾，足。”“將衽”三句大意：（父母、
公婆將要躺下的時候，兒子、媳婦中年長的）捧起臥席，鋪席前先問腳
朝向哪邊。將：拿着。衽：臥席，被褥。

【集解】

徐灝《説文注箋》：“‘疋’乃‘足’之別體。”

桂馥《説文義證》：“‘足’誤爲‘疋’，‘疋’變爲‘雅’。”

饒炯《説文部首訂》：“‘疋’當爲‘疏’之古文。”

朱駿聲《説文定聲》：“足者靜象，疋者動象。”

黄天樹《部首與甲骨文》：“甲骨文作𔖖，象有股有脛有腳有趾的下
肢之形。”

董蓮池《部首新證》：“西周以前與‘足’同字，作𔖖（甲骨文），演變
爲𔖖（甲骨文），再變爲𔖖，最后變爲𔖖（甲骨文），西周承之作𔖖（金
文）。到了戰國，開始逐漸有所區別。”

【同部字舉例】

𤴕𤴖 shū　通也。从爻从疋，疋亦聲。所葅切。○山魚平　山魚

品 𠥍

42 pǐn　甲文𠥍、𠥍、𠥍、𠥍　金文𠥍、𠥍、𠥍　丕飲切　渧
寝開三上　渧侵（48/42;85/85）

衆庶也。从三口[一]**。凡品之屬皆从品。**

【譯文】

衆多。由三個“口”組成。凡是和“品”義有關的字都以“品”作爲
構件。

【段注】

[一]人三爲衆，故從三“口”，會意。丕飲切。七部（侵、緝）。

【集解】

徐灝《説文注箋》：“庶物謂之‘品物’，引申義也。”

林義光《文源》：“𠙴象物形，古作𠥍。”

董蓮池《部首新證》：“考甲骨文所見寫作𠥍、𠥍諸形（《甲骨文
編》383頁‘喦’所從），亦從三‘口’。本義表示很多張嘴。‘衆庶’應
是引申義。”

【同部字舉例】

　　嵒 niè　多言也。从品相連。《春秋傳》曰："次于嵒北。"讀與"聶"同。尼輒切。○日葉入　日葉

　　喿 zào　鳥羣鳴也。从品在木上。穌到切。○金文　心号去　心宵

龠 43 yuè　甲文　、　、　、　金文　、　、　　以灼切
以藥開三入　定藥(48/42;85/85)

　　樂之竹管[一]，三孔[二]，以和衆聲也[三]。从品、龠[四]。龠，理也[五]。凡龠之屬皆从龠。

【譯文】

　　竹管樂器，有三個孔，用來調節各種樂聲。由"品、龠"構成。龠，表條理。凡是和"龠"義有關的字都以"龠"爲構件。

【段注】

　　[一]此與竹部"籥"異義，今經傳多用"籥"字，非也①。　[二]"孔"同"空"。按：《周禮・笙師》《禮記・少儀、明堂位》鄭注、《爾雅》郭注、應氏《風俗通》皆云"三孔"，惟毛傳云"六孔"，《廣雅》云"七孔"②。　[三]和衆聲，謂奏樂時也。萬舞時祇用龠以節舞③，無他聲。[四]惟以和衆聲，故从品。　[五]人部曰："龠，思也。"按："思"猶"緦"(sāi)，緦理一也④。《大雅》"於論鼓鍾"，毛傳曰："論，思也。"⑤鄭曰："論之言倫也。"毛、鄭意一也。從"龠"，謂得其倫理也。以灼切。二部(宵、藥)。

【疏義】

　　①《說文》竹部："籥，書僮竹笘(shān)也。"笘：古代兒童習字用的竹片。　②《周禮・春官宗伯・笙師》："笙師掌教龡(chuī)竽、笙、塤、籥、簫、篪(chí)、笛、管。"鄭玄注："籥如篴(dí)，三空。"龡：同"吹"。篴：同"笛"。《禮記・明堂位》："土鼓、蕢(kuì)桴(fú)、葦籥，伊耆氏之樂也。"《禮記・少儀》："戈有刃者櫝、莢、籥。"鄭玄注均云："籥如笛，三孔。"《爾雅・釋樂》："大籥謂之産。"郭璞注："籥如笛，三孔而短小。"應劭《風俗通》："籥，樂之器，竹管，三孔，所以和衆聲也。"

《詩經·邶風·簡兮》:"左手執籥,右手秉翟。"毛傳:"籥六孔。"《廣雅·釋樂》:"龠謂之笛,有七孔。"　③萬舞:古代舞名。先是武舞,舞者手拿兵器,後是文舞,舞者手拿鳥羽和樂器。　④《説文》角部:"䚡,角中骨也。"《段注》:"引申爲凡物之文理也。"　⑤《詩經·大雅·靈臺》:"賁鼓維鏞,於論鼓鐘。"毛傳:"賁,大鼓也。鏞,大鐘也。論,思也。"

【集解】

徐灝《説文注箋》:"龠、籥古今字。"

朱駿聲《説文定聲》:"當从亼、册。亼,合也。'册'象編竹形。从三口,三孔也。"

黃天樹《部首與甲骨文》:"甲骨文作𠎤和𠎥,後者上面是一張倒寫的'口'字,表示用嘴巴吹奏;下面的𠎤形,象用竹管編成的樂器,竹管上端之'廿'以指示所編之竹管是空心的。整個字形象用嘴巴吹奏樂器之形。"

董蓮池《部首新證》:"甲骨文寫作𠎤、𠎥諸形(《甲骨文編》87頁),象編眾管而成之樂器形,非單管樂,从屮屮,當示眾管頭之空。西周所見寫作𠎦(散盤),編眾管之象更顯。"

【同部字舉例】

龢 龢 hé　調也。从龠,禾聲。讀與和同。戸戈切。○甲文𩵋、𩵋　金文𩵋、𩵋、𩵋、𩵋、𩵋、𩵋　匣戈平　匣歌

龤 龤 xié　樂和龤也。从龠,皆聲。《虞書》曰:"八音克龤。"戸皆切。○匣皆平　匣脂

册 册 44　cè　甲文𠕁、𠕁、𠕁、𠕁、𠕁　金文𠕁、𠕁、𠕁、𠕁、𠕁、𠕁、𠕁　楚革切　初麥開二入　初錫(48/42;85/86)

符命也,諸侯進受於王者大徐本無"者"字也[一]。象其札一長一短[二],中有二編[三]之形[四]。凡册之屬皆从册。　𠕁,古文册,从竹[五]。

【譯文】

册封詔書,是諸侯受賜於天子的。字形象簡札一長一短,中間有

兩道編簡的繩子。凡是和"册"義有關的字都以"册"爲構件。 篰,是古文"册"字,以"竹"爲構件。

【段注】

[一]"者"字依《韻會》補①。《尚書》"王命周公後,作册逸誥"②,《左傳》"王命尹氏及王子虎、内史叔興父策命晉侯爲侯伯""王使劉定公賜齊侯命"及《三王世家》策文皆是也③。後人多假"策"爲之。[二]謂五直有長短。　[三]謂二横。　[四]蔡邕《獨斷》曰:"策,簡也。其制,長者一尺,短者半之,其次一長一短,兩編下附。"④札,牒也,亦曰簡。編,次簡也,次簡者,竹簡長短相間排比之,以繩横聯之,上下各一道。一簡容字無多,故必比次編之,乃容多字。《聘禮》記云"百名以上書於策"是也。一簡可容,書於簡,每簡一行而已;"不及百名書於方",則合若干行書之;"百名以上書於策"。"方"即"牘"也,牘,書版也。簡册,竹爲之;牘,木爲之。一册不容則絫册爲之,國史册書蓋如是。鄭注《禮》云:"策,簡也。"此渾言之,不分別耳。"册"字五直,象一長一短,象其意而已,其簡之若干未可肊定也。蔡氏云"長者一尺,短者半之",此漢法如是。鄭引《鉤命決》云《易》《詩》《書》《禮》《樂》《春秋》策皆長二尺四寸。《孝經》謙半之,一尺二寸。《論語》策八寸,尺二寸者三分居二,又謙焉。此古制也,見於《聘禮》⑤。《左傳序》正義者乖異不同⑥,今訂之如是,未知然否。鄭注《尚書》云:"三十字一簡之文。"⑦服注《左氏》云:"古文篆書一簡八字。"⑧《漢志》:劉向以中古文挍今文《尚書》,古文簡有二十五字者,有二十二字者⑨。是簡之長短不同而字數不同也。楚革切。十六部(支、錫)。　[五]《左傳》:"備物典筴。"《釋文》:"筴,本又作'册',亦作'策',或作'筴'。"⑩按:"筴"者,"策"之俗也。册者,正字也。策者,叚借字也;筴者,"册"之古文也。左氏述《春秋傳》以古文,然則"筴"其是歟?

【疏義】

①《韻會舉要》陌韻:"册,《説文》:'册,符命也,諸侯進受于王者也。'"　②《尚書·雒誥》:"王命周公後,作册逸誥。"孔安國傳:"王爲册書,使史逸誥伯禽封命之書。"作册:官名。逸:人名。　③《左傳·僖公二十八年》:"王命尹氏及王子虎、内史叔興父策命晉侯爲侯

伯。"杜預注:"以策書命晉侯爲伯也。"《左傳·襄公十四年》:"王使劉定公賜齊侯命。"《三王世家》策文:《史記·三王世家》中的《齊王策》《燕王策》《廣陵王策》等策封文誥。　　④《獨斷·策書》:"策者,簡也。《禮》曰:'不滿百文不書於策。'其制長二尺,短者半之,其次一長一短,兩編下附。"按:《獨斷》原文作"其制長二尺",《段注》引作"長者一尺",疑誤。　　⑤《儀禮·聘禮》:"百名以上書於策,不及百名書於方。"鄭玄注:"名,書文也,今謂之字。策,簡也。方,板也。"賈公彥疏:"鄭作《論語序》云:'《易》《詩》《書》《禮》《樂》《春秋》策皆尺二寸,《孝經》謙半之,《論語》八寸策者,三分居一,又謙焉。'是其策之長短。"　　⑥《春秋左氏傳序》:"大事書之於策,小事簡牘而已。"孔穎達正義:"既言尊卑皆有史官,又論所記簡策之異……許慎《説文》曰:'簡,牒也。''牘,書版也。'蔡邕《獨斷》曰:'策者,簡也。其制長二尺,短者半之,其次一長一短,兩編下附。'鄭玄注《中庸》亦云:'策,簡也。'由此言之,則簡、札、牒畢同物而異名。單執一札謂之爲簡,連編諸簡乃名爲策,故於文'策'或作'册',象其編簡之形。以其編簡爲策,故言策者簡也。鄭玄注《論語序》以《鉤命決》云:'《春秋》二尺四寸書之,《孝經》一尺二寸書之。'故知六經之策,皆稱長二尺四寸,蔡邕言二尺者,謂漢世天子策書所用,故與六經異也。簡之所容,一行字耳。牘乃方版,版廣於簡,可以並容數行。凡爲書,字有多有少,一行可盡者,書之於簡;數行乃盡者,書之於方;方所不容者,乃書於策。《聘禮記》曰:'若有故,則加書將命,百名以上書於策,不及百名書於方。'……是其字少則書簡,字多則書策。此言大事小事,乃謂事有大小,非言字有多少也。大事者,謂君舉告廟及鄰國赴告,經之所書皆是也;小事者,謂物不爲災及言語文辭,傳之所載皆是也。大事後雖在策,其初亦記於簡。何則?弑君大事,南史欲書崔杼,執簡而往,董狐既書趙盾,以示於朝,是執簡而示之,非舉策以示之,明大事皆先書於簡,後乃定之於策也。其有小事,文辭或多,如呂相絶秦,聲子説楚,字過數百,非一牘一簡所能容者,則於衆簡牘以次存録也。"　　⑦《儀禮·聘禮》:"百名以上書於策。"賈公彥疏:"鄭注《尚書》:'三十字一簡之文。'"　　⑧《儀禮·聘禮》:"不及百名書於方。"賈公彥疏:"服虔注《左

氏》云:‘古文篆書一簡八字。’”　⑨《漢書·藝文志》:“劉向以中古文
校歐陽、大小夏侯三家經文,《酒誥》脱簡一,《召誥》脱簡二,率簡二十
五字者,脱亦二十五字。簡二十二字者,脱亦二十二字。”劉向:字子
政,西漢沛縣(今江蘇徐州)人,經學家、目録學家。　⑩《左傳·定公
四年》:“備物典策。”《經典釋文》:“‘策’本又作‘册’,亦作‘筴’,或作
‘簡’,皆初革反。”

【集解】

　　商承祚《殷虚文字》:“卜辭諸字與古金文同,或增‘廾’,象奉
册形。”

　　黄天樹《部首與甲骨文》:“甲骨文作䀹,象用絲繩把一根根的簡
編綴在一起之形。”

　　董蓮池《部首新證》:“今考甲骨文字作䀹、䀹諸形(《甲骨文編》87
頁),象編簡成册。李孝定云:‘凡編簡皆得稱册,不獨符命。’(于省吾
主編《甲骨文字詁林》,中華書局 1996 年,2962 頁)其説甚是。又,姚
孝遂先生云:‘據出土戰國、秦漢簡册,皆有長有短,但成編之册皆等
長,長短不一之册無法編列。’(《甲骨文字詁林》‘册’下按語。2963
頁)”

【同部字舉例】

　　嗣䚵 sì　諸侯嗣國也。从册从口,司聲。䚵,古文嗣,从子。祥
吏切。○甲文䚵　金文䚵、䚵、䚵、䚵、䚵　邪志去　邪之

　　扁扁 biǎn　署也。从户、册。户册者,署門户之文也。方沔切。
○幫銑上　幫真

卷三上

品 ⁴⁵ jí 阻立切 莊緝開三入 莊緝(49/44;86/87)

衆口也。从四口。凡品之屬皆从品。讀若戢(jí, 收藏兵器)^[一]。**一曰**大徐本作"又讀若"**㕯**(náo)^[二]。

【譯文】

許多口。由四個"口"組成。凡是和"品"義有關的字都以"品"爲構件。讀音同"戢"。一說讀音同"㕯"。

【段注】

[一]阻立切。七部(侵、緝)。 [二]鍇曰:"㕯,謹也。"^①鉉本作"又讀若㕯"^②。《集韻·五肴》不載此字。

【疏義】

①徐鍇《説文繫傳》:"品,衆口也。從四口。凡品之屬皆從品。讀若戢。一曰㕯。臣鍇曰:'㕯,謹也。'" ②大徐本《説文》:"品,衆口也。从四口。凡品之屬皆从品。讀若戢,又讀若㕯。"

【集解】

饒炯《説文部首訂》:"讀若戢者,當爲品之文。讀若㕯者,當从二叩會意。"

【同部字舉例】

嚚 _䜩 yín 語聲也。从品,臣聲。𡄹,古文嚚。語巾切。○甲文 _(圖) 疑真平 疑真

囂 _𠽤 xiāo 聲也,气出頭上。从品从頁。頁,首也。𡿺,囂或省。許嬌切。○金文 _(圖)、 _(圖) 曉宵平 曉宵

昍𣀷 jiào　高聲也。一曰:大呼也。从昍,丩聲。《春秋公羊傳》曰:"魯昭公叫然而哭。"古弔切。○見嘯去　見幽

器𠱤 qì　皿也。象器之口。犬,所以守之。去冀切。○金文𠱥、噐、𠱥、𠱤、𢍙、𤭯　溪至去　溪脂

舌舌

46 shé　甲文𠯑、𠮦、𠯑、𠮷、𠯑　食列切　船薛開三入　船月
（49/44;86/87）

在口所以言、別味者也此句大徐本作"在口所以言也,別味也"[一]。**从干、**大徐本有"从"口[二],**干亦聲**[三]。**凡舌之屬皆从舌**。

【譯文】

在口中用來説話和辨別味道的器官。由"干、口"構成,"干"也是聲符。凡是和"舌"義有關的字都以"舌"爲構件。

【段注】

[一]"言"下各本有"也",剩字。"者"依《韻會》補①。"口"下曰:"人所以言食也。"口云"食",舌云"別味",各依文爲義。"舌、后"字有互譌者,如《左傳》"舌庸"譌"后庸"②,《周書》"美女破后"譌"破舌"是也③。　[二]干,犯也。言犯口而出之,食犯口而入之。[三]"干"在十四部(元),與十五部(脂、微、物、月)合韻。食列切。十五部(脂、微、物、月)。

【疏義】

①《韻會舉要》屑韻:"《説文》:'舌,在口所以言也,別味者也。'"②后庸:《左傳》人名。《左傳·哀公二十六年》:"二十六年夏五月,叔孫舒帥師會越皋如、后庸、宋樂茷納衞侯。"惠棟《春秋左傳補注》卷六:"廿六年《傳》'后庸',唐石經作'舌庸',廿七年《傳》同……《吳語》亦作'舌庸'。"　③《逸周書·武稱》:"美男破老,美女破舌。"王念孫《讀書雜誌·逸周書》:"《武稱篇》:'美男破老,美女破舌。'……念孫案:美女破舌,於意亦不可通。'舌'當爲'后'。'美男破老、美女破后',猶《左傳》言'内寵並后,外寵二政'也。隸書'后'字或作'𠮟',與'舌'相似而誤。"

【集解】

　　徐中舒主编《甲骨文字典》："⅄象木鐸之鐸舌振動之形。ㅂ爲倒置之鐸體,丫爲鐸舌。"

　　黄天樹《部首與甲骨文》："甲骨文作⅄等形,象舌頭伸出口外之形。"

　　董蓮池《部首新證》："字見甲骨文,寫作⅄(《甲骨文合集》916,253 頁)、⅄(同前書 1730 正,391 頁)等形,象舌自口中吐出,點當表吐液,爲象形字。"

【同部字舉例】

　　舓 舓 tà　　歠也。从舌,沓聲。他合切。○透合入　透緝

　　舓 舓 shì　　以舌取食也。从舌,易聲。舓,舓或从也。神旨切。○船紙上　船支

干 丫　47 gān　甲文丫、丫、丫　金文丫、丫、丫　古寒切　見寒
　　　　　　　　开一平　見元(50/44;87/87)

犯也[一]。从一从反入"从一"二句大徐本作"从反入,从一"[二]。凡干之屬皆从干。

【譯文】

　　侵犯。由"一"和倒寫的"入"字構成。凡是和"干"義有關的字都以"干"爲構件。

【段注】

　　[一]犯,侵也。《毛詩》"干旄、干旌"假爲"竿"字①。　　[二]反"入"者,上犯之意。古寒切。十四部(元)。

【疏義】

　　①《詩經·鄘風·干旄》:"孑孑干旄……孑孑干旌。"毛傳:"孑孑,干旄之貌。注旄於干首,大夫之旃(zhān)也。"干旄:作爲儀仗的旌旗,以旄牛尾飾旗竿。干,"竿"的古字。旄,牦牛尾。旃:古代一种赤色曲柄的旗。

【集解】

　　徐灝《説文注箋》:"'干'即古'竿'字,亦即古'杆'字。"

桂馥《説文義證》:"戴侗曰:'蜀本《説文》曰:干,盾也。案:戰者執干自蔽以前犯敵,故因之爲干冒、干犯……'馥案:《書》'舞干羽於兩階',《詩》'干戈戚揚',《方言》'盾自關而東或謂之干',《論語》'而謀動干戈於邦内',孔安國曰'干,楯也'……皆與蜀本合。"

徐中舒主编《甲骨文字典》:"'干'應爲先民狩獵之工具。"

黄天樹《部首與甲骨文》:"甲骨文作Y;金文作ᅦ、Y,象干盾之形。本義爲干盾之干。"

董蓮池《部首新證》:"今考甲骨文可確知爲'干'字的寫作Y。西周金文寫作ᅦ,又漸變作Y(《金文編》130頁)。小篆本之而作Y。郭沫若云,从金文所見'干'字从圓點作者觀之,古'干'字乃圓盾之象形也,盾下有蹲,盾上之乀乃羽飾也。"

【同部字舉例】

羊 羊 rěn 撠(zhì,刺也)也。从干。人、一爲"干",人、二爲"羊"。讀若能,言稍甚也。如審切。○日寑上 日侵

屰 Ψ nì 不順也。从干,下屮,屰之也。魚戟切。 ○甲文Ψ、
Y、Ψ、Ψ 金文Ψ、Ψ、Ψ、Ψ 疑陌人 疑鐸

谷 谷 [48] jué 其虐切 羣藥開三入 羣鐸(50/44;87/87)

口上阿(弯曲)也[一]。从口,上象其理[二]。凡谷之屬皆从谷。嗀,谷或如此。㺉,谷或从豦(jù,獼猴類動物)、肉"谷或"句大徐本作"或从肉从豦"[三]。

【譯文】

口中上部卷曲的地方。以"口"爲構件,"口"的上部象紋理。凡是和"谷"義有關的字都以"谷"爲構件。嗀,"谷"的異體這樣寫。㺉,"谷"的異體或由"豦、肉"構成。

【段注】

[一]《大雅》:"有卷者阿。"箋云:"有大陵卷然而曲。"[1]口上阿,謂口吻已上之肉隨口卷曲。毛傳:"臄(jué),函也。"[2]马(hàn)部:"函,谷也。"與毛合。晉灼注《羽獵賦》曰:"口之上下名爲噱(jué)。"[3]

按:《通俗文》云:"口上曰臄,口下曰函。"④服析言之,毛、許、晉皆渾言之,許舉上以包下耳。今《説文》各本"函"下譌作"舌也"⑤。古者"舌"無函名。《特牲》《少牢禮》"肵(qí)俎"用心、舌,與"加殽脾臄"異用⑥。陸《釋文》云:"《説文》曰:'函,舌也。'又云:'口次肉也。'"⑦似陸時《説文》已誤矣。單行《釋文》"口次"譌"口裏"⑧,則義全非。讀書之難如是。　　[二]文理。其虐切。五部(魚、鐸)。"卻"、"綌"从"㕣"聲。　　[三]二皆形聲。"臄"見《大雅》⑨。

【疏義】

①《詩經·大雅·卷阿》:"有卷者阿。"毛傳:"卷,曲也。"鄭玄箋:"大陵曰阿。有大陵卷然而曲。"有卷者阿:卷曲的大土山。　②《詩經·大雅·行葦》:"嘉殽脾臄。"毛傳:"臄,函也。"脾:牛胃。臄:牛舌。　③《文選·羽獵賦》"遙噱乎紘(hóng)中",晉灼注:"口之上下名爲噱。言禽獸奔走倦極,皆遙張噱吐舌於紘網之中也。"《羽獵賦》:西漢揚雄撰。　④《詩經·大雅·行葦》:"嘉殽脾臄。"孔穎達正義:"《通俗文》云:'口上曰臄,口下曰函。'或當然也。"《通俗文》:東漢服虔撰,已佚。　⑤《説文》马部:"函,舌也。象形。"　⑥《儀禮·特牲饋食禮》:"肵俎心、舌。"《儀禮·少牢饋食禮》:"心、舌載於肵俎。"肵俎:古代祭祀時盛裝心、舌的器具。加殽:即"嘉肴"。　⑦《詩經·大雅·行葦》:"嘉殽脾臄。"鄭玄箋:"以脾函爲加,故謂之嘉。"《經典釋文》:"函,胡南反,何又户感反。本又作'脑',同。《説文》云:'函,舌也。'又云:'口次肉也。'《通俗文》云:'口上曰臄,口下曰函。'"　⑧北京圖書館藏宋元遞修本《經典釋文》:"函,胡南反,何又户感反。本又作'脑',同。《説文》云:'函,舌也。'又云:'口裏肉也'。《通俗文》云:'口上曰臄,口下曰函。'"　⑨《詩經·大雅·行葦》:"嘉殽脾臄。"毛傳:"臄,函也。"按:"臄"字《段注》作"臄",疑誤。

【集解】

徐灝《説文注箋》:"段謂㕣爲口吻以上之肉,非也。㕣者,口內上曲處,故曰口上阿。阿,曲也。乀象其理。"

朱駿聲《説文定聲》:"口之兩旁上曰㕣,下曰函。"

董蓮池《部首新證》:"此字西周金文實作❀形(九年衛鼎),是一種織物名稱。≈象布綫交織,故字即《説文》訓爲'粗葛也'之'綌(xì)'的初文。"

【同部字舉例】

丙丙 tiàn　舌皃。从合省,象形。丙,古文丙,讀若"三年導服"之"導"。一曰:竹上皮。讀若沾。一曰:讀若誓。弼字从此。他念切。○甲文 、 、　透椓去　透談

只 只 [49] zhǐ　諸氏切　章紙開三上　章支(50/44;87/88)

語已詞也[一]。**从口,象气下引之形**[二]。**凡只之屬皆从只。**

【譯文】

表示語氣結束的虛詞。以"口"爲構件,字形象氣流從"口"下部拉長的樣子。凡是和"只"義有關的字都以"只"爲構件。

【段注】

[一]已,止也。"矣、只"皆語止之詞。《庸風》"母也天只,不諒人只"是也①。亦借爲"是"字。《小雅》:"樂只君子。"箋云:"只之言是也。"②《王風》:"其樂只且。"箋云:"其且樂此而已。"③按:以"此"釋"只",與《小雅》箋同④。宋人詩用"只"爲"秖"(zhǐ)字,但也。今人仍之,讀如"隻(zhī)"。

[二]語止則气下引也。諸氏切。十六部(支、錫)。

【疏義】

①《詩經・鄘風・柏舟》:"母也天只,不諒人只。"毛傳:"諒,信也。母也天也,尚不信我。"　②《詩經・小雅・南山有臺》:"樂只君子,萬壽無期。"鄭玄箋:"只之言是也。"　③《詩經・王風・君子陽陽》:"其樂只且。"鄭玄箋:"君子遭亂道不行,其且樂此而已。"　④大意爲:《詩經・王風・君子陽陽》中鄭玄以"此"釋"只",《詩經・小雅・南山有臺》鄭玄以"是"釋"只","只"與"此、是"義同。

【集解】

王筠《説文釋例》:"'只'字重'八'不重'口',然而气之下行無由見也,故以'口'定之。'八'在'口'之下者,試言之則脣下侈也。"

㕯 㕯

50　nè　甲文 𠰥、㕯、𠰩　女滑切　泥點合二入　泥月（50/44；88/88）

言之訥也[一]。**从口、**大徐本有"从"**内**[二]。**凡㕯之屬皆从㕯**。

【譯文】

言語遲鈍。由"口、内"構成。凡是和"㕯"義有關的字都以"㕯"爲構件。

【段注】

[一]《檀弓》作"呐"，同。"其言呐呐然，如不出諸其口。"注："呐呐，舒小兒。"①此與言部"訥"音義皆同②，故以"訥"釋"㕯"。

[二]内，入也。會意，内亦聲。女滑切。十五部（脂、微、物、月）。

【疏義】

①《禮記·檀弓下》："其言呐呐然，如不出諸其口。"鄭玄注："呐呐，舒小貌。"舒小貌：緩慢的樣子。　②《説文》言部："訥，言難也。从言、内。"

【集解】

桂馥《説文義證》："㕯，經典變爲'呐'。《檀弓》'其言呐呐然，如不出諸其口'，注云：'呐呐，舒小貌。'正義云：'發言舒小。'《穀梁傳集解·序》：'盛衰繼之辯訥。'《釋文》引字書云'訥，或作呐字。'詁云'訥，遲於言也。'《漢書·李廣傳》：'呐，口少言。'《鮑宣傳》：'呐，鈍于辭。'《通鑒》游雅謂高允'其言呐呐不能出口'，注云：'呐呐，言緩也。'又'齊主言語澀呐'，注云：'呐，聲不出也。'"

王筠《説文句讀》："㕯、訥，古今字也。《檀弓》：'其言呐呐然，如不出諸其口。'變'㕯'之形爲'呐'。《穀梁集解·序》，《釋文》引字書云：'訥，或作呐。'許君以'訥'説'㕯'，此以異部重文爲説解之例。"

王筠《説文釋例》："部首'㕯'與言部'訥'同。"

朱駿聲《説文定聲》："㕯，内亦聲。字亦作左形右聲。"

饒炯《説文部首訂》："'㕯'之本字即'内'。因篆與内外義無別，則加'口'以明之，是之謂轉注。"

【同部字舉例】

矞　𣂤 yù　以錐有所穿也，从矛从商。一曰：滿有所出也。余律切。○以術入　定質

商　𠂤 shāng　从外知內也，从商，章省聲。𠂤，古文商。𠂤，亦古文商。𠂤，籀文商。式陽切。○甲文𠂤、𠂤、𠂤，金文𠂤、𠂤、𠂤、𠂤　書陽平　書陽

句　�　⁵¹ gōu/jù　甲文 𠄌、𠄌　金文 𠄌、𠄌、𠄌、𠄌　古侯切
　　　　　　　見侯開一平　見侯(50/44；88/88)

曲也[一]。**从口，丩**(jiū，纏繞糾結)**聲**[二]。**凡句之屬皆从句。**

【譯文】

　　彎曲。以"口"作意符，以"丩"作聲符。凡是和"句"義有關的字都以"句"爲構件。

【段注】

　　[一]凡曲折之物，侈爲倨①，斂爲句。《考工記》多言"倨句"②；《樂記》言"倨中矩，句中鉤"③；《淮南子》説獸言"句爪倨牙"④。凡地名有"句"字者，皆謂山川紆曲，如"句容、句章、句餘、高句驪"皆是也。凡章句之"句"亦取稽留可鉤乙之意⑤。古音總如"鉤"，後人句曲音"鉤"，章句音"屨"，又改句曲字爲"勾"，此淺俗分別，不可與道古也。
　　[二]古侯切，古音也。四部(侯、屋)。又九遇切，今音也。

【疏義】

　　①侈：張大，超過。倨：微曲。　②倨句：形容器物彎曲的形狀。微曲爲倨，甚曲爲句。《周禮·冬官考工記·冶氏》："已倨則不入，已句則不決，長內則折前，短內則不疾，是故倨句外博。"　③引文見《禮記·樂記》。矩：畫直角或方形用的曲尺。鉤：畫曲綫的工具。
　　④《淮南子·本經訓》："句爪倨牙戴角出距之獸。"句爪倨牙：曲爪曲牙，指長着鉤爪的猛禽和長着利牙的熊虎類走獸。　⑤稽留：停留。鉤乙：在語句停頓的地方作標記。

【集解】

　　王筠《説文句讀》："凡曲皆曰句，蓋上古無'拘、笱、鉤'三字，但

用句。”

王筠《説文釋例》：“案：一部僅數字，而音義皆相近者，大抵盡是分別文。”

朱駿聲《説文定聲》：“按：从丩，口聲，正當讀如今言‘鉤’，俗作‘勾’。”

徐灝《説文注箋》：“依全書通例，‘拘、笱、鉤’三字當分入手、竹、金部，今立句部者，蓋以‘句’篆上承‘口’下起‘丩’，因形系聯之意耳。其實於通例未盡一，不必曲爲之説也。”

饒炯《説文部首訂》：“‘句’讀古侯切者，乃句曲之意……讀九遇切者，乃語句之義。”

董蓮池《部首新證》：“‘句’西周金文寫作𠖄（鬲比盨），从‘口’从‘丩’，與篆構形同。訓‘曲’，無从‘口’得義之理；‘丩’訓‘相糾繚’，从‘丩’方得‘曲’義。”

【同部字舉例】

　拘　𢭖 jū　止也。从句从手，句亦聲。舉朱切。○見虞平　見侯

　笱　𥰆 gǒu　曲竹，捕魚笱也。从竹从句，句亦聲。古厚切。○見厚上　見侯

　鉤　鉤 gōu　曲也。从金从句，句亦聲。古侯切。○見侯平　見侯

丩 𠃟 52 jiū　甲文𠃊、𠃌、𠃉　居虯切　見尤開三平　見幽（50/45；88/89）

相糾繚也[一]。**一曰：瓜瓠**（hù）**結丩起**[二]。**象形**[三]。**凡丩之屬皆从丩**。

【譯文】

糾結纏繞。一説：瓜瓠的藤蔓纏繞而上。象形。凡是和“丩”義有關的字都以“丩”爲構件。

【段注】

[一]丩、糾疊韻，糾、繚亦疊韻字也。毛傳曰：“糾糾猶繚繚也。”[1]繚，纏也。　[二]謂瓜瓠之縢緣物纏結而上。如《詩》言：“南有樛木，甘瓠纍之。”[2]　[三]象交結之形。居虯切。三部（幽、覺）。《真誥》：“一卷爲一弓。”[3]“弓”當即是𢎨字，“一丩”猶言“一縛”。丩、卷雙聲，

故謂卷爲“丩”也。

【疏義】

①《詩經·魏風·葛屨》：“糾糾葛屨，可以履霜。”毛傳：“糾糾猶繚繚也。”　②引詩見《詩經·小雅·南有嘉魚》。甘瓠：味甘可食之瓠。瓠，草本植物，莖蔓生，果實圓筒形。縈：纏繞。　③《真誥》：書名，南朝梁陶弘景撰，二十卷，是一部兼有道佛思想的雜著。

【集解】

桂馥《説文義證》：“相糾繚也者，《詩》‘糾糾葛屨’，傳云‘猶繚繚也’。”

王筠《説文句讀》：“以‘糾’説‘丩’，以見‘糾’爲‘丩’之分別文也。”

王筠《説文釋例》：“‘丩’下云‘象形’，實指事字也。”

饒炯《説文部首訂》：“凡物相糾繚者，必曲屈互結，丩正象之。”

黄天樹《部首與甲骨文》：“甲骨文作𠃌，用兩條曲綫相勾連表示互相糾纏。隸書以後，丩字不再單獨使用，借用‘糾’字來表示。”

董蓮池《部首新證》：“今考字在西周金文寫作𠃌（‘句’所从），是以兩條曲綫曲屈互結相勾連示意，爲‘糾’的初文。”

【同部字舉例】

丩 jiū　艸之相丩者。从茻从丩，丩亦聲。居虯切。〇見幽平
見幽

糾 jiū　繩三合也。从糸、丩。居黝切。〇見黝上　見幽

古 古 53 gǔ　甲文 𠚯、𠙶　金文 𠙵、古、𠚪、𠙷　公户切　見姥
合一上　見魚（50/45；88/89）

故也[一]。从十、口，識前言者也[二]。凡古之屬皆从古。𠖠，古文古。

【譯文】

過去。由“十、口”構成，表示衆口識記前代流傳的事。凡是和“古”義有關的字都以“古”爲構件。𠖠，是古文“古”字。

【段注】

[一]《邶風》《大雅》毛傳曰：“古，故也。”①攴部曰：“故，使爲之

也。"②按：故者，凡事之所以然，而所以然皆備於古，故曰"古，故也"。
《逸周書》："天爲古，地爲久。"③鄭注《尚書》："稽古爲同天。"④
[二]識前言者，口也，至於十則展轉因襲，是爲自古在昔矣。公戸切。
五部（魚、鐸）。

【疏義】

　　①《詩經・邶風・日月》："乃如之人兮，逝不古處。"《詩經・大
雅・烝民》："古訓是式，威儀是力。"毛傳皆云："古，故也。"　②引文
見《説文》攴部。《段注》："今俗云原故是也，凡爲之必有使之者，使之
而爲之則成故事矣，引申之爲故舊。故曰'古，故也'。"　③《逸周
書・周祝解》："天爲古，地爲久，察彼萬物，名於始。"晉人孔晁注："推
古久則萬始可知也。"　④《尚書・堯典》："曰若稽古，帝堯，曰放勳。"
鄭玄注（引自《通德堂經解》）："稽，同也。古，天也。"

【集解】

　　徐鍇《説文繫傳》："古者無文字，口相傳也。"

　　桂馥《説文義證》："此言老成人多識前言，居心求之，自明訓教。"

　　王筠《説文句讀》："'十'在'口'上，遞相傳也。"

　　朱駿聲《説文定聲》："古，故也。從十、口會意，十、口，識前言者
也……十口相傳爲'古'，十口並協爲'叶'。"

　　徐灝《説文注箋》："語詞之'故'，其義爲所以然，而'古'訓爲
'故'者，則故舊之義，非以語詞相訓也。段説近迂曲。"

　　饒炯《説文部首訂》："'古'之訓'故'，蓋以本篆假借字爲説解……
當云從十，口聲。"

　　吳大澂《説文古籀補》："古文以爲'故'字，《盂鼎》'故'字重文。"

　　黃天樹《部首與甲骨文》："甲骨文作 ，金文作 ，從'口'從'中
（ ）'，是堅固之'固'的初文。'中'象盾牌。"

【同部字舉例】

　　䢒䢖 jiǎ　大遠也，從古，叚聲。古雅切。〇見馬上　見魚

十 十　　54 shí　甲文 丨　金文 丨、十　是執切　禪緝開三入　禪
緝（50/45；88/89）

數之具也[一]。**一爲東西，丨爲南北，則四方中**

央備矣[二]。凡十之屬皆从十。

【譯文】

數字俱全。“一”表示東西，“｜”表示南北，那麼表示四方和中央都齊備了。凡是和“十”義有關的字都以“十”爲構件。

【段注】

　　[一]《漢志》：“協於十。”① 　　[二]是執切。七部（侵、緝）。

【疏義】

　　①《漢書·律曆志》：“紀於一，協於十，長於百，大於千，衍於萬，其法在算術。”協：相合。

【集解】

　　桂馥《説文義證》：“‘數之具也’者，本書‘算’，數也，從具。‘章’下云：‘十，數之終也。’‘士’下云：‘數始於一，終於十。’”

　　王筠《説文句讀》：“天數五，地數五，十總其數，故曰‘具也’。”

　　朱駿聲《説文定聲》：“於六書爲指事。”

　　徐灝《説文注箋》：“戴氏侗曰：‘上古結繩而治，未有文字，先契以紀數，一二三三各如其數。自五以上，不可勝畫，故變而爲×，以爲小成之識；變而爲十，以爲大成之識。’……許云‘一’爲東西，‘｜’爲南北，義正相合，然傷於巧，不若戴仲達之言爲當也。”

　　徐中舒《甲骨文字典》：“‘｜’爲古代之算籌，豎置一籌表示數量十，以與橫置之算籌‘一’區別。卜辭中十之五倍以上數字皆置倍數於‘十’之下合書。如五十作𠂝，六十作𠂤等。”

　　董蓮池《部首新證》：“今考甲骨文，字本作｜，當是抽象表詞符號，表示數目中的‘十’。其字後來寫作‘十’形，是形體逐漸演變的結果，即由｜而✦（楷伯簋），中間加點爲飾，古文字形體演變過程中於豎畫上面所加的飾點，常變作一橫畫，於是戰國時期出現了十（者汈鐘）這種形體，爲篆所本。”

【同部字舉例】

丈 𠀋 zhàng　十尺也。从又持十。直兩切。○澄養上　定陽

千 𠀪 qiān　十百也。从十从人。此先切。○甲文✦、✦、✦、✦

金文 𐐺、𐐺、𐐺　清先平　清真

　　胏 𐂀 xì　響布也。从十从肎。義乙切。○曉質人　曉物

　　博 𐄷 bó　大通也。从十从尃。尃,布也。補各切。○金文 𐄷、𐄷、

𐄷　幫鐸人　幫鐸

　　廿 廿 niàn　二十并也。古文省。人汁切。○甲文 𐤀、𐤀　金文 𐤀

日緝人　日緝

卅 卅 55 sà　甲文 𐤀、𐤀、𐤀　金文 𐤀、𐤀、𐤀　蘇沓切　心合開一
　　　　　入　心緝(51/45;89/90)

三十并也。古文省[一]。凡卅之屬皆从卅。

【譯文】

　　三個"十"相合。字形是古文的省體。凡是和"卅"義有關的字都以"卅"爲構件。

【段注】

　　[一]此亦當云"省多",奪耳①。古音當先立切。七部(侵、緝)。今音蘇沓切。

【疏義】

　　①省多:對多個相同的構件進行省併。奪:脫去,此處指《説文》各本脫去"多"字。《説文》十部:"廿,二十并也。古文省多。"《段注》:"'省多'者,省作二十,兩字爲一字也。"

【集解】

　　徐鍇《説文繫傳》:"義與'廿'同。"

　　王筠《説文句讀》:"漢石經《論語》'卅而立',又云'年卅而見惡焉',又'凡廿六章'。元申屠駉家藏秦會稽碑'世有七年'字作'世',與二十作'廿'相近。"

　　饒炯《説文部首訂》:"此古人行文省繁就簡之法……謂三十之義本作二字,而如作卅則一字可括之,是以言'省'也。"

　　章太炎《文始》:"其始蓋但以'厶'爲三十,'厶'有三合義,後乃作卅矣。"

　　黄天樹《部首與甲骨文》:"甲骨文作𐤀,是'三十'的合文。"

【同部字舉例】

　世世 shì　三十年爲一世。从卅而曳長之,亦取其聲也。舒制切。
○甲文 ⊌　金文 ⊍、⊎、⊏　書祭去　書祭

言⾔ 56　yán　甲文 ⊐、⊑、⊒　金文 ⊓、⊔、⊕　語軒切　疑
元開三平　疑元(51/45;89/90)

直言曰言,論難曰語[一]。**从口,辛**(qiān, 罪過)**聲**[二]。**凡言之屬皆从言。**

【譯文】

　直接説話叫做"言",辯論詰難叫做"語"。以"口"爲意符,"辛"爲聲符。凡是和"言"義有關的字都以"言"爲構件。

【段注】

　[一]《大雅》毛傳曰:"直言曰言,論難曰語。""論"《正義》作"苔"①。鄭注《大司樂》曰:"發端曰言,苔難曰語。"②注《雜記》曰:"言,言己事,爲人説爲語。"③按:三注大略相同。下文"語,論也""論,議也""議,語也",則《詩》傳當從定本《集注》矣。《爾雅》、毛傳:"言,我也。"④此於雙聲得之,本方俗語言也。　　[二]語軒切。十四部(元)。

【疏義】

　①《詩經·大雅·公劉》:"于時言言,于時語語。"毛傳:"直言曰言,論難曰語。"孔穎達正義:"直言曰言,謂一人自言;苔難曰語,謂二人相對。對文故別耳,散則言、語通也。"　②《周禮·春官宗伯·大司樂》:"以樂語教國子,興、道、諷、誦、言、語。"鄭玄注:"發端曰言,苔述曰語。"　③《雜記》:指《禮記·雜記》。《禮記·雜記下》:"三年之喪,言而不語,對而不問。"鄭玄注:"言,言己事也。爲人説爲語。"　④《爾雅·釋詁下》:"卬、吾、台、予、朕、身、甫、餘、言,我也。"《詩經·大雅·文王》:"永言配命,自求多福。"毛傳:"言,我也。"

【集解】

　桂馥《説文義證》:"徐鉉云言从辛从口,中畫不當上曲。《釋名》'言,宣也'。宣彼此之意也。《書·旅獒》:'志以道寧,言以道接。'傳云:'在心爲志,發氣爲言。'《詩·羔裘》箋云:'言猶道也。'正義:'言

謂口道説。'……辛聲者,慎言之義也。"

　　林義光《文源》:"'辛'與'辛'同字,'辛'非聲。'言'本義當爲獄辭,引申爲凡言之稱,與辭字同意。从辛,辛,罪人也。"

　　黄天樹《部首與甲骨文》:"甲骨文作𠱠,从'舌'从'一'。講話要用舌頭,舌上加'一'乃指事符號,表示言出於舌。這是一個指事字。"

　　董蓮池《部首新證》:"講説、辯駁是言語行爲,言語行爲需仰仗舌部器官實現,便取'舌'的初文𠯑爲基本形體,於其上部加一横畫爲別,造爲𠱠、舌以表'言'。"

【同部字舉例】

　　語𧪞 yǔ　論也。从言,吾聲。魚舉切。○金文𧪞、𧪞　疑語上　疑魚

　　談𧪞 tán　語也。从言,炎聲。徒甘切。○定談平　定談

　　謂𧪞 wèi　報也。从言,胃聲。于貴切。○雲未去　匣微

　　諒𧪞 liàng　信也。从言,京聲。力讓切。○來漾去　來陽

　　請𧪞 qǐng　謁也。从言,青聲。七井切。○金文𧪞　清靜上　清耕

　　許𧪞 xǔ　聽也。从言,午聲。虚呂切。○金文𧪞　曉語上　曉魚

　　諾𧪞 nuò　膺也。从言,若聲。奴各切。○甲文𧪞　金文𧪞　泥鐸入　泥鐸

　　雠𧪞 chóu　猶膺也。从言,雔聲。市流切。○金文𧪞　禪尤平　禪幽

　　諸𧪞 zhū　辯也。从言,者聲。章魚切。○章魚平　章魚

　　詩𧪞 shī　志也。从言,寺聲。𧪞,古文詩省。書之切。○書之平　書之

　　諷𧪞 fěng　誦也。从言,風聲。芳奉切。○幫送去　幫冬

　　誦𧪞 sòng　諷也。从言,甬聲。似用切。○邪用去　邪東

　　讀𧪞 dú　誦書也。从言,賣聲。徒谷切。○定屋入　定屋

　　訓𧪞 xùn　説教也。从言,川聲。許運切。○曉問去　曉文

　　誨𧪞 huì　曉教也。从言,每聲。荒内切。○甲文𧪞　金文𧪞　曉隊去　曉之

譬𐤟 pì　諭也。从言,辟聲。匹至切。○滂寘去　滂支

諄䛭 zhūn　告曉之孰也。从言,𦎫聲,讀若庵。章倫切。○章諄
平　章文

謀𧦥 móu　慮難曰謀。从言,某聲。𧦧,古文謀。𧦨,亦古文。
莫浮切。○金文𧦩　明尤平　明之

謨𧮫 mó　議謀也。从言,莫聲。《虞書》曰:"咎繇謨。"𧮪,古文
謨,从口。莫胡切。○明模平　明魚

訪𧥣 fǎng　汎謀曰訪。从言,方聲。敷亮切。○滂漾去　滂陽

論𧪡 lún/lùn　議也。从言,侖聲。盧昆切。○金文𧪢　來魂平
來文

議𧮰 yì　語也。从言,義聲。宜寄切。○疑寘去　疑歌

訂𧥓 dìng/dīng　平議也。从言,丁聲。他頂切。○定迥上　定耕

詳𧪑 xiáng　審議也。从言,羊聲。似羊切。○邪陽平　邪陽

諦𧫼 dì　審也。从言,帝聲。都計切。○端霽去　端支

識𧫌 shí　常也。一曰:知也。从言,戠聲。賞職切。○金文𧫍
書職入　書職

訊𧥉 xùn　問也。从言,卂聲。𧦉,古文訊,从鹵。思晉切。○金
文𧥊　心震去　心真

謹𧮙 jǐn　慎也。从言,堇聲。居隱切。○見隱上　見文

信𧥝 xìn　誠也。从人从言,會意。𧥞,古文从言省。𧥟,古文
信。息晉切。○心震去　心真

訦𧦂 chén　燕代東齊謂信"訦"。从言,尤聲。是吟切。○禪侵
平　禪侵

誠𧮦 chéng　信也。从言,成聲。氏征切。○禪清平　禪耕

誡𧮗 jiè　敕也。从言,戒聲。古拜切。○見怪去　見支

諱𧮢 huì　誋也。从言,韋聲。許貴切。○金文𧮣　曉未去　曉微

誥𧮞 gào　告也。从言,告聲。𧦐,古文誥。古到切。○見号去
見幽

詔𧮧 zhào　告也。从言从召,召亦聲。之紹切。○章笑去　章宵

誓誓 shì　約束也。从言,折聲。時制切。○金文𣪩　禪祭去
禪祭

詁詁 gǔ　訓故言也。从言,古聲。《詩》曰:"詁訓。"公戶切。○
見姥上　見魚

証証 zhèng　諫也。从言,正聲。之盛切。○章勁去　章耕

諫諫 jiàn　証也。从言,柬聲。古晏切。○金文𣚑　見諫去　見元

課課 kè　試也。从言,果聲。苦臥切。○溪過去　溪歌

試試 shì　用也。从言,式聲。《虞書》曰:"明試以功。"式吏切。
○書志去　書之

詮詮 quán　具也。从言,全聲。此緣切。○清仙平　清元

訢訢 xīn　喜也。从言,斤聲。許斤切。○金文𣚑　曉欣平　曉文

說說 shuō/yuè　說釋也。从言、兌。一曰:談說。失蓺切,又弋
雪切。○書薛入　書月

計計 jì　會也,筭也。从言从十。古詣切。○見霽去　見脂

諧諧 xié　詥也。从言,皆聲。戶皆切。○金文𣚑　匣皆平　匣脂

調調 tiáo/diào　和也。从言,周聲。徒遼切。○定蕭平　定幽

話話 huà　合會善言也。从言,昏聲。《傳》曰:"告之話言。"譮
籀文話,从會。胡快切。○匣夬去　匣祭

警警 jǐng　戒也。从言从敬,敬亦聲。居影切。○見梗上　見耕

謐謐 mì　靜語也。从言,盜聲。一曰:無聲也。彌必切。○明質
入　明質

謙謙 qiān　敬也。从言,兼聲。苦兼切。○溪添平　溪談

誼誼 yì　人所宜也。从言从宜,宜亦聲。儀寄切。○疑寘去　疑歌

詡詡 xǔ　大言也。从言,羽聲。況羽切。○曉麌上　曉魚

設設 shè　施陳也。从言从殳。殳,使人也。識列切。○書薛入
書月

記記 jì　疏也。从言,己聲。居吏切。○見志去　見之

謝謝 xiè　辭去也。从言,躲聲。辭夜切。○邪禡去　邪魚

詠詠 yǒng　歌也。从言,永聲。𠴕,詠或从口。爲命切。○金文

䛬　雲映去　匣陽

講䜁 jiǎng　和解也。从言，冓聲。古項切。○見講上　見東

諛䛮 yú　諂也。从言，臾聲。羊朱切。○以虞平　定侯

誆䜑 kuáng　欺也。从言，狂聲。居況切。○見漾去　見陽

訕䚘 shàn　謗也。从言，山聲。所晏切。○山諫去　山元

譏䜏 jī　誹也。从言，幾聲。居衣切。○見微平　見微

誹䛝 fěi　謗也。从言，非聲。敷尾切。○幫微平　幫微

謗䜧 bàng　毀也。从言，旁聲。補浪切。○幫宕去　幫陽

詛䛆 zǔ　詶也。从言，且聲。莊助切。○莊御去　莊魚

誤䛢 wù　謬也。从言，吳聲。五故切。○疑暮去　疑魚

訾䚲 zǐ　不思稱意也。从言，此聲。《詩》曰：“翕翕訿訿。”將此
切。○精紙上　精支

誕䛰 dàn　詞誕也。从言，延聲。𦐇，籀文誕，省正。徒旱切。○
金文𧩙　定旱上　定元

謔䜈 xuè　戲也。从言，虐聲。《詩》曰：“善戲謔兮。”虛約切。
○曉藥入　曉藥

謬䜜 miù　狂者之妄言也。从言，翏聲。靡幼切。○明幼去　明幽

詐䛄 zhà　欺也。从言，乍聲。側駕切。○金文𧥫　莊禡去　莊魚

訟䛦 sòng　爭也。从言，公聲。曰：謌訟。𧩓，古文訟。似用切。
○金文𧥒　邪用去　邪東

訴䚬 sù　告也。从言，斥省聲。《論語》曰：“訴子路於季孫。”
𧪝，訴或从言、朔。𧭰，訴或从朔、心。桑故切。○心暮去　心魚

讒䜛 chán　譖也。从言，毚聲。士咸切。○崇咸平　崇談

讓䜀 ràng　相責讓。从言，襄聲。人漾切。○日漾去　日陽

詭䚸 guǐ　責也。从言，危聲。過委切。○見紙上　見支

證䜒 zhèng　告也。从言，登聲。諸應切。○章證去　章蒸

誰䜼 shuí　何也。从言，隹聲。示隹切。○金文𧥩　禪脂平　禪微

誅䛩 zhū　討也。从言，朱聲。陟輸切。○金文𧦣　知虞平　端侯

討䚵 tǎo　治也。从言从寸。他皓切。○透皓上　透幽

詢 xún　謀也。从言,旬聲。相倫切。○心諄平　心真

譜 pǔ　籍録也。从言,普聲。《史記》从“並”。博古切。○幫
姥上　幫魚

謎 mí　隱語也。从言、迷,迷亦聲。莫計切。○明霽去　明脂

誌 zhì　記誌也。从言,志聲。職吏切。○章志去　章之

訣 jué　訣別也。一曰:法也。从言,決省聲。古穴切。○見屑
入　見月

誩誩[57] jìng　渠慶切　羣映開三去　羣陽(58/52;102/102)

競言也。从二言[一]。凡誩之屬皆从誩。讀若競。

【譯文】

　　爭辯。由兩個“言”字構成。凡是和“誩”義有關的字都以“誩”爲
構件。讀音同“競”字。

【段注】

　　[一]渠慶切。古音在十部(陽)。讀如“彊”。

【集解】

　　桂馥《説文義證》:“‘競,言也’者,《類篇》作‘言也’,引《字林》
‘競,言也’。”

　　王筠《説文句讀》:“《字林》同。下又云‘讀若競’,則‘誩’直是
‘競’之古文。”

　　朱駿聲《説文定聲》:“以言曰‘誩’,以手曰‘爭’。”

　　徐灝《説文注箋》:“‘誩’與‘競’音義同,形亦相承,疑本一字。”

　　饒炯《説文部首訂》:“言之通義爲直言。‘誩’猶二人直持其説,
各不相讓,蓋爭言也。”

　　黄天樹《部首與甲骨文》:“表示兩個人爭着説話。”

【同部字舉例】

　　善 shàn　吉也。从誩从羊。此與“義、美”同意。譱,篆文善,
从言。常衍切。○金文譱、譱、譱　襌獮上　襌元

競𣪠 jìng　彊語也。一曰:逐也。从誩从二人。渠慶切。○甲文𨑉、𨑈、𣂲、𣂱、𣂲　金文𨑉、𧪜、𧰨、𨐌、𧰲、𦥹　羣映去　羣陽

讟𧭡 dú　痛怨也。从誩,賣聲。《春秋傳》曰:"民無怨讟。"徒谷切。○定屋入　定屋

音音58 yīn　金文𧩙、𧩚、𧩛　於今切　影侵開三平　影侵
(58/52;102/102)

聲大徐本有"也"字生於心有節於外謂之音[一]。宮商角徵羽,聲也大徐本無"也"字[二]。絲竹金石匏土革木,音也。从言,含一[三]。凡音之屬皆从音。

【譯文】
　　語音,産生於心而受到外部節制的聲音叫"音"。宮商角徵羽五聲音階之音,屬於聲。絲竹金石匏土革木八種樂器之音,屬於音。以"言"爲構件,内加一道。凡是和"音"義有關的字都以"音"爲構件。

【段注】
　　[一]十一字一句,各本"聲"下衍"也"字。《樂記》曰:"聲成文謂之音。"① 　[二]宋本無"也"。 　[三]有節之意也。於今切。七部(侵、緝)。

【疏義】
　　①《禮記·樂記》:"凡音者,生人心者也。情動於中,故形於聲,聲成文謂之音。"

【集解】
　　徐鍇《説文繫傳·通論》:"聲成文謂之音。人之音也,八音所以寫人之意也。五聲:宮商角徵羽,自然有合音也,取五聲而比之以成文曰音。五聲雜紐還相爲宮以成一音,故于文,'言'含'一'爲音。言者,人之言也。"

　　朱駿聲《説文定聲》:"單出曰聲,雜比曰音。"

　　黃天樹《部首與甲骨文》:"後代的'言'、'音'二字,古本一字,在形體上都作𠴚。東周時在𠴚形的'口'内加一點而成𠴗,逐漸分化爲'言'、'音'二字。"

【同部字舉例】

響 𩫚 xiǎng　聲也。从音，鄉聲。許兩切。○曉養上　曉陽

韶 𩐰 sháo　虞舜樂也。《書》曰："簫韶九成，鳳皇來儀。"从音，召聲。市招切。○禪宵平　禪宵

章 𩐩 zhāng　樂竟爲一章。从音从十。十，數之終也。諸良切。○甲文𩐩　金文𩐩、𩐩　章陽平　章陽

竟 𩫝 jìng　樂曲盡爲竟。从音从人。居慶切。○甲文𩫝　金文𩫝
見映去　見陽

辛 辛 59 qiān　甲文𢆉、𢆉、𢆉　去虔切　溪仙開三平　溪元
（58/53；102/103）

辠也[一]。从干、二[二]。二，古文上字[三]。凡辛之屬皆从辛。讀若愆[四]。張林（生平不詳）説。

【譯文】

犯罪。由"干、二"構成。二，古文"上"字。凡是和"辛"義有關的字都以"辛"爲構件。讀音同"愆"。這是張林的説法。

【段注】

[一]辠，犯法也①。　[二]會意。　[三]干上是犯法也②。
[四]去虔切。十四部（元）。《廣韻》曰："辛，古文愆。"③

【疏義】

①辠："罪"的古字。　②《説文》干部："干，犯也。"　③《廣韻》先韻："愆，過也。辛，古文。"

【集解】

桂馥《説文義證》："從干、二者，犯上有辠。"

王筠《説文釋例》："部首'辛'與心部'愆'同。説曰'讀若愆'，即以明其同也。"按：《説文》心部："愆，過也。从心，衍聲。"

朱駿聲《説文定聲》："干上爲辛，辠也。"

徐灝《説文注箋》："'辭、辟'等字从辛者，疑皆'辛'之誤也。"

饒炯《説文部首訂》："'辛'爲罪之小者，'辛'爲罪之大，若散言之，則辛亦也。"

王紹蘭《段注訂補》："張林云'讀若'非謂辛即愆也,《廣韻》以'辛'爲古文'愆',誤矣。"

董蓮池《部首新證》："此篆與'辛'字早期作𨑃者形體不同,即其下作横畫而不作〜形,一般認爲即見於甲骨文之𨑃、𨑃(以下寫作'𨑃'),不从'干',也不从'二',是個象形字。王國維云其音當讀如孽。裘錫圭考證云'𨑃'本象一種刀類工具,其字或作𨑃、𨑃、𨑃(後二形是偏旁),根據它的音義推測,應是'乂'的初文。'乂'、'孽'都是疑母祭部字,古音極近。'乂'字的繁體作'刈'(《説文》)……字義也與'𨑃'相合。"

【同部字舉例】

　　童𩓣 tóng　男有辠曰奴,奴曰童,女曰妾。从辛,重省聲。𩓣,籀文童。中與竊中同从廿,廿以爲古文疾字。徒紅切。○甲文𩓣、𩓣、𩓣 金文𩓣、𩓣、𩓣　定東平　定東

　　妾𩓣 qiè　有辠女子給事之得接於君者。从辛从女。《春秋》云:"女爲人妾。"妾,不娉也。七接切。○甲文𩓣、𩓣、𩓣　金文𩓣、𩓣、𩓣 清葉入　清葉

丵 丵 [60] zhuó　士角切　崇覺開二入　崇藥(58/53;103/103)

叢生艸也。象丵嶽(最高峰)相並出也[一]。凡丵之屬皆从丵。讀若浞(zhuó,沾濕)[二]。

【譯文】

　　叢生的草。字形象爭高並出的樣子。凡是和"丵"義有關的字都以"丵"爲構件。讀音同"浞"字。

【段注】

　　[一]謂此象形字也。丵嶽:疊韻,字或作"崪(zú)嶽"①,吳語不經見者謂"丵嶽"。　[二]士角切。三部(幽、覺)。

【疏義】

　　①崪:聚齊的樣子。

【集解】

王筠《説文句讀》：“丵、嶽迭韻，蓋爭高競長之狀。《漢書·朱雲傳》‘五鹿嶽嶽’，亦近此意。”

王筠《説文釋例》：“丵下云‘叢生艸也’，似是象形字。然下文以‘丵嶽’申之，則疊韻形容字也，知爲指事矣。”

饒炯《説文部首訂》：“‘丵嶽’古語，猶‘卓犖’也，蓋形容艸叢生皃之詞。而‘丵’既造爲專字，其篆象艸直者上出，横者旁達，形有競長增高兩相並出之意。”

董蓮池《部首新證》：“‘許慎將其訓爲‘叢生艸’不可信。”

【同部字舉例】

業業 yè　大版也。所以飾縣鍾鼓。捷業（參差貌。業：古時樂器架子横木上的大版，刻有鋸齒狀飾物，用以懸掛鍾、鼓等）如鋸齒，以白畫之。象其鉏鋙（jǔyǔ，櫛齒狀物）相承也。从丵从巾，巾象版。《詩》曰：“巨業維樅（cōng）。”鸂，古文業。魚怯切。○甲文鸂、鸂　金文鸂、鸂　疑業入　疑葉

叢叢 cóng　聚也。从丵取聲。徂紅切。○從東平　從東

菐 菐 [61] pú　蒲沃切　並屋合一入　並屋（58/53；103/104）

瀆菐也[一]。从丵从廾（gǒng）[二]，廾亦聲[三]。凡菐之屬皆从菐。

【譯文】

繁複衆多。由“丵、廾”構成，“廾”也是聲符。凡是和“菐”義有關的字都以“菐”爲構件。

【段注】

[一]瀆、菐疊韻字。瀆，煩瀆也[1]。“菐”如《孟子》書之“僕僕”，趙云：“煩猥皃。”[2]　[二]竦手也。音“邛”（qióng）。　[三]蒲沃切。三部（幽、覺）。

【疏義】

①煩瀆：繁縟。　②《孟子·萬章下》：“子思以爲鼎肉使己僕僕

爾,亟拜也,非養君子之道也。"趙岐注:"僕僕,煩猥貌。"

【集解】

桂馥《説文義證》:"'瀆業也'者,'瀆'當爲'黷'。《集韻》:'業,煩也。'鄭注《曲禮》云:'卜不吉,又筮,筮不吉,又卜,是謂瀆龜。'……'廾亦聲'者,當爲'廾聲'。"

朱駿聲《説文定聲》:"瀆、業,疊韻連語,煩猥之兒。云'廾聲'者,'廾'短言之即'業'也。"

徐灝《説文注箋》:"疑即古僕字,从𦥑,指事。舁聲。"

董蓮池《部首新證》:"許訓其義爲'瀆業','瀆業'是煩瑣、煩縟之意。實則它本是由'僕'字初文的部分構件演變而成。'僕'字初文作𦥑(《甲骨文編》683 頁),到西周金文時開始割裂形體,象人形的部分變作獨立的𠂇旁,雙手變作𦥑,象簸箕的𢽁形譌作甴,原人頭上的𠂤旁移於甴下,遂作𢽁形(史僕壺),甴旁又譌省爲𡿧而有𢽁形,故業是僕人的雙手、頭飾𠂤、所持之𢽁的譌省組合,許慎形義分析非是。"

【同部字舉例】

僕𠘧 pú　給事者。从人从業,業亦聲。𠘧,古文从臣。蒲沃切。
〇金文𠘧、𠘧、𠘧　並屋人　並屋

收 𦥑 ⁶² gǒng　甲文𦥑、𦥑　金文𦥑、𦥑、𦥑　居竦切　見腫合
三上　　見東(59/53;103/104)

竦手也[一]。从𠂇、𦣏大徐本作"从屮、又"[二]。凡廾之屬皆从廾。𢾅,楊雄(即揚雄)説:𦥑从兩手[三]。

【譯文】

拱手。由"𠂇、𦣏"構成。凡是和"廾"義有關的字都以"廾"爲構件。𢾅,楊雄説:𦥑由兩個"手"字構成。

【段注】

[一]竦,敬也①。　[二]按:此字謂竦其兩手以有所奉也,故下云:"奉,承也。"手部曰:"承,奉也,受也。"《五經文字》其恭反,《九經字樣》音"邛"。《廣韻》引《説文》居竦切②。以"業"從𦥑聲求之,古音

在三部(幽、覺)。［三］蓋《訓纂篇》如此作③。古文“𢪞”(同“拜”)從二“手”,此以古文“𢪞”爲廾也④。

【疏義】

①《説文》立部:“竦,敬也。” ②《廣韻》冬韻:“廾,竦手也。《説文》本居竦切。” ③《訓纂篇》:字書,西漢揚雄撰,已佚 ④《説文》手部:“𢫦,首至地也。从手、𠦒。𠦒音忽。拜,楊雄説:拜从兩手下。𢪞,古文拜。”

【集解】

王筠《説文句讀》:“‘収’蓋‘拱’之古文,會意兼指事字也。”

王筠《説文釋例》:“部首廾蓋即手部‘拱’之古文也……収下云‘竦手也’是與‘拱’同也。而部中字皆執持之義,則以人有所持,其手必竦而上,不復下垂也。”

朱駿聲《説文定聲》:“楊雄説从兩手。按:與‘捧’略同,與‘拱’别。収者,兩手捧物。拱者,遝手致敬也。”

徐灝《説文注箋》:“廾、共古今字。共、拱亦古今字。”

【同部字舉例】

奉 fèng　承也。从手从廾,丰聲。扶隴切。○金文　並腫上　並東

丞 chéng　翊也。从廾从卩(jié)从山。山高,奉承之義。署陵切。○甲文、　禪蒸平　禪蒸

奐 huàn　取奐也。一曰:大也。从廾,敻(xuàn,營求)省。呼貫切。○曉換去　曉元

弇 gān/yǎn　蓋也。从廾从合。,古文弇。古南切,又一儉切。○影琰上　影談

异 yì　舉也。从廾,㠯聲。《虞書》曰:岳曰异哉。羊吏切。○以志去　定之

弄 lòng　玩也。从廾持玉。盧貢切。○甲文、　金文、、　來送去　來東

戒 jiè　警也。从廾持戈。以戒不虞。居拜切。○甲文、

金文 🔣、🔣　見怪去　見之

　　兵 🔣 bīng　械也。从廾持斤，并力之皃。🔣，古文兵，从人、廾、干。🔣，籀文。補明切。○甲文 🔣、🔣、🔣　金文 🔣　幫庚平　幫陽

　　龏 🔣 gōng　慤也，从廾，龍聲。紀庸切。○甲文 🔣、🔣　金文 🔣、🔣、🔣　見鍾平　見東

　　弈 🔣 yì　圍棊也。从廾，亦聲。《論語》曰："不有博弈者乎？"羊益切。○餘昔入　定鐸

　　具 🔣 jù　共置也。从廾从貝省。古以貝爲貨。其遇切。○甲文 🔣、🔣　金文 🔣、🔣　羣遇去　羣侯

双 🔣 ⁶³　pān　普班切　滂删開二平　滂元（59/54；104/105）

引也^[一]。从反廾（同"廾"）^[二]。凡 🔣 之屬皆从 🔣。🔣，🔣 或从手从樊^[三]。

【譯文】

攀引。字形爲反向的 🔣。凡是和"双"義有關的字都以"双"爲構件。🔣，"双"或由"手、樊"二字構成。

【段注】

[一]《上林賦》："仰 🔣 橑而捫天。"晉灼曰："🔣，古'攀'字。"①按：今字皆用"攀"，則 🔣 爲古字，🔣 亦小篆也。　[二]象引物於外。普班切。十四部（元）。　[三]樊，聲也。今作"攀"。《公羊傳》作"扳"②。

【疏義】

①司馬相如《上林賦》："仰 🔣 橑而捫天。"李善《文選注》："晉灼曰：'🔣，古攀字也。'"橑：椽。　②《春秋公羊傳·隱公元年》："諸大夫扳隱而立之。"何休注："扳，引也。"

【集解】

徐鍇《說文繫傳》："引者自外引入也，故反手向外引之……此今人書攀字。"

王筠《說文釋例》："🔣 下云：從反廾。案：此說未合……🔣、廾 皆

從十、又，𠬞兩手相向，是拱手也；𠬜兩手向外，是有所攀附也。各會其意，不得謂之反𠬞。”

朱駿聲《説文定聲》：“引也。从反𠬞，指事。或从手，樊聲。字亦作攀、作扳。”

饒炯《説文部首訂》：“𠬜，即攀援本字。”

【同部字舉例】

樊 𦸦 fán　鷙不行也。从𠬜从棥，棥亦聲。附袁切。○金文𦸦、𦸦　並元平　並元

㝜 𦸦 luán　樊也。从𠬜，䜌聲。呂員切。○仙來平　來元

共 𦱤 [64] gòng　甲文𩰬　金文𩰬、𦱤　渠用切　羣用合三去　羣東(59/54；105/105)

同也。从廿、𠬜[一]**。凡共之屬皆从共。𦱤，古文共**[二]**。**

【譯文】

共同。由“廿、𠬜”構成。凡是和“共”義有關的字都以“共”爲構件。𦱤，是古文“共”字。

【段注】

[一]廿，二十并也。二十人皆竦手，是爲同也。渠用切。九部(東、冬)。《周禮》《尚書》“供給、供奉”字皆借“共”字爲之[①]。衞、包盡改《尚書》之“共”爲“恭”[②]，非也。《釋詁》：“供、峙、共，具也。”郭云：“皆謂備具。”[③]此古以“共”爲“供”之理也。《尚書》《毛詩》《史記》“恭敬”字皆作“恭”，不作“共”。漢石經之存者，《無逸》一篇中“徽柔懿共、惟正之共”皆作“共”，“嚴恭寅畏”作“恭”[④]，此可以知古之字例矣。《毛詩》“溫溫恭人、敬恭明祀、溫恭朝夕”，皆不作“共”[⑤]。“靖共爾位”，箋云：“共，具也。”[⑥]則非“恭”字也。“虔共爾位”，箋云：“古之‘恭’字或作‘共’。”[⑦]云“或”，則僅見之事也。《史記》“恭敬”字，亦無作“共”者。　　[二]體從小徐本[⑧]。按：𦱤有順從之象，𦱢有睽異之象。《古文四聲韻》引《説文》誤以“癸”爲“共”[⑨]。

【疏義】

①《周禮·天官冢宰·小宰》：“令百官府共其財用。”《經典釋文》：“共音恭。《禮》本供字皆作‘共’。”《尚書·舜典》：“汝共工。”孔安國傳：“共，謂供其職事。”　②衛：衛宏，東漢經學家，字敬仲。包：包咸，東漢經學家，字子良。　③引文見《爾雅·釋詁下》及郭璞注。④《無逸》：《尚書·周書》篇名。清顧藹吉《隸辨·平聲上》：“石經《尚書》殘碑：‘徽柔懿共。’……‘徽柔懿共’見《無逸》篇，今本作‘恭’，古文《尚書》作‘共’，與碑正同。”“共，石經《尚書》殘碑：‘惟正之共。’‘供’亦作‘共’，與古文《尚書》同。”今本《尚書·周書·無逸》：“周公曰：‘嗚呼！我聞曰：“昔在殷王中宗，嚴恭寅畏天命，自度治民祇懼，不敢荒寧。”……’周公曰：‘嗚呼……徽柔懿共，懷保小民，惠鮮鰥寡。’”⑤《詩經·小雅·小宛》：“溫溫恭人，如集于木。”《詩經·大雅·雲漢》：“敬恭明神，宜無悔怒。”《詩經·商頌·那》：“溫恭朝夕，執事有恪。”　⑥《詩經·小雅·小明》：“靖共爾位，正直是與。”鄭玄箋：“共，具。”　⑦《詩經·大雅·韓奕》：“夙夜匪解，虔共爾位。”鄭玄箋：“古之恭字或作‘共’。”　⑧大徐本《説文》：“▩，古文共。”徐鍇《説文繫傳》：“▩，古文共。”　⑨《古文四聲韻》：夏竦撰。其用韻“共”字又作▩，云出《説文》。夏竦：北宋文字學家，江西德安人。

【集解】

王筠《説文句讀》：“當云從古文之象，小篆變錯，不可隨文解之。‘廿’爲二十並，又同‘疾’，據此解之，皆不可通……《周禮》以‘共’爲‘供’，所云共王、共后、共祭祀，皆以下奉上之詞，故▩字手皆向上也，又非一人能了，故四手也。《左傳》以‘共’爲‘恭’，▩字形中亦具此義。”

王筠《説文釋例》：“蓋供具爲‘共’之本義。凡《周禮》所云共王、共祭祀、共賓客，其事皆當致敬，則恭義生焉，而所供非一物，則共同之義亦生焉。”

林義光《文源》：“以‘廿’取象，無義理。《爾雅》：‘共，具也。’此爲‘共’之本義，‘廿’即▢之變，象物形，兩手奉之。古作▩。”

　　董蓮池《部首新證》:“初文作⊎(弔向簋),以兩手共舉同樣之物而會共同意。後來所從丨中加點飾作✝,遂與✝(十)混同,而有了ﬗ(禹鼎)形‘共’字。由ﬗ形再演變爲𦥑(畬肯鼎)形,所從的廿即⬆的點飾拉成橫畫相連,下部亦隨之連爲一體。”

【同部字舉例】

　　龔𤰈 gōng　給也。从共,龍聲。俱容切。○見鍾平　見東

異 𢌄 ⁶⁵ yì　甲文✌、✌　金文✌、✌　羊吏切　定之(59/54;105/105)

分也^[一]。从廾、_{大徐本有“从”}畀。畀,予也^[二]。凡異之屬皆从異。

【譯文】

　　分開。由“廾、畀”構成。畀,義爲給予。凡是和“異”義有關的字都以“異”爲構件。

【段注】

　　[一]分之則有彼此之異。　[二]竦手而予人則離異矣^①。羊吏切。一部(之、職)。

【疏義】

　　①竦手:猶拱手。

【集解】

　　徐鍇《説文繫傳》:“將欲予物,先分異之也。”

　　徐灝《説文注箋》:“舉物以與人,是分異之也,然恐非字之本義。‘異’蓋謂怪異之物也。《論衡·自紀篇》:‘物無類而妄生曰異。’……引申之非常之事曰‘異’,故災變稱‘異’,人情可怪者亦曰‘異’。《孟子》曰:‘王無異於百姓之以王爲愛也。’趙注:‘異,怪也。’異則不同,故又爲分異之稱也。”

　　黄天樹《部首與甲骨文》:“甲骨文作✌,表示人頭上戴着東西,是‘戴’的初文。”

　　董蓮池《部首新證》:“字見甲骨文,寫作✌、✌諸形(《甲骨文編》104、105頁),西周金文寫作✌(大盂鼎),均象往頭上戴一物形。王國

維云此疑'戴'字,楊樹達云蓋'戴'之初字(《金文詁林》1466—1467頁)。考'戴'、'異'二詞古音相近,'戴'上古月部端紐,'異'上古職部定紐,職、月通轉,端、定旁紐。由其形、音分析,其字確當爲'戴'一詞而造,使用過程中因'異'一詞與'戴'音近,便借 𢍺 字表示,後來便用 𢍺 專表'異'一詞,而在 𢍺 上加注'𢧵'聲分化出'戴'字來專門表示'戴'一詞。"

【同部字舉例】

戴 𢧵 dài　分物得增益曰"戴"。从異,𢧵聲。𢧵,籀文戴。都代切。○端代去　端之

舁 𦥯 [66] yú　以諸切　以魚開三平　定魚(59/54;105/106)

共舉也。从臼、大徐本有"从" **廾[一]。凡舁之屬皆从舁。讀若余[二]。**

【譯文】

共同舉起。由"臼、廾"構成。凡是和"舁"義有關的字都以"舁"爲構件。讀音同"余"字。

【段注】

[一]謂有叉手者、有竦手者,皆共舉之人也。共舉則或休息更番,故有叉手者。　[二]以諸切。五部(魚、鐸)。

【集解】

徐鍇《説文繫傳》:"舁,用力也,兩手及爪皆用也。"

王筠《説文句讀》:"'臼'非叉手,'収'非拱手。臼之臂在後,指在前,廾亦然。四手相向,是共舁之狀。"

徐灝《説文注箋》:"段説殊穿鑿。然則'廾'爲竦手而立乎?二人共舉一物,或臼之,或廾之耳,臼不必爲叉手,廾亦不必爲竦手也。舁與舉音義相近。"

饒炯《説文部首訂》:"廾當作倒臼,象人前後共舉,一推一挽之形。臼者前人之兩手也,義不取於叉手。廾者,後人之兩手也,義不取於竦手。本平視象事字,説解當云'共舉也,象二人兩手推挽之形'。"

【同部字舉例】

與 ^𦥯 yǔ　黨與也。从舁从与。^䖵，古文與。余呂切。○金文
^𦥻、^𦥮、^𦥕　以語上　定魚

興 ^𦥷 xīng　起也。从舁从同。同力也。虛陵切。○甲文 ^𣥔、^𢑚、
^𦥔、^𦥷、^𦥕、^𦥖、^𦥗、^𦥘　金文 ^𦥙、^𦥚　曉蒸平　曉蒸

臼 臼 ⁶⁷　jū　居玉切　見燭合三入　見屋（60/54；105/106）

叉手也^[一]。从ㅌ、彐^[二]。凡臼之屬皆从臼。

【譯文】

雙手交叉。由“ㅌ、彐”構成。凡是和“臼”義有關的字都以“臼”爲
構件。

【段注】

[一]又部曰：“叉，手指相錯也。”此云“叉手”者，謂手指正相向
也。　[二]此亦從“ナ、又”而變之也。居玉切。三部（幽、覺）。

【集解】

徐鍇《説文繫傳》：“臼，兩手相叉也。”

桂馥《説文義證》：“臼，‘叉手也’者，本書‘叉’，手指相錯也。馥
謂兩手之指相迖遣。”

王筠《説文釋例》：“直當云‘從到収’耳。拱手則肱必折而居手之
下，故以 ^𦥑 象之，手在上，肱在下也。叉手則如其上下之常，但指相錯
耳，故以 ^臼 象之，肱在上，手在下也。”

朱駿聲《説文定聲》：“从到 ^𦥑，指事。”

饒炯《説文部首訂》：“‘臼’即‘匊’之古文。《小爾雅》云：‘一手之
盛謂之溢，兩手謂之掬。’‘掬’即‘匊’字，乃‘臼’之引申義，此象本義。
當云合手取物也，象叉手相盛之形。”

黃天樹《部首與甲骨文》：“字形表示衆手共同舉起一物。”

【同部字舉例】

要 ^𦥮 yāo　身中也。象人要自臼之形，从臼，交省聲。^𦥯，古文
要。於消切，又於笑切。○金文 ^𦥰、^𦥱　影宵平　影宵

晨晨 68 chén　甲文 皆、枞、賚　植鄰切　禪真開三平　禪文
（60/54；105/106）

早昧爽也[一]。从臼、_{大徐本有"从"}**辰[二]。辰[三]，時也。辰亦聲[四]。夙、夕爲夙**（sù）**，臼、辰爲晨，皆同意[五]。凡晨之屬皆从晨。**

【譯文】

早晨和黎明這段時間。由"臼、辰"構成。辰，代表時間。"辰"也是聲符。"夙、夕"構成"夙"字，"臼、辰"構成"晨"字，構意均同。凡是和"晨"義有關的字都以"晨"作爲構件。

【段注】

[一]日部曰："早，晨也。""昧爽，旦明也。"《文王世子》注曰："早昧爽，擊鼓以召衆。"①亦三字象言之。《左傳·僖五年》正義解《説文》："謂夜將旦、雞鳴時也。"② [二]會意。 [三]逗。 [四]食鄰切。十二部（真）。 [五]聖人以文字教天下之勤③。

【疏義】

①《禮記·文王世子》："天子視學，大昕鼓徵，所以警衆也。"鄭玄注："早昧爽擊鼓，以召衆。" ②《左傳·僖公五年》："童謠云：丙之晨，龍尾伏辰。"孔穎達疏："丙之晨者，《説文》云：'晨，早昧爽也。'謂夜將旦、雞鳴時也。" ③《説文》夕部："夙，早敬也。从丮。持事雖夕不休，早敬者也。"

【集解】

徐鍇《説文繫傳》："凡自夜半子以後爲晝，昧爽爲寅……臼者，自臼持也。"

朱駿聲《説文定聲》："丮、夕爲夙，臼、辰爲晨，皆同意，經傳皆以晨爲之。"

楊樹達《積微居小學述林·釋辱》："'晨'爲會意字，如許説，臼、辰二字義不相會，辰時不能以手臼也……農民兩手持蜃往田，爲時甚早，故以兩手持辰表昧爽之義。"

董蓮池《部首新證》："考字見甲骨文，寫作_{（甲骨文字形）}、_{（甲骨文字形）}諸形（《甲骨文

編》107頁），除從'臼'、從'辰'外，還作從'林'，從'辰'之形。"

【同部字舉例】

農䢉 nóng　耕也。从晨（晨同農），囟聲。䢉，籀文農，从林。
𦦦，古文農。䢉，亦古文農。奴冬切。○甲文𦦦、㣎、䢉、𦥑　金文
𦥔、𦥓、𦥔、𦥔、㿎、㿎　泥冬平　泥冬

爨 爨 69
cuàn　七乱切　清換合一去　清元（60/54；106/106）

齊謂大徐本有"之"炊爨[一]。𦥑大徐本作"臼"象持甑
（陶製炊器）[二]，冂（同"冂"）爲竈口，𠬞（同"廾"）推林内
火[三]。凡爨之屬皆从爨[四]。𤑚，籀文爨省[五]。

【譯文】

齊人把做飯叫做"爨"。𦥑象手持甑的樣子，冂是竈口，𠬞象將柴
推入火中。凡是和"爨"義有關的字都以"爨"爲構件。𤑚，是籀文
"爨"的省體。

【段注】

[一]各本"謂"下衍"之"字，今正。火部曰："炊，爨也。"然則二字
互相訓。《孟子》趙注曰："爨，炊也。"①"齊謂炊爨"者，齊人謂炊曰爨。
古言"謂"則不言"曰"，如毛傳"婦人謂嫁歸"是也②。《特牲》《少牢
禮》注皆曰："爨，竈也。"③此因爨必於竈，故謂竈爲"爨"。《禮器》"燔
柴於爨"同④。《楚茨》傳曰："爨，饔爨、廩爨也。"此謂竈。又曰："踖
踖，爨竈有容也。"⑤此謂炊。　　[二]中似甑，臼持之。今本"𦥑"譌
"臼"。　　[三]林，柴也。内，同"納"。　　[四]七亂切。十四部（元）。
[五]然則"爨"本古文也。

【疏義】

①《孟子·滕文公上》："許子以釜甑爨，以鐵耕乎？"趙岐注："爨，
炊也。"　②《詩經·周南·葛覃》："言告言歸。"毛傳："婦人謂嫁曰
歸。"《經典釋文》："謂嫁曰歸，本亦無曰字。"　③《儀禮·特牲饋食
禮》："主婦視饎，爨於西堂下。"《儀禮·少牢饋食禮》："雍人概（gài）

鼎、匕、俎於雍爨。"鄭玄皆注:"爨,竈也。"摡:洗滌。雍人:掌烹飪的
官員。雍,通"饔"。　④《禮記·禮器》:"燔柴於奥。"鄭玄注:"'奥'
當爲'爨',字之誤也。或作'竈'。"　⑤《詩經·小雅·楚茨》:"執爨
踖(jí)踖,爲俎孔碩,或燔或炙。"毛傳:"爨,饔(yōng)爨、廩爨也。踖
踖,言爨竈有容也。"饔爨:煮肉的灶。廩爨:煮米的灶。踖踖:恭敬敏
捷貌。

【集解】

　　徐鍇《説文繫傳》:"取其進火謂之爨,取其氣上謂之炊。"

　　桂馥《説文義證》:"《禮》:饔爨煮肉,廩爨炊米。炊爨謂廩爨也。"

　　徐灝《説文注箋》:"𦥑象甑,从臼持之,冂象竈口,从'廾',推林納
火。林,薪也。此象形、指事、會意三者兼之。"

【同部字舉例】

　　釁 𦦨 xìn　血祭也。象祭竈也。从爨省,从酉。酉所以祭也。从
分。分亦聲。虚振切。○曉震去　曉文

卷三下

革 革 ⁷⁰ gé 金文 _卑、_夢 古核切 見麥開二入 見職（60/55；107/108）

獸皮治去其毛曰革[一]。**革，更也**_{“獸皮”三句大徐本作}“獸皮治去其毛革更之”[二]。**象古文革之形**[三]。**凡革之屬皆從**_{“從”大徐本作“从”，下同}**革**。**卑，古文革從卅**_{“卅”大徐本作}“三十”，下同[四]。**卅年爲一世，而道更也**[五]。**臼聲**[六]。

【譯文】

獸皮去毛之後叫做革。革，義爲改變。字形象古文革的樣子。凡是和“革”義有關的字都以“革”爲構件。卑，古文“革”以“卅”爲構件。三十年爲一世，其間世道會發生變化。臼爲聲符。

【段注】

[一]各本“獸皮治去其毛革更之，象古文革之形”，文義句讀，皆不可通。今依《召南》《齊風》《大雅》《周禮·掌皮》四疏訂正①。“革”與“鞾”二字轉注②。“皮”與“革”二字對文則分別，如“秋斂皮，冬斂革”是也③；散文則通用，如《司裘》之“皮車”即“革路”④、《詩·羔羊》傳“革，猶皮也”是也⑤。　　[二]二字雙聲。治去其毛，是更改之義，故引申爲凡更新之用。《雜卦》傳曰：“革，去故也。”⑥鄭注《易》曰：“革，改也。”⑦《公羊傳》：“革取清者。”何曰：“革，更也。”⑧《管子·輕重》：“革築室房。”注：“革，更也。”⑨　　[三]凡字有依倣古文製爲小篆，非許言之，猝不得其於六書居何等者，如“革”曰“象古文革之形”，“弟”曰“從古文之象”，“民”曰“從古文之象”，“酉”曰“象古文酉之形”是也。

易臼爲ㅂ,蓋省煩爲簡耳。而或云:從卅從口,音韋,口爲國邑,卅年而法更。此蓋楊承慶《字統》之肊説⑩。古覈切。一部(之、職)。

[四]上"廿"下"十",是三十也。　[五]據此則"革"之本訓更,後以爲皮去毛之字。　[六]臼,居玉切,在三部(幽、覺)。革在一部(之、職),合音最近。

【疏義】

①《詩經·召南·羔羊》:"羔羊之革,素絲五緎(yù)。"孔穎達正義:"許氏《説文》曰:'獸皮治去其毛曰革。革,更也。'對文言之異,散文則皮、革通。"緎:絲綫縫合處。《詩經·齊風·載驅》:"載驅薄薄,簟(diàn)茀(fú)朱鞹(kuò)。"孔穎達正義:"《説文》云:鞹,革也。獸皮治去毛曰革。鞹是革之别名。"茀:車蔽。《詩經·大雅·韓奕》:"鞹鞃淺幭(miè),鞗(tiáo)革金厄。"孔穎達正義:"《説文》云:鞹,革也。獸皮治去其毛曰革。是鞹者,去毛之皮也。"鞹鞃:用皮革裹的供人倚靠的車軾。淺幭:用淺毛皮做的車軾上的覆蓋物。鞗革:皮製的馬繮繩。《周禮·天官冢宰·掌皮》:"掌皮掌秋斂皮,冬斂革。"賈公彦疏:"許氏《説文》:'獸皮治去其毛曰革。'"　②《説文》革部:"鞹,去毛皮也。《論語》曰:'虎豹之鞹。'"　③见注②。　④《周禮·天官冢宰·司裘》:"大喪,廞(xīn)裘,飾皮車。"鄭玄注:"皮車,遣車之革路。"廞:陳列。路:通"輅",車。　⑤《詩經·召南·羔羊》:"羔羊之革,素絲五緎。"毛傳:"革,猶皮也。"　⑥《周易·雜卦》:"革,去故也。鼎,取新也。"　⑦唐李鼎祚《周易集解·革》:"鄭玄曰:'革,改也。'"　⑧《春秋公羊傳·成公二年》:"革取清者。"何休注:"革,更也。"　⑨《管子·山權數》:"丁氏歸,革築室,賦籍藏龜。"房玄齡注:"革,更也。賦,敷也。籍,席也。"　⑩楊承慶:北魏人,曾官太學博士,撰《字統》二十卷,已佚。肊:同"臆"。

【集解】

徐鍇《説文繫傳》:"革,皮去其毛染而瑩之曰革。"

王筠《説文釋例》:"苟如古文下説解,則變革爲本義,而皮革爲借義,正顛倒矣。部首下本以獸皮爲説,而部中字又皆皮革之義,足徵此説之非……且皮、革一物而字形異者,皮爲初剥之時,柔耎(ruǎn,同軟）委隨,故作 是委靡之狀也。革則以物平張之,故與生時大略相似也。"

朱駿聲《説文定聲》:"古文象首、足、尾具之形,非三十字,中象殘毛,非臼字。"

徐灝《説文注箋》:"古文革从三十,以下十五字,疑後人妄增。許於此字蓋未詳其形,故但云'象古文革之形'……竊謂古文蓋象獸皮之形,上下頭尾二畫象四足,中其體也。"

【同部字舉例】

鞹 鞹 kuò　去毛皮也。《論語》曰:"虎豹之鞹。"从革,郭聲。苦郭切。○溪鐸入　溪鐸

鞄 鞄 páo　柔革工也。从革,包聲,讀若朴。《周禮》曰:"柔皮之工鮑氏。"鞄即鮑也。蒲角切。○金文 、 　並肴平　並幽

鞣 鞣 róu　耎(ruǎn,同軟)也。从革从柔,柔亦聲。耳由切。○日尤平　日幽

靼 靼 dá　柔革也。从革,从旦聲。 ,古文靼,从亶。旨熱切。○章薛入　章月

鞼 鞼 guì　韋繡也。从革,貴聲。求位切。○羣至去　羣微

鞶 鞶 pán　大帶也。《易》曰:"或錫之鞶帶。"男子帶鞶,婦人帶絲。从革,般聲。薄官切。○並桓平　並元

鞏 鞏 gǒng　以韋束也。《易》曰:"鞏用黄牛之革。"从革,巩聲。居竦切。○金文 　見腫上　見東

鞔 鞔 mán　履空也。从革,免聲。母官切。○明桓平　明元

靸 靸 sǎ　小兒履也。从革,及聲,讀若沓。穌合切。○心合入　心緝

鞮 鞮 dī　革履也。从革,是聲。都兮切。○端齊平　端支

鞋 鞋 xié　革生鞮也。从革,奚聲。戶佳切。○匣佳平　匣支

靪 靪 dīng　補履下也。从革,丁聲。當經切。○端青平　端耕

鞞 鞞 bǐng　刀室也。从革,卑聲。并頂切。○金文 、 　幫迥上　幫耕

鞎 鞎 hén　車革前曰"鞎"。从革，艮聲。戶恩切。○匣痕平　匣文

鞃 鞃 hóng　車軾也。从革，弘聲。《詩》曰："鞹鞃淺幭。"讀若穹。丘弘切。○匣登平　匣蒸

靶 靶 bà　彎革也。从革，巴聲。必駕切。○幫禡去　幫魚

靳 靳 jìn　當膺也。从革，斤聲。居近切。○見焮去　見文

鞈 鞈 jiá　防汗也。从革，合聲。古洽切。○見洽入　見葉

勒 勒 lè　馬頭絡銜也。从革，力聲。盧則切。○金文 㙝、㘚　來德入　來職

鞿 鞿 qín　鞥也。从革，今聲。巨今切。○羣侵平　羣侵

鞬 鞬 jiān　所以戢弓矢。从革，建聲。居言切。○見元平　見元

鞭 鞭 biān　驅也。从革，便聲。㝾，古文鞭。卑連切。○金文 㝾、㝾　幫仙平　幫元

鞘 鞘 qiào　刀室也。从革，肖聲。私妙切。○心笑去　心宵

鬲 鬲

71 ‖　甲文 㫃、㞢、㓜　金文 㫃、㫃、㫃　郎激切　來錫開　四入　來錫（62/56；111/112）

鼎屬也大徐本無"也"[一]。**實五觳**[二]。**斗二升曰觳**[三]。**象腹交文，三足**[四]。**凡鬲之屬皆从鬲。䰜，鬲或从瓦**[五]。**䰛，漢令**（漢代的法令）**鬲从瓦，麻聲**[六]。

【譯文】

鼎的一種。容積盛五觳。一斗二升爲一觳。字形象器皿腹部的交紋，有三只足。凡是和"鬲"義有關的字都以"鬲"爲構件。䰜，"鬲"或以"瓦"爲構件。䰛，漢令的"鬲"字以"瓦"爲意符，"麻"爲聲符。

【段注】

[一]《釋器》曰，鼎款足者謂之鬲[1]。　[二]《考工記》："陶人爲鬲，實五觳，厚半寸，脣寸。"[2]　[三]大鄭云："觳受三豆。"後鄭云："觳受斗二升。"按：《瓬（fǎng）人職》云："豆實三而成觳。"大鄭本之。今俗本譌爲"觳受三斗"，誤甚[3]。許必言觳所受者，角部"觳"下無此義

也。魏三體石經以“鬲”爲《大誥》“嗣無疆大歷服”之“歷”④，同在十
六部（支、錫）也。　　[四]上象其口，×象腹交文，下象三足也。《考工
記圖》曰：“款足。”⑤按：款足，郭云：“曲腳。”⑥《漢·郊祀志》則云：“鼎
空足曰鬲。”⑦釋“款”爲“空”。郎激切。十六部（支、錫）。　　[五]《楚
世家》：“楚武公曰：‘居三代之傳器，登三翮（hé）六翼以高世主。’”小
司馬曰：“‘翮’亦作‘瓾’，同音歷。三翮六翼謂九鼎，空足曰翮，翼即
耳，事見《爾雅》。”⑧按：翮者，瓾之假借字。翼者，鈗（yì）之假借。九鼎
款足者三，附耳於外者六也。《爾雅》曰：“鼎，款足謂之鬲，附耳外謂
之鈗。”⑨　　[六]謂載於《令甲》《令乙》之“鬲”字也。《樂浪挈令》
“織”作“紙”⑩。

【疏義】

　　①《爾雅·釋器》：“鼎絶大謂之鼐，圜弇上謂之鼒，附耳外謂之
鈗，款足者謂之鬲。”款：通“窾”，空。　　②《周禮·冬官考工記·陶
人》：“陶人爲甗，實二鬴，厚半寸，脣寸……鬲，實五㲉，厚半寸，脣
寸。”　　③《周禮·冬官考工記·陶人》：“鬲，實五㲉，厚半寸，脣寸。”
鄭玄注：“鄭司農云：‘㲉讀爲斛。㲉受三斗，《聘禮記》有斛。’玄謂豆
實三而成㲉，則㲉受斗二升。”《周禮·冬官考工記·旊人》：“豆實三
而成㲉。”大鄭：指鄭衆，又稱先鄭，西漢經學家，官至大司農。後鄭：指
鄭玄。鄭玄晚於鄭衆，故稱後鄭。旊人：製作瓦器的工匠。　　④魏三
體石經：魏正始二年（241）刊立的石經，刻有《尚書》《春秋》《左傳》三
種經文，共三十石，用古文、小篆和漢隸三種字體對照書寫。漢魏之
後，石經屢遭破壞，唐時十不存一，清末以後屢有殘石被發現。
⑤《考工記圖》：清代戴震著。該書根據《考工記》經文和鄭玄注，作圖
五十八幅，每圖前引經文、注文並加以説明。　　⑥《爾雅·釋器》：“鼎
絶大謂之鼐……款足者謂之鬲。”郭璞注：“鼎曲腳也。”　　⑦《漢書·
郊祀志》：“其空足曰鬲。”顏師古注：“蘇林曰：‘鬲音曆，足中空不實者
名曰鬲也。’”　　⑧引文見《史記·楚世家》及司馬貞索隱。小司馬：即
司馬貞。段氏引文中的“登”字今本作“吞”。　　⑨見注①。鈗：附耳
在脣外的方鼎。　　⑩《令甲》《令乙》：朝廷頒布的第一、二道法令。
《漢書·宣帝紀》：“《令甲》：死者不可生，刑者不可息。”顏師古注：“文

穎曰：‘蕭何承秦法所作爲律令，律經是也。天子詔所增損，不在律上者爲令。《令甲》者，前帝第一令也。’如淳曰：‘令有先後，故有《令甲》《令乙》《令丙》。’師古曰：‘如説是也。甲、乙者，若今之第一、第二篇耳。’”《樂浪挈令》：樂浪郡刻在木板上的律書。《説文》糸部：“絜，樂浪挈令織。”徐鉉注：“挈令，蓋律令之書也。”《段注》：“樂浪，漢幽州郡名也……‘挈’當作‘栔’。栔，刻也。樂浪郡栔於板之令也，其織字如此。”

【集解】

徐鍇《説文繫傳》：“上頸也，腹交文謂其刻飾也。五穀，六斗也……漢中蜀地以瓦爲之也。”

王筠《説文句讀》：“此器上半是器，上闊而下狹，下半是足，足出於器，亦上大而下小……字之上象脣，銘往往在脣，故金刻有🝌、🝌、🝌，諸體皆外象其形，内象其文，下象其足，小篆斷爲三截，不甚象也。”

朱駿聲《説文定聲》：“古文兩傍著🝌，象孰飪五味氣上出也。《考工・陶人》：‘鬲實五穀，厚半寸，脣寸。’《爾雅・釋器》：‘鼎款足者謂之鬲。’舍人注：‘鼎足相去疏間曰鬲也。’《漢書・郊祀志》：‘其空足曰鬲。’《方言・五》：‘鍑，吳揚之間謂之鬲。’”

黄天樹《部首與甲骨文》：“甲骨文作🝌，是古代燒水煮粥用的一種三足炊器。鬲跟鼎的主要區別在足部，鼎足是實的，鬲足是袋狀的空足。”

董蓮池《部首新證》：“字見甲骨文，寫作🝌（《甲骨文編》108 頁），象形字。”

【同部字舉例】

䰞 䰞 zōng　釜屬。从鬲，𡿩（zōng）聲。子紅切。○精東平　精東

䰝 䰝 guō　秦名土釜曰䰝。从鬲，𦍍聲，讀若過。古禾切。○見戈平　見歌

鬵 鬵 xín　大釜也。一曰：鼎大上小下若甑曰鬵。从鬲，兓（shēn）聲，讀若岑。🝌，籀文鬵。才林切。○從侵平　從侵

鬴 鬴 fǔ　鍑（fù）屬。从鬲，甫聲。釜，鬴或从金，父聲。扶雨切。○金文🝌、🝌　並麌上　並魚

　　虘𬱽 yàn　　鬲屬。从鬲，虍聲。牛建切。○甲文𬱽　金文𬱽、
𬱽、𬱽、𬱽、𬱽　疑願去　疑元

　　融融 róng　　炊气上出也。从鬲，蟲省聲。𧖨，籀文融，不省。以戎
切。○以東平　定冬

弼𬱽 ⁷²　lì　郎激切　來錫開四入　來錫（62/57；112/113）

　　𪔂（lì，同“鬲”）也[一]。古文亦鬲字[二]。象孰飪五
味气上出也[三]。凡弼之屬皆从弼。

【譯文】

　　就是𪔂。古文中也是鬲字。字形象烹飪時各種香氣上升的樣子。
凡是和“弼”義有關的字都以“弼”爲構件。

【段注】

　　[一]二字淺人妄增。此云“古文亦鬲字”，即“介，籀文大，改古
文”之例①，何取以漢令“鬲”爲訓釋乎②？　　[二]鬲、弼皆古文也。
[三]謂𢆶也。鬲、弼本一字，鬲專象器形，故其屬多謂器。弼兼象孰飪
之气③，故其屬皆謂孰飪。

【疏義】

　　①在《説文》中，同一“大”字被分成𡗕、介兩個部首。其一釋作：
“𡗕，天大，地大，人亦大，故大象人形。古文大也。”其二釋作：“介，籀
文大，改古文，亦象人形。”《段注》：“謂古文作𡗕，籀文乃改作介也，本
是一字。而凡字偏旁，或从古或从籀不一，許爲字書，乃不得不析爲二
部。”　　②漢令鬲：指漢令中所用的“鬲”字，即“𪔂”，詳上一部首“鬲”
字的説解。　　③孰：“熟”的古字。

【集解】

　　徐鍇《説文繫傳》：“言此古書鬲字，今則別也。𢆶，氣之狀也。”

　　桂馥《説文義證》：“‘象孰飪五味氣上出也’者，《五音集韻》‘𢆶上
烝氣也’。”

　　王筠《説文釋例·改篆》：“‘弼’當作‘𩰲’，説云氣上出，則𢆶不當

在旁。”

董蓮池《部首新證》：“‘鬻’是‘鬲’的後起異體。而‘鬻’則是‘鬲’的古文異體。‘鬻’兩旁的‘弻’表示烹煮食物時五味從‘鬲’中向上騰出。”

【同部字舉例】

鬻鬻 ěr　粉餅也。从鬻，耳聲。餌，鬻或从食，耳聲。仍吏切。○去志日　日之

爪 爪 73 zhǎo　甲文 ⟨ 　金文 ⟨、⟨　側狡切　莊巧開二上莊幽（63/57；113/114）

乳（jǐ）也[一]。覆手曰爪[二]。象形[三]。凡爪之屬皆从爪。

【譯文】

抓持。覆手向下叫做“爪”。象形。凡是和“爪”義有關的字都以“爪”爲構件。

【段注】

[一]乳，持也①。　[二]仰手曰“掌”，覆手曰“爪”。今人以此爲叉甲字，非是。叉甲字見又部②。蚤部“蚤”（zǎo）字下云：“叉，古爪字。”非許語也。　[三]側狡切。二部（宵、藥）。

【疏義】

①引文見《説文》乳部。　②《説文》又部：“叉，手足甲也。”《段注》：“叉、爪古今字。古作叉，今用爪。”

【集解】

徐鍇《説文繫傳》：“臣鍇曰：‘覆手曰爪，謂以予爪爲物爪也。’”

王筠《説文釋例》：“以爪爲持則似誤，‘爪’俗作‘抓’，把搔其義也……蓋執物者，指不必向下，搔物者，指必向下。”

朱駿聲《説文定聲》：“俗字作‘抓’，仰手曰‘爪’。”

徐灝《説文注箋》：“戴氏侗曰：‘爪，鳥爪也，象形。人之指或亦通作爪。’按：戴説是也。”

董蓮池《部首新證》：“甲骨文寫作⟨（《甲骨文編》110頁‘覍’所

从),西周金文寫作、(西周金文‘爲’所从),象覆手下抓之形。”

【同部字舉例】

孚 fú　卵孚也。从爪从子。一曰:信也。,古文孚,从禾。禾,古文保。芳無切。○甲文、、　金文、　滂虞平　滂幽

爲 wéi　母猴也。其爲禽好爪,爪,母猴象也。下腹爲母猴形。王育曰:“爪,象形也。”,古文爲。象兩母猴相對形。薳(wěi)支切。○甲文、、　金文、、、　按:母猴即獮猴。據甲文字形,“爲”的構形象是人牽着大象幫助勞動,許説誤。雲支平　匣歌

丮(丮)　74　jǐ　甲文、、、　金文、　几劇切　見陌開三入　見鐸(63/57;113/114)

持也[一]。**象手有所丮據也**[二]。**凡丮之屬皆从丮。讀若戟**(同“戟”)[三]。

【譯文】

持握。字形象手持物的樣子。凡是和“丮”義有關的字都以“丮”爲構件。讀音同“戟”字。

【段注】

[一]持握也。　[二]外象拳握形。　[三]几劇切。按:《毛詩》“戟”與“澤、作”韻①,“丮”古音當在五部(魚、鐸)。

【疏義】

①《詩經·秦風·無衣》:“豈曰無衣?與子同澤。王于興師,修我矛戟,與子偕作。”“澤、戟、作”同在上古鐸部。

【集解】

徐鍇《説文繫傳》:“屮,象手也。”

桂馥《説文義證》:“‘持也’者,本書‘𩰊門相丮不解也’,《詩·執競》箋云‘能持强道’,《釋文》‘執,持也’。”

朱駿聲《説文定聲》:“从手,乙,所據也。指事。”

黄天樹《部首與甲骨文》:“甲骨文作,象人跪跽而伸出兩手有所操作之形。”

董蓮池《部首新證》:“甲骨文所見寫作、諸形(《甲骨文編》111

頁），象人伸雙手握持之形。"

【同部字舉例】

𢮨 yì　種也。从坴、玣，持亟種之。《書》曰："我埶黍稷。"魚祭切。○甲文 〔甲文字形〕、〔甲文字形〕、〔甲文字形〕、〔甲文字形〕、〔甲文字形〕、〔甲文字形〕　金文 〔金文字形〕、〔金文字形〕、〔金文字形〕、〔金文字形〕、〔金文字形〕　疑祭去　疑祭

巩 gǒng　褢也。从玣，工聲。〔字形〕，巩或加手。居悚切。○金文 〔金文字形〕、〔金文字形〕　見腫上　見東

戫 huà　擊踝也。从玣从戈。讀若踝。胡瓦切。○甲文 〔甲文字形〕、〔甲文字形〕、〔甲文字形〕、〔甲文字形〕　金文 〔金文字形〕、〔金文字形〕、〔金文字形〕、〔金文字形〕　匣馬上　匣歌

鬥 〔字形〕　75 dòu　甲文 〔甲文字形〕、〔甲文字形〕、〔甲文字形〕　都豆切　端候開一去　端侯

（63/58；114/115）

网士相對，兵杖在後，象鬥之形[一]**。凡鬥之屬皆從鬥。**

【譯文】

兩個士兵相對，後面帶着兵器，字形象搏鬥的樣子。凡是和"鬥"義有關的字都以"鬥"爲構件。

【段注】

[一]按：此非許語也。許之分部次弟，自云"據形系聯"，"玡、𠦪"（jú，同臼，持）在前部，故受之以"鬥"，然則當云："爭也。兩玡相對。象形。"謂兩人手持相對也。乃云"兩士相對，兵杖在後"，與前部説自相戾。且文從兩手，非兩士也，此必他家異説，淺人取而竄改許書。雖《孝經音義》引之[①]，未可信也。都豆切。四部（侯、屋）。

【疏義】

①《經典釋文・孝經音義・諫諍章》："諍，鬥也。此字從玡，音飢逆反。兩玡相對，鬥也，象鬥之形而非門，若從門者，非他皆放此。二士對曰鬥。"

【集解】

王筠《説文句讀》："兩玡則是會意，不得以爲象形。"

朱駿聲《説文定聲》："爭也。从玡、𠦪相持，會意。玡、𠦪象拳勇。"

饒炯《説文部首訂》:"説解當云:'對爭也,象相鬥之形。'……爭者,二人共持一物曳之;鬥者,二人各持一物敵之,事實雖異,而字意則同矣。"

徐中舒《甲骨文字典》:"甲骨文象兩人相對徒手搏鬥之形。"

黃天樹《部首與甲骨文》:"甲骨文作𩰋,象兩人搏鬥的樣子。"

董蓮池《部首新證》:"此字甲骨文所見寫作𩰋、𩰋諸形(《甲骨文編》111頁),象兩人徒手相搏之形,並無'兵杖在後'之象,許慎解説字形不確。"

【同部字舉例】

鬪𩰽 dòu　遇也。从鬥,斲聲。都豆切。○端候去　端候

鬨𩰾 hòng　鬪也。从鬥,共聲。孟子曰:"鄒與魯鬨。"下降切。○匣送去　匣東

鬮𩰵 jiū　鬪取也。从鬥,龜聲,讀若三合繩糾。古侯切。○見尤平　見之

鬩𩰴 xì　恒訟也。《詩》云:"兄弟鬩于牆。"从鬥从兒。兒,善訟者也。許激切。○曉錫入　曉錫

又 彐　76 yòu　甲文彐、彐　金文彐、彐　於救切　雲宥開三去匣之(64/58;114/115)

手也。象形[一]。三指者[二],手之列多略不過三也[三]。凡又之屬皆从又。

【譯文】

手。象形。字形只有三根指頭的原因,是由於用手舉數一般不超過三指。凡是和"又"義有關的字都以"又"爲構件。

【段注】

[一]此即今之"右"字。不言"又手"者,本兼"ナ、又"而言。以ナ別之,而彐專謂右。猶有古文《尚書》而後有今文《尚書》之名,有《後漢書》而後有《前漢書》之名,有《下曲禮》而後有《上曲禮》之名也①。"又"作"右",而"又"爲更然之詞。《穀梁傳》曰:"又,有繼之辭也。"② [二]三岐象三指。　[三]以指記數者,或全用,或用三,略者言其大略。于救切。古音在一部(之、職)。

【疏義】

①《下曲禮》《上曲禮》:《禮記·曲禮下》和《禮記·曲禮上》的省稱。　②《春秋穀梁傳·成公七年》:"改卜牛,鼷鼠又食其角。又,有繼之辭也。"

【集解】

桂馥《説文義證》:"'手之列多略不過三也'者,謂大指、次指、中指,爲用多也。"

王筠《説文句讀》:"'又'之爲手,不見于經。《詩·賓之初筵》'室人入又''矧敢多又',箋並云:'又,復也。'竊謂似可云:'又,取也。''室人入又'者,入而取酒益之也。'矧敢多又'者,況敢多取而飲之也。猶《檀弓》'子手弓而可',以執弓爲手弓,用靜字爲動字,以此推之,'又'字可得手義。"

朱駿聲《説文定聲》:"凡又手字經傳皆以'右'爲之。"

林義光《文源》:"蓋五指中有相比合者,略視之不過三也。"

黄天樹《部首與甲骨文》:"甲骨文作 ,象右手的側面之形。是左右的'右'的古字,用右手形表示方位'右'。"

董蓮池《部首新證》:"甲骨文寫作 (《甲骨文編》115 頁),西周金文寫作 (舀鼎),篆與之同,是右手的象形。"

【同部字舉例】

右 yòu　手口相助也。从又从口。于救切。○雲宥去　匣之

徐鉉:今俗别作"佑"。

厷 gōng　臂上也。从又,从古文。 ,古文厷,象形。 ,厷或从肉。古薨切。○甲文 、　見登平　見蒸

叉 chā　手指相錯也。从又,象叉之形。初牙切。○甲文 、　初麻平　初歌

父 fù　矩也,家長率教者。从又舉杖。扶雨切。○甲文 、 、　金文 、 、　並麌上　並魚

曼 màn　引也。从又,冒聲。無販切。○金文 、　明願去　明元

夬彗 guài　分決也。从又,中象決形。古賣切。○見夬去　見祭

尹𦘔 yǐn　治也。从又、丿,握事者也。𡰥,古文尹。余準切。○
甲文𠂤、𠂤、𠂤、𠂤、𠂤　金文𡱒、𦘒、𠂤、𠂤、𣏌　以準上　定文

及𨕈 jí　逮也。从又从人。乁,古文及。秦刻石及如此。𢀡,亦
古文及。𨕈,亦古文及。巨立切。○甲文𠂤、𠂤、𦘒　金文𠂤、𠂤、
𠂤、𠂤、𨕈　羣緝入　羣緝

秉秉 bǐng　禾束也。从又持禾。兵永切。○甲文𥝌、𥝌、𥝌、
𥝌　金文𥝌、𥝌、秉、秉、秉　幫梗上　幫陽

反𠪞 fǎn　覆也。从又,厂反形。𠬡,古文。府遠切。○甲文𠬝、
𠬝　金文𠬝、𠬝　幫阮上　幫元

叔𦎾 shū　拾也。从又,尗聲。汝南名收芋爲"叔"。𦎾,叔或从
寸。式竹切。○甲文𦎾、𦎾　金文𦎾、𦎾、𦎾、𦎾　書屋入　書覺

取𠬪 qǔ　捕取也。从又从耳。《周禮》:"獲者取左耳。"《司馬
法》曰:"載獻聝。"聝者,耳也。七庾切。○甲文𠬪、𠬪、𠬪　金文𠬪、
𠬪、𠬪　清麌上　清侯

彗彗 huì　掃竹也。从又持𥶖。𥶖,彗或从竹。𥶖,古文彗,从竹
从習。祥歲切。○甲文彗　邪祭去　邪脂

叚叚 jiǎ　借也,闕。𠨢,古文叚。叚,譚長説,叚如此。古雅切。
○金文叚、叚　見馬上　見魚

友𦥔 yǒu　同志爲友。从二又,相交友也。𦥔,古文友。𦥔,亦
古文友。云久切。○甲文𦥔、𦥔、𦥔、𦥔　金文𦥔、𦥔、𦥔、𦥔、𦥔、𦥔
雲有上　匣之

度度 dù　法制也。从又,庶省聲。徒故切。○甲文度　定暮去
定魚

ナ 𠂇　77 zuǒ　甲文𠂇、𠂇　金文𠂇、𠂇、𠂇　臧可切　精哿開
　　　一上　精歌(65/59;116/117)

左手也[一]。象形[二]。凡ナ之屬皆从ナ。

【譯文】

左手。象形。凡是和"ナ"義有關的字都以"ナ"爲構件。

【段注】

[一]鉉本作"ナ手也",非。左,今之"佐"字。左部曰"左,ナ手相左也"是也。又手得ナ手則不孤,故曰左助之手。　[二]反ㄋ爲ㄈ,故相庆曰"ナ"。臧可切。十七部(歌)。俗以"左右"爲ナ又字,乃以"佐佑"爲左右字。

【集解】

徐鍇《説文繫傳》:"ナ,佐也,右手之佐也。"

桂馥《説文義證》:"'ナ手也'者,經典借左字……人手不便於左,故以爲僻左。凡'左計、左道、左官'皆因ナ手爲義。"

王筠《説文句讀》:"以'左'説'ナ',此以隸照篆之法。"

徐灝《説文注箋》:"左手實有佐助之義。然《説文》本訓則但分左右,不必如段説也。左以相助,言則爲'佐'。從相反取義,則爲左庆,一字而兼二義。"

饒炯《説文部首訂》:"篆當作ㄈ,象人ナ手之形,與'又'相對而不甚適用,故義得引用爲背。"

黄天樹《部首與甲骨文》:"甲骨文作ㄓ,象左手之側面形,是左右的'左'的古字,用左手形表示方位'左'。"

董蓮池《部首新證》:"甲骨文寫作ㄓ(《甲骨文編》126頁),西周金文寫作ㄈ(小盂鼎),篆與之同,是左手的象形。"

【同部字舉例】

卑 𤰞 bēi　賤也,執事也。从ナ、甲。補移切。○甲文𤰞　金文𤰞、𤰞、𤰞　幫支平　幫支

史 𠁬 78 shǐ　甲文𠁬、𠁬、𠁬　金文𠁬、𠁬、𠁬、𠁬　疏士切　山止開三上　山之(65/59;116/117)

記事者也[一]。从又(手)持中。中,正也[二]。凡史(同"史")之屬皆从史。

【譯文】

記事的人。以"又"爲構件,持"中"。中,代表中正。凡是和"史"義有關的字都以"史"爲構件。

【段注】

[一]《玉藻》:"動則左史書之,言則右史書之。"①不云"記言者",以記事包之也。　[二]君舉必書,良史書法不隱。疏士切。一部(之、職)。

【疏義】

①引文見《禮記·玉藻》。

【集解】

徐灝《説文注箋》:"'史'從'中',與'吏'從'一'同意。"

王國維《釋史》:"然則史字從又持屮,義爲持書之人,與'尹'之'從又持丨象筆形'者同意矣。"

吳大澂《説文古籀補》:"史,記事者也,象手執簡形。許氏説從'又'持'中',中,正也。按:古文中作,無作屮者。"

董蓮池《部首新證》:"字見甲骨文,寫作、諸形(《甲骨文編》127頁),與'事'同形,至西周金文,方固定爲專以 形表示'史'。此後一直到小篆,形體上没有變化。字以手持屮會意,屮爲何物,今不能明。許慎以爲是'中',但'中'字甲骨文寫作、中(《甲骨文編》17、18頁),無一作屮者,金文亦如此,故許慎'從又持中'之説不可從。"

【同部字舉例】

事事 shì　職也。從史,之省聲。,古文事。鉏史切。○甲文金文、、、、　崇志去　崇之

支 ⁷⁹ zhī　章移切　章支開三平　章支(65/59;117/118)

去竹之枝也。从手持半竹[一]。**凡支之屬皆从支。,古文支**[二]。

【譯文】

離開竹莖的枝條。以"手"爲構件,持半個竹。凡是和"支"義有關的字都以"支"爲構件。,是古文"支"字。

【段注】

[一]此於字形得其義也。章移切。十六部(支、錫)。　[二]上下各分竹之半,手在其中。

【集解】

徐鍇《説文繫傳》:"竹葉下垂也。"

桂馥《説文義證》:"'去竹之枝也'者,疑作'去枝之竹也'。"

王筠《説文句讀》:"去者,離也。既手持之,是離於竹之枝也,以'枝'釋'支',與以'訥'釋'肏'同例。《左·莊六年傳》引《詩》'本枝百世',又'芃蘭之支',則'支'即古'枝'字。'枝'本通侸而專屬於竹者,以字從半竹也。'手'當作'又',句説字形也,云'半竹'可徵古無'个'字。"

王筠《説文釋例》:"《詩》'本支百世',《左·莊六年傳》引作'枝',是'支'即'枝'之古文。"

朱駿聲《説文定聲》:"去竹之枝也。从手持半竹,會意。古文又从'巾',按:手持二巾也。"

徐灝《説文注箋》:"支、枝,古今字,'干支'猶'幹枝'也。'支'以持物,謂之'枝柱',亦曰'枝梧',因有'支持、支拒'之稱。《史記·項羽紀》'莫敢枝梧'猶言'莫敢支拒'也。引申之凡物之岐曰'支',析物亦曰'支'。今世謂別子爲祖曰'分支',又帳目謂之'支',皆分析之義。"

【同部字舉例】

𣀋𪒠 qī 持去也。从支,奇聲。去奇切。○溪支平 溪歌

聿 聿 80 niè 甲文𦘔、𦘔 金文𦘔、𦘔 尼輒切 泥葉開三入 泥葉(65/59;117/118)

手之聿(jié,迅疾)**巧也。从又持巾**[一]**。凡聿之屬皆从聿。**

【譯文】

手敏捷靈巧。以"又"(手)爲構件,持"巾"。凡是和"聿"義有關的字都以"聿"爲構件。

【段注】

[一]尼輒切。八部(談)。

【集解】

徐鍇《説文繫傳》：“巾，所持也，指事。”

徐灝《説文注箋》：“戴氏侗曰：‘書傳未嘗有聿字，‘聿’又作‘聿’，實一字耳。’灝按：許君固以‘聿、聿’爲一字矣。聿如非筆類，何以釋曰‘所以書也’，而从聿建類乎？然則‘聿’即‘聿’之省，而非从‘巾’亦明矣，疑後人有所竄改也。”

饒炯《説文部首訂》：“‘聿’篆不从巾，當云‘从又，象形’，即‘聿、筆’之最初古文。古者篆書用漆，以竹樧（竹樧：竹棍。樧同桀）爲筆，巾即象其所制竹樧上勁直下柔歧之形，而加‘又’以著其所以書也。”

【同部字舉例】

肅肅 sù　持事振敬也。从聿在𠣑上，戰戰兢兢也。　𦘠，古文肅，从心从卪。息逐切。○金文 肅 、 𦘠 　心屋人　心覺

聿 聿　81 yù　甲文 𦘠、聿、月　金文 𦘠、聿、聿、月　餘律切

以術合三入　定物（65/59；117/118）

所以書也[一]。**楚謂之聿，吴謂之不律，燕謂之弗**[二]。**从聿、一“一”大徐本作“一聲”**[三]。**凡聿之屬皆从聿。**

【譯文】

用來書寫的工具。楚地人稱作“聿”，吴地人稱作“不律”，燕地人稱作“弗”。由“聿、一”構成。凡是和“聿”義有關的字都以“聿”爲構件。

【段注】

[一]以，用也。聿者，所用書之物也。凡言“所以”者視此。[二]一語而聲、字各異也。《釋器》曰：“不律謂之筆。”郭云：“蜀人呼筆爲不律也，語之變轉。”①按：郭云“蜀語”，與許異。郭注《爾雅》《方言》皆不稱《説文》。“弗”同拂拭之“拂”。　[三]各本作“一聲”，今正。此從聿而象所書之牘也。余律切。十五部（脂、微、物、月）。

【疏義】

①引文見《爾雅·釋器》及郭璞注。

【集解】

　　桂馥《説文義證》：“‘不律’猶‘令丁’爲鈴、‘終葵’爲椎、‘俾倪’爲陴、‘不疑’爲‘丕’是也。”

　　王筠《説文釋例》：“聿、律、弗、筆，一聲之轉，而‘不律’獨加‘不’字，蓋發聲也。”

　　朱駿聲《説文定聲》：“一者，牘也。秦以後皆作筆字。”

　　徐灝《説文注箋》：“戴氏侗曰：‘‘聿’象‘又’持刻畫之刀。古之書以刀，後世易之以豪，束而建諸管，故加竹焉。借爲發語辭。’”

　　黃天樹《部首與甲骨文》：“甲骨文作 𦘒，象手持毛筆形。隸定作‘聿’，是‘筆’的本字。”

　　董蓮池《部首新證》：“‘聿’即‘筆’的初文。甲骨文所見寫作 𦘒、𦘒 諸形（《甲骨文編》128 頁），丨爲‘筆’之象形，手持之，以表現其書寫的特點。”

【同部字舉例】

　　筆 𥲒 bǐ　秦謂之筆。从聿从竹。鄙密切。○幫質入　幫物。

　　𦘧 𦘧 jīn　聿飾也。从聿从彡。俗語以書好爲𦘧。讀若津。將鄰切。○精真平　精真

　　書 𢂿 shū　箸也。从聿，者聲。商魚切。○金文 𣋒、𣍐、𣏐、𣏐、𣏐　書魚平　書魚

畫 畫 ⁸² huà　甲文 𦘒、𦘒、𦘒　金文 𦘒、𣏐、𣏐、𣏐　胡麥切　匣麥合二入　匣錫(65/60;117/118)

介大徐本作“界”，下同也^[一]。從聿大徐本無“從聿”二字^[二]。象田四介^[三]。聿所以畫之^[四]。凡畫之屬皆从畫。𦘒大徐本作𦘒，古文畫大徐本有“省”字^[五]。𦘒，亦古文畫^[六]。

【譯文】

　　劃界。以“聿”爲構件。字形象農田四周的界限。“聿”表示是用來畫界的工具。凡是和“畫”義有關的字都以“畫”爲構件。𦘒，是古文“畫”字。𦘒，也是古文“畫”字。

【段注】

[一]“介”各本作“畍”①，此不識字義者所改，今正。八部曰：“介，畫也。從八，從人，人各有介。”　[二]二字今補。　[三]田之外橫者二直者二，今篆體省一橫，非也。　[四]說從聿之意，引申爲繪畫之字。胡麥切。十六部（支、錫）。　[五]古文從聿、田，此依鍇本。[六]依鍇本。按：刀部有劃字②。

【疏義】

①畍：同“界”。　②徐鍇《說文繫傳》：“畫，古文畫。畫，亦古文畫。”

【集解】

徐鍇《說文繫傳》：“若筆畫之也，囗其界也。指事。”

朱駿聲《說文定聲》：“界也。從田，囗象田四界，聿所以畫之。會意兼指事。古文從田從聿。”

徐灝《說文注箋》：“從田，四旁象其經界也……引申爲凡計畫之偁，又爲圖寫物象之名。”

黃天樹《部首與甲骨文》：“甲骨文作畫，字形象手持毛筆，畫出交錯的綫條。有人認爲是‘畫’的古寫。”

董蓮池《部首新證》：“西周录伯簋所見寫作 畫 ，從‘瑂’，不從‘田’；小臣宅簋所見寫作 畫 ，從‘周’，亦不從‘田’，其所從之‘周’當爲‘瑂’之省（或以爲‘瑂’初文），故‘畫’本當從‘聿’從‘瑂’會意，本義爲瑂劃，因其本義爲瑂劃，故《說文》古文又從刀。”

【同部字舉例】

晝畫 zhòu　日之出入，與夜爲界。從畫省，從日。畫，籀文晝。陟救切。○甲文 晝 、晝　金文畫　知宥去　端侯

隶 隶 ⁸³ dài　甲文 隶 、隶　金文 隶　徒耐切　定代開一去　定脂（65/60；117/118）

及也[一]。從又，大徐本有“從”尾省。又持尾者，從“從”大徐本作“从”後及之也[二]。凡隶之屬皆从隶。

【譯文】

抓住。以“又”（手）和“尾”字的省體爲構件。手抓尾巴的意思是

從後面追趕上。凡是和"隶"義有關的字都以"隶"爲構件。

【段注】

　　[一]此與辵部"逮"音義皆同①，"逮"專行而"隶"廢矣。　　[二]徒耐切。古音在十五部(脂、微、物、月)。

【疏義】

　　①《說文》辵部："逮，唐逮，及也。从辵，隶聲。"唐逮：義不明。

【集解】

　　王筠《說文釋例》："'隶、眔'皆及也，字音又一聲之轉。一從又、一從目者，隶言其近，手之所及也，眔言其遠，目所可及也。從尾，譬況之義，故從其省，衹作後字用耳，非真尾也。"

　　朱駿聲《說文定聲》："隶者手相及也，从尾省聲。"

　　徐灝《說文注箋》："隶、逮古今字。"

　　董蓮池《部首新證》："字見西周金文，寫作 （邵鐘），以手抓及其尾會意，即尾之象形文，篆所从之即之變，不必分析爲'從屍省'。"

【同部字舉例】

　　隸隸 lì　附箸也。从隶，柰聲。隸，篆文隸，从古文之體。郎計切。○來霽去　來脂

臤 臤 84 qiān　甲文 、、　金文 、　苦閑切　溪山開二平　溪真(65/60；118/119)

　　堅也。从又，臣聲[一]。**凡臤之屬皆从臤。讀若鏗鎗**大徐本作"讀若鏗鏘之鏗"[二]。**古文以爲"賢"字**[三]。

【譯文】

　　堅固。"又"爲意符，"臣"爲聲符。凡是和"臤"義有關的字都以"臤"爲構件。讀音同於鏗鎗的"鏗"。古文中當"賢"字用。

【段注】

　　[一]謂握之固也，故從又。　　[二]謂讀同"鏗"也。"鏗"從"堅"聲，"堅"從"臤"聲。古音在十二部(真)。今音"鏗"在耕韻，非也。"臤"今音苦閑切。　　[三]凡言"古文以爲"者，皆言古文之假借也，例

見中部[①]。漢《校官碑》"親臤寶智"[②]，又"師臤作朋"，《國三老袁良碑》"優臤之寵"[③]。按：漢魏人用"優賢"字皆本今文《般庚》"優賢揚歷"句[④]，蓋今文《般庚》固以"臤"爲"賢"也。

【疏義】

①《説文》中部："中，艸木初生也。象丨出形，有枝莖也。古文或以爲艸字，讀若徹。"　②《校官碑》：全稱《漢溧陽長潘乾校官碑》，碑額題爲《校官之碑》，簡稱《校官碑》或《潘乾碑》。此碑爲漢靈帝光和四年溧陽曹屬爲其長潘乾所立，碑文内容記述溧陽長潘乾的品行和德政。③宋洪适《隸釋·國三老袁良碑》："優臤之寵，於斯盛矣。"洪适注："臤，即賢字。"　④《般庚》：《尚書》篇名。今本作"盤庚"。

【集解】

王筠《説文句讀》："《物理論》：'在金石曰堅，在草木曰緊，在人曰賢。'案：此説最允。許君以'堅'説'臤'，又曰'古文以爲賢字'，又收'緊、堅'於本部，皆以'臤'爲主。"

朱駿聲《説文定聲》："持之固也。與'擎'略同。"

徐灝《説文注箋》："'臤'即古'賢'字，'臤'本訓勞，故從'又'，操作之意也。"

【同部字舉例】

緊𦂕 jǐn　　纏絲急也。从臤从絲省。糾忍切。○見軫上　見真

堅𡒓 jiān　　剛也。从臤从土。古賢切。○見先平　見真

豎𥪄 shù　　豎立也。从臤，豆聲。𧮫，籀文豎。从殳。臣庚切。○禪虞上　禪侯

臣 臣

85 chén　甲文 𢀱、𠙹　金文 𠙹、臣、𢀱、𠙹　植鄰切　禪真
開三平　禪真（66/60；118/119）

牽也[一]。事君者"者"大徐本作"也"[二]。象屈服之形[三]。凡臣之屬皆从臣。

【譯文】

牽制。侍奉君主的人。字象屈服之形。凡是和"臣"義有關的字都以"臣"爲構件。

【段注】

　　[一]以疊韻釋之。《春秋説》《廣雅》皆曰："臣，堅也。"①《白虎通》曰："臣者，繵也。屬志自堅固也。"②　　[二]"者"各本作"也"，今正。　　[三]植鄰切。十二部（真）。按：《論語音義》："㞢，植鄰切，古臣字。"③陸時武后字未出也。武后"坙、㞢"二字見《戰國策》④，六朝俗字也。

【疏義】

　　①《春秋説》：南宋洪咨夔（1176—1236）撰，三十卷。《玉篇》臣部："臣，時人切……《廣雅》云：'臣，堅也。'"　　②《白虎通·三綱六紀》："君，羣也，下之所歸心。臣者，繵（tán）堅也，屬志自堅固。"繵：繩索。　　③《經典釋文·論語音義·泰伯》："㞢，植鄰反。古臣字，今本作臣。"　　④姚弘題《戰國策》："復出一本，有元忠跋，並標出錢、劉諸公手校字，比前本雖加詳，然不能無疑焉。如用'坙、㞢'字，皆武后字，恐唐人傳寫相承如此。"姚弘：南宋人，對《戰國策》作過續注。

【集解】

　　徐鍇《説文繫傳·通論》："臣者，牽也，心常牽於君也。"

　　王筠《説文句讀》："'也'似衍文。凡《説文》兩義，乃兩'也'字，校者不知，概合兩句爲一。此文'牽事君也'，以爲不通，故增之耳……案：金刻作 ，是人跪拜之形，小篆不象。"

　　徐灝《説文注箋》："古鐘鼎文作 ，蓋象人俯伏之形。"

　　饒炯《説文部首訂》："凡事牽制於君，故象其屈伏之形。"

　　郭沫若《甲骨文字研究·釋臣宰》："人首俯則目豎，所以'象屈服之形'者殆以此也。"

　　黃天樹《部首與甲骨文》："甲骨文作 ……'臣'的本義是'奴僕'。他們在主人面前總是低頭俯視表示屈服，這時候從側面看去眼睛就像是豎起來了。"

　　董蓮池《部首新證》："考字見甲骨文，寫作 、 （《甲骨文編》129頁），亦見西周金文，寫作 、 （《金文編》204頁），郭沫若認爲構形象一豎目，人首俯則目豎，所以'象屈服之形'。初本奴隸之稱（見郭沫若《釋臣宰》。載《郭沫若全集·考古編Ⅰ》69、70頁；《卜辭通纂》423 頁）。説是。"
【同部字舉例】

臧� zāng　善也。从臣，戕聲。𢧒，籒文。則郎切。○甲文𦣧、
𦣩、𦣩　金文臧、𣪊、𣪊、𣪊、𦣳　精唐平　精陽

殳　𣪊

86 shū　甲文𣪊、𣪊、𣪊　金文𣪊　市朱切　禪虞合三平
禪侯（66/60；118/119）

以杖"杖"大徐本作"杸"**殳人也**[一]。**《周禮》**大徐本
無"周"字[二]：**殳以積竹**[三]，**八觚**（gū，多角棱的器物，又飲酒
器）[四]，**長丈二尺，建於兵車**[五]，**旅賁**（官名）**以先
驅**[六]。**从又，几聲**[七]。**凡殳之屬皆从殳。**

【譯文】

用竹杖隔離人。《周禮》："殳用竹子集聚製成，八條棱，長一丈二
尺，置於兵車上，王侯的勇士舉以開路。""又"爲意符，"几"爲聲符。
凡是和"殳"義有關的字都以"殳"爲構件。

【段注】

[一]"杖"各本作"杸"（shū），依《太平御覽》正①。云"杖"者，殳
用積竹而無刃。毛傳"殳長丈二而無刃"是也②。殊，斷也。以杖殊人
者，謂以杖隔遠之。《釋名》："殳，殊也……有所撞挃（zhì）於車上，使
殊離也。"③殳、殊同音，故謂之"殳"，猶以近窮遠謂之"弓"也④。
[二]"周"字今補，下文所説皆出於《周禮》也。　　[三]以積竹者，用積
竹爲之。《漢書》"昌邑王道買積竹杖"，文穎曰："合竹作杖也。"⑤竹部
曰："簬，積竹矛戟矜（qín，同矜）也。"木部曰："欑（cuán），積杖杖也。"
"柲，欑也。"《考工記》注曰："廬謂矛戟柄，竹欑柲。"凡戈矛柄皆積竹，
而殳無金刃，故專積竹杖之名，廬人爲之⑥。　　[四]《考工記》注云："凡
矜八觚。"⑦此無刃亦八觚也。　　[五]《考工記》曰："廬人爲廬器……殳
長尋有四尺。"⑧"車有六等之數：車軫四尺，戈崇於軫四尺。人崇於戈
四尺，殳崇於人四尺，車戟崇於殳四尺，酋矛崇於戟四尺。"注云："此所
謂兵車也。殳戟矛皆插車輢。"⑨　　[六]《周禮·旅賁氏》："掌執戈盾，
夾王車而趨。"⑩蓋亦執殳矣。《詩》曰："伯也執殳，爲王前驅。"⑪

[七]市朱切。古音在四部(侯、屋)。

【疏義】

　　①宋李昉《太平御覽·兵部》：“《説文》曰：‘殳，以杖殊人也。’”杸：同“殳”。　②《詩經·衛風·伯兮》：“伯也執殳，爲王前驅。”毛傳：“殳長丈二而無刃。”　③《釋名·釋兵》：“殳，殊也。長丈二尺而無刃，有所撞挃於車上，使殊離也。”　④《説文》弓部：“弓，以近窮遠。象形。”　⑤《漢書·武五子傳》：“昌邑哀王髆天漢四年立，十一年薨，子賀嗣……賀到濟陽，求長鳴雞，道買積竹杖。”顏師古注：“文穎曰：‘合竹作杖也。’”　⑥《周禮·冬官考工記》總敘：“秦無廬。”鄭玄注：“廬讀爲纑，謂矛戟柄，竹欑柲。”廬人：製作矛戟柄的工匠。　⑦《周禮·冬官考工記·廬人》：“凡爲殳，五分其長，以其一爲之被而圍之。”鄭玄注：“被，把中也。圍之，圜之也。大小未聞。凡矜八觚。”觚(gū)：器物的邊角，棱角。　⑧《周禮·冬官考工記·廬人》：“廬人爲廬器，戈柲六尺有六寸，殳長尋有四尺。”鄭玄注：“柲猶柄也。八尺曰尋，倍尋曰常。”　⑨《周禮·冬官考工記》總敘：“車有六等之數：車軫四尺，謂之一等。戈柲六尺有六寸，既建而迤，崇於軫四尺，謂之二等。人長八尺，崇於戈四尺，謂之三等。殳長尋有四尺，崇於人四尺，謂之四等。車戟常，崇於殳四尺，謂之五等。酋矛常有四尺，崇於戟四尺，謂之六等。”鄭玄注：“此所謂兵車也。軫，輿後橫木。崇，高也。八尺曰尋，倍尋曰常。殳長丈二，戈、殳、戟、矛皆插車輢(yǐ)。”迤(yǐ)：斜倚。輢：古代車廂兩旁人可以倚靠的木板。　⑩《周禮·夏官司馬·旅賁氏》：“旅賁氏掌執戈盾，夾王車而趨。”　⑪引詩見《詩經·衛風·伯兮》。毛傳：“殳長丈二而無刃。”鄭玄箋：“兵車六等：軫也，戈也，人也，殳也，車戟也，酋矛也，皆以四尺爲差。”

【集解】

　　徐灝《説文注箋》：“‘殳’之本義謂殊離，从又，蓋以手隔絶之也。引申爲凡殊異之偁。兵器之殳，亦以隔絶爲用，古通作‘殳’，後增木旁作‘杸’也，引申之，凡丨然之物通謂之‘弋’，亦謂之‘殳’。”

　　饒炯《説文部首訂》：“義本動字，即殊離之意……後因名其杖亦曰‘殳’也。”

黃天樹《部首與甲骨文》：“甲骨文偏旁作🖐、🖐，表示手持可以用來敲擊的殳杖一類東西。”

董蓮池《部首新證》：“字見甲骨文，寫作🖐、🖐、🖐諸形（《甲骨文編》131 頁‘㲉’所從、692 頁‘芟’所從），象手持一可打擊、斬除之器形，此器應即杸。”

【同部字舉例】

杸 將 shū　軍中士所持殳也。从木从殳。《司馬法》曰：“執羽从杸。”市朱切。○禪虞平　禪侯

毆 毆 ōu　捶毄物也。从殳，區聲。烏后切。○金文毆、毆、毆　影厚上　影侯

𣪊 𣪊 qiāo　擊頭也。从殳，高聲。口卓切。○溪覺入　溪藥

㲀 㲀 diàn　擊聲也。从殳，屍(tún)聲。堂練切。○定霰去　定文

殹 殹 yì　擊中聲也。从殳，医聲。於計切。○金文殹、殹、殹　影霽去　影脂

段 段 duàn　椎物也。从殳，耑省聲。徒玩切。○金文段、段、段　定換去　定元

殽 殽 xiáo　相雜錯也。从殳，肴聲。胡茅切。○匣肴平　匣宵

毅 毅 yì　妄怒也。一曰：有決也。从殳，豙聲。魚既切。○金文毅、毅　疑未去　疑微

役 役 yì　戍邊也。从殳从彳。役，古文役，从人。營隻切。○以昔入　定錫

殺 殺　[87] shā　甲文殺　金文殺　所八切　山黠開二入　山月
（66/61；120/121）

戮也[一]**。从殳，杀聲**[二]**。凡殺之屬皆从殺。殺，古文殺**“殺古”二句大徐本無[三]**。殺，古文殺。殺，古文殺。殺，古文殺**[四]**。殺，籀文殺**“殺籀”二句大徐本無[五]**。**

【譯文】

殺戮。“殳”爲意符，“杀”爲聲符。凡是和“殺”義有關的字都以

“殺”爲構件。𣪩，是古文“殺”字。𢱢，是古文“殺”字。𣪠，是古文“殺”字。𣎵，是古文“殺”字。𥾵，是籀文“殺”字。

【段注】

[一]戈部曰：“戮，殺也。”　[二]鉉等曰：“《説文》無‘杀’字，相傳音察。”①按：張參曰：“杀，古殺字。”張説似近是。此如本作“术”，或加“禾”爲“秫”②。所八切。十五部（脂、微、物、月）。　[三]按：鉉本宋刻無此字。李燾本同③。　[四]按：此蓋即“杀”字轉寫譌變耳。加“殳”爲小篆之“殺”，此類甚多。《古文四聲韻》：𣎵爲崔希裕《纂古》，𣎵爲《説文》，則夏氏所據《説文》爲善本④，正與張參説合。首字下當去“從殳，從杀”，或譌爲“杀聲”也。　[五]按：鉉本宋刻無此字，李燾本同。《類篇》云：“史文‘殺’作‘𣪩’。臣光曰：‘《説文》失收，故《集韻》今不載。’”⑤然則司馬公所據鉉本無“𣪩”信矣，今版本依鍇本增之耳。《考工記》“𥾵”字不識何以從“閃”⑥？今據殳部古文“役”、殺部籀文“殺、殳”皆作“𠬩”求之⑦，知“𠬩”譌爲“閃”，頓釋此疑。學者觸類而長之可也。

【疏義】

①《説文》殺部：“殺，戮也。从殳，杀聲。凡殺之屬皆从殺。”徐鉉等注：“《説文》無杀字，相傳云音察，未知所出。”　②張參：唐代宗時人，居里生卒不詳，有《五經文字》三卷傳世。另撰《唐廣韻》五卷，已佚。《説文》禾部：“秫（shú），稷之黏者。从禾，术象形。𣎱，秫或省禾。”　③李燾（1115—1184）：南宋眉州（今四川丹棱縣）人，進士出身，官至敷文閣學士，撰有《説文解字五音韻譜》等書。　④崔希裕：唐人，生卒不詳，著《纂古》，屬古文集字書。夏氏：指夏竦（985—1051）：北宋江西德安人，撰有《古文四聲韻》《聲韻圖》等書。　⑤《類篇》：一部按部首編排的字書，全書共收 31319 字，宋代王洙、胡宿、范鎮、司馬光等人編撰。《集韻》：韻書，宋丁度等撰。　⑥《周禮·冬官考工記·弓人》：“爲柎而發，必動於𥾵（shā）。”柎：弓弭兩側貼附的骨片。𥾵：指弓的角與柎相接之處。　⑦《説文》殳部：“𠊱，古文役，从人。”殺部：“𥾵，籀文殺。”

【集解】

徐鍇《説文繫傳》：“杀從乂，术聲。”

桂馥《説文義證》：“‘杀聲’者，本書“我”下云‘手，一曰古殺字。’馥謂‘手’即‘杀’，皆從古文尗而變。”

朱駿聲《説文定聲》：“《説文》無‘杀’。疑从‘殳’从‘乂’會意，术聲。”

董蓮池《部首新證》：“甲骨文寫作尗（《甲骨文編》490、491頁。吳振武釋），ⱱ爲人之髮形（甲骨文尗、尗、尗等字可證），以喻人首，十爲戈之象形文，尗之構形是用戈斷人首以會殺意。”

【同部字舉例】

弑 弑 shì　臣殺君也。《易》曰：“臣弑其君。”从殺省，式聲。式吏切。○書志去　書之

几 几 88　shū　市朱切　禪虞合三平　禪侯（66/61；120/121）

鳥之短羽飛几几也。象形。凡几之屬皆從几。讀若殊[一]。

【譯文】

短羽鳥飛翔的樣子。象形。凡是和“几”義有關的字都以“几”爲構件。讀音同“殊”字。

【段注】

[一]市朱切。按：以“殳”從“几”聲求之，古音在四部（侯、屋）。

【集解】

徐灝《説文注箋》：“此蓋作几，象形，與‘飞’同體。‘飞’從‘飛’而羽不見，此亦象飛而不寫其羽。飛、鳥等字，乃毛羽具也。”

饒炯《説文部首訂》：“几几者，形容短羽鳥飛也。音義本於舒遲，當云‘从羽省’。蓋羽短則飛翅數搖，翅搖則不見全羽，故从羽之，一扇而又省二翎，以見其飛几几意。”

【同部字舉例】

參 參 zhěn　新生羽而飛也。从几从彡。之忍切。○章軫上　章文

鳧 鳧 fú　舒鳧，鶩也。从鳥，几聲。房無切。○金文鳧、鳧、鳧、鳧　並虞平　並魚

寸 彐 [89]

cùn　蒼困切　清恩合一去　清文(67/61；121/122)

十分也[一]。人手卻一寸動脈（同"脈"）謂之寸口。从又、大徐本有"从"一**[二]。凡寸之屬皆从寸。**

【譯文】

十分長。人手掌後退一寸的動脈處稱作寸口。由"又、一"構成。凡是和"寸"義有關的字都以"寸"爲構件。

【段注】

[一]度別於分，忖(cǔn)於寸①。禾部曰："十髮爲程，一程爲分，十分爲寸。"② 　[二]卻猶退也。距手十分動脈之處謂之"寸口"，故字从又、一，會意也。《周禮》注云："脈之大候，要在陽明寸口。"③倉困切。十三部(文)。

【疏義】

①《説文》八部："分，別也。从八从刀，刀以分別物也。"心部："忖，度也。"　②《説文》禾部："程，品也。十髮爲程，十程爲分，十分爲寸。"　③《周禮・天官冢宰・疾醫》："參之以九藏之動。"鄭玄注："脈之大候，要在陽明、寸口。"賈公彥疏："陽明者，在大拇指本骨之高處，與第二指間。寸口者，大拇指本高骨後一寸是也。"陽明、寸口：皆中醫經脈名。

【集解】

徐鍇《説文繫傳》："一者，記手腕下一寸，此指事也。"

桂馥《説文義證》："尺下云：'周制，寸、尺、咫、尋、常、仞諸度量皆以人之體爲法。'馥謂論'寸'者，當以手爲準。《大戴禮・主言篇》'布指知寸'，僖三十一年《公羊傳》'膚寸而合'注：'側手爲膚，案指爲寸。'《投壺》'室中五扶'注云：'鋪四指曰扶，一指按寸。'馥謂此皆以手知寸者也。"《投壺》：《禮記》篇名。

朱駿聲《説文定聲》："从又、一，指事。"

徐灝《説文注箋》："古者尺寸之度起於人手，手卻動脈以爲寸……戴氏侗曰：'从又之字多譌从寸，如守、肘、酎皆當以又爲聲。'"

饒炯《説文部首訂》："'寸'與'尺'同意,當云'从又;一,其指也',詞與'王'下説'丨,其貫也'相同。蓋'寸'从'又',以'一'指其十分處爲'寸'。"

【同部字舉例】

寺𡊃 sì　廷也。有法度者也。从寸,之聲。祥吏切。○金文𡊃、
𡊃、𡊃　邪志去　邪之

將𨥨 jiàng　帥也。从寸,醬省聲。即諒切。○精漾去　精陽

專𤔲 zhuān　六寸簿也。从寸,叀聲。一曰:專,紡專。職緣切。
○甲文𤔲、𤔲、𤔲、𤔲　章仙平　章元

尃𤔲 fū　布也。从寸,甫聲。芳無切。○甲文𤔲　金文𤔲、𤔲、
𤔲、𤔲、𤔲　滂虞平　滂魚

導𨗳 dǎo　導引也。从寸,道聲。徒皓切。○定号去　定幽

皮 皮 90 pí　金文𤿤、𤿤、𤿤、𤿤、𤿤　符羈切　並支開三平　並歌 (67/61;122/123)

剥取獸革者謂之皮[一]。从又[二],爲省聲[三]。凡皮之屬皆从皮。𤿯,古文皮[四]。𤿯,籀文皮。

【譯文】

剥取獸皮稱作"皮"。以"又"爲意符,以省體的"爲"爲聲符。凡是和"皮"義有關的字都以"皮"爲構件。𤿯,是古文"皮"字。𤿯,是籀文"皮"字。

【段注】

[一]剥,裂也,謂使革與肉分裂也。云"革"者,析言則去毛曰"革",統言則不別也。云"者"者,謂其人也,取獸革者謂之"皮"。皮,披(bǐ);披,析也。見木部①。因之所取謂之"皮"矣,引申凡物之表皆曰"皮",凡去物之表亦皆曰"皮"。《戰國策》言"皮面抉眼"②,王褒《僮約》言"落桑皮椶"(zōng)③,《釋名》言"皮瓠以爲蓄"④,皆是。[二]又,手也,所以剥取也。　[三]符羈切。古音爲皮,皆在十七部(歌)。　[四]从竹者,蓋用竹以離之。

【疏義】

①《説文》木部:"披,柀也。从木,皮聲。一曰:折也。""柀"《段

注》本改爲“黏”。　②《戰國策·韓策二》:“因自皮面,抉眼,自屠出腸,遂以死。”鮑彪注:“去面之皮。”　③王褒《僮約》:“二月春分……落桑皮椶。”宋人章樵注(見《古文苑》):“‘落’謂去其附枝及杇蠹者。割取椶櫚之皮,可爲索。”　④《釋名·釋飲食》:“瓠蓄,皮瓠以爲脯,蓄積以待冬月時用之也。”

【集解】

徐鍇《說文繫傳》:“又,手也。生曰皮,理之曰革,柔之曰韋。”

桂馥《說文義證》:“‘剥取獸革者謂之皮’者,剥皮將以爲革也。《廣雅》‘皮,剥也’……《周禮》:‘掌皮,掌秋斂皮,冬斂革,春獻之。’注云:‘有毛爲皮,去毛爲革。’”

王筠《說文句讀》:“言‘剥取’者,以字從又也。言‘獸革’者,人謂之膚,獸謂之皮,通之則亦曰‘革’也。云‘者’者,蓋當時俗語呼皮匠曰‘皮’也,以字從又,故云然。”

朱駿聲《說文定聲》:“剥取獸革者謂之皮。从又,爲省聲。古籀从又,疑亦皆爲省聲……有毛曰‘皮’,去毛者曰‘革’、曰‘韋’。”

徐灝《說文注箋》:“‘爲省聲’可疑。蓋𠂆象獸皮,籀文口象穿孔,小篆變爲コ。古文从竹,以竹支穿之也。”

董蓮池《部首新證》:“今考字見西周金文,寫作[?]、[?]諸形(弔皮父簋),林義光云:‘Ƴ象獸頭角尾之形,⊃象其皮,ㄚ象手剥取之。’(《文源》,1920年福建林氏自寫影印本)其說甚是。則知篆形所从的𠂆是獸形Ƴ和皮形⊃的譌變,許慎以爲是‘爲’字之省不確。”

【同部字舉例】

皰[?] pào　面生气也。从皮,包聲。旁教切。○滂效去　滂幽

皯[?] gǎn　面黑气也。从皮,干聲。古旱切。○皯:皮膚黧黑。見旱上　見元

㼱[?]91　ruǎn　而兗切　日獮合三上　日元(67/61;122/123)

柔韋也[一]。**从北**[二]**,从皮省**[三]**,夐**(xuàn,營求)**省聲**此句大徐本作“从夐省”[四]。**凡㼱之屬皆从㼱。讀若耎**

　　　　　　說文部首段注疏義

(ruǎn)。**一曰若傷**(jùn)^[五]。**㲋,古文鞣**^[六]。**㲋,籒文鞣,从夐省**^[七]。

【譯文】

　　柔製皮革。以"北"和"皮"的省體爲意符,以"夐"的省體爲聲符。凡是和"鞣"義有關的字都以"鞣"爲構件。讀音同"耎"字。一說讀音同"傷"字。㲋,是古文"鞣"字。㲋,是籒文"鞣"字,以"夐"的省體爲構件。

【段注】

　　[一]柔者,治之使鞣也。韋,可用之皮也。《考工記》注曰:"《蒼頡篇》有'鞄鞣'。"① 　[二]鉉曰:"从北者,反覆柔治之也。"②
[三]謂㲋也,非"耳",非"瓦"。今隸下皆作"瓦"矣。 　[四]各本無"聲",今補。"夐"古音在十四部(元)。此省其上下,取㲋爲聲也。而兗切。十四部(元)。 　[五]"傷"同"俊"。人部有"俊"無"傷"。
[六]从"皮"省,从"人"治之。 　[七]下從"皮"省,上從"夐"省。

【疏義】

　　①《周禮·冬官考工記·鮑人》:"鮑人之事。"鄭玄注:"鮑,故書或作'鞄'。鄭司農云:'《蒼頡篇》有鞄鞣。'" 　②引文見大徐本《說文》鞣部"鞣"字注。

【集解】

　　朱駿聲《說文定聲》:"北者,背也,與'韋'从'舛'同意。治革使柔,必矯戾其質性也。或曰:小篆、古籒皆'夬'省聲。亦通。"

　　徐灝《說文注箋》:"箋曰:小篆下从皮省,上从二人。古文上从皮省,下从人,其義一也。从人所以治之。據籒文直从㲋聲,㲋上或从二人者,蓋其別體也。"

　　董蓮池《部首新證》:"字之構形,嚴可均認爲篆體當作㲋形,皮省不當从瓦(嚴可均《說文校議》)。孔廣居云字上所从之㲋表示二人相背以治皮(孔廣居《說文疑疑》)。二說並是。"

攴 攴 ⁹² pū 甲文 㣻、㣻 　普木切 　滂屋合一入 　滂屋(67/62;122/123)

小擊也^[一]。**从又,卜聲**^[二]。**凡攴之屬皆从攴。**

【譯文】

小打。"又"爲意符，"卜"爲聲符。凡是和"攴"義有關的字都以"攴"爲構件。

【段注】

[一]手部曰："擊，攴也。"此云"小擊也"，同義而微有別。按：此字從"又"，"卜"聲，又者，手也，經典隸變作"扑"。凡《尚書》、三《禮》"鞭扑"字皆作"扑"①，"又"變爲"手"，"卜"聲不改，蓋漢石經之體，此手部無"扑"之原也。唐石經初刻作"朴"從"木"者②、唐玄度覆按正之從"手"是也③。《豳風》"八月剥棗"，假"剥"爲"攴"。毛曰："擊也。"《音義》曰："普卜反。"④　　[二]普木切。三部(幽、覺)。

【疏義】

①《尚書·舜典》："鞭作官刑，扑作教刑。"孔安國傳："扑，榎(jiǎ)楚也，不勤道業則撻之。"榎楚：楸木作的刑杖。《儀禮·鄉射禮》："取扑搢之以反位。"鄭玄注："扑，所以撻犯教者。"搢：插在腰間。　　②漢石經：指熹平石經，始刻於漢靈帝熹平四年(175)，歷九年完成，立於洛陽城南太學講堂(今河南偃師朱家圪墶村)前，共46碑。所刻經書包括《周易》《尚書》《魯詩》《儀禮》《春秋》《春秋公羊傳》和《論語》，由蔡邕等人用隸書寫成。唐石經：指開成石經，於唐文宗開成二年(837)完成的一部石刻經書，内容包括《周易》等十二部經書，由艾居晦、陳玠等人用楷書寫成，共刻碑114塊。原碑立於唐長安城務本坊的國子監内，今藏於西安碑林。　　③唐唐玄度《九經字樣》手部："扑，音撲。打捶也，杖也。《説文》作撲，經典相承通用之。"　　④所引詩文見《詩經·豳風·七月》及毛傳、《經典釋文》。

【集解】

桂馥《説文義證》：" '小擊也'者，本書'擊，攴也'。《廣韻》：'攴，楚也。字或作撲。' "

王筠《説文釋例》："《説文》無'撲'字，'攴'即是也。"

朱駿聲《説文定聲》："小擊也。從又，卜聲。字亦作'撲'。《夏小正》《詩·豳風》'剥棗'皆以'剥'爲之。又叩門曰'剥啄'，亦疊韻連語。《虞書》'撲作教刑'傳：'榎楚也。'《儀禮·鄉射禮》：'取撲搢之。'《周禮》'司市大刑撲罰'注：'撻也。'"

　　徐灝《説文注箋》："疑本象手有所執持之形，故凡舉手作事之義皆从之，因用爲撲擊字耳。"

　　黃天樹《部首與甲骨文》："甲骨文作〔〕，字形表示手持棍棒一類東西作敲擊狀。卜辭有用其本義者。在後岡出土的一版卜骨上刻有'丙辰攴禾'（《合》22536）一辭，'攴'當'小擊'講。'攴禾'當指穀物之脫粒言之。後來有意把手中所持棍棒形'丨'改成字形相近的'卜'，是爲了使它兼有表音作用。"

　　董蓮池《部首新證》："甲骨文所見寫作〔〕（《甲骨文編》140 頁'敗'所从），象手舉棍棒之形。"

【同部字舉例】

　　啓　〔〕　qǐ　　教也。从攴，启聲。《論語》曰："不憤不啓。"康礼切。○甲文〔〕、〔〕、〔〕　金文〔〕、〔〕、〔〕、〔〕、〔〕　溪薺上　溪脂

　　徹　〔〕　chè　　通也。从彳从攴从育。〔〕，古文徹。丑列切。○甲文〔〕、〔〕、〔〕　金文〔〕、〔〕、〔〕　徹薛入　透月

　　肇　〔〕　zhào　　擊也。从攴，肇省聲。治小切。○金文〔〕、〔〕、〔〕、〔〕、〔〕　澄小上　定宵

　　敏　〔〕　mǐn　　疾也。从攴，每聲。眉殞切。○甲文〔〕、〔〕、〔〕　金文〔〕、〔〕、〔〕、〔〕　明軫上　明之

　　整　〔〕　zhěng　　齊也。从攴从束从正，正亦聲。之郢切。○金文〔〕　章靜上　章耕

　　效　〔〕　xiào　　象也。从攴，交聲。胡教切。○金文〔〕、〔〕、〔〕、〔〕　匣效去　匣宵

　　故　〔〕　gù　　使爲之也。从攴，古聲。古慕切。○金文〔〕、〔〕、〔〕　見暮去　見魚

　　政　〔〕　zhèng　　正也。从攴从正，正亦聲。之盛切。○甲文〔〕　金文〔〕、〔〕、〔〕、〔〕、〔〕　章勁去　章耕

　　數　〔〕　shǔ　　計也。从攴，婁聲。所矩切。○山麌上　山侯

　　孜　〔〕　zī　　汲汲也。从攴，子聲。《周書》曰："孜孜無怠。"子之切。○精之平　精之

攽 𢼠 bān　分也。从攴，分聲。《周書》曰："乃惟孺子攽。"亦讀與"彬"同。布還切。○幫删平　幫元

敞 㫍 chǎng　平治高土，可以遠望也。从攴，尚聲。昌兩切。○昌養上　昌陽

改 改 gǎi　更也。从攴、己。古亥切。○甲文 �\、�\、�\　見海上　見之

變 變 biàn　更也。从攴，䜌聲。祕戀切。○金文 �\、�\、�\　幫線去　幫元

更 㪅 gèng/gēng　改也。从攴，丙聲。古孟切，又古行切。○甲文 �\、�\、�\　金文 �\、�\、�\、�\、�\　見映去　見陽

敕 𢾭 chì　誡也。臿地曰敕。从攴，束聲。恥力切。○金文 �\、�\　徹職入　透職　臿地：整地。

斂 斂 liǎn　收也。从攴，僉聲。良冉切。○金文 �\　來琰上　來談

敵 敵 dí　仇也。从攴，啻聲。徒歷切。○定錫入　定錫

救 救 jiù　止也。从攴，求聲。居又切。○金文 �\、�\、�\、�\　見宥去　見幽

赦 赦 shè　置也。从攴，赤聲。�\，赦或从亦。始夜切。○金文 �\　書禡去　書魚

攸 攸 yōu　行水也。从攴从人，水省。�\，秦刻石嶧山文攸字如此。以周切。○甲文 �\、�\、�\　金文 �\、�\、�\、�\、�\、�\、�\　以尤平　定幽

敦 敦 dūn　怒也。詆也。一曰：誰何也。从攴，章聲。都昆切，又丁回切。○金文 �\　端魂平　端文

敗 敗 bài　毀也。从攴、貝。敗、賊皆从貝會意。𢾾，籀文敗，从賏。薄邁切。○甲文 �\、�\、�\　金文 �\、�\、�\　並夬去　並祭

寇 寇 kòu　暴也。从攴从完。苦候切。○金文 �\、�\、�\、�\、�\、�\　溪候去　溪侯

收 收 shōu　捕也。从攴，丩聲。式州切。○書尤平　書幽

鼓 鼓 gǔ　擊鼓也。从攴从壴，壴亦聲。公戶切。○甲文 �\、

娰、戰　金文齒　見姥上　見魚

　攷 攷 kǎo　敏也。从攴,丂聲。苦浩切。○溪晧上　溪幽

　攻 玒 gōng　擊也。从攴,工聲。古洪切。○金文项、攻、攻、玒、

玒、𡙕　見東平　見東

　敲 敲 qiāo　橫擿也。从攴,高聲。口交切。○溪肴平　溪宵

　畋 畋 tián　平田也。从攴、田。《周書》曰:"畋尒田。"待年切。

○甲文甼、甼、甼　定霰去　定真

　敍 敍 xù　次弟也。从攴,余聲。徐吕切。○甲文𠂔、㑒　邪語

上　邪魚

　牧 牧 mù　養牛人也。从攴从牛。《詩》曰:"牧人乃夢。"莫卜切。

○甲文𤘘、𤘘、𤘘　金文牧、𤘘、牧、牧、牧、牧、牧、牧　明屋

入　明職

教 教 [93] jiào　甲文𣁊、𣁊、𣁊、𣁊　金文斆、斆　古孝切　見

效開二去　見宵(69/64;127/128)

　　上所施,下所效也[一]。**从攴、爻**[二]。**凡教之屬
皆从教。斆,古文教**[三]。**𣁊,亦古文教**[四]。

【譯文】

　　上面施教,下面效法。由"攴、爻"構成。凡是和"教"義有關的字
都以"教"爲構件。斆,是古文"教"字。𣁊,也是古文"教"字。

【段注】

　　[一]教、效疊韻。　[二]"爻"見子部,效也①。上施故從攵,下效
故從爻。古孝切。二部(宵、藥)。　[三]右从古文"言"。　[四]從
攴,從爻。

【疏義】

　　①《説文》子部:"爻,放也。"《段注》:"放、仿古通用……'爻'訓放
者,謂隨之依之也。"

【集解】

　　桂馥《説文義證》:"'上所施下所效也'者,'施'當爲'敀'。教、效
聲近。《釋名》:'教,效也。下所法傚也。'《廣雅》:'教,效也。'"

王筠《説文句讀》：“借‘施’爲‘攵’，教、效迭韻。《弟子職》：‘先生施教，弟子是則。’”

徐灝《説文注箋》：“教、覺一聲之轉。施教謂之覺，受教亦謂之覺。故《孟子》曰：‘以先覺覺後覺也。’效、學亦一聲之轉。學習謂之學，誨人爲學亦謂之學，故《兑命》曰：‘學學半也。’撲作教刑，故從攴。”

饒炯《説文部首訂》：“教、孝本一字，而分爲二義……自效者言之曰孝，讀胡覺切，此聲因義異者也。其實孝爲本字，從子，爻聲，意取爲人所象效，義主施者言之也，因而效者亦曰孝。”

黃天樹《部首與甲骨文》：“甲骨文作𢼄，象手拿着棍棒打孩子，讓他學習擺布‘爻’，從而掌握計數或算卦。‘爻’也兼起聲旁的作用。”

董蓮池《部首新證》：“甲骨文寫作𢼃（《甲骨文編》146頁），西周金文寫作𢻻（郾侯簋），均從𢼄（攴），從𡥈（孝）（《説文》‘放［仿］也’）。𢼄（攴）爲手持棍棒之形，表示在上位者所施，𡥈（孝）表示在下位者所仿效。”

【同部字舉例】

斆　𢽤 xiào　覺悟也。从教从冂。冂，尚矇也。臼聲。𦊅，篆文斆省。胡覺切。○甲文　𢽤、𢽤、𢽤　金文　𢽤、𢽤、𢽤、𢽤　匣覺去（按：斆字《廣韻》收在效韻，作胡教切，《集韻》同時收在覺韻，作轄覺切，義同，此據《集韻》將斆的中古韻定爲覺韻）　匣覺

卜　卜　94 bǔ　甲文　卜、丨、一、丨　金文　卜、卜　博木切　幫屋
合一入　幫屋（69/64；127/128）

灼剝龜也[一]。**象炙龜之形**[二]。**一曰：象龜兆之縱衡** “縱衡” 大徐本作 “從橫” **也**[三]。**凡卜之屬皆从卜。卜，古文卜**。

【譯文】

燒灼龜骨使之産生裂紋。字形象燒灼龜骨的樣子。另一説是：象龜骨上兆紋的縱横之形。凡是和“卜”義有關的字都以“卜”爲構件。

卜,是古文"卜"字。

【段注】

[一]火部:"灼,炙也。"刀部:"剥,裂也。"灼剥者,謂炙而裂之。灼雙聲,剥疊韻。　　[二]直者象龜,横者象楚焞(tūn)之灼龜①。[三]字形之别説也。博木切。三部(幽、覺)。

【疏義】

①楚焞:灼龜用的荆木條。《儀禮·士喪禮》:"楚焞置於燋,在龜東。"鄭玄注:"楚,荆也。荆焞所以鑽灼龜者。燋,炬也,所以燃火者也。"

【集解】

徐鍇《説文繫傳》:"(古文卜)兆有如此者。"

王筠《説文釋例》:"許君亦無灼見,故存兩説。要是指事字。印林曰:'卜'義當宗前説,'兆'之縱横自有兆字當之。'"

朱駿聲《説文定聲》:"丨象龜坼,一象楚焞,一曰象龜兆之從横也。古文一屈下。《周禮》'大卜'注:'問龜曰卜。'《禮記·曲禮》:'龜爲卜,著爲筮。'《書·洪範》:'卜五,占用二。'《詩·定之方中》:'卜云其吉。'《吴語》:'請貞于陽卜。'"

徐灝《説文注箋》:"段以丨象龜,失之。卜蓋象灼龜之木。而或以爲象龜兆坼文也,形字疑誤。"

饒炯《説文部首訂》:"至於'一曰'之説,當是小注,申釋炙龜句意,後人篡入正文耳。"

黄天樹《部首與甲骨文》:"《説文》云:'一曰:象龜兆之從(縱)横也。'這個講法是對的。甲骨文'卜'字之形,正象占卜用的龜甲獸骨因燒灼而産生的裂紋即卜兆的樣子。'卜'字之音,象灼龜甲獸骨受熱綻裂而發出的聲音。'卜'字之義爲灼龜見兆。"

董蓮池《部首新證》:"甲骨文寫作卜(《甲骨文編》147頁),象龜兆縱横之形。西周金文寫作卜(朁鼎),戰國寫作卜(《古璽匯編》1263),小篆寫作卜,形體一脈相承。吴夌云《小學説》云:'古者有事問龜,則契其腹背之高處,以火灼之,其聲卜則有兆以告我矣,其兆或縱或横,作卜以象其形,而音則如其聲。'"

【同部字舉例】

卦 卦 guà　　筮也。从卜，圭聲。古壞切。○見卦去　　見支

貞 貞 zhēn　　卜問也。从卜，貝以爲贄。一曰：鼎省聲，京房所説。陟盈切。○甲文 ，　金文 、 、　知清平　端耕

占 占 zhān　　視兆問也。从卜从口。職廉切。○甲文 、 、 、 、　章鹽平　章談

用 用 95 yòng　甲文 、 、 　金文 、 、 　餘訟切　以用

合三去　　定東（70/64；128/129）

可施行也。从卜、大徐本有“从”中。衞宏（東漢人，著有《漢官儀》）説[一]。凡用之屬皆从用。 ，古文用。

【譯文】

可以施行。由“卜、中”構成。這是衞宏的説法。凡是和“用”義有關的字都以“用”爲構件。 ，是古文“用”字。

【段注】

[一]卜中則可施行，故取以會意。余訟切。九部（東、冬）。

【集解】

徐灝《説文注箋》：“古文 或作 ，兩旁象樂銑，中象篆帶，上出象甬，短畫象旋蟲，絕肖鐘形。”樂、銑：均爲古樂器鐘口的兩角。

饒炯《説文部首訂》：“凡事物可施行者，以無過無不及爲善，猶俗言合式也。故引用中的之‘中’爲可施行義。後加卜以爲專字者，蓋古人有事則卜，卜吉則从，而加卜以爲中用專字，方與中外義有別。”

于省吾《甲骨文字釋林・釋用》：“用字初文作 ，象甬（今作桶）形，左象甬體，右象其把手。近年出土的雲夢秦簡還以用爲桶（1976年《文物》第七期），進一步證明了這一點。《説文》：‘用，可施行也，从卜中，衞宏説。’衞宏的説法是望文生義……用字初文本象日常用器的桶形，因而引申爲施用之用。用、甬本是一字，故甲骨文以迵爲通。”

【同部字舉例】

甫 甫 fǔ　　男子美稱也。从用、父，父亦聲。方矩切。○甲文 、

甾　金文甾、甾、甾、甾　幫廙上　幫魚

庸蕭 yōng　用也。从用从庚。庚，更事也。《易》曰："先庚三日。"余封切。○金文甬、甬　以鍾平　定東

甯寗 nìng　所願也。从用，寧省聲。乃定切。○泥徑去　泥耕

爻 ×　96 yáo　甲文×、×　金文爻、×、×　胡茅切　匣肴開二
　　　　平　匣宵(70/64；128/129)

交也[一]。象《易》六爻頭交也[二]。凡爻之屬皆从爻。

【譯文】

　　相交。字形象《易經》中六爻爻頭相交的樣子。凡是和"爻"義有關的字都以"爻"爲構件。

【段注】

　　[一]疊韻。《繫辭》曰："爻也者，效天下之動者也。"①　　[二]胡茅切。二部(宵、藥)。

【疏義】

　　①引文見《易經·繫辭下》。

【集解】

　　徐鍇《説文繫傳》："六爻，六位皆爻也。"

　　桂馥《説文義證》：""交也"者，爻、交聲相近。"

　　王筠《説文句讀》："爻以變而占，變則交，×以象之，兩×象貞悔。"

　　朱駿聲《説文定聲》："×，古文五。二、五天地之數，會意。凡从爻之字皆錯雜意。"

　　徐灝《説文注箋》："交者，交錯之義。六爻爲重體，故作重乂象之。頭交疑當作'相交'。"

　　黃天樹《部首與甲骨文》："甲骨文作×，象算籌交叉之行，古人常用小棍(算籌)擺來擺去進行計數。"

　　董蓮池《部首新證》："甲骨文所見寫作×(《甲骨文編》155頁)，金文所見寫作爻(小臣系卣)，从二×或三×，×象交錯形。"

【同部字舉例】

　　棥樊 fán　藩也。从爻从林。《詩》曰："營營青蠅，止于棥。"附袁切。○並元平　並元

㸚 㸚 97 ‖ 力几切　來旨開三上　來脂（70/64;128/129）

二爻也[一]。凡㸚之屬皆从㸚。

【譯文】

　　兩個"爻"。凡是和"㸚"義有關的字都以"㸚"爲構件。

【段注】

　　[一]二爻者，交之廣也，以形爲義，故下不云"從二爻"。玨、兪（yú），疑皆此例，無庸補"從二玉、從二余"也①。《玉篇》力爾切②。《廣韻》力紙切，云："㸚尒，布明白。象形也。"③此附合"爾"之同韻爲音。大徐力几切。

【疏義】

　　①《説文》玨部："玨，二玉相合爲一玨。"余部："余……兪，二余也。讀與余同。"無庸：無用，不用。　②《玉篇》㸚部："㸚，力爾切。二爻也。又力計切。"　③引文見《廣韻》紙韻。㸚尒：稀疏明朗的樣子。

【集解】

　　徐鍇《説文繫傳》："若網交綴也。"

　　王筠《説文句讀》："《廣韻》：'㸚尒，布明白。象形也。'案：'㸚尒'即'爾'下之'麗爾'。"

　　朱駿聲《説文定聲》："象交文麗爾之形，實即古文爾字。"

　　饒炯《説文部首訂》："'㸚，當爲'爾'之古文，象麗爾之形。"

【同部字舉例】

　　爾爾 ěr　麗爾，猶靡麗也。从冂从㸚。其孔㸚，尒聲。此與"爽"同意。兒氏切。○甲文 𠳕、𠳕、𠳕　金文 𠳕、𠳕、𠳕、𠳕、𠳕、𠳕　日紙上　日脂

　　爽爽 shuǎng　明也，从㸚从大。𡙊，篆文爽。疏兩切。○甲文 𡙊、𡙊　金文 𡙊、𡙊、𡙊、𡙊、𡙊　山養上　山陽

卷四上

昜 昜 ⁹⁸ xuè　甲文𥄎、𥄂、𥄃　金文𥄎　火劣切　曉薛合三入 曉月（70/65；129/131）

舉目使人也^[一]。**从攴**、大徐本有"从"**目**^[二]。**凡昜 之屬皆从昜。读若颭**(xuè,小風)^[三]。

【譯文】

用眼色指使人。由"攴、目"構成。凡是和"昜"義有關的字都以"昜"爲構件。讀音同"颭"字。

【段注】

[一]此與言部"訹"音同，義亦相似①。《項羽本紀》："梁昀 (xuàn)籍曰：'可行矣。'籍遂拔劍斬首(守)頭。"②然則"昀"同"昜" 也。目部曰："旬(xuàn)，目搖也。"③謂有目搖而不使人者。　[二]動 其目也，會意。　[三]火劣切。十五部(脂、微、物、月)。

【疏義】

①《説文》言部："訹，誘也。从言，术聲。"　②《史記·項羽本 紀》："梁昀籍曰：'可行矣。'於是籍遂拔劍斬守頭。"昀：使眼色。 ③《説文》目部："旬，目搖也。从目，勻省聲。眴，旬或从旬。"

【集解】

徐灝《説文注箋》："錢氏坫曰：《公羊傳》'眣(dié)晉大夫使與公 盟'何休注：'以目通指曰眣。'又'郤克眣魯衛之使'即此字。"

饒炯《説文部首訂》："昜之義爲舉目也，故直从目，又爲使人也，故 譬从攴。"

董蓮池《部首新證》："字見甲骨文，寫作𥄎(《甲骨文編》157頁)，亦見西周金文,寫作 𝄐 (癸昌爵),'目'在上,表示抬眼,'攴'在下,表示指使人,會意。"

【同部字舉例】

　　夐𥣫 xuàn　營求也。从夏从人在穴上。《商書》曰:"高宗夢得説,使百工夐求,得之傅巖。"巖,穴也。朽正切。○曉勁去　曉耕

目 目　99　mù　甲文 ◔、◕、◪　金文 ◖、◒、𝄐　莫六切　明
　　　　　　屋合三入　明覺(70/65;129/131)

　　人眼也大徐本無"也"字。**象形。重,童子也**[一]**。凡目之屬皆从目。** ◉**,古文目**[二]**。**

【譯文】

　　人的眼睛。象形。重(中間兩畫),是其中的瞳孔。凡是和"目"義有關的字都以"目"爲構件。◉,是古文"目"字。

【段注】

　　[一]"象形"總言之,嫌人不解"二",故釋之曰:"重其童子也。"《釋名》曰:"瞳,重也,膚幕相裹重也。子,小稱也,主謂其精明者也。或曰'眸子',眸,冒也,相裹冒也。"①按:人目由白而盧②,童而子,層層包裹,故重畫以象之。非如《項羽本紀》所云"重瞳子"也。目之引申爲指目、條目之"目"。莫六切。三部(幽、覺)。　　[二]口象面,中象眉目。江沅曰:"外象匡,内象睫目。"③

【疏義】

　　①引文見《釋名・釋形體》。　②盧:黑色。　③睫:同"睫"。江沅:清江蘇吳縣人,江聲之孫,文字學家,著有《説文解字音韻表》《説文釋例》等書。

【集解】

　　王筠《説文句讀》:"《博古圖》作 ◙ 者,有匡,有黑睛,有童子。作 ◙ 者,已省童子矣。'罢、罘'等字從 ◙,中二筆斜向。秦碑從 目 者,亦斜向,略存古法也。目則平之,爲楷所眩也。恐許君原本不如此。"

　　朱駿聲《説文定聲》:"外象匡,中象瞳子横視之肖。今繪事如是,

古文亦象形。”

徐灝《説文注箋》：“許君以二畫爲重童子，非也。段説亦附會。考阮氏《鍾鼎款識・目父癸爵》作🦅，象形絶肖，小篆从古文變耳。目篆本横體，因合於偏旁而易横爲直，如‘罢、罘’等字，則不改也。”

黃天樹《部首與甲骨文》：“甲骨文作🦅，象人眼。”

董蓮池《部首新證》：“甲骨文寫作🦅，由眼眶、黑睛組成，是眼的象形。”

【同部字舉例】

眼 䀫 yǎn　　目也。从目，艮聲。五限切。○疑産上　疑文

眩 睍 xuàn　　目無常主也。从目，玄聲。黃絢切。○匣霰去　匣真

眥 䀹 zì　　目匡也。从目，此聲。在詣切。○從寘去　從支

盼 䀳 pàn　　《詩》曰：“美目盼兮。”从目，分聲。匹莧切。○滂襇去　滂文

眈 䀶 dān　　視近而志遠。从目，尤聲。《易》曰：“虎視眈眈。”丁含切。○端覃平　端侵

瞟 矊 piǎo　　瞟也。从目，㬎聲。敷沼切。○滂小上　滂宵

睹 䁯 dǔ　　見也。从目，者聲。覩，古文从見。當古切。○端姥上　端魚

睽 瞚 kuí　　目不相聽也。从目，癸聲。苦圭切。○金文🝔、🝕、🝖、🝗　溪齊平　溪脂

眜 眛 mò　　目不明也。从目，末聲。莫撥切。○明末入　明月

睢 睢 huī　　仰目也。从目，隹聲。許惟切。○曉脂平　曉微

旬 䀏 xuàn　　目搖也。从目，勻省聲。瞚，旬或从旬。黃絢切。○金文🝙　匣霰去　匣真

睦 睦 mù　　目順也。从目，坴聲。一曰：敬和也。㙅，古文睦。莫卜切。○明屋入　明覺

瞻 瞻 zhān　　臨視也。从目，詹聲。職廉切。○章鹽平　章談

相 䀚 xiāng　　省視也。从目从木。《易》曰：“地可觀者，莫可觀於

木。"《詩》曰："相鼠有皮。"息良切。○甲文 𣎴、𣎴、𣎴、𣎴　金文 𣎴、𣎴、𣎴、𣎴　心陽平　心陽

瞋 瞋 chēn　張目也。从目，真聲。眒，祕書瞋，从戌。昌真切。○昌真平　昌真

眷 眷 juàn　顧也。从目，龹聲。《詩》曰："乃眷西顧。"居倦切。○見線去　見元

督 督 dū　察也。一曰目痛也。从目，叔聲。冬毒切。○端沃入　端覺

看 看 kān　睎也。从手下目。𥅓，看或从倝。苦寒切。○溪寒平　溪元

睡 睡 shuì　坐寐也。从目、垂。是偽切。○禪寘去　禪歌

瞑 瞑 míng　翕目也。从目、冥，冥亦聲。武延切。○明青平　明耕

眚 眚 shěng　目病生翳也。从目，生聲。所景切。○甲文 𣑱　山梗上　山耕

瞥 瞥 piē　過目也，又目翳也。从目，敝聲。一曰財見也。普滅切。○滂屑入　滂月

眯 眯 mǐ　艸入目中也。从目，米聲。莫禮切。○明薺上　明脂

眺 眺 tiào　目不正也。从目，兆聲。他弔切。○透嘯去　透宵

睞 睞 lài　目童子不正也。从目，來聲。洛代切。○來代去　來之

矇 矇 méng　童矇也，一曰不明也。从目，蒙聲。莫中切。○明東平　明東

眇 眇 miǎo　一目小也。从目从少，少亦聲。亡沼切。○明小上　明宵

眄 眄 miǎn　目偏合也，一曰袤視也。秦語从目，丏聲。莫甸切。○明銑上　明真

盲 盲 máng　目無牟子。从目，亡聲。武庚切。○明庚平　明陽

䀠䀠 100 jù　金文 ⟨⟩、⟨⟩、⟨⟩、⟨⟩　　九遇切　見遇合三去　見魚（73/68；135/137）

大又大徐本作“左右”**視也**[一]。**从二目**[二]。**凡䀠之屬皆从䀠。讀若拘，又若良士瞿瞿**[三]。

【譯文】

左右看。由兩個“目”字構成。凡是和“䀠”義有關的字都以“䀠”爲構件。讀音同“拘”字，又同於“良士瞿瞿”之“瞿”。

【段注】

[一]“大又”各本作“左右”，非也，今正。凡《詩·齊風、唐風》《禮記·檀弓、曾子問、雜記、玉藻》或言“瞿”，或言“瞿瞿”①，蓋皆“䀠”之假借，“瞿”行而“䀠”廢矣。“瞿”下曰：“鷹隼之視也。”若毛傳於《齊》曰：“瞿瞿，無守之皃。”於《唐》曰：“瞿瞿然，顧禮義也。”各依文立義，而爲驚遽（jù）之狀則一②。　　[二]會意。　　[三]九遇切。五部（魚、鐸）。

【疏義】

①《詩經·齊風·東方未明》：“折柳樊圃，狂夫瞿瞿。”毛傳：“瞿瞿，無守之貌。”《詩經·唐風·蟋蟀》：“好樂無荒，良士瞿瞿。”毛傳：“瞿瞿然顧禮儀。”《禮記·檀弓上》：“瞿瞿如有求而弗得。”鄭玄注：“皆憂悼在心之貌也。”《禮記·檀弓上》：“曾子聞之，瞿然曰：‘呼？’”《禮記·雜記》：“免喪之外，行於道路，見似目瞿，聞名心瞿，弔死而問疾，顏色戚容必有以異於人也。”《禮記·玉藻》：“視容瞿瞿梅梅。”鄭玄注：“不審貌也。”　②驚遽：驚懼，慌張。

【集解】

桂馥《説文義證》：“本書懼古文作‘愳’，馥謂心懼則左右顧也。”

王筠《説文釋例》：“‘䀠’當作 ⟨⟩，依‘愳’字而略變之。蓋目字象形，不必兩也。⟨⟩則會意，不如是不足見左右視之意。”

徐灝《説文注箋》：“左右視者，驚顧之狀。”

饒炯《説文部首訂》：“會意……从二目。‘左右視也’即申釋二目會意之旨，蓋驚恐者目善搖。”

黃天樹《部首與甲骨文》：“甲骨文作 ⟨⟩，象人瞪着兩隻眼睛左右驚顧之狀。"

【同部字舉例】

𥃲𥃳 juàn　目圍也。从眉、卩。讀若書卷之"卷"。古文以爲醜字。居倦切。○見線去　見元

眉 𥄉 101 méi　甲文 𥄉、𥄉　金文 𥄉、𥄉、𥄉　武悲切　明脂開
三平　明脂(74/68;136/137)

目上毛也[一]。**从目，象眉之形**[二]，**上象額**(同"額")**理也**[三]。**凡眉之屬皆从眉。**

【譯文】

　　眼睛上面的毛。以"目"爲構件，象眉毛的樣子。上部 𥄉 象額頭的紋理。凡是和"眉"義有關的字都以"眉"爲構件。

【段注】

　　[一]人老則有長眉。《豳風》《小雅》皆言"眉壽"。毛曰："豪眉也。"又曰："秀眉也。"[①]《方言》："眉、棃(lí)、耊(dié)、鮐(tái)，老也。東齊曰眉。"[②]《士冠禮》古文作"麋"，《少牢饋食禮》古文作"微"，皆假借字也[③]。　　[二]謂 𥄉 。　　[三]謂 𥄉 ，在兩眉上也，並二眉則額理在眉間之上。武悲切。十五部(脂、微、物、月)。

【疏義】

　　①《詩經·豳風·七月》："爲此春酒，以介眉壽。"毛傳："眉壽，豪眉也。"《詩經·小雅·南山有臺》："樂只君子，遐不眉壽。"毛傳："眉壽，秀眉也。"　　②引文見《方言》第一。　　③《儀禮·士冠禮》："眉壽萬年。"鄭玄注："古文眉作麋。"《儀禮·少牢饋食禮》："眉壽萬年，勿替引之。"鄭玄注："古文嘏爲格，祿爲福，眉爲微。"

【集解】

　　徐鍇《説文繫傳》："𥄉 象額理也，指事。"

　　桂馥《説文義證》："𥄉 象額上橫文也。"

　　徐灝《説文注箋》："𥃳 从卩，象目圍，則此不應異義。疑當以 𥄉 象眉毛。"

　　饒炯《説文部首訂》："眉以卩爲象形，以'目'與 𥄉 爲轉注。蓋象

形字之筆畫少者,形易別溷(hùn),故眉又加意加形以明之。則其篆自有區別矣。"

黃天樹《部首與甲骨文》:"古文字作𦥯,爲表示眉毛而連帶畫出人的眼睛。《説文》以爲'从目,象眉之形,上象頟(額)理也'。從古文字看,篆文上面的⺊,並非象額頭上的皺紋,而是由眉毛謁變來的。"

董蓮池《部首新證》:"甲骨文寫作𥄎、𦖞、𦣽諸形(《甲骨文編》162頁),是眉的象形。西周金文寫作𥄉(周窓鼎),又寫作𦥯(小臣遹簋),漸謁而作𦣞(九年衛鼎),小篆在此基礎上進一步謁作眉。"

【同部字舉例】

省　𥄏 xǐng　視也。从眉省,从中。𥄵,古文,从少从冏。所景切。

○甲文𥄏、𥄐、𥄑、𥄒　金文𥄓、𥄔、𥄕、𥄖、𥄗　心靜上　心耕

盾 盾

102 dùn　甲文𥄘、𥄙、𥄚、𥄛　金文𥄜、𥄝　徒損切

定混合一上　定文(74/68;136/137)

瞂(fá,盾)也[一]。所以扞身蔽目[二]。从目 大徐本無"从目"二字[三],象形[四]。凡盾之屬皆从盾。

【譯文】

盾牌。用以捍衞身體遮護眼目。以"目"爲構件,象盾牌形。凡是和"盾"義有關的字都以"盾"爲構件。

【段注】

[一]經典謂之"干",戈部作戟(gān)①。　[二]用扞身,故謂之"干"。毛傳曰:"干,扞也。"②用蔽目,故字从"目"。　[三]各本少二字,今依玄應補③。　[四]鍇曰:"厂象盾形。"按:今鍇本或妄增"厂聲"二字④。食閏切。十三部(文)。《廣韻》食尹切。

【疏義】

①《説文》戈部:"戟,盾也。"　②《詩經·周南·兔罝》:"赳赳武夫,公侯干城。"毛傳:"干,扞也。"　③玄應:唐高僧,著有《一切經音義》。④《説文繫傳》:"盾,瞂也。所以扞身蔽目。象形。厂聲。凡盾之屬皆從盾。臣鍇曰:'厂象盾形。'"

【集解】

王筠《説文句讀》:"《方言》:'盾,自關而東,或謂之瞂,或謂之干,

關西謂之盾。'"

朱駿聲《説文定聲》："《方言》九：'干，關西謂之盾。'《周禮》：'司兵掌五兵五盾。'……《釋名》：'以犀皮作之曰犀盾，以木作之曰木盾。'"

饒炯《説文部首訂》："目在盾下，身之屈伏益見，以其捍身蔽目，情似逃遞故也。"

于省吾《釋盾》(《古文字研究》第三輯，中華書局 2005)："甲骨文的盾字作 、申、甶、申，均作長方形或方形。商代金文的 字習見(《金文編》附録)，象一手持戈，一手持盾形，其所持之盾作 、申、中、申等形……西周中葉師旋簋的'盾'字作 ，乃'盾'字構形的初文。"

董蓮池《部首新證》："字見西周金文，寫作 、 諸形(五年師旋簋)，構形原理不能確知，于省吾先生認爲从 (人)从 (象盾有甎有文理形)， 亦聲，爲會意兼形聲字。又寫作 (戜簋)，从盾牌的象形文 、豚聲，爲形聲字。"

【同部字舉例】

馻馻 fá　盾也。从盾，发聲。扶發切。○並月入　並月

自　𦣹

103 zì　甲文 、、　金文 、、　疾二切　從至開二去　從脂(74/68；136/138)

鼻也。象鼻形[一]。凡自之屬皆从自。𦣹，古文自。

【譯文】

鼻子。字象鼻子的形狀。凡是和"自"義有關的字都以"自"爲構件。𦣹，是古文"自"字。

【段注】

[一]此以鼻訓自，而又曰"象鼻形"。王部曰："'自'讀若鼻，今俗以作始生子爲鼻子是。"[1]然則許謂"自"與"鼻"義同音同，而用"自"爲"鼻"者絶少也。凡从"自"之字，如尸部"眉(xiè)，臥息也"[2]，言部"詯(huì)，膽气滿聲在人上也"[3]，亦皆於鼻息會意。今義從也、己也、自然也，皆引申之義。疾二切。十五部(脂、微、物、

月）。

【疏義】

①引文見《説文》王部"皇"説解。　②《説文》尸部："眉，臥息也。从尸、自。"　③《説文》言部："詯，膽氣滿聲在人上。从言，自聲。"

【集解】

徐鍇《説文繫傳》："自又鼻之聲然。"

王筠《説文句讀》："此以今文訓古文也……尸部'眉'、辛部'辠'皆以自爲鼻，用其本義。"

徐灝《説文注箋》："'自'即古'鼻'字，凵象鼻形，中畫其分理也。人之自謂或指其鼻，故有自己之偁，又引申之，訓由、訓從，因爲語詞所專。復从'畀'聲爲'鼻'，今'自'與'鼻'不同音者，聲變之異也。"

林義光《文源》："古今相承用'鼻'字，而以'自'爲己、爲從，猶'大'象人形，相承用爲大小字也……按：自字中畫象鼻上腠理，本無定數。古有凵字，亦與'自'同用，然則凵即'自'之異體。"

黃天樹《部首與甲骨文》："甲骨文作 𦣹，象人鼻之形，本義就是鼻子。"

董蓮池《部首新證》："甲骨文寫作 𦣹、𦣹 諸形（《甲骨文編》163頁），鼻子的象形。"

【同部字舉例】

䶹𪒶 mián　宮不見也。闕。武延切。○甲文 𦣹　明仙平　明元

白 𦣹　104 zì　金文 𦣹、𦣹　疾二切　從至開三去　從脂（74/68；136/138）

此亦自字也。省自者，詞言之气从鼻出，與口相助 大徐本有"也"字[一]。**凡白之屬皆从白。**

【譯文】

這也是"自"字。由"自"字省減而成，原因是説話時氣流從鼻孔出來，和口相配合。凡是和"白"義有關的字都以"白"爲構件。

【段注】

[一]詞者,意内而言外也。言從口出,而气從鼻出,與口相助,故其字上從自省,下從口,而讀同"自"。疾二切。十五部(脂、微、物、月)。

【集解】

徐鍇《説文繫傳》:"言此自字之省,別爲一體也,凡詞助字皆從此。"

王筠《説文句讀》:"言此者,所以領部中字也,所屬六字,其五皆訓曰詞。嫌'鼻'不可'詞',故委曲通之。若以字形言之,謂其下半從口,則許君豈謬至此乎?'百'下不云'詞',故附於末。然千字隸'十'部,百字亦可隸'一'部。"

徐灝《説文注箋》:"此字直從自省,不須重述其義,所以別爲一部者,使'皆、魯'等字有所屬耳。段以爲從口,非是。"

饒炯《説文部首訂》:"'白'亦'鼻'之古文。鼻上紋理無定,多少隨便,故造字有繁簡。"

【同部字舉例】

皆 𨸏 jiē　俱詞也。從比從白。古諧切。○甲文 𡀁 、 𡀁 、 𡇩 　金文 𡇩 、 𡇩 見皆平　見脂

魯 魯 lǔ　鈍詞也。從白,鮺(zhǎ)省聲。《論語》曰:"參也魯。"郞古切。○甲文 𤓳 、 𤓳 、 𤓳 　金文 𤓳 、 𤓳 、 𤓳 來姥上　來魚

者 � zhě　別事詞也。從白,㡿聲。㡿,古文旅字。之也切。○金文 � 、 � 、 � 、 � 、 � 、 � 、 � 章馬上　章魚

百 𤆍 bǎi　十十也,從一、白。數,十百爲一貫,相章也。𤼈,古文百,從自。博陌切。○甲文 𤼈 、 𤼈 、 𤼈 　金文 𤼈 、 𤼈 、 𤼈 、 𤼈 、 𤼈 、 𤼈 幫陌入　幫鐸

鼻　鼻 [105]

bí　父二切　並至開三去　並脂(74/69;137/139)

所以 大徐本無"所以"二字 **引气自畀**(bì,給予)**也** [一] 。**從自、畀** [二] 。**凡鼻之屬皆從鼻。**

【譯文】

用來吸氣以供給自身的器官。由"自、畀"構成。凡是和"鼻"義有關的字都以"鼻"爲構件。

【段注】

[一]"所以"二字今補①。"口"下曰:"所以言、食也。""舌"下曰:"所以言、別味也。"是其例。《老子》注曰:"天食人以五氣,從鼻入。地食人以五味,從口入。"②《白虎通》引《元命苞》曰:"鼻者,肺之使。"③按:鼻一呼一吸相乘除,而引氣於無窮。"自"讀如今人言自家之"自","自"本訓鼻,引申爲自家。　[二]以義爲形也。父二切。十五部(脂、微、物、月)。

【疏義】

①王筠《説文句讀》:"據《急就篇》顏注,增'所以'二字。"②《老子》第十二章:"五味令人口爽。"王弼注:"天食人以五氣,從鼻入。地食人以五味,從口入。"　③《白虎通‧情性》:"《元命苞》曰:'目者,肝之使;肝者,木之精,蒼龍之位也;鼻者,肺之使;肺者,金之精。"《元命苞》:即《春秋元命苞》,漢代緯書,内容是假托經義以宣揚符録瑞應之事。

【集解】

桂馥《説文義證》:"'引氣自畀也'者,鼻、畀聲相近。"

王筠《説文句讀》:"自、畀皆聲,而不言'聲'者,'自'乃'鼻'之古文,世變音轉,遂增'畀'字,不可云'聲'也,較此與之不言'聲'者,又進一義。"

徐灝《説文注箋》:"𦣹本象鼻形,因爲語詞所專,故又從畀聲。'鼻'之言'畀'也,引氣自畀也。"

饒炯《説文部首訂》:"'鼻'即'自'之轉注。"

黄天樹《部首與甲骨文》:"從'自''畀'聲。上面是'自',本象鼻形,後來借爲虚詞,爲明確本義,加注音符而分化出了'鼻'字。"

董蓮池《部首新證》:"其實'鼻'字所從的'自'初文寫作 𦣹、𦣻 諸形(《甲骨文編》163頁),即鼻子的象形文,亦即'鼻'的初文。卜辭云'疾自'即謂鼻子有病。人有指鼻而言自我之習,遂又引申爲自我之

‘自’，又假借爲‘从’（介詞）義之‘自’。到了戰國，追加‘畀’聲造爲‘鼻’字表示其本義，而把初文讓給引申義和假借義。”

【同部字舉例】

　　齅 𪐴 xiù　以鼻就臭也。从鼻从臭，臭亦聲。讀若畜牲之“畜”。許救切。○曉宥去　曉幽

　　鼾 𪏮 hān　臥息也。从鼻，干聲。讀若汗。侯幹切。○曉寒平曉元

　　𪏴 𪏵 qiú　病寒鼻窒也。从鼻，九聲。巨鳩切。○羣尤平　羣幽

皕 皕 [106] bì　彼力切　幫職開三入　幫職（74/69；137/139）

　　二百也[一]。**凡皕之屬皆从皕。讀若逼**“逼”大徐本作“祕”[二]。

【譯文】

　　二百。凡是和“皕”義有關的字都以“皕”爲構件。讀音同“逼”字。

【段注】

　　[一]即形爲義，不言从二百。　　[二]“逼”各本作“祕”。按：《五經文字》“皕”音“逼”。《廣韻》彼側切[①]。至韻不收。李仁甫《五音韻譜》目錄云：“讀若逼。”本注云：“彼力切。”[②]皆由舊也。“盭（xì）、奭”字以爲聲，在弟五部（魚、鐸），“逼”音相近也。

【疏義】

　　①《廣韻》職韻：“皕，二百。”　　②李仁甫：即宋人李燾，字仁甫。《五音韻譜》：即《重刊許氏説文解字五音韻譜》，十二卷。譜：同“譜”。《五音韻譜》卷十二入聲三目錄：“皕，彼力切。皕，讀若逼。”

【集解】

　　徐灝《説文注箋》：“‘奭’从皕聲，讀若郝，則‘皕’之本音當讀若博。博、逼、祕一聲之轉也。”

　　饒炯《説文部首訂》：“指事。炯案此篆即形見義，與‘廿’爲二十、‘卅’爲三十例同，即是疊文指事，行文省繁爲簡之法也。”

【同部字舉例】

奭 奭 shì　盛也。从大从皕，皕亦聲。此燕召公名，讀若郝，《史篇》名醜。奭，古文奭。詩亦切。○書昔入　書職

習 習 107 xí　甲文 𦑗、𦑇、𦑡、𦑜　似入切　邪緝開三入　邪緝(74/69;138/139)

數飛也[一]。从羽，白(zì)聲"白聲"大徐本作"从白"[二]。**凡習之屬皆从習。**

【譯文】

屢次試飛。"羽"爲意符，"白"爲聲符。凡是和"習"義有關的字都以"習"爲構件。

【段注】

[一]數，所角切。《月令》："鷹乃學習。"引申之義爲習孰①。
[二]按：此合韻也。又部"彗"古文作"習"②，亦是从"習"聲合韻。似入切。七部(侵、緝)。

【疏義】

①《禮記·月令》："季夏之月……鷹乃學習。"鄭玄注："鷹學習謂攫搏也。"孰："熟"的古字。　②《説文》又部："彗，掃竹也。从又持𠦎。𥲟，彗或从竹。𥲈，古文彗，从竹从習。"徐鍇《説文繫傳》："習，數飛也。從羽，白聲。"

【集解】

桂馥《説文義證》："'徐鍇本作'白聲'。馥案：'白'非聲。"

朱駿聲《説文定聲》："从羽从白，會意。飛數則气急見于口鼻，故从白。"

徐灝《説文注箋》："戴氏侗曰：'習鳥肄飛也。'……灝按：'習'有頻數義，故又引申爲重、爲積……'習'从'自'聲，古音在脂部，轉入侵部耳，段以爲合韻，非也。"

饒炯《説文部首訂》："凡鳥生羽，始不能翥(zhù)，而但數飛之。《禮記·月令》：'鷹乃學習'即其本義，故人之重學取以爲名。其从羽从白，會意者。白，始也，謂其羽始生，喜飛而數試之也。"

　　唐蘭《殷虛文字記・釋習》:"今按:(習)卜辭從𦫵從日,即不從白,亦不從羽。蓋🐚𦫵本殊,後世誤以𦫵爲羽字,遂又誤謂習爲從羽耳(羽當作🪶,已詳上文)。古日或作◇,與△(白)相近,故又譌從白。以聲類求之,習字當從日𦫵聲,𦫵今彗字也……《說文》:彗,古文作𥱥,從竹從習。今按:當作從竹習聲,然則彗之古本音若習,習從𦫵聲,可無疑焉。習既從日𦫵聲,則'鳥數飛也',非其本義也……疑習之本訓當爲暴乾矣……習聲與疊襲相近,故有重義,慣義,引申之乃有學義,本無飛義也。"

【同部字舉例】

　　翫翫　wàn　習猒也。从習,元聲。《春秋傳》曰:"翫歲而愒(kài,荒廢)日。"五換切。○疑換去　疑元

羽　羽 108　yǔ　甲文 𦬊、𦬊、𦬊、𦬊、𦬊　金文 𦬊　王矩切　雲麌合三上　匣魚(74/69;138/139)

鳥長毛也[一]。象形[二]。凡羽之屬皆从羽。

【譯文】

　　鳥身上的長毛。象形。凡是和"羽"義有關的字都以"羽"爲構件。

【段注】

　　[一]長毛,別於毛之細縟者,引申爲五音之羽。《晉書・樂志》云:"羽,舒也。陽氣將復,萬物孳育而舒生。"①《漢志》曰:"羽,宇也,物聚臧宇覆之。"②《爾雅》:"羽謂之柳。"③　　[二]長毛必有耦,故並刃(zhěn)。几部曰:"𦬊,新生羽而飛也。"羽,並𦬊也。王矩切。五部(魚、鐸)。

【疏義】

　　①《晉書・樂志上》:"羽之爲言舒也,言陽氣將復,萬物孳育而舒生也。"　②引文見《漢書・律曆志》。　③《爾雅・釋樂》:"宮謂之重,商謂之敏,角謂之經,徵謂之迭,羽謂之柳。"郭璞注:"皆五音之別名,其義未詳。"

【集解】

　　桂馥《說文義證》:"'鳥長毛也'者,《易・漸卦》:'其羽可用爲

儀。'《書·禹貢》:'齒革羽毛。'傳云:'羽,鳥羽也。'"

王筠《説文句讀》:"謂異於背上之毛,腹下之毳也。《廣韻》:'羽,鳥翅也。'"

王筠《説文釋例》:"羽下云'象形'者,鳥立時兩翅形。?? 之上,象肩方闊,而下象毛殺而長也,彡則所謂六翮(hé)者矣。"

徐灝《説文注箋》:"戴氏侗曰:'鳥羽有莖,象形。'"

饒炯《説文部首訂》:"鳥長毛者,謂鳥翅之長毛也。篆象兩翼未舒之形。以爲長毛專字,故引其義爲佐也。"

董蓮池《部首新證》:"甲骨文所見本寫作 $\r{}$、$\r{}$ 諸形(《甲骨文編》167 頁),象鳥翼之形。西周始漸易作 $\r{}$ 形,由甲骨文所見,它應是'翼'的象形文。"

【同部字舉例】

翰 翰 hàn　天雞赤羽也。从羽,倝聲。《逸周書》曰:"大翰若翬雉(錦雞),一名鷐風(鷹類猛禽),周成王時蜀人獻之。"侯幹切。○匣翰去　匣元

翟 翟 dí　山雉尾長者。从羽从隹。徒歷切。○金文 $\r{}$　定錫入　定藥

翡 翡 fěi　赤羽雀也。出鬱林。从羽,非聲。房味切。○並未去　並微

翠 翠 cuì　青羽雀也。出鬱林。从羽,卒聲。七醉切。○清至去　清微

翦 翦 jiǎn　羽生也。一曰:矢羽。从羽,前聲。即淺切。○精獮上　精元

翁 翁 wēng　頸毛也。从羽,公聲。烏紅切。○影東平　影東

翹 翹 qiáo　尾長毛也。从羽,堯聲。渠遙切。○羣宵平　羣宵

翮 翮 hé　羽莖也。从羽,鬲聲。下革切。○匣麥入　匣錫

翕 翕 xī　起也。从羽,合聲。許及切。○曉緝入　曉緝

翬 翬 huī　大飛也。从羽,軍聲。一曰:伊、雒而南,雉五采皆備曰翬。《詩》曰:"如翬斯飛。"許歸切。○曉微平　曉文

翏 翏 liù　高飛也。从羽从㐱。力救切。○金文 🖼、🖼、🖼、
🖼、🖼、🖼、🖼　來宥去　來幽

翩 翩 piān　疾飛也。从羽，扁聲。芳連切。○滂仙平　滂真

翊 翊 yì　飛皃。从羽，立聲。與職切。○甲文 🖼、🖼、🖼　以職
入　定緝

翱 翱 áo　翱翔也。从羽，皋聲。五牢切。○疑豪平　疑幽

翔 翔 xiáng　回飛也。从羽，羊聲。似羊切。○邪陽平　邪陽

翳 翳 yì　華蓋也。从羽，殹聲。於計切。○影霽去　影脂

隹 隹 109 zhuī　甲文 🖼、🖼、🖼　金文 🖼、🖼、🖼　職追切
　　章脂合三平　章微（76/70；141/142）

鳥之短尾總名也[一]。象形[二]。凡隹之屬皆從隹。

【譯文】
短尾鳥的總稱。象形。凡是和"隹"義有關的字都以"隹"爲構件。

【段注】
[一]短尾名"隹"，別於長尾名鳥。云"總名"者，取數多也。亦鳥名。"翩翩者鵻"（zhuī），夫不也[①]，本又作"隹"。　[二]職追切。十五部（脂、微、物、月）。

【疏義】
①《詩經·小雅·四牡》："翩翩者鵻，載飛載下，集于苞栩。"毛傳云："鵻，夫不也。"夫不：鳥名，即布穀鳥。

【集解】
徐鍇《說文繫傳》："隹，鳥名也。《詩》曰：'翩翩者隹。'隹爲鳥短尾，亦總名也，當脫'亦'字。或者以爲許慎言鳥之短尾總名爲'隹'，中有雞雉字，以此爲譏，豈不疏哉？"

桂馥《說文義證》："'鳥之短尾總名也'者，《左傳》正義引云'鳥之短尾者總名爲隹'。李陽冰曰：'雉長尾而从隹，知非短尾之稱。'……馥案：《左傳》正義引有'者'字，言凡短尾者總名爲'隹'也，非謂字之從'隹'者皆短尾也。"

王筠《説文句讀》：“謂凡短尾者，通名爲‘隹’，非從‘隹’之字皆短尾鳥也，故‘雉’字從‘隹’。”

饒炯《説文部首訂》：“夫‘隹’與‘鳥’同爲禽之總名，非有短尾長尾之别，但動靜形畫勢或異耳。故從‘鳥’之字，其禽有短尾。從‘隹’之字，其禽有長尾。且部屬諸字，從‘隹’者而重文亦從‘鳥’……古以‘隹’爲短尾禽之總名，而後以‘鳥’爲長尾禽之總名也。”

黄天樹《部首與甲骨文》：“甲骨文寫作🐦，象鳥形，所以‘隹’和‘鳥’在用作表意偏旁時往往通用。”

董蓮池《部首新證》：“今考甲骨文，寫作🐦、🐦、🐦諸形（《甲骨文編》171頁），西周金文寫作🐦（天亡簋）、🐦（榮簋）、🐦（牆盤）諸形，羅振玉云：‘蓋隹、鳥古本一字，筆畫有繁簡耳。’”

【同部字舉例】

雅🐦 yā/yǎ　楚烏也。一名鷽(yù)，一名卑居，秦謂之雅。從隹，牙聲。五下切，又烏加切。○疑馬上　疑魚

隻🐦 zhī　鳥一枚也。從又持隹。持一隹曰隻，二隹曰雙。之石切。○甲文🐦、🐦、🐦　金文🐦、🐦、🐦　章昔入　章鐸

雀🐦 què　依人小鳥也。從小、隹，讀與爵同。即略切。○甲文🐦、🐦、🐦　精藥入　精藥

雞🐦 jī　知時畜也。從隹，奚聲。🐦，籀文雞，從鳥。古兮切。○甲文🐦、🐦、🐦　見齊平　見支

雛🐦 chú　雞子也。從隹，芻聲。🐦，籀文雛，從鳥。士于切。○崇虞平　崇侯

離🐦 lí　黄倉庚也，鳴則蠶生。從隹，离聲。吕支切。○甲文🐦、🐦、🐦　來支平　來歌

雕🐦 diāo　鷻(tuán)也。從隹，周聲。🐦，籀文雕，從鳥。都僚切。○端蕭平　端幽

雁🐦 yàn　鳥也。從隹從人，厂聲。讀若鴈。五晏切。○疑諫去　疑元

雇🐦 hù　九雇。農桑候鳥，扈民不婬者也。從隹，户聲。春雇鴶

盾，夏雇竊玄，秋雇竊藍，冬雇竊黃，棘雇竊丹，行雇唶唶，宵雇嘖嘖，桑雇竊脂，老雇鴳也。𩿉，雇或从雩。𤿈，籀文雇，从鳥。侯古切。○甲文 𨿳 、𨿲 、𦥑　匣姥上　匣魚

　　雄 𩿄 xióng　　鳥父也。从隹，厷聲。羽弓切。○雲東平　匣蒸

　　雌 𪇬 cī　　鳥母也。从隹，此聲。此移切。○清支平　清支

　　雋 𥾑 juàn　　肥肉也。从弓，所以射隹。長沙有下雋縣。徂沇切。○從獮上　從元

奞 𥞵 [110] suī　金文 𥞵　　息遺切　心脂合三平　心微（77/71；144/145）

鳥張毛羽自奮奞大徐本無"奞"字**也**[一]。**从大、**大徐本有"从"字**隹**[二]。**凡奞之屬皆从奞。讀若睢**[三]。

【譯文】

　　鳥兒展翅主動飛起。由"大、隹"組成。凡是和"奞"義有關的字都以"奞"爲構件。讀音同"睢"字。

【段注】

　　[一]"奞"依《篇》《韻》補①。奮、奞雙聲字。　　[二]大其隹也，張毛羽，故从大。　　[三]息遺切。十五部（脂、微、物、月）。按：又先晉切。

【疏義】

　　①《玉篇》奞部："奞，先進切。鳥張羽自奮奞也。"《廣韻》脂韻："奞，《說文》曰：'鳥張毛羽自奮奞也。'"。

【集解】

　　徐鍇《說文繫傳》："大，張大皃也，指事。"

　　徐灝《說文注箋》："戴氏侗曰：'象鳥將飛，頸項毛羽先奮張之形。'灝按：壺盉从亼，象器之蓋；奞从亼，象毛羽奮張，皆似'大'而非'大'字。亦猶鳥足似匕字而非匕字也，段說非是。"

　　饒炯《說文部首訂》："此直指會意，篆以其爲鳥，故从隹。以其張毛羽自奮，故从大，大者，張也。"

　　董蓮池《部首新證》："所謂'从大、从隹'的'奞'，'隹'上之'大'實爲'衣'字上部的亼之譌，仍當以'隹'在衣中視之。林義光《文源》

云字从衣爲張毛羽之象。其説可參。"

【同部字舉例】

奪𢇛 duó　手持佳失之也。从又从奞。徒活切。○金文𤇾、
𢇗、𤇲　定末入　定月

奮𢇘 fèn　翬也。从奞在田上。《詩》曰："不能奮飛。"方問切。
○金文𢋑　幫問去　幫文

萑 雈

111　huán　甲文𤇖、𤇘、𤇙　胡官切　匣桓合一平　匣元
(77/72;144/145)

雎(chī，鴟子) 屬[一]。从佳从丫(guǎi，羊角)，有毛
角[二]。所鳴其民有厬(huò，禍)。凡萑之屬皆从萑。
讀若和[三]。

【譯文】

　貓頭鷹的一種。由"佳、丫"構成，頭上有叢毛如角。鳴叫的地方
其民有災禍。凡是和"萑"義有關的字都以"萑"爲構件。讀音如
"和"字。

【段注】

　[一]鴟，雖(chuí)也。《釋鳥》："萑，老兔。"郭云："木兔也，似鴟
鵂而小，兔頭。"①　　[二]説从丫之意。毛角者，首有蕪毛如角也。
[三]當若"桓"。云"若和"者，合韻也。"萑葦"字以爲聲。胡官切。
十四部(元)。

【疏義】

　①《爾雅‧釋鳥》："萑，老鵵(tù)。"郭璞注："木兔也。似鴟鵂
(xiū)而小，兔頭，有角，毛腳，夜飛，好食雞。"《經典釋文》："萑音桓。
'鵵'本又作'菟'，音兔。"鵵:傳説爲貓頭鷹一類的鳥。鴟鵂:貓頭鷹。

【集解】

　桂馥《説文義證》："'鴟屬'者，郭注《南山經》引《廣雅》:'鴟雀，
怪鳥屬也。'《釋鳥》:'萑，老鵵。'郭云:'木兔也，似鴟鵂而小兔頭，有
角，毛腳，夜飛，好食雞。'《釋鳥》:'狂茅鴟。'郭云:'今鵵鴟也。'《急就
篇》:'鳶鵲鴟梟鷩相視。'顏注:'上已言鳶，下又言鴟者，謂鵝鴟、茅

鴟,怪鴟之屬,非止一也。'' 從艹,有毛角'者,本書'觜,鴟舊頭上角觜
也'。'所鳴其民有祝'者,證俗文'鴟鵂,禍鳥也'。《周禮》:'庭氏掌
射國中之夭鳥,若不見其鳥獸,則以救日之弓。與救月之矢射之。'注
云:'不見鳥獸,謂夜來鳴呼爲怪者。'高注《淮南·主術訓》云:'鴟鵂,
謂之老菟,夜鳴人屋上。'《博物志》謂:'鵂鶹夜入人家,知吉凶便鳴,
其家有殃。'韓愈詩:'有鳥夜飛名訓狐,矜凶挾狡誇自呼。乘時陽黑止
我屋,聲勢慷慨非常粗。'"

饒炯《説文部首訂》:"凡物言'屬'者,謂其兩物似是而非也。如
萑似鴟而小,頭有豎毛,若角亦若耳,故今人又呼其鳥爲'兔耳頭'。以
其鳥似隹,則從隹,以其頭上有毛如角,則從艹,艹,羊角也。"

黄天樹《部首與甲骨文》:"甲骨文作𪇰,正象'有毛角'的貓頭鷹之
類的鳥。"

董蓮池《部首新證》:"字甲骨文寫作𩾌、𪇰諸形(《甲骨文編》
179 頁),是鴟鴞的象形。"

【同部字舉例】

雚𦇚 guàn　小爵也。从萑,吅聲。《詩》曰:"雚鳴于垤(dié)。"
工奂切。〇甲文𦇚、𦇚、𦇚　金文𦇚、𦇚、𦇚、𦇚　見換去　見
元　按:垤,小土丘。

舊𦾔 jiù　鴟舊,舊留也。从萑,臼聲。𪇖,舊或从鳥,休聲。巨救
切。〇甲文𦾔、𦾔、𦾔　金文𦾔、𦾔、𦾔、𦾔　羣宥去　羣之

艹 丫 112

guǎi　工瓦切　見馬合二上　見歌(77/72;144/146)

**羊角也[一]。象形[二]。凡艹之屬皆从艹,讀
若乖。**

【譯文】

羊角。象形。凡是和"艹"義有關的字都以"艹"爲構件。讀音同
"乖"字。

【段注】

[一]《玉篇》曰:"艹艹,兩角皃。"《廣韻》曰:"艹艹,羊角開皃。"①

[二]知爲羊角者,於芊字知之也。　　[三]工瓦切。《篇》《韻》又乖買切。古音在十六(支、錫)、十七部(歌)。

【疏義】

①引文分別見《玉篇》丫部和《廣韻》蟹韻。

【集解】

徐灝《説文注箋》:"戴氏侗曰:'丫,反戻也。羊角相反故取義焉……灝按:丫、乖蓋本一字,工瓦、古懷二切亦一聲之轉也。"

饒炯《説文部首訂》:"當云'从羊省,象角之形',蓋省文指事也。"

董蓮池《部首新證》:"'羊'字甲骨文寫作 ᗉ,'丫'字是去掉'羊'字中表示'耳'的筆畫ㄟ以與'羊'字相區別,用以表示羊之角。"

【同部字舉例】

菲 ᗉ guāi　戻也。从丫而八。八,古文別。古懷切。○見皆平見微

苜苜 113 mò （舊讀 miè）模結切　明末合一入　明月(77/72;145/146)

目不正也。从丫、大徐本有"从" 目[一]。凡苜之屬皆从苜。大徐本有"莧从此"三字讀若末[二]。

【譯文】

眼睛不正。由"丫、目"構成。凡是和"苜"有關的字都以"苜"爲構件。讀音同"末"字。

【段注】

[一]丫者,外向之象①,故爲不正。　　[二]模結切。十五部(脂、微、物、月)。

【疏義】

①外向之象:指羊的兩角向兩邊伸開。

【集解】

朱駿聲《説文定聲》:"當訓羊目不正也,所謂'望羊',故'莧'从此會意。"

徐灝《説文注箋》:"丫,反戻也,兩目各外向苜然也。"

【同部字舉例】

瞢 � méng　目不明也。从苜从旬。旬,目數摇也。木空切。○
明東平　明蒸

蔑 䡅 miè　勞目無精也。从苜,人勞則蔑然。从戍。莫結切。○
甲文 𦣺 、𦣻 、𦣼　金文 𦣽 、𦣾 、𦣿 、𦤀 、𦤁　明屑入　明月

羊 羊 114 yáng　甲文 𦍋 、𦍌 、𦍍　金文 𦍎 、𦍏 、𦍐　與章切以
陽開三平　定陽(78/72;145/146)

祥也^[一]。从𦫿,象四足尾之形此句大徐本作"象頭角
足尾之形"^[二]。孔子曰:"牛羊之字以形舉也。"^[三]凡羊
之屬皆从羊。

【譯文】

吉祥。以"𦫿"爲構件,象羊四足、尾巴的形狀。孔子説:"牛羊這
類字都是根據形體造出來的。"凡是和"羊"義有關的字都以"羊"爲
構件。

【段注】

[一]疊韻。《考工記》注曰:"羊,善也。"^①按:"羴、義、羌、美"字
皆从"羊"。　[二]謂干也。與章切。十部(陽)。　[三]許多引孔子
言,如"王、士、儿(rén)、黍、羊、大、豸、烏"皆是也^②。

【疏義】

①《周禮·冬官考工記·車人》:"羊車二柯。"鄭玄注:"羊,善也。"
②《説文》王部:"王……孔子曰:'一貫三爲王。'"士部:"士……孔子
曰:'推十合一爲士。'"儿部:"儿……孔子曰:'在人下故詰屈。'"黍
部:"黍……孔子曰:'黍可爲酒,禾入水也。'"豸部:"豸……孔子曰:
'豸之爲言惡也。'"烏部:"烏……孔子曰:'烏,盱呼也。'"按:《説
文》:大部"大(大),天大,地大,人亦大,故大象人形。古文大也。"未
見引孔子語。

【集解】

朱駿聲《説文定聲》:"羊,羋也。从𦫿,象頭角足尾之形。"

徐灝《説文注箋》:"此篆上象頭角,中二畫象四足左右分列,下象

其尾。牛羊以供犧牲,祭祀爲重,故造字皆象牲體也。"

黄天樹《部首與甲骨文》:"族名金文作🐏(《羊卣》),甲骨文作🐏,象雙角下曲的羊頭之形。"

董蓮池《部首新證》:"甲骨文寫作🐏、🐏諸形(《甲骨文編》181頁),是羊頭的綫條化。"

【同部字舉例】

芈 羋 mǐ　羊鳴也。从羊,象聲气上出,與牟同意。緜婢切。○甲文羋、🐑　明紙上　明支

羔 羔 gāo　羊子也。从羊,照省聲。古牢切。○金文羔、羔、羔　見豪平　見宵

羜 羜 zhù　五月生羔也。从羊,宁聲,讀若袾。直吕切。○澄語上　定魚

羍 羍 dá　小羊也。从羊,大聲,讀若達。羍,羍或省。他末切。○透末入　透月

羝 羝 dī　牡羊也。从羊,氐聲。都兮切。○金文羝　端齊平　端脂

羒 羒 fén　牂羊也。从羊,分聲。符分切。○並文平　並文

牂 牂 zāng　牡羊也。从羊,爿聲。則郎切。○精唐平　精陽

羭 羭 yú　夏羊牡曰羭。从羊,俞聲。羊朱切。○以虞平　定侯

羖 羖 gǔ　夏羊牡曰羖。从羊,殳聲。公户切。○見姥上　見魚

羯 羯 jié　羊羖犗也。从羊,曷聲。居謁切。○見月入　見月

羳 羳 fán　黄腹羊。从羊,番聲。附袁切。○並元平　並元

羥 羥 qìng　羊名。从羊,巠聲。口莖切。○溪耕平　溪耕

羸 羸 léi　瘦也。从羊,羸聲。力爲切。○來支平　來歌

羣 羣 qún　輩也。从羊,君聲。渠云切。○金文羣、羣　羣文平　羣文

美 美 měi　甘也。从羊从大。羊在六畜主給膳也,美與善同意。無鄙切。○甲文美、美、美　金文美、美　明旨上　明脂

羌 羌 qiāng　西戎牧羊人也。从人从羊,羊亦聲。南方蠻、閩,从虫;北方狄,从犬;東方貉,从豸;西方羌,从羊。此六種也。西南僰人、

僬僥,从人,蓋在坤地,頗有順理之性。唯東夷从大,大,人也。夷俗仁,仁者壽,有君子不死之國。孔子曰:"道不行,欲之九夷,乘桴浮於海。"有以也。 𦍋,古文羌如此。去羊切。○甲文 𦍋、𦍋、𦍋、𦍋、𦍋、 𦍋　金文 𦍋、𦍋、𦍋、𦍋　溪陽平　溪陽

姜 𦍋 yǒu　進善也。从羊,久聲。文王拘羑里,在湯陰。與久切。○以有上　定之

羴 羴 [115] shān　甲文 𦍋𦍋、𦍋𦍋、𦍋　金文 𦍋、𦍋、𦍋　式連切
　　　　書仙開三平　書元(78/73;147/149)

羊臭也[一]。**从三羊**[二]。**凡羴之屬皆从羴。**
𦍋**,羴或从亶**[三]。

【譯文】
　　羊的氣味。由三個"羊"字構成。凡是和"羴"義有關的字都以"羴"爲構件。𦍋,"羴"的異體以"亶"爲聲符。

【段注】
　　[一]臭者,气之通於鼻者也。羊多則气羴,故从三羊。　[二]式連切。十四部(元)。　[三]亶,聲也。今經傳多从或字。

【集解】
　　王筠《説文句讀》:"獸三爲羣,多則气盛。"
　　徐灝《説文注箋》:"羊气最羴,故从三羊。"
　　饒炯《説文部首訂》:"此疊文譬況會意字。羊多臭,其气羴,从三羊,知其气臭愈羴,與凡疊三文會意取衆義者不同。"

【同部字舉例】
　　屟 𦍋 chàn　羊相厠也。从羴,在尸下。尸,屋也。一曰:相出前也。初限切。○初諫去　初元

瞿 瞿 [116] jù　九遇切　見遇合三去　見魚(79/73;147/149)

雅(同"鷹")大徐本作"鷹"**隼之視也**[一]。**从隹**、大徐本有"从"**朋,朋亦聲。凡瞿之屬皆从瞿。讀若章句之**

句[二]。**又音衢**“又音”句大徐本無[三]。

【譯文】

鷹隼注視的樣子。由“隹、䀠”構成，“䀠”也是聲符。凡是和“瞿”義有關的字都以“瞿”爲構件。讀音同於章句之“句”。又讀音同“衢”字。

【段注】

[一]“隼”亦鷻(tuán)字也①。知爲鷹隼之視者，以从隹、䀠知之也。《吴都賦》曰：“鷹瞵(lín)鶚(è)視。”②經傳多假“瞿”爲“䀠”，見“䀠”下③。 [二]古音“句”讀如“鉤”，別之曰章句之“句”，知許時章句已不讀“鉤”矣。九遇切。四部(侯、屋) [三]鍇本有此三字④。“音”當作“若”。

【疏義】

①鷻：大雕。 ②引文見左思《吴都賦》。瞵：注視。鶚：魚鷹。左思：字太沖，西晉著名文學家，齊國臨淄(今山東淄博)人。 ③《說文》䀠部：“䀠，左右視也。从二目。凡䀠之屬皆从䀠。讀若拘，又若‘良士瞿瞿’。” ④《說文繫傳》：“讀若章句之‘句’，又音衢。”

【集解】

徐鍇《說文繫傳》：“驚視也。《禮》曰：‘見似目瞿。’會意。”

饒炯《說文部首訂》：“‘瞿’即‘䀠’之轉注字，䀠恐者，目每左右摇動，鷹隼視亦如之，故其視有䀠名，後乃加‘隹’以專其義爲分別耳。”

【同部字舉例】

矍 jué 隹欲逸走也。从又，持之矍矍也，讀若《詩》云“穬(kuàng)彼淮夷”之“穬”。一曰：視遽皃。九縛切。○見藥入 見鐸

雔

117 chóu 金文 市流切 禪尤開三平 禪幽(79/73;147/149)

雙鳥也[一]。**从二隹。凡雔之屬皆从雔。讀若醻**“醻”字大徐本作“醻”[二]。

【譯文】

結對生活在一起的鳥。由兩個“隹”構成。凡是和“雔”義有關的

字都以"雔"爲構件。讀音同"疇"字。

【段注】

　　[一]按:《釋詁》:"仇、讎、敵、妃、知、儀,匹也。"① 此"讎"字作"雔",則義尤切近。若"應也、當也、醻物價也、怨也、寇也",此等義則當作"讎"。度古書必有用"雔"者,今則"讎"行而"雔"廢矣。　　[二]市流切。三部(幽、覺)。

【疏義】

　　①引文見《爾雅·釋詁》。郭璞注:"讎猶儔也。"儔:同類。

【集解】

　　王筠《說文句讀》:"《禽經》:'一鳥曰隹,二鳥曰雔。'段氏曰:《釋詁》'讎,匹也',此'讎'字作'雔',則義尤切。筠案:此說似涉《公羊傳》'雙雙而至'之嫌。"

　　徐灝《說文注箋》:"雙鳥爲雔,即述匹本義。引申爲凡相當之侔,讎敵、讎苔、讎校皆此義也。貿易物與價相當,故亦謂之'讎',俗作'售'。"

　　董蓮池《部首新證》:"字金文寫作🐦(父癸爵),正是一對兒鳥之形。"

【同部字舉例】

　　靃靃 huò 飛聲也。雨而雙飛者,其聲靃然。呼郭切。○甲文🐦、🐦、🐦　金文🐦、🐦　曉鐸入　曉鐸

　　雙雙 shuāng 隹二枚也。从雔、又持之。所江切。○山江平　山東

雥 雥 118 zá 甲文🐦　徂合切　從合開一入　從緝(79/73;148/149)

羣鳥也[一]。从三隹[二]。凡雥之屬皆从雥。

【譯文】

　　羣鳥。由三個"隹"字構成。凡是和"雥"義有關的字都以"雥"爲構件。

【段注】

　　[一]許善心《神雀頌》:"嘉貶雥集。"①　　[二]徂合切。七部(侵、緝)。

【疏義】

　　①隋許善心《神雀頌》：“莫不景福氤氳，嘉貺鱻集。”

【集解】

　　徐鍇《説文繫傳》：“《國語》曰：‘獸三爲羣，人三爲衆，女三爲粲。’然則鳥三爲鱻。”

　　饒炯《説文部首訂》：“此疊文以會衆多之意。與‘驫爲衆馬、仦爲衆立也’同例。”

【同部字舉例】

　　鼻鼻 jí　羣鳥在木上也。从鱻从木。鼻，鼻或省。秦入切。○甲文鼻、鼻、鼻　金文鼻、鼻、鼻　從緝入　從緝

119 niǎo　甲文鼻、鼻、鼻、鼻　金文鼻、鼻、鼻　都了切　端篠開四上　端幽（79/73；148/149）

　　長尾禽總名也[一]。象形，鳥之足似匕，从匕[二]。凡鳥之屬皆从鳥。

【譯文】

　　長尾鳥的總稱。象形。鳥的足像“匕”，故以“匕”爲構件。凡是和“鳥”義有關的字都以“鳥”爲構件。

【段注】

　　[一]《釋鳥》音義引“長尾羽衆禽揔名也”①。按：厹部云：“禽，走獸總名。”此不同者，此依《釋鳥》“二足而羽謂之禽也”②。短尾名“隹”，長尾名“鳥”，析言則然，渾言則不別也。　　[二]鳥足以一該二。能、鹿足以二該四。都了切。二部（宵、藥）。

【疏義】

　　①長：《爾雅音義》引作“短”。《經典釋文·爾雅音義·釋鳥》：“《説文》云：‘短尾羽衆禽總名也。’”揔：同“總”。　　②《爾雅·釋鳥》：“二足而羽謂之禽，四足而毛謂之獸。”

【集解】

　　徐鍇《説文繫傳》：“曲足似匕也。”

　　王筠《説文句讀》：“既云象形，則全體象形矣，安得又兼會意？然

此固許君原文也,漢碑之存于今者,凡鳥字皆四足,間有三足者,故許君辨正之。"

王筠《説文釋例》:"是通體象形也。又云'鳥之足似匕,從匕',誤也。"

徐灝《説文注箋》:"象形。絶肖鳥二足側視,故見其一也。鳥足似匕,魚尾似火,皆似其字之形。"

饒炯《説文部首訂》:"'鳥'與'隹'皆禽之總名,古文無分,後乃有長尾短尾之別,但溯其始,則隹爲古文,鳥乃後起。"

董蓮池《部首新證》:"甲骨文寫作🐦、🐦諸形(《甲骨文編》187頁),爲鳥的象形文。"

【同部字舉例】

鳳 鳳 fèng　神鳥也。天老曰:鳳之象也,鴻前麐(lín)後,蛇頸魚尾,鸛顙鴛思,龍文虎背,燕頷雞喙,五色備舉。出於東方君子之國,翱翔四海之外,過崐崘,飲砥柱,濯羽弱水,莫宿風穴,見則天下大安寧。從鳥,凡聲。🐦,古文鳳,象形。鳳飛,羣鳥從以萬數,故以爲朋黨字。🐦,亦古文鳳。馮貢切。○甲文🐦、🐦、🐦　並送去　並冬　麐:同"麟"。

鷫 鷫 sù　鷫鷞也,五方神鳥也,東方發明,南方焦明,西方鷫鷞,北方幽昌,中央鳳皇。從鳥,肅聲。🐦,司馬相如説從夋(sǒu)聲。息逐切。○心屋入　心覺

鷞 🐦 shuāng　鷫鷞也。從鳥,爽聲。所莊切。○山陽平　山陽

鴿 🐦 gē　鳩屬。從鳥,合聲。古沓切。○見合入　見緝

鴞 🐦 xiāo　鴟鴞,寧鴂也。從鳥,号聲。于嬌切。○雲宵平　匣宵

鶴 🐦 hè　鳴九皋,聲聞于天。從鳥,隺聲。下各切。○匣鐸入　匣藥

鷺 🐦 lù　白鷺也。從鳥,路聲。洛故切。○來暮去　來魚

鵠 🐦 hú　鴻鵠也。從鳥,告聲。胡沃切。○匣沃入　匣覺

鴻 🐦 hóng　鴻鵠也。從鳥,江聲。户工切。○甲文🐦　匣東平　匣東

鴛 🐦 yuān　鴛鴦也。從鳥,夗聲。於袁切。○影元平　影元

鴦 yāng　鴛鴦也。从鳥，央聲。於良切。○影陽平　影陽

鴈 yàn　䳘也。从鳥、人，厂(hàn)聲。五晏切。○疑諫去　疑元

鶩 wù　舒鳧也。从鳥，孜聲。莫卜切。○遇明去　明侯

鷗 ōu　水鴞也。从鳥，區聲。烏侯切。○影侯平　影侯

鷙 zhì　擊殺鳥也。从鳥，執聲。脂利切。○章至去　章緝

鶯 yīng　鳥也。从鳥，榮省聲。《詩》曰："有鶯其羽。"烏莖切。○影耕平　影耕

鸚 yīng　鸚鵡，能言鳥也。从鳥，嬰聲。烏莖切。○影耕平　影耕

鳴 míng　鳥聲也，从鳥从口。武兵切。○甲文 𩾂、𩾷、𩿇、金文 𩿌、𩾶、𩿈、𩿉　明庚平　明耕

烏 𩾱

120 wū　金文 𩾲、𩾳、𩾴、𩾵、𩾶　哀都切　影模合一平　影魚(82/77；157/158)

孝鳥也[一]。象形[二]。孔子曰："烏，亏(同"于")大徐本作"盰"呼也。"[三] 取其助气，故以爲烏呼[四]。凡烏之屬皆从烏。𩾷，古文烏，象形。𩾸，象古文烏省[五]。

【譯文】

孝順的鳥。象形。孔子説："烏，是烏舒氣自呼的聲音。"取其於呼（嗚呼）之意，故借來作爲烏呼的"烏"。凡是和"烏"義有關的字都以"烏"爲構件。𩾷，是古文"烏"字，象形。𩾸，象古文"烏"的省體。

【段注】

[一]謂其反哺也。《小爾雅》曰："純黑而反哺者謂之烏。"①
[二]"鳥"字點睛，"烏"則不，以純黑故不見其睛也。哀都切。五部（魚、鐸）。　[三]"亏"各本作"盰"，今正。亏，於也。象气之舒。亏呼者，謂此鳥善舒气自叫，故謂之烏。　[四]此許語也。取其字之聲可以助气，故以爲烏呼字，此發明假借之法，與"朋"爲朋黨、"韋"爲皮韋、"來"爲行來、"西"爲東西、"止"爲足、"子"爲人偶一例②。古者短言"於"，長言"烏呼"，於、烏一字也。《匡繆正俗》曰："《今文尚書》悉

爲‘於戲’字，《古文尚書》悉爲‘烏呼’字，而《詩》皆云‘於乎’，中古以來文籍皆爲‘烏呼’字。”③按：經、傳、《漢書》“烏呼”無有作“嗚呼”者，唐石經誤爲“嗚”者十之一耳，近今學者無不加“口”作“嗚”，殊乖大雅。又小顏云《古文尚書》作“烏呼”，謂枚頤本也④。《今文尚書》作“於戲”，謂漢石經也。洪适載《石經尚書》殘碑“於戲”字尚四見⑤，可證也。今《匡繆正俗》古今字互譌。　　[五]此即今之“於”字也。象古文“烏”而省之，亦猶省爲“革”之類，此字蓋古文之後出者。此字既出，則又于、於爲古今字。《釋詁》、毛傳、鄭注經皆云：“亏，於也。”⑥凡經多用“于”，凡傳多用“於”，而“烏烏”不用此字。

【疏義】

①引文見《小爾雅·廣烏》。《小爾雅》：訓詁學著作，《漢書·藝文志》有《小爾雅》一篇，未著撰者。原書已佚，漢末僞書《孔叢子》中有《小爾雅》一篇，題孔鮒撰，今傳本即此書。　　②《説文》鳥部：“鳳，神鳥也……鳳飛，羣鳥從以萬數，故以爲朋黨字。”韋部：“韋，相背也……獸皮之韋，可以束枉戾相韋背，故借以爲皮韋。”來部：“來，周所受瑞麥來麰。一來二縫，象芒束之形。天所來也，故爲行來之來。”西部：“西，鳥在巢上。象形。日在西方而鳥棲，故因以爲東西之西。”止部：“止，下基也。象艸木出有址，故以止爲足。”子部：“子，十一月陽氣動，萬物滋，人以爲偁。”　　③顏師古《匡繆正俗》卷二：“烏呼、嗚呼，歎辭也，或嘉其美，或傷其悲，其語備在《詩》《書》，不可具載。但《古文尚書》悉爲‘於戲’字，《今文尚書》悉爲‘嗚呼’字，而《詩》皆云‘於乎’字，中古以來文籍皆爲‘嗚呼’字。文有古今之變，義無美惡之別。”　　④小顏：指顏師古，對其叔父顏游秦而言。顏游秦撰有《漢書決疑》一書，世稱大顏。枚頤本：指東晉豫章内史枚頤所獻的《僞古文尚書》。枚頤：即梅賾。　　⑤《今文尚書》：指漢初濟南伏生所獻的《尚書》，共 29 篇，因用漢代通行的隸書寫成，故稱。洪适（1117—1184）：南宋金石學家、詩人，洪邁之兄，著作有《隸釋》《隸續》《隸纘》《隸圖》和《隸韻》等。引文見《隸釋·石經尚書殘碑》。　　⑥《爾雅·釋詁》：“爰、粤、于、那、都、繇，於也。”《詩經·邶風·燕燕》：“之子于歸，遠送于野。”毛傳：“于，於也。”《禮記·大學》：“《康誥》曰：‘惟命不于常

道,善則得之,不善則失之矣。’”鄭玄注:“于,於也。”

【集解】

徐鍇《説文繫傳》:“烏反哺也。曾參有孝德,三足烏巢其冠。言此字本象烏形,假借以爲烏呼也。”

饒炯《説文部首訂》:“古文象烏飛形,作 𩾏 ,又作 𪅀 者,隸變省改也。此篆當云‘从鳥省’,蓋省文指事之列,鳥篆象近視側面形,烏亦鳥,但純黑而難見其目,故从鳥而省其目,以爲烏字。烏以聲爲名,常自呼以助气,因借以爲發聲詞。孔子曰:‘烏,肟呼也。’説烏字本音,正以説烏字假借也。”

【同部字舉例】

舃 𪇼 xì　雗也。象形。𪇰,篆文舃,从隹、昔。七雀切。○金文 𫠁 、𫠂 、𫠃 、𫠄　心昔入　心鐸

焉 𧾷 yān　焉鳥。黃色,出於江淮。象形。凡字:朋者,羽蟲之屬;烏者,日中之禽;舃者,知太歲之所在;燕者,請子之候,作巢避戊己。所貴者,故皆象形。焉亦是也。有乾切。○影仙平　影元

卷四下

苹苹¹²¹ bān 北潘切 幫桓合一平 幫元(83/78;158/160)

箕屬,所以推糞_{"糞"大徐本作"弃"}之器也^[一]。象形^[二]。凡苹之屬皆从苹。官溥_(生平不詳)説^[三]。

【譯文】

簸箕的一種,用來打掃垃圾的器具。象形。凡是和"苹"義有關的字都以"苹"爲構件。這是官溥説的。

【段注】

[一]"糞"各本作"弃",今依《篇》《韻》正①。推糞者,推而除之也。 [二]此物有柄,中直象柄,上象其有所盛,持柄迫地推而前,可去穢,納於其中。箕則無柄,而受穢一也,故曰"箕屬"。北潘切。十四部(元)。按:《篇》《韻》皆音畢,此古今音不同也。 [三]官溥者,博採通人之一也。

【疏義】

①《玉篇》苹部:"苹,俾蜜切。箕屬,弃糞器。又方干切。"《廣韻》質韻:"苹,弃糞器。《説文》'方干切,箕屬'。"

【集解】

徐鍇《説文繫傳》:"下象柄。"

王筠《説文句讀》:"《集韻》'苹',吕静作'藩','藩'見竹部,大箕也。是苹、藩爲古今字也。"

朱駿聲《説文定聲》:"貯薉其中,可推而遠弃於野也。箕小苹大。或謂持柄迫地推而前,可去薉納於其中,非是。"

徐灝《説文注箋》："華、畢一聲之轉，故《篇》《韻》又音'畢'。疑華、畢本一字。"

饒炯《説文部首訂》："無柄曰'箕'，有柄曰'華'，皆象平面形，'華'故説爲箕屬。但箕用以簸，華用以推，義各不同，音亦大異。然'箕'義用爲簸者，因棄以作音。'華'義用爲推者，因掀以作音，蓋簸、棄疊韻，推、掀雙聲也。"

黄天樹《部首與甲骨文》："《説文》：'箕屬，所以推棄之器也。象形。'象一種有長柄的箕類的器具。"

董蓮池《部首新證》："'糞'、'棄'二字所从之'華'實即'箕'之變。'糞'字甲骨文寫作（羅振玉《殷墟書契後編》8.15。羅振玉釋，可從），是持（掃帚的象形）端（箕的象形）棄除穢物之象，上之點表示穢物。而'棄'字甲骨文寫作（《甲骨文編》189 頁），是雙手端棄子之形。故以'華'統'糞'、'棄'二字，'華'可逕釋爲'箕'或'箕'之譌。"

【同部字舉例】

畢 bì　田罔也。从華，象畢形，微也。或曰：由（fú）聲。卑吉切。○甲文　金文、、、、　幫質入　幫質

糞 fèn　棄除也。从廾，推華棄釆也。官溥説：似米而非米者矢字。方問切。○甲文、、　幫問去　幫文

棄 qì　捐也。从廾，推華棄之，从㐬（tū）。㐬，逆子也。，古文棄。，籀文棄。詰利切。○甲文、　金文　溪至去　溪脂

冓 122 gòu　甲文、、、　金文、　古候切　見候開一去　見侯（83/78；158/160）

交積材也[一]。**象對交之形**[二]。**凡冓之屬皆从冓**。

【譯文】

交互堆積木材。字象交互堆積的形狀。凡是和"冓"義有關的字都以"冓"爲構件。

【段注】

［一］高注《淮南》曰："構，架也。材木相乘架也。"① 按：結冓當作

此，今字"構"行而"冓"廢矣。木部曰："構，蓋也。"義別。　[二]冓造
必鉤心鬬角也。古候切。四部（侯、屋）。《廣韻》侯、候二韻皆曰：
"冓，數也。"②此古筭經説也。而紙韻引《風俗通》作"壤生溝，溝生
澗"③。《五經筭術》《數術記遺》等書亦皆作"溝"矣④。

【疏義】

①《淮南子·本經訓》："大構駕，興宫室。"高誘注："構，連也。
駕，材木相乘駕也。"　②《廣韻》侯韻："冓，數名，十秭曰冓。"候韻：
"冓，數也。"　③《廣韻》旨韻："秭，千億也……《風俗通》云：'千生萬，
萬生億，億生兆，兆生京，京生秭，秭生垓，垓生壤，壤生溝，溝生澗，澗
生正，正生載。'"《風俗通》：即《風俗通義》，東漢應劭撰。　④《五經
筭術》：是一部專門注釋《易經》《詩經》《尚書》《周禮》《儀禮》《禮記》
《論語》《左傳》等儒家經典及其古注中涉及數字内容的書，北周甄鸞
撰，今本抄自《永樂大典》。《五經筭術·尚書孝經兆民注數越次法》：
"黄帝爲法，數有十等，及其用也，乃有三焉。十等者，謂億、兆、京、垓、
秭、壤、溝、澗、正、載也。三等者，謂上、中、下也。"《數術記遺》：是一
部介紹我國古代演算法的書，包括積算、太乙算、兩儀算、三才算、五行
算、八卦算、九宫算等十四種演算法，漢代徐嶽撰，或認爲實際作者是
北周甄鸞，假托徐嶽撰。《數術記遺》："黄帝爲法，數有十等，及其用
也，乃有三焉。十等者，億、兆、京、垓、秭、壤、溝、澗、正、載。三等者，
謂上、中、下也。"

【集解】

徐鍇《説文繫傳》："有構造也，對謂二苹相對交也。"

王筠《説文句讀》："交者，屋材結構必相交也。積者，架屋必積衆
材而成也。此字乃五架之形，但未作棟耳。四横，屋之前後四檁也。
四直，椽也。中丨以見屋之前後相牽連，非其數止於一也。"

朱駿聲《説文定聲》："以木相加也。古算經'壤生冓，冓生澗'，用
以紀數。古觚算亦取横直交加之象，後人以溝爲之，即結冓、冓造字。"

徐灝《説文注箋》："冓象材木縱横相交之形，引申爲凡結冓之偁，
又爲交冓之義。"

饒炯《説文部首訂》："'冓'即'構'之古文，象屋材交積縱横

平形。”

黄天樹《部首與甲骨文》：“甲骨文作𩵋（《合》23354），象兩條魚相遇之形，是邁遇之‘邁’的古字。後加以綫條化，演變爲篆文冓。”

董蓮池《部首新證》：“考字見甲骨文，寫作𩵋（《甲骨文編》190頁），本象二‘魚’相連，非象‘交積材’形，許説不確。”

【同部字舉例】

再再 zài　一舉而二也。从冓省。作代切。〇甲文𠕅、𠕋　金文𠕁、𠕀、𠕂　精代去　精之

再再 chēng　并舉也。从爪，冓省。處陵切。〇甲文𠟼、𠟼、𠟼　金文𠟼、𠟼、𠟼　昌蒸平　昌蒸

幺 𢆶 **123** yāo　甲文𢆶、𢆶　金文𢆶、𢆶、𢆶　於堯切　影蕭
開四平　影宵（83/78；158/160）

小也[一]**。象子初生之形**[二]**。凡幺之屬皆从幺。**

【譯文】

幼小。象孩子剛出生的形狀。凡是和“幺”義有關的字都以“幺”爲構件。

【段注】

[一]《通俗文》曰：“不長曰幺，細小曰麼。”[1]許無“麼”字。
[二]子初生，甚小也。俗謂一爲“幺”，亦謂晚生子爲“幺”，皆謂其小也。於堯切。二部（宵、藥）。

【疏義】

①《通俗文》：我國第一部研究俗語詞的辭書，漢末服虔著，原書已佚。班彪《王命論》：“又況幺麼不及數子，而欲闇干天位者也。”李善注（見《文選注》第 52 卷）：“《鶡冠子》曰：‘無道之君，任用幺麼，動則煩濁；有道之君，任用俊雄，動則明白。’《通俗文》曰：‘不長曰幺，細小曰麼。’”

【集解】

徐鍇《説文繫傳》：“象财有形質也。《爾雅》曰：‘幺，幼也。’”

朱駿聲《説文定聲》：“按此字當从半糸，糸者絲之半，幺者糸之

半,細小幽隱之誼……許君蓋從幼字生訓,然幼會細小意不必子也。據文實無子初生形。"

徐灝《說文注箋》:"許云'幺'象子初生,於字形實不相類,此緣'幼'從'幺'而爲是説耳。"

饒炯《說文部首訂》:"'幺'象子初生之形者,謂胚胎初成,未肖人形之時,猶渾淪太極,篆正象之。"

董蓮池《部首新證》:"考字甲骨文寫作 𢆶 (《甲骨文編》192 頁'幺'所從),象一束小絲,而'子'字甲骨文寫作 𢀳,故許云'象子初生之形'不確。"

【同部字舉例】

幼 𢆥 yòu　少也。从幺从力。伊謬切。○甲文 𢆥 、 𢀳 、 𢆯　金文 𢀳　影幼去　影幽

丝 𢆶

124　yōu　甲文 𢆶 、 𢆶 、 𢆶　金文 𢆶 、 𢆶 、 𢆶　於蚪切　影尤開三平　影幽(84/78;158/160)

微也[一]。从二幺[二]。凡丝之屬皆从丝。

【譯文】

細微。由兩個"幺"字構成。凡是和"丝"義有關的字都以"丝"爲構件。

【段注】

[一]"微"當作"散"。人部曰:"散,眇也。"小之又小則曰"散"。[二]二幺者,幺之甚也。於蚪切。三部(幽、覺)。

【集解】

徐鍇《說文繫傳》:"再幺故爲幽也。"

王筠《說文句讀》:"蜀本曰:'丝,隱微意也。從重幺,微之至也。'案:丝、微皆小也,隱則蔽也,不可合隱微爲一義。字形並而不重,不可云從重幺。凡《說文》,二木爲林,謂其多也,二山爲屾,則仍是山。未有如此二幺反爲微之至者,不可從也。"

徐灝《說文注箋》:"'丝'訓微,義由'絲'起,引申爲凡物之微細也。"

饒炯《説文部首訂》："'丝'即'幺'之複體，説見幺篆。兹云微者，蓋借幺之繁文，从分爲義，謂幺既小，从二幺，則形尤小而爲微矣。"

黄天樹《部首與甲骨文》："甲骨文作，本是'絲'字省寫，由於音近借表代詞'兹'。"

董蓮池《部首新證》："甲骨文寫作（《甲骨文編》192 頁），用作兹此之'兹'，音讀和'於虯切'無關。字从二'幺'。'幺'象一束小絲，从二者，當是以小之又小會微意。"

【同部字舉例】

幽 yōu　隱也。从山中丝。丝亦聲。於虯切。○甲文、、、　金文、　影幽平　影幽

幾 jī　微也。殆也。从丝从戍。戍，兵守也。丝而兵守者，危也。居衣切。○金文、、　見微平　見微

叀

125　zhuān　甲文、、、　金文、　職緣切　章仙合三平　章元(84/78;159/161)

大徐本有"專"字**小謹也**[一]。**从幺省**[二]**，从屮**大徐本無"从屮"[三]。**屮，財**（通"才"，始）**見也**[四]。**田象謹形**"田象"句大徐本無[五]**，屮亦聲**[六]。**凡叀之屬皆从叀。，古文叀。，亦古文叀**[七]。

【譯文】

小心謹慎。由省體的"幺"和"屮"構成。屮，是剛生出的意思。"田"象謹持的樣子，"屮"同時也是聲符。凡是和"叀"義有關的字都以"叀"爲構件。，是古文"叀"字。，也是古文"叀"字。

【段注】

[一]各本"小"上有"專"字，此複舉字未删，又誤加"寸"也。　[二]小意。　[三]二字今補。　[四]亦小意。　[五]四字各本無，今補。蓋李陽冰爲墨斗之説而有所删也①。上從"屮"，下從"幺"省，中象顓顓謹皃②。　[六]職緣切。十四部（元）。　[七]斤部古文"𣃔"、殳部"㱿"皆從此③。

【疏義】

①李陽冰：唐譙郡（今安徽亳州）人，文學家、書法家，精於小篆。祖籍趙郡，李白族叔，歷官縉雲令、當塗令、國子監丞、集賢院學士等，曾刊定許慎《説文解字》，對原書的篆法和解説作過較大改動。《説文繫傳·袪妄》："叀，《説文》：'叀，小謹也。從幺省，屮才見，屮亦聲。'陽冰云：'墨斗。中形象車軸頭。叀，墨之形，上書平引，不從屮也。'臣鍇以爲以叀爲墨斗，其義毋取，安得不從屮？"　②顓顓：謹慎的樣子。③《説文》斤部："斷，截也。從斤從㡭。㡭，古文絶。𢿢，古文斷，從𠧢。𠧢，古文叀字。《周書》曰：'詔詔猗無他技。'𣃔，亦古文。"殳部："㲃，揉屈也。從殳從𠧢。𠧢，古文叀字，廏字從此。"

【集解】

徐鍇《説文繫傳》："臣鍇曰：叀，專也。幺，小子也。言人之專謹若小子也。幺屮，財有所爲也。"

朱駿聲《説文定聲》："古文從ψ、ε，又古文從卜從日從弓。據説則即'嫥'之古文，與'顓'略同。今所用'沾沾'，意叀叀，亦重言形況字也。惠字從此會意。愚謂此字與'牽'同意，從牛從幺會意。"

徐灝《説文注箋》："'叀'即古'專'字。寸部：'專，一曰紡專。'紡專所以收絲，其制以瓦爲之。《小雅·斯干》傳'瓦，紡專'是也。今或以竹爲之。𤔔象紡車之形，上下有物貫之。今云'從屮，從幺省'者，望文爲説耳。'專'從'寸'，與'又'同，蓋取手持之意。'叀'訓小謹，與'專'同義，其形亦相承，本爲一字無疑也。"

董蓮池《部首新證》："字見甲骨文，寫作𤔔、𤔔諸形（《甲骨文編》193頁），爲紡塼之象形，字當即'塼'之初文。"

【同部字舉例】

惠𢛙 huì　仁也。從心從叀。𢠢，古文惠，從㤅。胡桂切。○金文惠、惠、惠　匣霽去　匣脂

疐𤲬 zhì　礙不行也。從叀，引而止之也。叀者，如叀馬之鼻，從此與牽同意。陟利切。○甲文𤲬、𤲬　金文𤲬、𤲬、𤲬　知至去端脂

玄 126 xuán　金文　胡涓切　匣先合四平　匣真（84/78；159/161）

幽遠也[一]。象幽[二]而入覆之也[三]。黑而有赤色者爲玄“象幽”三句大徐本作“黑而有赤色者爲玄，象幽而入覆之也”[四]。凡玄之屬皆从玄。古文大徐本有“玄”。

【譯文】

　　幽遠。象幽暗有物覆蓋的樣子。黑中帶紅的顏色稱作“玄”。凡是和“玄”義有關的字都以“玄”爲構件。　，是古文“玄”字。

【段注】

　　[一]《老子》曰：“玄之又玄，衆妙之門。”①高注《淮南子》曰：“天也。”聖經不言玄妙②。至《僞尚書》乃有“玄德升聞”之語③。

[二]謂也，小則隱。　　　[三]幽遠之意。胡涓切。十二部（真）。

[四]此別一義也。凡染，一入謂之縓（quán），再入謂之赬（chēng），三入謂之纁（xūn），五入爲緅（zōu），七入爲緇④。而“朱”與“玄”《周禮》《爾雅》無明文。鄭注《儀禮》曰：“朱則四入與？”⑤注《周禮》曰：“玄色者，在緅緇之閒，其六入者與？”按：纁染以黑則爲緅。緅，漢時今文《禮》作“爵”，言如爵頭色也⑥。許書作“纔”⑦，纔既微黑，又染則更黑，而赤尚隱隱可見也。故曰“黑而有赤色”，至七入則赤不見矣。“緇”與“玄”通俗，故禮家謂緇布衣爲玄端。

【疏義】

　　①引文見《老子》第一章。　　②《淮南子·說山訓》：“是謂玄同。”高誘注：“玄，天也。天無所求也，人能無所求，故以之同。”　③《僞尚書》：即《僞古文尚書》。《尚書·舜典》：“玄德升聞，乃命以位。”孔安國傳：“玄謂幽潛，潛行道德，升聞天朝，遂見徵用。”　④“一入”三句見《爾雅·釋器》。又《周禮·冬官考工記·鍾氏》：“三入爲纁，五入爲緅，七入爲緇。”縓：赤黃色。赬：淺紅色。纁：淺赤色。緅：青赤色，黑中帶紅。緇：黑色。　⑤《儀禮·士冠禮》：“爵弁。服纁裳，純衣，緇帶。”鄭玄注：“一入謂之縓，再入謂之赬，三入謂之纁，朱則四入與？”　⑥《周禮·冬官考工記·鍾氏》：“三入爲纁，五入爲緅，七入爲

緇。"鄭玄注:"緅,今禮俗文作'爵',言如爵頭色也……凡玄色者,在緅、緇之間,其六入者與?"　⑦《説文》糸部:"纔,帛雀頭色。一曰:微黑色,如紺。纔,淺也,讀若讒。"《段注》:"'纔'即緅字也。"

【集解】

王筠《説文釋例》:"許君於字形不能得此意,乃以後世幽深、玄遠之義冠之。"

徐灝《説文注箋》:"象幽而入覆之,詞旨隱晦。灝謂字从入、幺,'幺'即'系'之古文,蓋取義於染絲也。"

董蓮池《部首新證》:"'玄'字見西周金文,寫作🅰(師𡥀父鼎),與'幺'字共一形。"

【同部字舉例】

茲🅰🅰 zī　黑也。从二玄。《春秋傳》曰:"何故使吾水茲?"子之切。○甲文🅰🅰、🅰🅰、🅰🅰　金文🅰🅰　精之平　精之

予 🅰 127　yǔ　余吕切　以語開三上　定魚(84/78;159/161)

推予也[一]**。象相予之形**[二]**。凡予之屬皆从予。**

【譯文】

給予。字形象將物給人的樣子。凡是和"予"義有關的字都以"予"爲構件。

【段注】

[一]予、與,古今字。《釋詁》曰:"台、朕、賚、畀、卜、陽,予也。"①按:推予之"予",假借爲予我之"予",其爲予字一也,故"台、朕、陽、與、賚、畀、卜"皆爲"予也"。《爾雅》有此例,《廣雅》尚多用此例②。予我之"予",《儀禮》古文、《左氏傳》皆作"余"。鄭曰:"余、予,古今字。"③　[二]象以手推物付之。余吕切。五部(魚、鐸)。古予我字亦讀上聲。

【疏義】

①引文見《爾雅·釋詁》。郭璞注:"賚、卜、畀,皆賜與也。'與'猶予也,因通其名耳。"　②《廣雅》:或稱《博雅》,是一部增廣《爾雅》

內容的訓詁書,體例仿《爾雅》,收字 18150 個,張揖撰。張揖:字稚讓,魏清河(今河北臨清縣)人,魏明帝太和年間(227—232)任博士。《廣雅·釋言》:"卜、賜,予也。"　③《左傳·昭公九年》:"伯父若裂冠毀冕,拔本塞原,專弃謀主,雖戎狄,其何有余一人?"《禮記·曲禮下》:"君天下曰'天子';朝諸侯,分職授政任功曰'予一人'。"鄭玄注:"《覲禮》曰:'伯父實來,余一人嘉之。'余、予,古今字。"《覲禮》:《儀禮》篇名。"余一人嘉之"今本《儀禮·覲禮》作"予一人嘉之"。

【集解】

徐鍇《説文繫傳》:"𢆉上下相予也。袤(póu,減損)多益寡,損上益下,百姓足,君孰與不足? 故終下引也。"

王筠《説文釋例》:"'予'蓋全體指事,《釋詁疏》引《説文》曰:'推予前人也。象兩手相與之形。'較今本爲完備,而其義亦不煩言而解。"

朱駿聲《説文定聲》:"推予也,象相予之形。謂手授,與'与'微別。"

徐灝《説文注箋》:"予、我皆無正字。台、朕、陽、予、卬、吾、余、我,並假借也。相予之形,難可取象,疑當反'幻'爲'予','幻'即'環'字,'環'猶'還'也,'予'猶'與'也,故反'幻'爲'予'矣。"

董蓮池《部首新證》:"此字由'吕'字分化而來。'吕'字春秋所見寫作吕(蔡侯紳鐘'豫'所从),與'予'一詞音近,遂取之加以改造,在吕形下部延出一豎畫以與吕形成區別,並因吕以爲聲,亦即把吕寫作吕(羅福頤主編《古璽匯編》,文物出版社 1984 年,53 頁 0305 號图[序]所从),造爲'予'一詞專字。"

【同部字舉例】

舒𦥼 shū　伸也。从舍从予,予亦聲。一曰:舒緩也。傷魚切。○書魚平　書魚

幻𠃌 huàn　相詐惑也。从反予。《周書》曰:"無或譸張爲幻。"胡辨切。○金文𠃌、𠃌　匣襇去　匣元

放 㪛 128 fàng　金文作㪛、㪛　甫妄切　幫漾合三去　幫陽
(84/79;160/162)

逐也。从攴,方聲[一]。凡放之屬皆从放。

【譯文】

放逐。以“攴”爲義符,“方”爲聲符。凡是和“放”義有關的字都以“放”爲構件。

【段注】

[一]甫妄切。十部(陽)。

【集解】

徐鍇《説文繫傳》:“古者臣有罪,宥之於遠也。當言‘方亦聲’。”

徐灝《説文注箋》:“《廣雅》曰:‘放,效也。’又曰:‘放,依也。’此‘放’之本義,謂依放其事物而效爲之,故从攴。”

饒炯《説文部首訂》:“其義爲逐,故形得从攴,其音取蕩,故聲又从方。蓋蕩者飄颺之名,逐者去棄之意,聲義本相合也。”

【同部字舉例】

敖 áo　出游也。从出从放。五牢切。○金文、、、　疑豪平　疑宵

敫 jiǎo　光景流也。从白从放。讀若龠。以灼切。○以藥入　定藥

𠬪 129

biào　平小切　並小開三上　並宵(84/79;160/162)

物落也大徐本無“也”[一]。**上下相付也**[二]。**从爫、**大徐本有“从”**又**[三]。**凡𠬪之屬皆从𠬪。讀若《詩》“摽有梅”**[四]。

【譯文】

物體落下。字形象上手交給下手。由“爫、又”構成。凡是和“𠬪”義有關的字都以“𠬪”爲構件。讀音同於《詩經》“摽有梅”中的“摽”字。

【段注】

[一]“也”字依《韻會》補①。草曰“苓”,木曰“落”,引申之凡物皆曰“落”。　[二]付,与也。　[三]以覆手与之,以手受之,象上下相

付,凡物陊(duò)落皆如是觀②。　　[四]見《周南》。毛曰:"摽,落也。"③按:摽,擊也。《毛詩》"摽"字正"癸"之假借。《孟子》:"野有餓莩。"④趙曰⑤:"餓死者曰莩。《詩》云:'莩有梅。'莩,零落也。"丁公箸云:"《莩有梅》,《韓詩》也。"⑥《食貨志》:"野有餓茇。"鄭氏:"茇音'蔈有梅'之'蔈'。"⑦《孟子》作"莩"者,"茇"之字誤。《漢志》作"茇"者,又"癸"之俗字。《韓詩》作"癸"是正字,毛詩作"摽"是假借字。鄭德作"蔈",亦假借也。《鄭風》:"風其漂女。"毛曰:"漂猶吹也。"⑧毛意"漂"亦"癸"之假借。平小切。二部(宵、藥)。

【疏義】

①《韻會舉要》筱韻:"蔈,草木零落也。或作'茇',亦作'莩',通作'摽'。《詩》:'摽有梅。'案:'蔈'字或作'茇'。《説文》:'茇,物落也。上下相付也。'"　②陊:同"墮"。　③《詩經·召南·摽有梅》:"摽有梅,其實七兮。"毛傳:"摽,落也。"　④《孟子·梁惠王上》:"塗有餓莩而不知發。"　⑤趙:指趙岐,東漢著名學者,京兆長陵(今陝西咸陽)人,官至太常,著有《孟子章句》《三輔決録》等書。　⑥丁公箸:唐人,著《孟子手音》一卷,已佚,清馬國翰《玉函山房輯佚書》有輯本《孟子丁氏手音》。《韓詩》:指漢初燕人韓嬰所傳授的《詩經》,南宋以後《內傳》亡失,僅存《外傳》。　⑦《漢書·食貨志下》:"而《孟子》亦非'狗彘食人之食不知斂,野有餓茇而弗知發'。"顏師古注:"鄭氏曰:'茇音《蔈有梅》之蔈。茇,零落也。人有餓死零落者,不知發倉廩貸之也。'"鄭氏:名不詳,故顏師古《漢書注》僅稱"鄭氏",或説指鄭德,詳顏師古《漢書敍例》。　⑧《詩經·鄭風·蘀兮》:"蘀(tuò)兮蘀兮,風其漂女。"毛傳:"漂猶吹也。"

【集解】

徐鍇《説文繫傳》:"爪覆手也,又抑手也。"

王筠《説文句讀》:"上有爪以采之,下有又以承之。"

林義光《文源》:"象兩人手相付形,本義爲付,引申爲落,落猶從上付於下也。"

【同部字舉例】

爰𤔔 yuán　引也。从癸从于。籀文以爲車轅字。羽元切。○甲

文 🔣、🔣、🔣　金文🔣、🔣、🔣　雲元平　匣元

　　𤔔🔣 luàn　治也。幺子相亂，𤔔治之也。讀若亂同。一曰：理也。
🔣，古文𤔔。郎段切。○金文🔣、🔣、🔣　來換去　來元

　　受🔣 shòu　相付也。从𤔔，舟省聲。殖酉切。○甲文🔣、🔣、
🔣　金文🔣、🔣、🔣、🔣　禪有上　禪幽

　　爭🔣 zhēng　引也。从𤔔、厂。側莖切。○甲文🔣、🔣　莊耕
平　莊耕

　　寽🔣 lǜ　五指持也。从𤔔，一聲。讀若律。呂戌切。○金文🔣、
🔣、🔣、🔣、🔣　來術入　來月

叀 🔣　130　cán　甲文🔣、🔣、🔣、🔣　昨幹切　從寒開一平
從元（84/79；161/163）

　　殘穿也[一]。**从又**、大徐本有"从"**歺**（è，同"歺"，去肉後的
殘骨）[二]，**歺亦聲**"歺亦"句大徐本無[三]。**凡叀之屬皆从
叀。讀若殘**。

【譯文】

　　殘破。由"又、歺"構成，"歺"也是聲符。凡是和"叀"義有關的字
都以"叀"爲構件。讀音同"殘"字。

【段注】

　　[一]殘穿者，殘賊而穿之也。"睿(jùn)"字下曰："歺，殘也。"①亦
謂殘穿。　　[二]又，所以殘穿也。殘穿之去其穢雜，故從"又、歺"會
意。　　[三]昨干切。十四部(元)。歺，讀若櫱(niè)，十五(脂、微、
物、月)、十四合韻也。

【疏義】

　　①《說文》谷部："睿，深通川也。从谷从歺。歺，殘地，坑坎意也。"

【集解】

　　王筠《說文句讀》："此穿壙、穿屋之'穿'。部中叡(hè)、叡(gài)
二字可證。吾鄉鑿井謂之穿井。"

　　王筠《說文釋例》："叀，殘穿也。讀若殘。殘字一句，謂其通用也。

‘穿也’句,言其別也。”

徐灝《説文注箋》:“引申之則凡物之殘敗皆曰𣦼,凡有所穿鑿亦曰𣦼。”

饒炯《説文部首訂》:“‘𣦼’即‘殘’之別義轉注字,‘殘’又‘戔’之本義轉注字。”

董蓮池《部首新證》:“字見甲骨文,寫作 、 諸形(《甲骨文編》198 頁),所从之‘歺’表示被殘穿之骨,从‘又’表示用手殘穿之,點表示碎屑。”

【同部字舉例】

叡 hè　溝也。从𣦼从谷,讀若郝。 ,叡或从土。呼各切。○曉鐸入　曉鐸

叡 ruì　深明也,通也。从𣦼从目,从谷省。 ,古文叡。 ,籀文叡,从土。以芮切。○金文 　以祭去　定祭

歺

131　è　甲文 、 、 、 、 　五割切　疑曷開一入　疑月(85/79;161/163)

列(列)**骨之殘也**[一]。**从半冎**(guǎ)[二]。**凡歺之屬皆从歺。讀若櫱**(niè)**岸之櫱**[三]。**𣦵,古文歺**[四]。

【譯文】

剔肉後的殘骨。以“冎”字的一半爲構件。凡是和“歺”義有關的字都以“歺”爲構件。讀音同“櫱岸”的“櫱”字。𣦵,是古文“歺”字。

【段注】

[一]刀部曰:“列,分解也。”“殘”當作“戔(cán)”①。許“殘”訓“賊”,“戔”訓“餘”,後人輒同之也。　[二]冎,剔人肉置其骨也,半“冎”則骨殘矣。鉉曰:“不當有中‘一’,秦刻石文有之。”　[三]“櫱岸”未聞。“櫱”當作“屵”(àn),屵者,岸高也,五割切,“櫱”音同。蓋轉寫者以其音改其字耳。十五部(脂、微、物、月)。《五經文字》《九經字樣》音“𡿪”,非。　[四]古文“殂”、古文“殪”、古文“死”、古文“伊”皆從此②。

【疏義】

①《説文》歺部："殐,禽獸所食餘也。" ②《説文》歺部："殂,往死也。从歺,且聲……𣦅,古文殂,从歺从作。""殪,死也。从歺,壹聲。𣦡,古文殪,从死。"死部："死,澌也,人所離也。从歺从人……𠫸,古文死如此。"人部："伊,殷聖人阿衡,尹治天下者。从人从尹。𠈌,古文伊,从古文死。"

【集解】

徐鍇《説文繫傳》："冎,剔肉置骨也。歺,殘骨,故從半冎……(歺)殘骨形也。"

桂馥《説文義證》："列骨之殘也者,剔解之殘骨也。"

王筠《説文句讀》："列,分解也。分解其骨則無肉而作'冎',又省之而作'歺'。"

徐灝《説文注箋》："歺,蓋从'冎'省,故曰'半冎'。其下多一畫相承,增之也。"

黃天樹《部首與甲骨文》："甲骨文作𠕋,《説文》訓爲'列骨之殘也',象剔去肉以後的殘骨之形。人死後才見殘骨,所以歺多表示死亡之義。"

董蓮池《部首新證》："甲骨文寫作𠕋、𠕋諸形(《甲骨文編》198頁),而'冎'字甲骨文寫作𠕋、𠕋諸形(見同書198頁),故字非'从半冎',當是取象殘碎朽列之骨架。"

【同部字舉例】

殁𣨛 mò 終也,从歺,勿聲。𣨡,殁或从𣎟。莫勃切。○明没入
明物

殊𣦵 shū 死也。从歺,朱聲。漢令曰:蠻夷長有罪,當殊之。市朱切。○禪虞平 禪侯

殤𣦿 shāng 不成人也。人年十九至十六死爲長殤,十五至十二死爲中殤,十一至八歲死爲下殤。从歺,傷省聲。式陽切。○書陽平
書陽

殂𣦅 cú 往死也。从歺,且聲。《虞書》曰:"勛乃殂。"𣦅,古文

殂,从歺从作。昨胡切。○從模平 從魚

殛 jí 殊也。从歺,亟聲。《虞書》曰:"殛鯀於羽山。"己力切。○見職入 見職

殪 yì 死也。从歺,壹聲。,古文殪,从死。於計切。○影霽去 影脂

殯 bìn 死在棺,將遷葬柩,賓遇之。从歺从賓,賓亦聲。夏后殯於阼階,殷人殯於兩楹之閒,周人殯於賓階。必刃切。○幫震去 幫真

殣 jìn 道中死人,人所覆也。从歺,堇聲。《詩》曰:"行有死人,尚或殣之。"渠吝切。○羣震去 羣文

殠 chòu 腐气也。从歺,臭聲。尺救切。○昌宥去 昌幽

殨 kuì 爛也。从歺,貴聲。胡對切。○匣隊去 匣微

殆 dài 危也。从歺,台聲。徒亥切。○定海上 定之

殃 yāng 咎也。从歺,央聲。於良切。○金文 影陽平 影陽

殘 cán 賊也。从歺,戔聲。昨干切。○從寒平 從元

殄 tiǎn 盡也。从歺,㐱聲。,古文殄如此。徒典切。○定銑上 定文

殲 jiān 微盡也。从歺,韱聲。《春秋傳》曰:"齊人殲于遂。"子廉切。○精鹽平 精談

殫 dān 殛盡也。从歺,單聲。都寒切。○端寒平 端元

殖 zhí 脂膏久殖也。从歺,直聲。常職切。○禪職入 禪職

死 132

sǐ 甲文、、 金文、 息姊切 心旨開三上 心脂(86/80;164/166)

澌也[一]**,人所離也**[二]。**从歺**(同"歺")、大徐本有"从"**人**[三]。**凡死之屬皆从死。**,**古文死如此**[四]。

【譯文】

消亡,人離开世間。由"歺、人"構成。凡是和"死"義有關的字都以"死"爲構件。,古文"死"字這樣寫。

【段注】

　　[一]水部曰："冻，水索也。"《方言》："冻，索也，盡也。"①是"冻"爲凡盡之偁。人盡曰"死"，死、冻異部疊韻。　　[二]形體與魂魄相離，故其字從"歺、人"。　　[三]息姊切。十五部（脂、微、物、月）。[四]從古文"冎"、古文"人"。

【疏義】

　　①《方言》第三："撲、鋌、冻，盡也。"第十三："冻，索也。"郭璞注："盡也。"

【集解】

　　徐鍇《説文繫傳》："冻，水盡也。"

　　王筠《説文句讀》："《曲禮》'庶人曰死'注：'死之言冻也，精神冻盡也。'"

　　朱駿聲《説文定聲》："民之卒事也。从歺从人，會意。"

　　徐灝《説文注箋》："《釋言》：'斯，離也。'人之精氣盡而神離其體，故謂之死。"

　　饒炯《説文部首訂》："'死'即'尸'之或體。人气減則身僵臥，故'尸'從人橫之，指事。人離气則骨朽腐，故'死'從人从歺會意。"

　　黃天樹《部首與甲骨文》："甲骨文作𣦵，从人从歺，是個會意字。以生人低頭跪坐在朽骨之旁，憑弔死者的樣子來表示'死亡'的意思。"

　　董蓮池《部首新證》："甲骨文寫作𣦵（《甲骨文編》198 頁），象人跪弔枯骨形，以會死亡意。"

【同部字舉例】

　　薨𦵠 hōng　　公侯猝也。从死，瞢省聲。呼肱切。○曉登平
曉蒸

　　薧𦻃 hāo　　死人里也。从死，蒿省聲。呼毛切。○曉豪平　　曉宵

冎 𠕒　133 guǎ　甲文 𠂆、𠃌、𠕒、𠕒、𠕒、𠕒、𠂆　古瓦切　見馬合二
　　　　　　　　 上　見歌（86/80；164/166）

　　剔人肉置其骨也[一]。象形。頭隆骨也[二]。凡冎之屬皆从冎。

【譯文】

　　剔去人的肉而放置其骨。象形。字象頭部隆起的骨頭。凡是和"冎"義有關的字都以"冎"爲構件。

【段注】

　　[一]"剔"當作鬎(tì)，解也[1]。其《周禮》膊之、焚之、辜之之刑與[2]？《列子》曰："炎人之國，其親戚死，冎其肉而棄之。"[3]刀部無"剔"字，"冎"俗作"剮"。　　[二]隆，豐大也。説此字爲象形者，謂上大下小象骨之隆起也。古瓦切。十七部(歌)。口部冎以爲聲。

【疏義】

　　①《説文》髟部："鬎，鬄髮也。从髟从刀，易聲。"　　②《周禮·秋官司寇·掌戮》："掌斬殺賊諜而搏之。凡殺其親者，焚之；殺王之親者，辜之。"鄭玄注："'搏'當爲'膊(bó)諸城上'之'膊'，字之誤也。膊謂去衣磔之……焚，燒也……辜之言枯也，謂磔之。"膊：分裂屍體而曝之。磔：古代分裂肢體的酷刑。　　③《列子·湯問》："楚之南有炎人之國，其親戚死，剮其肉而棄之，然後埋其骨，迺成爲孝子。"

【集解】

　　王筠《説文句讀》："《列子·湯問篇》'楚之南有啖人之國，其親戚死，剮其肉而棄之，然後埋其骨。'殷敬順《釋文》云：'剮本作冎，剔肉也。'"

　　徐灝《説文注箋》："戴氏侗曰'冎从骨省'是也。骨、冎一聲之轉，'冎'象殘骨，因之'剔肉置骨'謂之冎，而磔人亦謂之冎耳。"

　　饒炯《説文部首訂》："'冎'即'骨'之象形本字，因形不顯義，而骨乃加肉以著之也。人身惟頭多骨，故篆象人頭隆骨，以爲凡肉骾之稱。"

　　黃天樹《部首與甲骨文》："甲骨文作冎，象骨架相支撐之形。下面加'肉'旁就是'骨'字。"

　　董蓮池《部首新證》："許慎把它視爲'剮'的初文……其實字本'骨'的初文，'骨'，甲骨文寫作冎、冎(《甲骨文編》198頁)，漸變而作冎，整齊筆畫而寫作冎。"

【同部字舉例】

　　髀髀 bēi　別也。从冎，卑聲。讀若罷。府移切。○幫支平　幫支

骨 𩑒 [134]　gǔ　古忽切　見没合一入　見物(86/80；164/166)

肉之覈(hé，果核)**也**[一]。**从冎有肉**[二]。**凡骨之屬皆从骨。**

【譯文】

肉的内核。以"冎"爲構件下加"肉"字。凡是和"骨"義有關的字都以"骨"爲構件。

【段注】

[一]西(yà)部曰："覈，實也。"肉中骨曰"覈"。蔡邕注《典引》曰："肴覈，食也。肉曰肴，骨曰覈。"①《周禮》："丘陵，其植物宜覈物。"注云："核物，梅李之屬。"②《小雅》："殽核維旅。"箋云："豆實，菹醢也，籩實，有桃梅之屬。"③按：覈、核古今字，故《周禮》經文作"覈"，注文作"核"，古本皆如是。《詩》"殽核"，蔡邕所據《魯詩》作"肴覈"④。梅李謂之覈者，亦肉中有骨也。　　[二]去肉爲冎，在肉中爲骨。古忽切。十五部(脂、微、物、月)。

【疏義】

①《典引》：文章名，班固撰，内容是頌揚漢朝的業績，收入《文選》。《典引》："道德之淵源肴覈。"蔡邕注："肴覈，食也。肉曰肴，骨曰覈。水深曰淵，水本曰源……《詩》曰：'泂酌彼行潦。'又曰：'肴覈惟旅。'"　②《周禮·地官司徒·大司徒》："三曰丘陵，其動物宜羽物，其植物宜覈物，其民專而長。"鄭玄注："核物，李梅之屬。"　③《詩經·小雅·賓之初筵》："籩豆有楚，殽核維旅。"毛傳："楚，列貌。殽，豆實也。核，加籩也。旅，陳也。"鄭玄箋："豆實，菹醢也。籩實，有桃梅之屬。"　④參見注①。

【集解】

徐灝《說文注箋》"戴氏侗曰'从月，象形'是也。骨肉相附麗，故'骨'从'月'而象形，上爲骨節，下其支也。骨字去肉爲冎(舊作冎)，去冎爲冎，相對成文。"

林義光《文源》："冎者，骨形，象肉附於冎。"

董蓮池《部首新證》："字初文寫作乙，後追加'肉'旁而增顯其義。"

【同部字舉例】

髑 䯀 dú　　髑髏，頂也。从骨，蜀聲。徒谷切。○定屋入　　定屋

髏 䮻 lóu　　髑髏也。从骨，婁聲。洛侯切。○來侯平　　來侯

髆 䯨 bó　　肩甲也。从骨，尃聲。補各切。○幫鐸入　　幫鐸

髀 䯗 bǐ　　股也。从骨，卑聲。䯾，古文髀。并弭切。○並薺上　　並支

髕 䯊 bìn　　厀耑也。从骨，賓聲。毗忍切。○並軫上　　並真

骸 䯦 hái　　脛骨也。从骨，亥聲。戶皆切。○匣皆平　　匣之

體 軆 tǐ　　總十二屬也。从骨，豊聲。他禮切。○透薺上　　透脂

骾 䯁 gěng　　食骨留咽中也。从骨，㪅聲。古杏切。○見梗上　　見陽

骼 䯇 gé　　禽獸之骨曰骼。从骨，各聲。古覈切。○見陌入　　見鐸

肉　𠕎　135　ròu　甲文 ⺼、⺼、⺼、⺼　如六切　日屋合三入　日覺
（87/81；167/169）

胾(zì)肉[一]。象形[二]。凡肉之屬皆从肉。

【譯文】

切的肉塊。象形。凡是和"肉"義有關的字都以"肉"爲構件。

【段注】

[一]下文曰："胾，大臠(luán)也。"① 謂鳥獸之肉。《説文》之例，先人後物，何以先言"肉"也？曰：以爲部首，不得不首言之也。生民之初，食鳥獸之肉，故"肉"字最古。而製人體之字，用"肉"爲偏旁，是亦假借也。人曰"肌"，鳥獸曰"肉"，此其分別也。引申爲《爾雅》"肉好"②、《樂記》"廉肉"字③。　　[二]如六切。三部(幽、覺)。

【疏義】

①臠：切成小塊的肉。胾：切成大塊的肉。　　②《爾雅·釋器》："肉好若一謂之環。"肉：璧的邊。好：璧的孔。　　③《禮記·樂記》："使其曲直、繁瘠、廉肉、節奏，足以感動人之善心而已矣。"廉：指聲音高亢。肉：指聲音渾厚。

【集解】

徐鍇《説文繫傳》："肉無可取象，故象其爲胾。"

王筠《説文句讀》：“鳥獸之肉而後有形可象，故象其爲戴，而人身體之字亦從之。”

朱駿聲《説文定聲》：“戴肉，象形。在物曰肉，在人曰肌。”

饒炯《説文部首訂》：“篆象截臠平面之形，中乃肉之紋理，以生肉難象，取狀於戴。”

黄天樹《部首與甲骨文》：“甲骨文作 ⟨字形⟩（《合》31770），象一塊肉。在隸、楷裏，爲了避免跟月亮的‘月’相混，把它繁化成了‘宍’、‘肉’等形。”

董蓮池《部首新證》：“商代甲骨文所見寫作⟨字形⟩（《甲骨文合集》22323，2899頁）、⟨字形⟩（《甲骨文編》199頁‘膏’所從），正爲一大塊肉的象形，中間豎畫爲其紋理。”

【同部字舉例】

肧 ⟨字形⟩ pēi　婦孕一月也。从肉，不聲。匹桮切。○滂灰平　滂之

胎 ⟨字形⟩ tāi　婦孕三月也。从肉，台聲。土來切。○透咍平　透之

肌 ⟨字形⟩ jī　肉也。从肉，几聲。居夷切。○見脂平　見脂

脣 ⟨字形⟩ chún　口耑也。从肉，辰聲。⟨字形⟩，古文脣从頁。食倫切。○船諄平　船文

脰 ⟨字形⟩ dòu　項也。从肉，豆聲。徒候切。○金文 ⟨字形⟩、⟨字形⟩　定候去　定侯

肓 ⟨字形⟩ huāng　心上鬲下也。从肉，亡聲。《春秋傳》曰：“病在肓之下。”呼光切。○曉唐平　曉陽

腎 ⟨字形⟩ shèn　水藏也。从肉，臤聲。時忍切。○禪軫上　禪真

肺 ⟨字形⟩ fèi　金藏也。从肉，市聲。芳吠切。○滂廢去　滂祭

脾 ⟨字形⟩ pí　土藏也。从肉，卑聲。符支切。○並支平　並支

肝 ⟨字形⟩ gān　木藏也。从肉，干聲。古寒切。○見寒平　見元

膽 ⟨字形⟩ dǎn　連肝之府。从肉，詹聲。都敢切。○端敢上　端談

胃 ⟨字形⟩ wèi　穀府也。从肉、囪，象形。云貴切。○金文 ⟨字形⟩　雲未去　匣微

脬 ⟨字形⟩ pāo　膀光也。从肉，孚聲。匹交切。○滂肴平　滂幽

腸 𤜵 cháng　大小腸也。从肉，昜聲。直良切。○澄陽平　定陽

肪 𦜉 fáng　肥也。从肉，方聲。甫良切。○並陽平　並陽

膺 𦣝 yīng　智也。从肉，雁聲。於陵切。○金文 𦣝　影蒸平　影蒸

背 𦝃 bèi　脊也。从肉，北聲。補妹切。○幫隊去　幫之

脅 𦝠 xié　兩膀也。从肉，劦聲。虛業切。○曉業入　曉葉

膀 𦡮 páng　脅也。从肉，旁聲。𦡮，膀或从骨。步光切。○並唐
平　並陽

肋 𦙶 lèi　脅骨也。从肉，力聲。盧則切。○來德入　來職

肩 𦚞 jiān　髆也。从肉，象形。𦚞，俗肩从户。古賢切。○見先
平　見元

胳 𦝁 gē　亦下也。从肉，各聲。古洛切。○見鐸入　見鐸

臂 𦢁 bì　手上也。从肉，辟聲。卑義切。○幫寘去　幫支

肘 𦙙 zhǒu　臂節也。从肉从寸，寸，手寸口也。陟柳切。○知有
上　端幽

腹 𦞩 fù　厚也。从肉，复聲。方六切。○幫屋入　幫覺

腴 𦡅 yú　腹下肥也。从肉，臾聲。羊朱切。○以虞平　定侯

胯 𦜆 kuà/kù　股也。从肉，夸聲。苦故切。○溪禡去　溪魚

股 𦙖 gǔ　髀也。从肉，殳聲。公户切。○見姥上　見魚

腳 𦚟 jiǎo　脛也。从肉，卻聲。居勺切。○見藥入　見鐸

脛 𦞅 jìng　胻（héng，脛耑）也。从肉，巠聲。胡定切。○匣徑去
匣耕

腓 𦠘 féi　脛腨也。从肉，非聲。符飛切。○並微平　並微

肖 𦙄 xiào　骨肉相似也。从肉，小聲。不似其先，故曰"不肖"
也。私妙切。○金文 肖　心笑去　心宵

胤 𦙤 yìn　子孫相承續也。从肉从八，象其長也。从幺，象重累
也。𦙤，古文胤。羊晉切。○金文 𦙤、𦙤、𦙤、肖　以震去　定真

胄 𦙕 zhòu　胤也。从肉，由聲。直又切。○澄宥去　定幽

臞 𦣉 qú　少肉也。从肉，瞿聲。其俱切。○羣虞平　羣魚

脫 𦞖 tuō　消肉臞也。从肉，兌聲。徒活切。○透末入　透月

腫 𦟃 zhǒng　癰也。从肉，重聲。之隴切。○章腫上　章東

臘 𦞤 là　冬至後三戌，臘祭百神。从肉，鼠聲。盧盍切。〇來盍

入　來葉

膳 𦞥 shàn　具食也。从肉，善聲。常衍切。〇金文 𦞥 、𦞦 　禪線

去　禪元

肴 𦞧 yáo　啖也。从肉，爻聲。胡茅切。〇匣肴平　匣宵

腆 𦞨 tiǎn　設膳腆腆多也。从肉，典聲。𦞩 ，古文腆。他典切。

〇透銑上　透文

胡 𦞪 hú　牛頷垂也。从肉，古聲。戶孤切。〇模匣平　匣魚

脯 𦞫 fǔ　乾肉也。从肉，甫聲。方武切。〇幫虞上　幫魚

脩 𦞬 xiū　脯也。从肉，攸聲。息流切。〇心尤平　心幽

胥 𦞭 xū　蟹醢也。从肉，疋聲。相居切。〇心魚平　心魚

臊 𦞮 sāo　豕膏臭也。从肉，喿聲。穌遭切。〇心豪平　心宵

脂 𦞯 zhī　戴角者，脂無角者膏。从肉，旨聲。旨夷切。〇章脂平

章脂

膩 𦞰 nì　上肥也。从肉，貳聲。女利切。〇泥至去　泥脂

膜 𦞱 mó　肉閒胲膜也。从肉，莫聲。慕各切。〇明鐸入　明鐸

膾 𦞲 kuài　細切肉也。从肉，會聲。古外切。〇見泰去　見祭

腐 𦞳 fǔ　爛也。从肉，府聲。扶雨切。〇並虞上　並侯

肥 𦞴 féi　多肉也。从肉，从卪。符非切。〇並微平　並微

筋 𦞵 ＊136

jīn　舉欣切　見欣開三平　見文（91/85；178/180）

肉之力也[一]。**从肉、力**此句大徐本作"从力从肉"，**从竹。竹，物之多筋者**[二]。**凡筋之屬皆从筋。**

【譯文】

肉中的筋。由"肉、力、竹"構成。竹，代表多筋之物。凡是和"筋"義有關的字都以"筋"爲構件。

【段注】

[一]"力"下曰："筋也。"筋、力同物，今人殊之耳。《考工記》：

"故書筋或作薊。"[1]　　[二]説從竹之意。居銀切。十三部(文)。

【疏義】

①《考工記》:疑當作"《考工記》注"。《周禮・冬官考工記・弓人》:"强者在內而摩其筋。"鄭玄注:"故書筋或作薊。鄭司農云:'當爲筋。'"

【集解】

王筠《説文句讀》:"體有十二屬,皆有筋連屬之,筋力者,百事所由興,故作用出焉。"

朱駿聲《説文定聲》:"字亦作劦。《埤蒼》:'劦,多力也。'《廣雅・釋詁二》:'劦,力也。'"

徐灝《説文注箋》:"骨節字借竹節爲之。'筋'從'竹',疑本訓竹筋,假借爲筋力也。從肋,謂竹理也。"

饒炯《説文部首訂》:"造字原從肉、力會意,以爲肋字,與'從肉,力聲'之字異誼,又加'竹'以明之。"

【同部字舉例】

筋篗 bó　手足指節鳴也。从筋省。勺聲。𦙶,筋或省竹。北角切。○幫覺入　幫藥

刀 𠚭　137 dāo　甲文 ᠀、᠀、᠀　金文 ᠀、᠀　都牢切　端豪開一平　端宵(91/85;178/180)

兵也[一]。**象形**[二]。**凡刀之屬皆从刀。**

【譯文】

兵器。象形。凡是和"刀"義有關的字都以"刀"爲構件。

【段注】

[一]刀者,兵之一也。《衛風》假借爲舠字①。　　[二]都牢切。二部(宵、藥)。

【疏義】

①《詩經・衛風・河廣》:"誰謂河廣,曾不容刀。"鄭玄箋:"不容刀亦喻狹小,船曰刀。"《經典釋文》:"刀如字,字書作舠,《説文》作舠,並音刀。"

【集解】

徐鍇《説文繫傳》："刀背與刃也。"

王筠《説文句讀》："《周禮》'五兵'無刀，《考工記》以鄭之刀與斤、削、劍並數，亦不盡是兵器，疑或鸞刀之類。惟《公羊傳》'孟勞，魯之寶刀也'，可以殺敵，則是兵矣。《顧命》'赤刀'，亦不審是何物。"

朱駿聲《説文定聲》："兵也。象形。"

徐灝《説文注箋》："𠚣象形，因合於偏旁，易橫爲縱耳。"

饒炯《説文部首訂》："古刀柄有環，篆文上正象之，左象刀口，右象刀背，下象刀尖，今篆作兩歧者，非也。"

黄天樹《部首與甲骨文》："甲骨文作𠚣，象一把刀。"

董蓮池《部首新證》："其字象形初文寫作𠚣、𠚣諸形（《金文編》1089、1090頁），甲骨文綫條化而寫作𠚣（《甲骨文編》199頁）。"

【同部字舉例】

削　𠜱 xuē　鞞也。一曰：析也。从刀，肖聲。息約切。○心藥入　心藥

利　𠛶 lì　銛（xiān，鋒利）也。从刀，和然後利，从和省。《易》曰："利者義之和也。"𠛶，古文利。力至切。○甲文𠛶、𠛶、𠛶　金文𠛶、𠛶、𠛶　來至去　來脂

剡　𠛶 yǎn　銳利也。从刀，炎聲。以冉切。○以琰上　定談

初　𥘿 chū　始也。从刀从衣，裁衣之始也。楚居切。○甲文𥘿、𥘿、𥘿　金文𥘿、𥘿、𥘿、𥘿、𥘿　初魚平　初魚

剬　𠜱 jiǎn　齊斷也。从刀，耑聲。子善切。○精獮上　精元

則　𠟭 zé　等畫物也。从刀从貝。貝，古之物貨也。𠟭，古文則。𠟭，亦古文則。𠟭，籀文則，从鼎。子德切。○金文𠟭、𠟭、𠟭、𠟭　精德入　精職

剛　𠜱 gāng　彊斷也。从刀，岡聲。𠜱，古文剛如此。古郎切。○甲文𠜱、𠜱、𠜱　金文𠜱、𠜱、𠜱、𠜱　見唐平　見陽

劊　𠜱 guì　斷也。从刀，會聲。古外切。○見泰去　見祭

切　𠛆 qiē　刌也。从刀，七聲。千結切。○清屑入　清質

刌 㓤 cǔn　切也。从刀,寸聲。倉本切。○清混上　清文

劌 劌 guì　利傷也。从刀,歲聲。居衛切。○見祭去　見祭

刻 㓝 kè　鏤也。从刀,亥聲。苦得切。○溪德入　溪職

副 副 pì　判也。从刀,畐聲。《周禮》曰:"副辜祭。"䨱,籒文副。芳逼切。○滂職入　滂職

剖 剖 pōu　判也。从刀,咅聲。浦后切。○滂厚上　滂之

辨 辨 bàn　判也。从刀,辡聲。蒲莧切。○金文辨、辧、辬　並襉去　並元

判 㓤 pàn　分也。从刀,半聲。普半切。○滂換去　滂元

刳 㓁 kū　判也。从刀,夸聲。苦孤切。○溪模平　溪魚

列 㓝 liè　分解也。从刀,歺聲。良薛切。○來薛入　來月

刊 㓝 kān　剟也。从刀,干聲。苦寒切。○溪寒平　溪元

剟 剟 zhuō　刊也。从刀,叕聲。陟劣切。○知薛入　端月

删 删 shān　剟也。从刀、册。册,書也。所姦切。○山删平　山元

劈 劈 pì　破也。从刀,辟聲。普擊切。○滂錫入　滂錫

剝 剝 bō　裂也。从刀从录。录,刻割也。录亦聲。刮,剝或从卜。北角切。○甲文剝、㓤、剝　幫覺入　幫屋

割 割 gē　剝也。从刀,害聲。古達切。○金文割、割、割、割　見曷入　見月

劃 劃 huá　錐刀曰劃。从刀从畫,畫亦聲。呼麥切。○匣麥入　匣錫

刷 㕞 shuā　刮也。从刀,㕞省聲。《禮》布(當爲有)刷巾。所劣切。○山薛入　山月

刮 刮 guā　掊(pǒu)把也。从刀,昏聲。古八切。○見鎋入　見月

剽 剽 piào　砭刺也。从刀,票聲。一曰:剽,劫人也。匹妙切。○滂笑去　滂宵

刖 刖 yuè　絕也。从刀,月聲。魚厥切。○甲文刖、刖、刖　疑月入　疑月

制 制 zhì　裁也。从刀从未。未,物成有滋味可裁斷。一曰:止

也。𠜂，古文制如此。征例切。○金文𥿄　章祭去　章祭

　　罰𠚢 fá　辠之小者。从刀从詈。未以刀有所賊，但持刀罵詈，則應罰。房越切。○金文𠛬、𠛬、𠛬、𠛬　並月入　並月

　　刵𠛬 èr　斷耳也。从刀从耳。仍吏切。○日志去　日之

　　劓𠛬 yì　刑鼻也。从刀，臬聲。《易》曰：“天且劓。”𠛬，臬或从鼻。魚器切。○甲文𠛬、𠛬、𠛬　疑至去　疑祭

　　刑𠛬 xíng　剄也。从刀，开聲。戶經切。○金文𠛬　匣青平　匣耕

　　剄𠛬 jǐng　刑也。从刀，巠聲。古零切。○見迥上　見耕

　　券𠛬 quàn　契也。从刀，类聲。券別之書，以刀判契其旁，故曰契券。去願切。○溪願去　溪元

　　刺𠛬 cì　君殺大夫曰刺。刺，直傷也。从刀从束，束亦聲。七賜切。○清寘去　清支

　　剔𠛬 tī　解骨也。从刀，易聲。他歷切。○透錫入　透錫

刃 𠛬　138 rèn　甲文作𠛬、𠛬、𠛬　而振切　日震開三去日文
（93/87；183/185）

　　刀鞏“鞏”大徐本作“堅”也[一]。象刀有刃之形[二]。凡刃之屬皆从刃。

【譯文】

　　刀的鋒刃。字形象刀有鋒刃的樣子。凡是和“刃”義有關的字都以“刃”爲構件。

【段注】

　　[一]“鞏”各本作“堅”，今正。刀部曰：“劓(è)，刀劍刃也。”金部曰：“鞏，劓也。”郭璞《三倉解詁》曰：“焠，作刀鞏也。”[1]　[二]而振切。十三部（文）。

【疏義】

　　[1]《三倉解詁》：郭璞注解《三倉》的著作，已佚，清人黃奭有輯本。漢王褒《聖主得賢臣頌》：“清水淬其鋒，越砥斂其鍔。”李善《文選注》：“郭璞《三倉解詁》曰：‘焠，作刀鑒也。’”《三倉》：又稱《三蒼》，李斯《倉頡篇》、趙高《爰歷篇》、胡毋敬《博學篇》三部字書的合稱。

【集解】

王筠《説文句讀》:"'焠'下云:'堅刀刃也。'然則'刀堅'者,謂刀堅利之處也。段氏改作'鑑',亦通。"

王筠《説文釋例》:"有形不可象,轉而爲指事者,乃指事之極變,刃字是也。夫刀以刃爲用,刃不能離刀而成體也,顧刀之爲字,有柄有脊有刃矣。欲別作刃字,不能不從刀而以、指其處,謂刃在是而已。刃豈突出一鋒乎?"

朱駿聲《説文定聲》:"从刀、者,指事。"

黃天樹《部首與甲骨文》:"甲骨文作刀(《殷墟甲骨刻辭類纂》2480號字頭),在'刀'的刀口上加條曲綫指明它的刃部所在。後改用點來指明刃部所在。"

【同部字舉例】

刅 刅 chuāng　傷也。从刃从一。剏,或从刀,倉聲。楚良切。○金文刅、刅　初陽平　初陽

劍 劍 jiàn　人所帶兵也。从刃,僉聲。劍,籀文劍,从刀。居欠切。○金文劍、劍、劍　見梵去　見談

韌 韧 139 qià　甲文韧　金文韧　恪八切　溪黠開二入　溪月
（93/87;183/185）

巧韌也[一]**。从刀,丯**(jiè,"芥"的古字)**聲**[二]**。凡韌之屬皆从韌。**

【譯文】

精雕細刻。"刀"爲意符,"丯"爲聲符。凡是和"韌"義有關的字都以"韌"爲構件。

【段注】

[一]巧韌,蓋漢人語。　　[二]恪八切。十五部(脂、微、物、月)。

【集解】

朱駿聲《説文定聲》:"疑即栔字之古文。"

徐灝《説文注箋》:"巧韌,言其刻畫之工也。"

饒炯《説文部首訂》:"巧韌,古語,義猶刮磨也。與'工'下説'巧

飾’文同。然刮磨之‘刮’即‘韧’之假借。部中‘挈’字，又‘韧’之別音轉注也。蓋凡物刮磨，則無疵痕，故其義又爲清潔字。凡清潔多以水，後又从‘挈’加‘水’旁，以爲潔淨專字，遂不知其初本作‘韧’矣。”

【同部字舉例】

　　挈 𥘈 qì　刻也。从韧从木。苦計切。○溪霽去　溪祭

丯 丰 140 jiè　甲文 丯、丯　金文 丯、丯　古拜切　見怪開二去　見祭(93/87；183/185)

　　艸蔡也[一]**。象艸生之散** “散”大徐本作“散” **亂也**[二]**。凡丯之屬皆从丯。讀若介**[三]**。**

【譯文】

　　草芥。字象雜草散亂叢生的樣子。凡是和“丯”義有關的字都以“丯”爲構件。讀音同“介”字。

【段注】

　　[一]艸部曰：“蔡，艸丯也。”疊韻互訓。《孟子》曰：“君之視臣如土芥。”趙云：“芥，草芥也。”①《左傳》：“以民爲土芥。”杜注同②。《方言》：“蘇，芥草也。江淮南楚之閒曰蘇；自關而西或曰草，或曰芥；南楚江湘之閒謂之莽。”③按：凡言“艸芥”皆“丯”之假借也，“芥”行而“丯”廢矣。　[二]“散”當作“㪔”(sàn)④。《外傳》曰：“道茀(fú)不可行。”⑤中直象道，“彡”象茀。　[三]古拜切。十五部(脂、微、物、月)。

【疏義】

　　①《孟子·離婁下》：“君之視臣如土芥，則臣視君如寇讎。”趙岐注：“芥，草芥也。”　②《左傳·哀公元年》：“以民爲土芥，是其禍也。”杜預注：“芥，草也。”　③引文見《方言》第三。　④《説文》㪔(pài)部：“㪔，分離也。从攴从㪔。㪔，分㪔之意也。”　⑤《外傳》：指《春秋外傳》，即《國語》。《國語·周語中》：“道茀不可行也。”韋昭注：“草穢塞路爲茀。”《説文》艸部：“茀，道多草，不可行。”

【集解】

　　朱駿聲《説文定聲》：“丯……按：介畫竹木爲識也，刻之爲韧。上

古未有書契,刻齒於竹木以記事。丨象竹木,彡象齒形。"

　　徐灝《説文注箋》:"艸蔡之訓,書傳無徵,段説象形,尤繆不足辨也。"

　　董蓮池《部首新證》:"考字見甲骨文,寫作屮(《甲骨文編》641頁)、屮('㓞'所从,見'㓞'條)。古未有書先有契,契刻竹木以爲識(戴侗語),'耒'即契,字象所契之齒。"

耒 耒 141 lěi　金文作屮、屮　盧對切　來隊合一去　來微(93/87;183/185)

　　大徐本有"手"字**耕曲木也**[一]。**从木推耒**[二]。**古者垂**(同"垂"。工垂,傳爲堯時巧匠)**作耒枱**(sì,耒端)"枱"大徐本作"相",挖土農具[三],**以振民也**[四]。**凡耒之屬皆从耒。**

【譯文】

　　耕作用的曲形木製農具。以"木"爲構件上加"耒"表示除草。古時工垂發明了耒和枱,用以幫助人民。凡是和"耒"義有關的字都以"耒"爲構件。

【段注】

　　[一]各本"耕"上有"手",今依《廣韻》隊韻、《周易音義》正[1]。下文云:"耕,犁也。"謂犁之曲木也。《禮記音義》引《字林》亦云"耕曲木"[2]。《考工記》:"車人爲耒,庛(cì)長尺有一寸,中直者三尺有三寸,上句者二尺有二寸。自其庛,緣其外,以至於首,以弦其內,六尺有六寸。"注云:"庛讀爲棘刺之刺。刺,耒下前曲接耜。緣外六尺有六寸,內弦六尺,應一步之尺數。"[3]按:經多云"耒耜",據鄭説,耒以木,耜以金,沓(tà)於耒刺[4]。京房云:"耜,耒下耓(tīng)也。耒,耜上句木也。"[5]許木部"耜"作"枱",耒耑也,耕犁也[6]。許説與京同,與鄭異。鄭本《匠人》謂犁爲耜,統言之也[7]。許分別金謂之犁,木謂之枱,析言之也。　[二]《考工記》曰:"直庛則利推。"[8]從木推耒會意。盧對切。十五部(脂、微、物、月)。　[三]"枱"見木部,今之"耜"字也,各本作"相",誤。相,舌(chā)也[9]。　[四]此出《世本》,《世本》有《作篇》[10]。振,舉救也。

【疏義】

①《廣韻》隊韻：“耒，耒耜。《世本》曰：‘倕作耒。’《古史考》曰：‘神農作耒。’《說文》云：‘耕曲木也。’”《周易·繫辭下》：“揉木爲耒。”《經典釋文》：“（耒）力對反。京云：‘耜上句木也。’《說文》云：‘耜曲木，垂所作。’《字林》同。”《古史考》：一部考證和闡釋《史記》所記先秦人名及史事謬誤的著作，魏晉之際史學家譙周撰，宋元之際已佚，清人章宗源有輯本。　②《禮記·月令·孟春之月》：“天子親載耒耜。”《經典釋文》：“耒，力對反。《字林》云：‘耕曲木，垂所作。’”③引文見《周禮·冬官考工記·車人》。鄭玄注：“鄭司農云：‘耒謂耕耒。疵讀爲其顙有疵之疵。謂耒下岐。’玄謂疵讀爲棘刺之刺。刺，耒下前曲接耜。緣外六尺有六寸，内弦六尺，應一步之尺數。”鄭司農：即鄭衆。疵：犁下端裝犁頭的一段木頭。　④沓：通“鐪”，套，裹。⑤京房：（前77—前37），本姓李，字君明，西漢東郡頓丘（今河南清豐西南）人，精通《周易》和音律，是今文《易》學京氏學的開創者。《周易·繫辭下》：“斵木爲耜，揉木爲耒。”《經典釋文》：“（耜）音似。京云：‘耒下釘也。’……（耒）力對反。京云：‘耜上句木也。’”　⑥《說文》木部：“柏，耒耑也。”《段注》：“柏，今經典之耜。”　⑦《周禮·冬官考工記·匠人》：“耜廣五寸，二耜爲耦。”鄭玄注：“古者耜一金，兩人併發之……今之耜岐頭兩金，象古之耦也。”賈公彥疏：“鄭云‘古者耜一金’者，對後代耜岐頭二金者。”　⑧《周禮·冬官考工記·車人》：“直庛則利推，句庛則利發。”“直庛”二句：直庛利於入土，曲庛利於翻土。　⑨舌：鐵鍬。　⑩《世本》：記載黃帝至春秋時代帝王、諸侯和卿大夫家族世系傳承的史籍，先秦史官撰，至南宋盡佚，後人有八種輯本。《作篇》：《世本》篇名，記錄了燧人、庖犧、神農、黃帝、顓頊、堯、舜、夏、商、周等各個時代的製作情況，包括燧人造火、庖犧作琴、神農和藥、蚩尤作兵、倉頡作書、杜康造酒、垂作耒耜等，見王謨、陳其榮等輯本。宋歐陽德隆《增修校正押韻釋疑》隊韻：“耒，手耕曲木，釋耜柄。《世本》：‘垂作耒耜。’”

【集解】

王筠《說文句讀》：“羣書或引作‘耕曲木者’，‘耜’譌‘耕’也。亦有引如今本者,則再譌矣。然語仍似不完,耒耜固一物,然耜在下,以金爲之,耒在上,以木爲之。京房注《易》曰'耒,耜上句木也'是也。《字林》亦作'耜,曲木'。亦或引爲'耕曲木',但未有加手字者。"

朱駿聲《説文定聲》:"丰象刻齒,爲庇……《禮記·月令》:'天子親載耒耜。'注:'耒,耜之上曲也。'《莊子·胠篋》:'耒耨之所刺。'李注:'耜柄也,犁也。'《後漢·章帝紀》注:'耒其柄,耜其刃。'"

徐灝《説文注箋》:"耒之初制,蓋其末爲岐頭,後人易以鐵齒,《説文》所謂'六叉犁'也。"

饒炯《説文部首訂》:"耒者耕器,以木爲之,而端續利金,則名曰耜。"

黃天樹《部首與甲骨文》:"甲骨文偏旁作𣂪,象一種下部裝有踏腳橫木而且頭部分叉的起土農具。"

董蓮池《部首新證》:"初文寫作𢍸(耒簋)、𣂪(耒乍寶彝卣)、𣂪(甲骨文'耤'所從),象一種彎柄的掘土農具形,上舉第一個形體還帶有手形,表示手耕曲木之意。故'耒'是一個獨體象形字。"

【同部字舉例】

耕耕 gēng　犁也。从耒,井聲。一曰:古者井田。古莖切。○見耕平　見耕

耦耦 ǒu　耒廣五寸爲伐,二伐爲耦。从耒,禺聲。五口切。○疑厚上　疑侯

耤耤 jí　帝耤千畝也。古者使民如借,故謂之耤。从耒,昔聲。秦昔切。○甲文𦔒、𦔒、𦔒　金文𦔒、𦔒、𦔒　從昔入　從鐸

角角 142 jiǎo　甲文𧢲、𧢲、𧢲　金文𧢲、𧢲　古嶽切　見覺開二入　見屋(93/88;184/186)

獸角也[一]。象形[二]。角與刀魚相似[三]。凡角之屬皆从角。

【譯文】

獸角。象形。獸角和"刀、魚"的形狀相似。凡是和"角"義有關的字都以"角"爲構件。

【段注】

　　[一]人體有偁"角"者,如"日月角、角犀豐盈"之類,要是假借之辭耳①。　[二]古岳切。三部(幽、覺)。按:舊音如穀,亦如鹿。[三]其字形與刀魚相似也。此黿頭似蛇頭,虎足似人足之例。

【疏義】

　　①日月角:面相術語,指眉頭。角犀:指額角近髮處隆起,有如伏犀,迷信以爲貴人之相。要:大體,總之。

【集解】

　　徐灝《説文注箋》:"獸角有曲有岐,阮氏《鐘鼎款識‧象形》角作 <!-- glyph -->,父癸角作 <!-- glyph -->,伯角父敦作 <!-- glyph -->,皆古象形文。"

　　饒炯《説文部首訂》:"'角'説象形,本謂上體,而下从肉,篆與骨同意,緣造字之初,本象角形,後因形晦,而又加肉以明之,即造字之轉注也。"

　　黃天樹《部首與甲骨文》:"甲骨文作 <!-- glyph -->(《屯》2688),象獸角形。獸角形上端有時加一飾畫而寫成 <!-- glyph -->。由加飾筆的字形再演變爲篆文 <!-- glyph -->。"

　　董蓮池《部首新證》:"甲骨文所見寫作 <!-- glyph -->、<!-- glyph --> 諸形(《甲骨文編》203 頁),爲獸角之象形。<!-- glyph --> 象角上之紋理。西周金文寫作 <!-- glyph -->(牆盤),再加飾而寫作 <!-- glyph -->(咢侯鼎)。"

【同部字舉例】

　　觭觭 qī　角一俯一仰也。从角,奇聲。去奇切。○溪支平　溪歌

　　觸觸 chù　抵也。从角,蜀聲。尺玉切。○金文 <!-- glyph -->　昌燭入　昌屋

　　衡衡 héng　牛觸,橫大木其角。从角从大,行聲。《詩》曰:"設其楅衡。" <!-- glyph -->,古文衡如此。户庚切。○金文 <!-- glyph -->、<!-- glyph -->　匣庚平　匣陽

　　解解 jiě　判也。从刀判牛角。一曰:解廌,獸也。佳買切,又户賣切。○甲文 <!-- glyph -->　金文 <!-- glyph -->、<!-- glyph -->、<!-- glyph -->　見蟹上　見支

　　觿觿 xī　佩角,銳耑可以解結。从角,巂聲。《詩》曰:"童子佩觿。"户圭切。○匣齊平　匣支

　　觥觥 gōng　兕牛角可以飲者也。从角,黃聲。其狀觥觥,故謂之

觵。𧣨，俗觵从光。古横切。○見庚平　　見陽

　　觶𧣾 zhì　鄉飲酒角也。《禮》曰："一人洗，舉觶。"觶受四升。从角，單聲。觝，觶或从辰。𧣾，《禮經》觶。之義切。○章寘去　　章支

　　觛𧣚 dàn　小觶也。从角，旦聲。徒旱切。○端旱上　　端元

　　觴𧣰 shāng　觶實曰觴，虛曰觶。从角，𣉜省聲。𧣦，籀文觴，从爵省。式陽切。○金文𨜔、𧣛　　書陽平　　書陽

　　觚𧣸 gū　鄉飲酒之爵也。一曰：觴受三升者謂之觚。从角，瓜聲。古乎切。○見模平　　見魚

卷五上

竹 艸 [143] zhú 金文竹 張六切 知屋合三入 端覺(95/90；189/191)

冬生艸也[一]。**象形**[二]。**下垂者，箁箬**(póuruò，竹皮，竹葉)**也**[三]。**凡竹之屬皆从竹**。

【譯文】

冬天可以生長的草。象形。下垂的筆劃，表示竹葉。凡是和"竹"義有關的字都以"竹"爲構件。

【段注】

[一]云"冬生"者，謂竹胎生於冬，且枝葉不凋也。云"艸"者，《爾雅》"竹"在《釋艸》①，《山海經》有云"其艸多竹"②，故謂之"冬生艸"。戴凱之云："植物之中有艸、木、竹，猶動品之中有魚、鳥、獸也。"③

[二]象𠁥𠁥並生。陟玉切。三部(幽、覺)。按：《廣韻》張六切④。

[三]恐人未曉下垂之怡，故言之。

【疏義】

①《爾雅·釋草》："筍，竹萌。"郭璞注："初生者。""蓫，竹。"郭璞注："竹別名。" ②《山海經·西山經》："其木多㮦，其草多竹。"③晉戴凱之《竹譜》："竹是一族之總名，一形之偏稱也。植物之中有草、木、竹，猶動品之中有魚、鳥、獸也。" ④《廣韻》屋韻："竹，冬生草也，象形……張六切。"

【集解】

徐鍇《説文繫傳》："冬生者，冬不死。箁箬，竹皮籜(tuò，竹筍上的皮)之屬也。"

王筠《説文句讀》:"冬生者,猶曰經冬猶緑林耳……箁箬乃苞筍之皮,非即筍也。今名'竹籜'。"

王筠《説文釋例》:"今人畫竹口訣曰:'个个个,个个破。'蓋竹葉異於他物,其形左右紛披,故以个字寫之。"

徐灝《説文注箋》:"許云'下垂者箁箬',似未安若然,則是筍而非竹矣,疑象竹竿有葉之形。"

饒炯《説文部首訂》:"竹爲艸類,凌冬不凋,故云'冬生艸'。象竹兩旁對枝葉形,與叒爲榑木,形象三葉,粜爲葵菜,形象四葉,同例。箁箬之'箬'當作'葉',即《集韻》所謂'箁,蒲口切,竹葉也'。蓋竹枝在幹,叢聚對出,葉亦對生,其象顯然,是以篆文二之。"

董蓮池《部首新證》:"西周金文寫作↟↟(敔簋'簧'所从),竹葉的象形,用以表示竹子。"

【同部字舉例】

箭 𥳑 jiàn　矢也。从竹,前聲。子賤切。○精線去　精元

筱 蓧 xiǎo　箭屬小竹也。从竹,攸聲。先杳切。○心篠上　心幽

簜 蓨 tāng　大竹也。从竹,湯聲。《夏書》曰:"瑤琨筱簜。"簜可爲幹,筱可爲矢。"徒朗切。○定蕩上　定陽

筍 筍 sǔn　竹胎也。从竹,旬聲。思允切。○金文𥮱、𥯕、𥰆、𥱼心準上　心真

箁 蔀 póu　竹箁也。从竹,音聲。薄侯切。○並侯平　並之

箬 䕼 ruò　楚謂竹皮曰箬。从竹,若聲。而勺切。○日藥入　日鐸

節 節 jié　竹約也。从竹,即聲。子結切。○金文𥯤、𥮕、𥸰　精屑入　精質

筤 㣿 mǐn　竹膚也。从竹,民聲。武盡切。○明軫上　明真

笨 𥬰 bèn　竹裏也。从竹,本聲。布忖切。○並混上　並文

篆 篆 zhuàn　引書也。从竹,彖聲。持兗切。○澄獮上　定元

篇 篇 piān　書也。一曰:關西謂榜曰篇。从竹,扁聲。芳連切。○滂仙平　滂真

籍 籍 jí　簿書也。从竹,耤聲。秦昔切。○从昔入　从鐸

篁 篁 huáng　竹田也。从竹,皇聲。戶光切。○匣唐平　匣陽

籥 龠 yuè　書僮竹笘也。从竹，龠聲。以灼切。○以藥入　定藥

簡 簡 jiǎn　牒也。从竹，閒聲。古限切。○見産上　見元

等 等 děng　齊簡也。从竹从寺。寺官曹之等平也。多肯切。○端等上　端之

笵 笵 fàn　法也。从竹，竹，簡書也。氾聲，古法有竹刑。防妥切。○並范上　並談

箋 箋 jiān　表識書也。从竹，戔聲。則前切。○精先平　精元

符 符 fú　信也。漢制以竹，長六寸，分而相合。从竹，付聲。防無切。○並虞平　並侯

笄 笄 jī　簪也。从竹，开聲。古兮切。○見齊平　見脂

簾 簾 lián　堂簾也。从竹，廉聲。力鹽切。○來鹽平　來談

簀 簀 zé　牀棧也。从竹，責聲。阻厄切。○莊麥入　莊錫

筵 筵 yán　竹席也。从竹，延聲。《周禮》曰：“度堂以筵。”筵一丈。以然切。○以仙平　定元

箅 箅 bì　蔽也，所以蔽甑底。从竹，畀聲。必至切。○幫霽去　幫脂

笥 笥 sì　飯及衣之器也。从竹，司聲。相吏切。○心志去　心之

箸 箸 zhù　飯攲也。从竹，者聲。陟慮切，又遟倨切。○澄御去　定魚

簍 簍 lóu　竹籠也。从竹，婁聲。洛侯切。○來厚上　來侯

籃 籃 lán　大篝也。从竹，監聲。𥰔，古文籃如此。魯甘切。○來談平　來談

篝 篝 gōu　笭也，可熏衣。从竹，冓聲。宋、楚謂竹篝牆以居也。古侯切。○見侯平　見侯

簋 簋 guǐ　黍稷方器也。从竹从皿从皀。𣪘，古文簋，从匚、飢。𠥗，古文簋，或从軌。朹，亦古文簋。居洧切。○金文𣪘、𣪘、𠤳、𠤳、𥁷、𥂈、𣪘　見旨上　見幽

簠 簠 fǔ　黍稷圜器也。从竹从皿，甫聲。匧，古文簠，从匚从夫。方矩切。○甲文𠥓　金文簠、匧　幫麌上　幫魚

籩 籩 biān　竹豆也。从竹，邊聲。𠥩，籀文籩。布玄切。○幫先

平　幫元

竿 𥫗 gān　竹梃也。从竹，干聲。古寒切。○見寒平　見元

箇 𥰠 gè　竹枚也。从竹，固聲。古賀切。○見箇去　見歌

籠 籠 lóng　舉土器也。一曰：笭也。从竹，龍聲。盧紅切。○來
東平　來東

笠 𥮾 lì　簦無柄也。从竹，立聲。力入切。○來緝入　來緝

箱 籍 xiāng　大車牝服也。从竹，相聲。息良切。○心陽平　心陽

篚 篚 fěi　車笒也。从竹，匪聲。敷尾切。○金文𥰡　幫尾上　幫微

策 𥬰 cè　馬箠也。从竹，束聲。楚革切。○初麥入　初錫

蘭 蘭 lán　所以盛弩矢，人所負也。从竹，闌聲。洛干切。○來寒
平　來元

笪 𥬠 dá　笞也。从竹，旦聲。當割切。○端曷入　端月

笞 𥬓 chī　擊也。从竹，台聲。丑之切。○徹之平　透之

籤 籤 qiān　驗也。一曰：銳也，貫也。从竹，韱聲。七廉切。○清
鹽平　清談

箴 篏 zhēn　綴衣箴也。从竹，咸聲。職深切。○章侵平　章侵

竽 𥮂 yú　管，三十六簧也。从竹，亏聲。羽俱切。○雲虞平　匣魚

笙 𥯤 shēng　十三簧。象鳳之身也。笙，正月之音，物生，故謂之
笙。大者謂之巢，小者謂之和。从竹，生聲。古者隨作笙。所庚切。
○山庚平　山耕

簧 簧 huáng　笙中簧也。从竹，黃聲。古者女媧作簧。戶光切。
○金文𥫷　匣唐平　匣陽

簫 簫 xiāo　參差管樂，象鳳之翼。从竹，肅聲。穌彫切。○心蕭
平　心幽

筒 筒 dòng　通簫也。从竹，同聲。徒弄切。○定送去　定東

籟 籟 lài　三孔龠也，大者謂之笙，其中謂之籟，小者謂之箹。从
竹，賴聲。洛帶切。○來泰去　來祭

管 管 guǎn　如篪，六孔。十二月之音，物開地牙，故謂之管。从
竹，官聲。瑁，古者玉琯以玉。舜之時，西王母來獻其白琯。前零陵文

學姓奚,於伶道舜祠下得笙玉琯。夫以玉作音,故神人以和,鳳皇來儀也。从玉,官聲。古滿切。○見緩上　見元

笛笛 dí　七孔筩也。从竹,由聲。羌笛三孔。徒歷切。○定錫入定覺

筑𥱤 zhú　以竹曲五弦之樂也。从竹从巩。巩,持之也。竹亦聲。張六切。○知屋入　端覺

箏𥱧 zhēng　鼓弦竹身樂也。从竹,爭聲。側莖切。○莊耕平　莊耕

算𥰲 suàn　長六寸,計歷數者。从竹从弄。言常弄乃不誤也。蘇貫切。○心換去　心元

算𥰲 suàn　數也。从竹从具,讀若筭。蘇管切。○去緩上　心元

箕𥬫 144 jī　甲文 🐱、🐱、🐱　金文 🐱、🐱、🐱　居之切　見之開　三平　見之(99/94;199/201)

所以簸者也此句大徐本作"簸也"[一]。**从竹、𠔯。象形。丌**(jī,基座)**其下也**此句大徐本作"下其丌也"[二]。**凡箕之屬皆从箕。𠔯,古文箕**大徐本此句末有"省"字[三]。**🐱,亦古文箕**[四]。**🐱,亦古文箕**[五]。**🐱,籀**大徐本作"籒"**文箕**[六]。**🐱,籀文箕**[七]。

【譯文】

用來簸揚的器具。由"竹、𠔯"構成。象形。"丌"是箕的下部。凡是和"箕"義有關的字都以"箕"爲構件。𠔯,是古文"箕"。🐱,也是古文"箕"。🐱,也是古文"箕"。🐱,是籀文"箕"。🐱,是籀文"箕"。

【段注】

[一]"所以者"三字今補。全書中"所以"字爲淺人刪者多矣。《小雅》曰:"維南有箕,不可以簸揚。"①《廣韻》引《世本》曰:"箕帚,少康作。"按:簸揚與受𡊄(fèn)皆用箕②。　[二]四字依《韻會》本③,今各本丌下互譌。居之切。一部(之、職)。　[三]象形不用足,今之箕多不用足者。　[四]下象竦手。　[五]此象箕之哆(chǐ)口④。[六]依大徐作"籒"。按:經籍通用此字爲語詞。渠之切,或居之切。

[七]从匚,會意。匚部曰:“匚,籀文匚。”⑤

【疏義】

①引詩見《詩經·小雅·大東》。　②《廣韻》之韻:“箕,箕帚也。《世本》曰:‘箕帚,少康作也。’居之切。”坴同“奎”,掃除。　③《韻會舉要》支韻:“箕,《説文》:‘箕,簸也。從竹、𠀠。象形。丌其下也。’”④哆口:張口。哆,張開。　⑤《説文》匚部:“匚,受物之器。象形。凡匚之屬皆从匚。讀若方。匚,籀文匚。”

【集解】

王筠《説文釋例》:“‘箕’下云‘簸也’,《玉篇》云‘簸,箕也’,吾鄉呼爲‘簸其’,蓋許君時已作此語……且吾鄉呼‘箕’如‘奇’,不如‘姬’,似亦自古而然。箕、其既一字,即當一音。《毛詩》‘其’多讀‘姬’、讀‘記’,何獨‘箕’無‘奇’音也? 語在口中,得以不變。乃吾鄉呼‘家’爲‘姑’,今爲强作解事者改之矣。吾猶及之,後生當不知也。”

徐灝《説文注箋》:“古文𠀠、𥪋皆象形,𦥯从𦥑持之,箕从丌聲,因爲語詞所專,故加‘竹’爲箕。《易·明夷》釋文‘箕子……蜀才作其子’,是其、箕古今字也。”

饒炯《説文部首訂》:“‘簸’即‘箕’之別義轉注字。箕,器也。以其器簸,而亦名簸爲箕,義異音變,乃加‘皮’聲別之,爲簸揚專字,故箕、簸同聲而以爲訓。”

黄天樹《部首與甲骨文》:“甲骨文作𠙹,是箕的初文,象簸箕之形。後來加注聲符‘丌’作𠀠,即‘其’字。‘箕’是由‘其’分化出來的一個字。‘其’字大概是由於假借它來表示的語氣詞‘其’一度很常用,所以加注意符‘竹’分化出‘箕’字來表示本義。”

董蓮池《部首新證》:“甲骨文寫作𠙹、𠙹諸形(《甲骨文編》205頁),象簸箕。”

【同部字舉例】

簸𥲉 bǒ 揚米去糠也。从箕,皮聲。布火切。○幫果上　幫歌

丌 丌 145 jī 金文丌、六、六 居之切 見之開三平 見之(99/94;199/201)

下基也[一]，荐物之丌。象形[二]。凡丌之屬皆从丌。讀若箕同[三]。

【譯文】

落地用具，盛放物品的几案。象形。凡是和"丌"義有關的字都以"丌"爲構件。讀音與"箕"字相同。

【段注】

[一]字亦作"亓"。古多用爲今渠之切之"其"。《墨子》書其字多作"亓"①，"亓"與"丌"同也。　[二]平而有足，可以薦物。　[三]居之切。一部（之、職）。

【疏義】

①《墨子·非儒下》："周公旦非其人也邪？何爲舍亓家室而托寓也？"《墨子·公孟》："教人學而執有命，是猶命人葆而去亓冠也。"

【集解】

徐鍇《説文繫傳》："臣鍇曰：'薦下籍以進之也。'"

王筠《説文句讀》："《墨子》'其'皆作'亓'。其，古文箕，是以謂之同也。"

朱駿聲《説文定聲》："丌者，上平而有足。"

徐灝《説文注箋》："'丌'與'几'形、聲、義皆相近，疑本一字。因筆迹小變而岐而二之。"

饒炯《説文部首訂》："丌以薦物，器常在下，故云'下基'也。象立之形。下對視，而四足見其二；上對視，而平面視爲一。"

【同部字舉例】

典 _丌 diǎn　五帝之書也。从册在丌上，尊閣之也。莊都説："典，大册也。"_竹，古文典，从竹。多殄切。○甲文 𢍂 、𤇾 、𦥯 、𦥑 　金文 𢍏 、典、𢌳 、𢍍 、𢍇 、𢍊 　端銑上　端文

畁 _畀 bì　相付與之，約在閣上也。从丌，由（fú）聲。必至切。○金文 𢌘 　幫至去　幫脂

巽 _𢍍 xùn　具也。从丌，㔾聲。𢍌 ，古文巺。𢍐 ，篆文巺。蘇困切。○心慁去　心元

奠 𡔉 diàn　　置祭也。从酋，酋，酒也。下其丌也。《禮》有奠祭者。堂練切。○甲文 𡔉、𡕛、𡕟、𡕟、𡕟　金文 𡕟、𡕟、𡕟、𡕟、𡕟　定霰去　定真

左 𢺵 ¹⁴⁶ zuǒ　甲文 𠂇、𠂇　金文 𢼄、𢽼、𢽼　則個切　精弇開　一上　精歌（99/94；200/202）

𠂇手相左也此句大徐本作"手相左助也"^{〔一〕}。从𠂇、工^{〔二〕}。凡左之屬皆从左。

【譯文】

用左手幫助。由"𠂇、工"構成。凡是和"左"義有關的字都以"左"爲構件。

【段注】

〔一〕各本俱誤①，今正。"左"者，今之"佐"字。《説文》無"佐"也。"𠂇"者，今之"左"字。𠂇部曰："左手也。"謂左助之手也，以手助手是曰"左"，以口助手是曰"右"。　〔二〕工者，左助之意。則箇切。十七部（歌）。

【疏義】

①徐鍇《説文繫傳》："左，手左相佐也。從𠂇、工。"

【集解】

王筠《説文釋例》："今之'左右'，《説文》作'𠂇又'。今之'佐佑'，《説文》作'左右'。"

朱駿聲《説文定聲》："𠂇亦聲。𠂇手，所以助又手者也。"

徐灝《説文注箋》："右順而左逆，故事之相牾曰'左'。"

饒炯《説文部首訂》："𠂇以扶又，因以𠂇爲助，'左'則加'工'以別之。'工'下説：'巧飾也。'凡飾，非人所固有，亦輔助意，故从𠂇加'工'，而爲助義專字。"

董蓮池《部首新證》："甲骨文寫作 𠂇（《甲骨文編》126頁），以左手表方位之'左'，也表示佐助之'佐'。而以右手之象形 𠂇 表示方位之'右'、祐助之'祐'。𠂇有時也寫作 𠂇，故'左'（或佐）'右'（或祐）二詞在字形上常混同莫辨。西周時，開始加'工'旁作爲'左'字的標誌，既

表方位之‘左’，也表佐助之‘佐’。後增‘人’旁別爲佐助之‘佐’，專以‘左’表方位之‘左’。”

【同部字舉例】

差𢀩 chā/chāi　貳也，差不相值也。从左从𠂹。𢀩，籒文差从二。初牙切，又楚佳切。〇金文□、□、□、□　初麻平　初歌

工 工

147 gōng　甲文工、工　金文工、工、工　古紅切　見東合一平　見東（100/95；201/203）

巧飾也[一]。**象人有規榘**（同“矩”）大徐本有“也”[二]。**與巫同意**[三]。**凡工之屬皆从工。𢒄，古文工，从彡。**

【譯文】

善於修飾。字象人持規矩之形。和“巫”字的構意相同。凡是和“工”義有關的字都以“工”爲構件。𢒄，古文“工”字，以“彡”爲構件。

【段注】

［一］飾、拭古今字。又部曰：“㕞，飾也。”巾部曰：“飾，㕞也。”聿部曰：“𦘔（jīn），聿飾也。”彡部曰：“彡，毛飾畫文也。”皆今之“拭”字也。此云“巧飾也”者，依古文作𢒄爲訓，彡者，飾畫文。巧飾者，謂如㚒（néi）人施廣領大袖，以仰涂而領袖不污是也，惟埶於規榘，乃能如是①。引申之凡善其事曰工，見《小雅》毛傳②。　［二］直中繩，二平中準，是規榘也。　［三］𢒄有規榘，而彡象其善飾。巫事無形，亦有規榘，而㚇象其兩褎③，故曰“同意”。凡言“某與某同意”者，皆謂字形之意有相似者。古紅切。九部（東、冬）。

【疏義】

①㚒：涂，涂抹，“㛼”的異體。埶：“熟”的古字。　②《詩經・小雅・楚茨》：“工祝致告。”毛傳：“善其事曰工。”　③褎：“袖”的古字。

【集解】

徐鍇《説文繫傳》：“爲巧必遵規榘、法度，然後爲工，否則，目巧也。巫事無形，失在於詭，亦當遵規榘，故曰‘與巫同意’。明巫字暗與‘工’同意，字不從‘工’也。”

朱駿聲《説文定聲》：“此字于六書爲指事，横即句，豎即股，凡工之

事，一規矩盡之。圓出于方，方出于榘，榘之法，一句股盡之，巨字从此。”

徐灝《説文注箋》：“此字形蓋象爲方之器。《周髀算經》曰：‘圜出於方，方出於矩。’是矩爲諸形之本，故造字象之也。”

黄天樹《部首與甲骨文》：“甲骨文作工，象古代工匠用的一種‘工’形尺，應該就是原始的‘矩’（和後來的曲尺的矩不同）……西周金文‘矩’字作𢀜，確作人手持‘工’之形。可以看出，‘工’是一種原始的矩。”

董蓮池《部首新證》：“甲骨文寫作工、工諸形（《甲骨文編》207 頁），近時學者根據考古資料研究認爲本上古巫者施行巫術時用以指畫方圓、掌握天地的一種法器的象形。後逐漸引申而有工作、工巧、法式、擅長等義。”

【同部字舉例】

式式 shì　法也。从工，弋聲。賞職切。○書職入　書職

巧巧 qiǎo　技也。从工，丂聲。苦絞切。○溪巧上　溪幽

巨巨 jù　規巨也。从工，象手持之。榘，巨或从木、矢。矢者，其中正也。𢀜，古文巨。其吕切。○金文𢀜、𢀜、𢀜、𢀜、𢀜　羣語上　羣魚

㠭 㠭 148 zhǎn　知衍切　知獮開三上　端元（100/95；201/203）

極巧視之也[一]。从四工[二]。凡㠭之屬皆从㠭。

【譯文】

仔細觀察。由四個“工”構成。凡是和“㠭”義有關的字都以“㠭”爲構件。

【段注】

[一]“工”爲巧，故四“工”爲極巧。極巧視之，謂如離婁之明①，公輸子之巧②，既竭目力也。凡展布字當用此，“展”行而“㠭”廢矣。《玉篇》曰：“㠭，今作展。”③　[二]知衍切。十四部（元）。

【疏義】

①離婁：古代傳説視力極好的人，能視於百步之外，見秋毫之末。《孟子·離婁上》趙岐注：“離婁者，古之明目者，蓋以爲黄帝之時人

也。”　②公輸子:公輸般,即魯班,春秋戰國之際魯國人,著名的木匠。
③《玉篇》珡部:“珡,知輦切。極巧視之也,今作展。”

【集解】

徐鍇《説文繫傳》:“珡……按:《周禮·考工》云‘展角之道’,展,察視也,四工同視也。”

王筠《説文句讀》:“小徐以經典中展視義屬之‘珡’是也。尸部‘展,轉也’,無視義。《玉篇》:‘珡,今作展。’”

朱駿聲《説文定聲》:“字亦作‘揌’。《廣雅·釋訓》:‘揌,擑展極也。’按:展視、展布字經傳皆以‘展’爲之。”

徐灝《説文注箋》:“珡者,極工巧之義,故从四工。引申之凡用力多者亦曰‘珡’……展布之義乃從展衣而引申之。《玉篇》誤合爲一,而段襲其繆。”

饒炯《説文部首訂》:“説解‘視’當作‘飾’,‘工’下説‘巧飾也’,篆从四工,正會其極巧飾之意。世稱物之好者曰‘珡一’,即是此字,蓋物極則一。”

林義光《文源》:“工爲巧,故四工爲極巧,此望文生訓,實非本義。疑即‘塞、展’之偏旁,不爲字。”

【同部字舉例】

窫（窫）sè　窒也。从珡从廾,窒宀中。珡,猶齊也。鮇則切。○金文（窫）　心德入　心職

巫 巫

149　wū　甲文卅、卅　金文卅　武扶切　明虞合三平　明魚（100/95;201/203）

巫大徐本無“巫”字祝也[一]。女能事無形,以舞降神者也[二]。象人网褒（同“袖”）舞形[三]。與工同意[四]。古者巫咸初作巫[五]。凡巫之屬皆从巫。 靈 ,古文巫[六]。

【譯文】

巫祝。能夠事奉無形的神靈,通過舞蹈使神靈降臨的女人。字象人兩袖舞動之形。與“工”字的構意相同。古時巫咸首先發明了巫術。凡是和“巫”義有關的字都以“巫”爲構件。 靈 ,是古文“巫”字。

【段注】

［一］依《韻會》本，三字一句①。按："祝"乃"覡(xí)"之誤，巫、覡皆巫也，故"覡"篆下總言其義②。示部曰："祝，祭主贊辭者。"《周禮》祝與巫分職③。二者雖相須爲用，不得以"祝"釋"巫"也。　［二］無、舞皆與"巫"疊韻。《周禮》"女巫無數""旱暵則舞雩"④。許云能以舞降神，故其字象舞褎。　［三］謂[illegible]也。太史公曰："韓子稱長袖善舞。"不言"从工"者，工，小篆也，巫，小篆之仍古文者也，古文不从小篆也。不言"工象人有規榘"者，已見上文"工"下矣。"式、巧"何以从"工"？"式、巧"之古文本从⿰工彡也。"巨"何以从"工"也？"巨"下云"从工"，猶云"象規榘"也。　［四］此當云"與⿰工彡同意"，説見"工"下⑤。武扶切。五部(魚、鐸)。　［五］蓋出《世本·作篇》。《君奭》曰："在大戊，時則有……巫咸乂王家。"⑥《書序》曰："伊陟相大戊，伊陟贊于巫咸。"馬云："巫，男巫，名咸，殷之巫也。"鄭云："巫咸謂爲巫官者。"⑦《封禪書》曰："伊陟贊巫咸，巫咸之興自此始。"謂巫覡自此始也。或云大臣必不作巫官，是未讀《楚語》矣⑧。賢聖何必不作巫乎？［六］筮之小篆从此。

【疏義】

①《韻會舉要》虞韻："巫，《説文》：'巫，祝也。女能事無形以舞降神也。象人兩褎舞形，與工同意。古者巫咸初作巫。'"　②《説文》巫部："覡，能齋肅事神明也。在男曰覡，在女曰巫。"　③《周禮·春官宗伯》中有大祝、小祝、喪祝、甸祝、詛祝和司巫、男巫、女巫等。　④《周禮·春官宗伯·司巫》："男巫無數，女巫無數。"《周禮·春官宗伯·女巫》："旱暵(hàn)則舞雩(yú)。"鄭玄注："使女巫舞旱祭，崇陰也。"旱暵：乾旱。暵，乾枯。舞雩：古代爲求雨舉行的伴有樂舞的祭祀。雩，爲祈雨舉行的祭祀。　⑤《説文》工部："工，巧飾也。象人有規榘。與巫同意。"《段注》："⿰工彡有規矩，而'彡'象其善飾。巫事無形，亦有規矩，而[illegible]象其兩褎，故曰'同意'。凡言'某與某同意'者，皆謂字形之意有相似者。"　⑥《尚書·君奭》："在太戊，時則有若伊陟、臣扈，格于上帝；巫咸乂王家。"孔安國傳："(太戊)太甲之孫。伊陟、臣扈

率伊尹之職,使其君不隕祖業,故至天之功不隕。巫咸治王家,言不及二臣。”　⑦《尚書·咸有一德》:“伊陟相太戊,亳有祥,桑穀共生于朝,伊陟贊于巫咸,作《咸乂》四篇。”孔安國傳:“伊陟,伊尹子。太戊,沃丁弟之子……贊,告也。巫咸,臣名。皆亡。”《經典釋文》:“咸,馬云:‘巫,男巫也,名咸,殷之巫也。’”孔穎達正義:“《君奭》傳曰:‘巫,氏也。’當以巫爲氏,名咸。此言‘臣名’者,言是臣之名號也。鄭玄云‘巫咸,謂之巫官’者,案《君奭》咸子又稱,賢父子並爲大臣,必不世作巫官,故孔言‘巫,氏’是也。”馬:指東漢學者馬融,曾爲《尚書》《周易》《毛詩》等作注。　⑧《史記·封禪書》:“太戊修德,桑穀死,伊陟贊巫咸,巫咸之興自此始。”司馬貞索隱:“案《尚書》,巫咸殷臣名,伊陟贊告巫咸。今此云‘巫咸之興自此始’,則以巫咸爲巫覡。然《楚詞》亦以巫咸主神,蓋太史公以巫咸是殷臣,以巫接神事,太戊使禳桑穀之災,所以伊陟贊巫咸,故云‘巫咸之興自此始’也。”《楚辭·離騷》:“巫咸將夕降兮。”王逸注:“巫咸,古神巫也,當殷中宗之時。降,下也。”

【集解】

　　徐灝《說文注箋》:“古者百工皆有職業,在官故統偁‘臣工’。‘巫’字從‘工’,此其義也。依許書通例,當有‘從工’二字,而不必云‘與工同意’。蓋後人不知從工之義,妄爲增竄也。工部云‘與巫同意’,恐亦由是而併增之。又⚏象兩褎舞,亦似未確,疑從古文省。”

　　董蓮池《部首新證》:“字見甲骨文,本作╅(《甲骨文編》207頁),取象巫者所用法器(參見‘工’條新證)。”

【同部字舉例】

　　覡覡 xí 能齋肅事神明也。在男曰覡,在女曰巫。從巫從見。胡狄切。○匣錫入　匣錫

甘 日 150 gān 甲文 日、日　古三切　見談開一平　見談
　　　　　　(100/95;202/204)

美也[一]。從口含一。一,道也[二]。凡甘之屬皆從甘。

【譯文】

美味。以"口"作爲構件,其中含"一"。一,代表味道。凡是和"甘"義有關的字都以"甘"爲構件。

【段注】

[一]羊部曰:"美,甘也。"甘爲五味之一,而五味之可口皆曰"甘"。　[二]食物不一,而道則一,所謂味道之腴也①。古三切。古音在七部(侵、緝)。

【疏義】

①腴:肥美,豐厚。

【集解】

王筠《説文釋例・存疑》:"(甘)竊恐是以會意定指事字,'口'是意,'一'則所含之物也,物則當屬形。而曰'指事'者,甘乃味也,味無形,故屬事。不定爲何物,故以'一'指之,甘爲人所嗜,故含之口中,咀味之也。"

朱駿聲《説文定聲》:"會意兼指事,與'音'同意。按:甘者五味之美,一者,味也。"

徐灝《説文注箋》:"從口,含一,指事。人莫不飲食也,鮮能知味也,是故飲食也,而道存焉,故曰'一,道也'。"

饒炯《説文部首訂》:"篆從口含一,以指其事。一下説道立於一,夫一固道也,從一在口,非如其味在口乎? 今人言物適口,猶曰'味道'是矣。"

黄天樹《部首與甲骨文》:"甲骨文作 ᗑ,表示口含'一'物。'一'象嘴巴中所含甜美之物。"

董蓮池《部首新證》:"甲骨文寫作 ᗑ、ᗒ 諸形(《甲骨文編》208頁),篆與之同。從'口','一'指口中所食,口中所食一般總是甘美的,故指之以表甘美義。"

【同部字舉例】

昍甜 tián　美也。從甘從舌,舌知甘者。徒兼切。○昍:同"甜"。定添平　定談

甚是 shèn　尤安樂也。從甘從匹,耦也。匸,古文甚。常枕切。○金文 ᗧ　禪寢上　禪侵

旨🖋 151 zhǐ 甲文🖋、🖋、🖋、🖋　金文🖋、🖋、🖋、🖋　職雉切　章旨開三上　章脂（101/96；202/204）

美也[一]。从甘，匕聲[二]。凡旨之屬皆从旨。🖋，古文旨[三]。

【譯文】

味美。以“甘”爲意符，“匕”爲聲符。凡是和“旨”義有關的字都以“旨”爲構件。🖋，是古文“旨”字。

【段注】

[一]疊韻。今字以爲意恉字。　[二]職雉切。十五部（脂、微、物、月）。　[三]从千、甘者，謂甘多也。

【集解】

饒炯《説文部首訂》：“‘旨’即‘脂’之本字。”

王筠《説文句讀》：“（🖋）此非从千、甘也，古文不論反正。《齊侯鎛鐘》作🖋，與此相似，知是从人、甘，謂人所甘也。”

朱駿聲《説文定聲》：“🖋……古文从舌，含一，指事，與‘甘’同意。”

林義光《文源》：“旨、匕不同音。古作🖋、作🖋，象以匕入口形。”

李孝定《甲骨文字集釋》：“🖋，从匕扱物，口味之而甘也，是从匕从口會意。”

董蓮池《部首新證》：“字見甲骨文，寫作🖋、🖋諸形（《甲骨文編》217頁），偶或作🖋（羅振玉《殷墟書契后編》下1.4）。西周金文寫作🖋（匽侯旨鼎）、🖋（伯旅魚父匜）、🖋（史季良父壺）。由甲骨金文來看，以从‘口’者多……學者認爲‘旨’本从‘口’，‘口’中所加一點乃後來之衍變。”

【同部字舉例】

嘗🖋 cháng　口味之也。从旨，尚聲。市羊切。〇金文🖋、🖋、🖋、🖋、🖋　禪陽平　禪陽

曰🖋 152 yuē 甲文🖋、🖋、🖋　金文🖋、🖋、🖋　王伐切　雲月合三入　匣月（100/95；202/204）

詞也[一]。从口、乚。“乚”大徐本作“乙聲”，“象”前有“亦”

字象口气出也[二]。凡曰之屬皆从曰。

【譯文】

語助詞。由"口、乚"構成，"乚"象口中的氣流流出。凡是和"曰"義有關的字都以"曰"爲構件。

【段注】

[一]詞者，意内而言外也，有是意而有是言，亦謂之"曰"，亦謂之"云"。云、曰雙聲也。《釋詁》："粤、于、爰，曰也。"①此謂《詩》《書》古文多有以"曰"爲"爰"者，故粤、于、爰、曰四字可互相訓，以雙聲疊韻相假借也。　　[二]各本作"从口，乙聲，亦象口气出也"②，非是。《孝經音義》曰："从乙，在口上，'乙'象氣，人將發語，口上有氣。"③今據正。王伐切。十五部（脂、微、物、月）。

【疏義】

①《爾雅·釋詁》："粤、于、爰，曰也。"　②大徐本《説文》："曰，詞也。从口，乙聲。亦象口气出也。"　③《孝經·開宗明義章》："子曰：'先王有至德要道。'"《經典釋文》："子，孔子也。古者稱師曰'子'。曰，語辭也，從乙在口上，'乙'象氣，人將發語，口上有氣，故曰字缺上也。"

【集解】

黃天樹《部首與甲骨文》："甲骨文作凵，在口形上加一短畫，表示嘴巴出聲説話。"

董蓮池《部首新證》："甲骨文寫作凵、凵諸形（《甲骨文編》208頁），表示人口發出聲氣，本義是言説……其字西周金文寫作凵，春秋以後寫作凵（《金文編》315、316頁），篆與之同，並不从'乙'聲。"

【同部字舉例】

曷 𦉞 hé　何也。从曰，匃聲。胡葛切。〇匣曷入　匣月

沓 𣲖 tà　語多沓沓也。从水从曰。遼東有沓縣。徒合切。〇定合入　定緝

曹 𣍘 cáo　獄之兩曹也。在廷東。从棘，治事者；从曰。昨牢切。〇甲文𣍘、𣍘　金文𣍘、𣍘、𣍘　從豪平　從幽

乃 ㄋ

153 nǎi　甲文 ㄋ、ㄋ、ㄋ　金文 ㄋ、ㄋ、ㄋ　奴亥切　泥海
開一上　泥之（100/95；203/205）

曳詞之難也[一]。**象气之出難也**大徐本無"也"字[二]。
凡乃之屬皆从乃。ㄋ，古文乃。ㄋ，籀文乃[三]。

【譯文】

言詞困難。字形象氣流難以流出的樣子。凡是和"乃"義有關的字都以"乃"爲構件。ㄋ，是古文"乃"字。ㄋ，是籀文"乃"字。

【段注】

[一]《玉篇》"詞"作"離"①，非也。上當有"者"字。"曳"有矯拂之意，曳其言而轉之，若"而"、若"乃"，皆是也，"乃"則其曳之難者也。《春秋·宣八年》："日中而克葬。"②《定十五年》："日下昃，乃克葬。"③《公羊傳》曰："'而'者何？難也；'乃'者何？難也。曷爲或言'而'，或言'乃'？'乃'難乎'而'也。"何注："言'乃'者內而深，言'而'者外而淺。"④按：乃、然、而、汝、若，一語之轉，故"乃"又訓"汝"也。
[二]气出不能直遂。象形。奴亥切。一部（之、職）。　　[三]三之以見其意。

【疏義】

①《玉篇》乃部："乃，奴改切。大也，往也。《説文》曰：'曳離之難也。'"　②《春秋·宣公八年》："雨，不克葬。庚寅，日中而克葬。"③《春秋·定公十五年》："丁巳，葬我君定公。雨，不克葬。戊午，日下昃，乃克葬。"　④《春秋·宣公八年》："冬十月己丑，葬我小君頃熊。雨，不克葬。庚寅，日中而克葬。"《春秋公羊傳·宣公八年》："'而'者何？難也；'乃'者何？難也。"何休注："言'乃'者內而深；言'而'者外而淺。"

【集解】

徐灝《説文注箋》："而，緩辭也；乃，急辭也。古或用爲轉語，或爲發語。"

朱駿聲《説文定聲》："乃，經史或以'廼'爲之。'廼'者，驚詞也，是爲假借，'乃、廼'得通焉。"

林義光《文源》："'乃'本義爲曳，假借爲詞之難，象曳引之形。"

朱芳圃《殷周文字釋叢》:"'乃'即'繩'之初文。"

屈萬里《小屯殷虚文字甲編考釋》:"ㄋ,其初誼當象斧柯之形。"

董蓮池《部首新證》:"字見甲骨文,寫作ㄋ、ㄋ諸形(《甲骨文編》210、211頁),或謂'扔'字初文,或謂'奶'字初文。'曳詞之難也'不是其本義。'象气之出難'之説是附會之談,不可從。"

【同部字舉例】

卥卥 réng　驚聲也。从乃省,西(《段注》作"卤")聲。籀文卥不省。或曰:卥,往也,讀若仍。卥,古文卥。如乘切。○甲文卥、卥、卥、卥　金文卥、卥、卥　日蒸平　日蒸

丂ㄋ 154 kǎo　甲文ㄋ、ㄋ、ㄋ　金文ㄋ、ㄋ、ㄋ　苦浩切　溪
晧開一上　溪幽(101/96;203/205)

气欲舒出。ㄋ(同"丩")上礙於一也[一]。丂,古文以爲亏(同"于",氣之舒)字[二],又以爲巧字[三]。凡丂之屬皆从丂。

【譯文】

氣流緩慢地流出。字形象氣流ㄋ被其上"一"阻擋的樣子。丂,古文中被借作"亏"字,又借作"巧"字。凡是和"丂"義有關的字都以"丂"爲構件。

【段注】

[一]ㄋ者,气欲舒出之象,一其上,不能徑達。此釋字義而字形已見,故不別言形也。苦浩切。古音在三部(幽、覺)。　[二]"亏"與"丂"音不同而字形相似,字義相近,故古文或以"丂"爲"亏"[1]。

[三]此則同音假借。

【疏義】

[1]亏:今作"于"。徐灝《説文注箋》:"古文以形近相借,乃假借之又一例。如以'中'爲'艸',以'丂'爲'亏'之類是也。"意同。

【集解】

饒炯《説文部首訂》:"'考'之本字即'丂'也。"

林義光《文源》:"'丂'古作ㄋ,引也。从一,而ㄋ引之。《方言》:

‘考,引也。’”

　　王筠《説文釋例》:“丂,古人借爲‘于’字者,乃借其義而爲于嗟之‘于’也。又以爲‘巧’字者,則以聲借用,義全無涉矣。”

　　朱駿聲《説文定聲》:“丂象气形。一,指事。”

　　黄天樹《部首與甲骨文》:“甲骨文作ㄅ,象枝柯之形。甲骨文‘斤’字作ㄅ,如果去掉象斤頭的部分,剩下的部分正象斧柯之形。”

　　董蓮池《部首新證》:“甲骨文寫作ㄋ、ㄟ諸形(《甲骨文編》211頁),與甲骨文ㄐ(斤)所从的ㄔ形同。而ㄔ則是斧斤之‘柯’(柄)的象形,故‘丂’即‘柯’之初文。”

【同部字舉例】

　　寧䔿 nìng　願詞也。从丂,寍聲。奴丁切。○甲文𡩋、𡩋、𡩋、𡩋　金文𡩋、𡩋、𡩋　泥徑去　泥耕

　　乞ㄟ hē　反丂也。讀若呵。虎何切。○甲文ㄟ、ㄟ、ㄋ、卜　曉歌平　曉歌

可　155 kě　甲文ㄎ、ㄖ、可　金文可、可、可　肯我切　溪哿開一上　溪歌(101/96;204/206)

　　肎(kěn,“肯”的古字)大徐本作“宿”也[一]。从口、乞(hē,氣行通暢)[二],乞亦聲[三]。凡可之屬皆从可。

【譯文】

　　肯許。由“口、乞”構成,“乞”也是聲符。凡是和“可”義有關的字都以“可”爲構件。

【段注】

　　[一]肎者,骨閒肉肎肎箸也,凡中其肎綮(qīng)曰“肎”①。可、肎雙聲。　[二]口气舒。　[三]肯我切。十七部(歌)。

【疏義】

　　①肎:今作“肯”。《説文》肉部:“肎,骨閒肉肎肎箸也。”《段注》:“肎肎,附著難解之皃。”箸:義同“著”。綮:筋骨結合處。

【集解】

　　桂馥《説文義證》:“《詩·終風》:‘惠然肯來。’箋云:‘肯,可也。’”

朱駿聲《説文定聲》:"可者,通許之詞。"

林義光《文源》卷十:"可,歌韻……按:古作可,作可,从口、丂。與'号'同意,當爲'訶'之古文,大言而怒也。"

李孝定《甲骨文字集釋》:"契文'可'字,實象枝柯之形。"

董蓮池《部首新證》:"甲骨文寫作可(《甲骨文編》214頁),西周金文寫作可(師麶簋),用爲可否之'可'。篆文形體與之一脈相承。其所从'丂'乃'柯'(斧斤柄)之初文,僅表字的讀音,許慎以會意兼形聲説'可'之構形不確。"

【同部字舉例】

奇 奇 qí　異也。一曰:不耦。从大从可。渠羈切。○羣支平　羣歌

哿 𣢐 gě　可也。从可,加聲。《詩》曰:"哿矣富人。"古我切。○見哿上　見歌

哥 哥 gē　聲也。从二可。古文以爲謌字。古俄切。○見歌平　見歌

兮 兮　156　xī　甲文 𠔃、𠔃、𠔃　金文 𠔃、𠔃　胡雞切　匣齊開四平　匣支(101/96;204/206)

語所稽也[一]。**从丂**(kǎo,氣欲舒貌)**、八,象气越亏**(同"於",氣呼出貌)**也**[二]。**凡兮之屬皆从兮。**

【譯文】

表停頓的語氣詞。由"丂、八"構成,"八"象氣流上揚的樣子。凡是和"兮"義有關的字都以"兮"爲構件。

【段注】

[一]兮、稽疊韻。稽部曰:"留止也。"語於此少駐也,此與"哉,言之閒也"相似①。有假"猗"爲"兮"者,如《詩》"河水清且漣猗"是也②。

[二]越、亏皆揚也,"八"象气分而揚也③。胡雞切。十六部(支、錫)。

【疏義】

①《説文》稽部:"稽,留止也。"《段注》:"凡稽留則有審慎求詳之意,故爲稽考。"《説文》口部:"哉,言之閒也。"　②《詩經·魏風·伐檀》:"坎坎伐檀兮,寘之河之干兮,河水清且漣猗。"猗:義同"兮"。

③《説文》兮部:"兮,於也。象气之舒兮。从丂从一,一者,其气平也。"王筠《説文句讀》:"越,越揚也。兮,舒兮也。"

【集解】

饒炯《説文部首訂》:"'兮'爲審慎之詞,與'只'同意。"

朱駿聲《説文定聲》:"兮,古亦多以'也'字、'殹'字爲之。"

孔廣居《説文疑疑》:"兮,詩歌之餘聲也。"

林義光《文源》:"'兮'與'稽'同音,當即鉤稽本字。从八、丂。八,分也;丂,引也。凡稽覈(hé)者區分而紬(chōu)引之,故从八、丂。古作兮,同。"稽覈:檢驗,查核。

董蓮池《部首新證》:"甲骨文寫作𠔃、𠔃、𠔃、𠔃諸形(《甲骨文編》215頁),並不从'八',用作地名與時間詞。到西周金文,上部纔漸譌爲'八'形,而有兮形'兮'字(兮仲簋),初文本象某一種物形,用作語詞當爲後來之假借。"

【同部字舉例】

羲　羲 xī　气也。从兮,義聲。許羈切。○甲文 羲　曉支平　曉歌

乎　乎 hū　語之餘也。从兮,象聲上越揚之形也。户吴切。○甲文 𠂆、𠂆、𠂆、𠂆、𠂆、𠂆、𠂆、𠂆　金文 𠂆、𠂆、乎、𠂆、屯　匣模平　匣魚

号 号　157 hào/háo　胡到切　匣号開一去　匣宵(101/96;204/206)

痛聲也[一]**。从口在丂**(kǎo,氣欲舒貌)**上**[二]**。凡号之屬皆从号。**

【譯文】

痛哭聲。由"口、丂"構成,"口"在"丂"上。凡是和"号"義有關的字都以"号"爲構件。

【段注】

[一]号,嗁(tí)也,凡嗁號字古作"号"。口部曰:"嗁,号也。"今字則"號"行而"号"廢矣①。　[二]"丂"者,气舒而礙。雖礙而必張口出其聲,故"口"在"丂"上,号咷(táo)之象也②。胡到切。二部(宵、藥)。按:當讀平聲。

【疏義】

①《説文》号部:"號,呼也。"《段注》:"號嘑者,如今云高叫也。引申爲名號,爲號令。" ②徐鍇《説文繫傳》:"亏者,痛聲不舒揚也。"

【集解】

徐灝《説文注箋》:"'亏'當爲聲。"

王筠《説文句讀》:"號,號令也,召也。号,哭痛聲也。"

朱駿聲《説文定聲》:"号,經傳皆以'號'爲之。"

林義光《文源》:"亏,引也。口引聲而号,故从口、亏。"

董蓮池《部首新證》:"此是下'號'字的簡化形體。"

【同部字舉例】

號 𗊆 háo 呼也。从号从虎。乎刀切。○金文 虖、虖、虖、虖 匣豪平 匣宵

亏 亏 158 yú 甲文 亏、亐、亐、亐、亐 金文 亐、亐、亐、亐、亐、亐 羽俱切 雲虞合三平 匣魚(101/96;204/206)

於也[一]。象气之舒亏(同"於",氣舒貌)。从丂从一。一者,其气平大徐本有"之"也[二]。凡亏之屬皆从亏。

【譯文】

義同語詞"於"。字形象氣流舒出的樣子。由"丂、一"構成。一,表示氣流平緩。凡是和"亏"義有關的字都以"亏"爲構件。

【段注】

[一]"於"者,古文"烏"也。"烏"下云:"孔子曰:'烏,亏呼也。'取其助气,故以爲烏呼。"①然則以"於"釋"亏",亦取其助气。《釋詁》、毛傳皆曰:"亏,於也。"②凡《詩》《書》用"亏"字,凡《論語》用"於"字,蓋"于、於"二字在周時爲古今字,故《釋詁》、毛傳以今字釋古字也。凡言"於"皆自此之彼之詞,其气舒于。《檀弓》:"易則易,于則于。"③《論語》:"有是哉,子之于也。"④"于"皆廣大之義。《左傳》:"于民生之不易。"杜云:"于,曰也。"⑤此謂假"于"爲"曰",與《釋詁》"于,曰也"合⑥。 [二]气出而平,則舒于矣。羽俱切。五部(魚、鐸)。按:今音于,羽俱切;於,央居切;烏,哀都切。古無是分別也。自

周時已分別"於"爲屬辭之用⑦,見於羣經、《爾雅》,故許仍之。

【疏義】

①《説文》烏部:"烏,孝鳥也。象形。孔子曰:'烏,盰呼也。'取其助气,故以爲烏呼……𤸰,古文烏,象形。𠁥,象古文烏省。" ②《爾雅·釋詁》:"爰、粵、于、那、都、繇,於也。"《詩經·邶風·燕燕》:"之子于歸,遠送于野。"毛傳:"于,於也。" ③舒于:舒揚。《禮記·檀弓下》:"諸侯之來辱敝邑者,易則易,于則于。"鄭玄注:"'易'謂臣禮,'于'謂君禮。""諸侯"三句大意:諸侯國來我國弔唁,若是臣來則行簡易之禮;若是君來則行複雜之禮。于:擴大。 ④《論語·子路》:"子路曰:'有是哉,子之迂也!'"《經典釋文》:"迂,音'于'。包云:遠也。鄭本作'于',往也。" ⑤引文見《春秋左傳·宣公十二年》。 ⑥《爾雅·釋詁》:"粵、于、爰,曰也。" ⑦屬辭:助詞。

【集解】

饒炯《説文部首訂》:"'于'即'籲'之古文。"

王筠《説文釋例》:"'于'當爲'籲'之古文。"

林義光《文源》:"'于'爲詞,此依聲假借。其本義當爲紆曲,古作'亏'……'二'象徑直,'丿'象紆曲,以'二'之直見'丿'之曲也。今字多以'紆'、以'迂'爲之。"

董蓮池《部首新證》:"甲骨文所見寫作亍、𠤏、�諸形(《甲骨文編》217 頁),表示語言中的虛詞'于'。它是采用把'竽'的象形文進行局部截除的方式造出來的一個字。'竽'的象形文寫作�、�諸形(《甲骨文編》740 頁),進行局部截除,最初保留其中的�、𠤏部分,讓它表示語言中的虛詞'于',後來又對�、𠤏加以簡化,減掉𠂋形筆畫,只保留亍形。"

【同部字舉例】

虧𧇽 kuī 气損也。从亏,虗(hū)聲。𧇼,虧或从兮。去爲切。○溪支平　溪歌

粵𥁋 yuè 亏也。審慎之詞者。从亏从寀。《周書》曰:"粵三日丁亥。"王伐切。○金文𥁋　雲月入　匣月

平𠀬 píng 語平舒也。从亏从八。八,分也。爰禮(西漢學者,

沛人)説。𠀒,古文平如此。符兵切。〇金文𠀒、𠀒、𠀒、𠀒、𠀒、𠀒、
𠀒、𠀒　並庚平　並耕

喜 喜

159 xǐ　甲文𠀒、𠀒、𠀒　金文𠀒、𠀒、𠀒、𠀒　虛里切
曉止開三上　曉之(101/96;205/207)

樂(yuè)也[一]。从壴(zhù,鼓架)从口[二]。凡喜之
屬皆从喜。𠀒大徐本作"𠀒",古文喜,从欠[三],與
歡同[四]。

【譯文】

　　快樂。由"壴、口"構成。凡是和"喜"義有關的字都以"喜"爲構
件。𠀒,是古文"喜"字,以"欠"爲構件,與"歡"字的構意相同。

【段注】

　　[一]樂者,五聲八音總名①。《樂記》曰:"樂(yuè)者,樂(lè)
也。"②古"音樂"與"喜樂"無二字,亦無二音。　　[二]"壴"象陳樂立
而上見。从口者,"笑"下曰"喜也",聞樂則笑,故从壴从口會意。虛
里切。一部(之、職)。　　[三]蓋古文作"欨",轉寫誤耳。　　[四]"同"
下當有"意",謂皆从"欠"也。

【疏義】

　　①五聲:古代音樂中的五種音階:宮、商、角、徵(zhǐ)、羽。八音:
指金、石、絲、竹、匏、土、革、木八種不同材料所製的樂器。　　②《禮
記·樂記》:"故曰:'樂者,樂也。'""夫樂者,樂也,人情之所不能
免也。"

【集解】

　　桂馥《説文義證》引《御覽》:"不言而説曰'喜'。"

　　朱駿聲《説文定聲》:"聞樂則樂,故从'壴';樂形于譚笑,故从
'口'。"

　　董蓮池《部首新證》:"甲骨文寫作𠀒、𠀒,从𠀒、𠀒諸形,隸寫作
'壴',爲'鼓'之初文,喜慶必有鼓,故从'壴',其下加區別符號'口'與
'壴'相別造爲'喜'字。"

【同部字舉例】

憙　**憙**　xǐ　説也。从心从喜,喜亦聲。許記切。○曉志去　曉之

嚭　**嚭**　pǐ　大也。从喜,否聲。《春秋傳》吳有太宰嚭(即伯嚭,吳太宰)。匹鄙切。○滂旨上　滂之

壴　**壴**　160　zhù　甲文 🐚、🐚、🐚、🐚、🐚　金文 🐚、🐚　中句切
知遇合三去　端侯(102/97;205/207)

陳樂立而上見也[一]。**从中**、大徐本有"从"**豆**[二]。**凡壴之屬皆从壴。**

【譯文】

鼓樂架子直立而其上的飾物可見。由"中、豆"構成。凡是和"壴"義有關的字都以"壴"爲構件。

【段注】

[一]謂凡樂器有虡(jù)者豎之①,其顛上出可望見,如《詩》《禮》所謂"崇牙"②,金部所謂"鎛鱗"也③。厂(hàn)部曰:"屵(yuè),岸上見也。"亦謂遠可望見。　　[二]豆者,豎也;豎,堅立也。豆有骹(qiāo)而直立④,故"侸(shù)、豎"从"豆"⑤,"壴"亦从"豆"。"中"者,上見之狀也,艸木初生則見其顛⑥,故从"中"。中句切。四部(侯、屋)。

【疏義】

①虡:古代鐘、鼓、磬等樂器架子兩邊的立柱。　②崇牙:懸掛編鐘、編磬等樂器的木架上所刻的鋸齒。《詩經·周頌·有瞽》:"崇牙樹羽。"樹羽:裝飾在崇牙上的五彩鳥羽。《禮記·明堂位》:"殷之崇牙,周之璧翣。"璧翣:樹在鐘鼓橫架兩角的扇狀裝飾物。　③《説文》金部:"鎛,鎛鱗也,鐘上橫木上金華也。"　④骹:器物的足。　⑤《説文》人部:"侸,立也。从人,豆聲,讀若樹。"𡰪部:"豎,豎立也。从𡰪,豆聲。"　⑥顛:頭頂,頂部。

【集解】

徐鍇《説文繫傳》:"壴,樹鼓之象,其上羽葆也。象形。"羽葆:古代儀仗的一種,柄頭以鳥尾爲飾,狀如蓋。

饒炯《説文部首訂》:"'壴'爲'鼓'之古文。"

林義光《文源》："'壴'象豆豐滿上出形,與'豈'同意。"

黃天樹《部首與甲骨文》："甲骨文作🎵,象鼓形。上部象插在鼓上的羽飾,下象鼓座,中間是鼓身。"

董蓮池《部首新證》："考甲骨文寫作🎵、🎵、🎵諸形(《甲骨文編》218、219 頁),上 屮 爲鼓之飾物,中 ⊡ 爲鼓面,下 △ 爲承鼓之架,乃'鼓'的象形字。"

【同部字舉例】

尌 🎵 shù　立也。从壴从寸,持之也。讀若駐。常句切。○金文 🎵　禪遇去　禪侯

鼜 🎵 qì　夜戒守鼓也。从壴,蚤聲。《禮》:昏鼓四通爲大鼓,夜半三通爲戒晨,旦明五通爲發明。讀若戚。倉歷切。○精錫入　清覺

彭 🎵 péng　鼓聲也。从壴,彡聲。薄庚切。○甲文🎵、🎵、🎵、🎵、🎵、🎵　金文🎵、🎵、🎵、🎵、🎵、🎵　並庚平　並陽

嘉 🎵 jiā　美也。从壴,加聲。古牙切。○金文🎵、🎵、🎵、🎵、🎵、🎵、🎵、🎵、🎵　見麻平　見歌

鼓 🎵 161 gǔ　甲文🎵、🎵　金文🎵、🎵、🎵、🎵、🎵、🎵　工户切
見姥合一上　見魚(102/97;206/208)

郭(蒙覆)也[一]。春分之音,萬物郭(蒙着,頂着)皮甲而出,故曰"曰"大徐本作"謂之"鼓(同"鼓")[二]。从壴[三],从中、又。中象垂飾,又象其手擊之也"从中"三句大徐本作"支象其手擊之也"[四]。《周禮》六鼓:靁鼓八面,靈鼓六面,路鼓四面,鼖(fén)鼓、皋鼓、晉鼓皆兩面[五]。凡鼓之屬皆从鼓。鼞,籀文鼓,从古"从古"大徐本作"从古聲"。

【譯文】

用皮蒙着的樂器。代表春分之音,各種草木頂着皮殼生出,所以叫做"鼓"。由"壴、中、又"構成。"中"象垂飾,"又"象鼓者之"手",作擊鼓之勢。《周禮》中有六種鼓:靁鼓有八面,靈鼓有六面,路鼓有四

面，鼖鼓、皋鼓和晉鼓均有兩面。凡是和“鼓”義有關的字都以“鼓”爲構件。𡔷，是籀文“鼓”字，以“古”爲構件。

【段注】

[一]“城𩫖”字俗作“郭”。凡外障内曰“郭”，自内盛滿出外亦曰“郭”。郭、廓正俗字，鼓、郭疊韻。　　[二]《風俗通》全用此説①。[三]鼓必有虡(jù)也②。　　[四]各本篆文作𡔷。此十四字作“从支，支象其手，擊之也”，今正。弓部“弢”下云：“从弓，从屮、又。屮，垂飾，與鼓同意。”則鼓之从屮憭然矣。“弢、鼓”皆从“屮”以象飾，一象弓衣之飾，一象鼓虡之飾也。皆从“又”，一象手執之，一象手擊之也。夢英所書、郭氏《佩觿》皆作“鼓”是也③。凡作“鼓”、作“鼓”(gǔ)、作“鼓”者皆誤也。从屮从又，非从𠬪(tāo)滑之“𠬪”④，後人謬删。弓衣之飾如紛綏是也，鼓虡之飾如崇牙樹羽是也。工戶切。五部(魚、鐸)。[五]六鼓，見《周禮·鼓人》。六面、四面、兩面，鄭與此同。

【疏義】

①應劭《風俗通義·聲音·鼓》：“鼓者，郭也，春分之音也。萬物郭皮甲而出，故謂之鼓。”　②虡：同“虡”，古代樂器架子兩邊的立柱。③夢英：宋代僧人，善書法。郭忠恕《佩觿(xī)》卷下：“鼓、鼓、鼓，上音古，鐘鼓，从𠬪。𠬪，他刀翻。从支从皮者，皆非也。”　④《説文》又部：“𠬪，滑也。《詩》云：‘𠬪兮達兮。’从又、屮。”

【集解】

徐灝《説文注箋》：“‘鼓’从壴从又，持半竹擊之，其始蓋專謂考擊之稱，後爲鼓聲之名，故又改‘支’从攴，爲敲擊之‘敲’，實一字耳。”

王筠《説文句讀》：“許不云‘革樂也’，似疏。”

朱駿聲《説文定聲》：“鼓，革樂也。从壴从又，手擊之也，會意。从屮，象垂飾，如崇牙樹羽之屬。”

林義光《文源》：“‘鼓’从‘喜’省，𠬪象手持枹形。”

黃天樹《部首與甲骨文》：“表示手持鼓錘擊鼓。”

董蓮池《部首新證》：“字見甲骨文，寫作𡔷、𡔷諸形(《甲骨文編》220頁)，左所从爲‘鼓’之象形，右是手持鼓槌之形，合起來表示鼓是一種擂擊發聲之樂。”

【同部字舉例】

鼖 𪔛 fén　大鼓謂之鼖。鼖八尺而兩面，以鼓軍事。从鼓，賁省聲。**鞼**，鼖、或从革，賁不省。符分切。○並文平　並文

鼙 𪔆 pí　騎鼓也。从鼓，卑聲。部迷切。○並齊平　並支

鼞 𪔵 tāng　鼓聲也。从鼓，堂聲。《詩》曰：“擊鼓其鼞。”土郎切。○透唐平　透陽

豈 豆 162　qǐ　墟喜切　溪尾開三上　溪微(102/97；206/208)

還師振旅樂也[一]。**一曰：欲**大徐本有“也”**登也**[二]。**从豆**[三]，**散**大徐本作“微”**省聲**[四]。**凡豈之屬皆从豈。**

【譯文】

軍隊凱旋時鼓舞士氣的軍樂。另有一説認爲：“豈”是希望升登的意思。以“豆”爲意符，以“散”的省形爲聲符。凡是和“豈”義有關的字都以“豈”爲構件。

【段注】

[一]《公羊傳》曰：“出曰祠兵，入曰振旅。”①《周禮‧大司樂》曰：“王師大獻，則令奏愷樂。”注曰：“大獻，獻捷於祖；愷樂，獻功之樂。鄭司農説。以《春秋》晉文公敗楚於城濮，《傳》曰：‘振旅，愷以入於晉。’”②按：經傳“豈”皆作“愷”。　[二]各本作“欲也、登也”，多也字，今删正。欲登者，欲引而上也。凡言“豈”者，皆庶幾之詞，言幾至於此也，故曰“欲登”。《曾子問》：“周公曰：‘豈不可。’”注：“言是豈於禮不可。”③按：此謂於禮近於不可也。《漢書‧丙吉傳》：“豈宜褒顯。”④猶言蓋庶幾宜褒顯也。周漢文字用“豈”同此者甚多，舉二事足以明矣。欠部有“欱”(jì)字，幸也⑤。《文王世子》注⑥、《孔廟禮器碑》有“顗”字⑦，意皆與“豈”相近，“顗”即“豈”之變也。“豈”本重難之詞，故引申以爲疑詞，如《召南》傳曰：“豈不，言有是也。”⑧後人文字言“豈”者，其意若今俚語之“難道”，是與《曾子問》《丙吉傳》二“豈”字似若相反，然其徘徊審顧之意一也。　[三]“豆”當作“壴省”二字。“豈”爲獻功之樂，“壴”者陳樂也。　[四]“散”各本作“微”，誤。今

依鉉本"散"下注語正⑨。墟豨切。十五部（脂、微、物、月）。按：鉉"豨"作"喜"，誤。

【疏義】

①《春秋公羊傳・莊公八年》："出曰祠兵，入曰振旅。其禮一也，皆習戰也。"何休注："禮：兵不徒使，故將出兵，必祠于近郊，陳兵習戰，殺牲饗士卒。"　②引文見《周禮・春官宗伯・大司樂》及鄭玄注。《春秋經・僖公二十八年》："夏四月己巳，晉侯、齊師、宋師、秦師及楚人戰于城濮，楚師敗績。"《左傳・僖公二十八年》："秋七月丙申，振旅，愷以入于晉。"杜預注："愷，樂也。"　③引文見《禮記・曾子問》及鄭玄注。　④《漢書・丙吉傳》："吉前使居郡邸時見其幼少，至今十八九矣，通經術，有美材，行安而節和。願將軍詳大議，參以蓍龜，豈宜襃顯，先使入侍。"⑤《說文》欠部："欳，幸也。"《段注》："幸者，吉而免凶也。"　⑥《禮記・文王世子》："反養老幼於東序，終之以仁也。"鄭玄注："大夫勤于朝，州里豔於邑是也。"《經典釋文》："豔，皇音'冀'。冀，及也。本又作'愷'，又作'駿'，亦作'騹'。"　⑦宋洪适《隸釋・漢魯相韓敕造孔廟禮器碑》："自天王以下，至於初學，莫不豔思，歎卬師鏡。"　⑧《詩經・召南・甘棠》："豈不夙夜。"毛傳："豈不，言有是也。"　⑨《說文》人部："散，妙也。从人从攴，豈省聲。"徐鉉等案："'豈'字从散省，'散'不應从豈省，蓋傳寫之誤。疑从耑省。耑，物初生之題，尚散也。"

【集解】

徐灝《說文注箋》："'豈'即古'愷'字。《爾雅・釋樂》：'愷，樂也。'乃字之本義。"

桂馥《說文義證》："'豈'或作'凱'，通作'愷'。愷樂，鼓吹之歌曲也。"

王筠《說文釋例》："'愷'即是'豈'也。"

朱駿聲《說文定聲》："豈，經傳皆以'愷'爲之。"

林義光《義源》："'豈'即'愷'之古文，樂也，象豆豐滿上出形。豆豐滿見之者樂，古作豈。"

胡小石《胡小石論文集三編》："彡爲鼓上飾物，擊鼓賀贏，故曰'還師振旅樂也'。"

【同部字舉例】

愷𢡃 kǎi　康也。从心、豈，豈亦聲。苦亥切。〇溪海上　溪微

豆豆 163 dòu　甲文🥣、🥣、🥣、🥣　金文🥣、🥣、🥣　徒候切
定候開一去　定候（102/97；207/209）

古食肉器也[一]**。从囗**[二]**，象形**[三]**。凡豆之屬皆从豆。𧯚，古文豆**[四]**。**

【譯文】

古代盛食肉的器具。以"囗"爲構件，象形。凡是和"豆"義有關的字都以"豆"爲構件。𧯚，是古文"豆"字。

【段注】

[一]《考工記》曰："食一豆肉，中人之食也。"①《左傳》曰："四升爲豆。"②《周禮·醢人》："掌四豆之食。"③　[二]音圍，象器之容也。[三]上"一"象幎（mì）也。《特牲》："籩（biān）巾以綌（xì），纁（xūn）裏。"④《士昏》："醯醬二豆，菹（zū）醢四豆，兼巾之。"⑤《士喪》籩豆用"布巾"是也⑥。下"一"象丌（jī）也，《祭統》注曰"鐙，豆下跗"是也⑦。"〢"象骹（qiāo）也。《祭統》曰："夫人薦豆執校。"校者，骹之假借字，注云"豆中央直者"是也⑧。豆柄一而已，兩之者，望之則兩也，畫繪之法也。《考工記》曰："豆中縣。"注"縣繩，正豆之柄"是也⑨。豆柄直立，故"豎、侸（shù）、豈"字皆从"豆"。徒候切。四部（侯、屋）。[四]鍇本如此作。《玉篇》亦曰："𧯚，古文。"⑩當近是。

【疏義】

①《周禮·冬官考工記·梓人》："食一豆肉，飲一豆酒，中人之食也。"　②《左傳·昭公三年》："齊舊四量：豆、區、釜、鍾。四升爲豆，各自其四，以登於釜。"　③《周禮·天官冢宰·醢人》："掌四豆之實。"《段注》引作"食"，疑誤。　④《儀禮·特牲饋食禮》："籩巾以綌也，纁裏。"幎：覆蓋物體的巾或幔。籩：古代祭祀和宴會時盛果品等的竹器。綌：粗葛布。纁：淺紅色。　⑤《儀禮·士昏禮》："醯醬二豆，菹醢四豆，兼巾之。黍稷四敦，皆蓋。"鄭玄注："兼巾之者，六豆共巾也。巾爲禦塵，蓋爲尚溫。"菹醢：肉醬。敦：古食器。尚溫：保溫。

⑥布巾：古代喪禮中用來覆蓋死者及祭器的布。《儀禮・士喪禮》：
"兩籩無縢，布巾。"鄭玄注："布巾，籩巾也。籩豆具而有巾，盛之也。"
⑦丌：薦物的器具，底座。《禮記・祭統》："執醴，授之執鐙。"鄭玄注：
"執醴，授醴之人授夫人以豆，則執鐙。鐙，豆下跗(fū)也。"醴：甜酒。
跗：物體的足部。　⑧骹：本指脛骨近腳處較細的部分，引申爲軸狀物
體較細的部分。《禮記・祭統》："夫人薦豆執校。"鄭玄注："校，豆中
央直者也。"　⑨《周禮・冬官考工記・瓬(fǎng)人》："器中膊，豆中
縣。"鄭玄注："縣，縣繩，正豆之柄。"　⑩徐鍇《説文繫傳》豆部："𣅀，
古文豆。"《玉篇》豆部："豆，徒鬪(dòu)切。量名。《説文》云：'古食
肉器也。'𣅀，古文。"

【集解】

　　王筠《説文釋例》："此字通體象形，'一'象所盛之物。古文𣅀，物
在豆腹之內。"

　　朱駿聲《説文定聲》："豆象器，上'一'象帳巾，'八'象骹，下'一'
象丌。古文象器中有實。"

　　林義光《文源》："'豆'全體象形，古作𣅀、作𣅀、作𣅀。"

　　黃天樹《部首與甲骨文》："甲骨文作𣅀，正象一種有高圈足的盛
食器。"

　　董蓮池《部首新證》："甲骨文寫作𣅀、𣅀、𣅀諸形(《甲骨文編》221
頁)，象豆形。西周金文寫作𣅀(豆閉簋)、𣅀(周生豆)，𣅀上多一橫
畫，當表其所盛。"

【同部字舉例】

　　梪梪 dòu　木豆謂之梪。从木、豆。徒候切。○定候去　定侯

豐 豐 164 𠀀　甲文 𧯆、𧯆、𧯆、𧯆、𧯆、𧯆　金文 𧯆、𧯆、𧯆、
　　　　　　　𧯆、𧯆　盧啟切　來薺開四上　來脂(102/97；208/210)

　　行禮之器也[一]。从豆，象形[二]。凡豐之屬皆从
豐。讀與禮同。

【譯文】

　　舉行禮儀時用的器具。以"豆"爲構件，象形。凡是和"豐"義有

關的字都以"豊"爲構件。讀音與"禮"字相同。

【段注】

[一]豊、禮疊韻。　　[二]上象其形也。林罕《字源》云："上從
〠。"郭氏忠恕非之[1]。按:《説文》之例,成字者則曰"從某",假令上
作〠,則不曰"象形"。盧啟切。十五部(脂、微、物、月)。

【疏義】

①郭忠恕《佩觿·辨證》:"按:《説文》豊從〠,不從册,云從册者,
出林罕《字源》。是唐本《説文》豊字有從册者,乃林氏之謬説也。"林
罕:北宋初四川西江人,官至太子洗馬,爲人不羈,曾注《説文》二十篇,
又著《字源偏旁小説》三卷,皆佚。

【集解】

桂馥《説文義證》:"阮學使元曰:'當云從豆,凵象形,玨聲。'"

朱駿聲《説文定聲》:"豊,經典無考,疑與'豐'略同。周伯琦謂即
古禮字,非也。"

饒炯《説文部首訂》:"凵者器也,玨者實也。"

林義光《文源》:"豊,實'禮'之古文,象豆有所盛形。"

黃天樹《部首與甲骨文》:"甲骨文作𧯇,《林澐學術文集·豊豐辨》
認爲:豊字本來是從壴(象古代的鼓形)從玨。但豊形的上半部(原象
插在鼓上的羽飾)和玨形合併,下部成了從豆了。這類譌變都破壞了
文字原有的結構。使後人看不出原先的造字用意。豊是'禮'的初文,
古代就是用舉行禮儀活動時常用的玉和鼓合在一起來表示行'禮'的。"

董蓮池《部首新證》:"字見甲骨文,寫作𧯇、𧯇諸形(《甲骨文合集》
32536、32557,3986、3988頁),從𧯇、𧯇,即'鼓'之象形文;從玨、玨,爲兩
串玉的象形。上古行禮必用鼓,鼓上飾以玉。由於這種飾玉之鼓是必
用之物,便成爲行禮活動的重要禮器,表示行禮之器的'豊'字便把它
作爲所取象者。"

【同部字舉例】

𧯾𧯾 zhì　爵之次弟也。從豊從弟,《虞書》曰:"平𧯾(同秩)東
作。"直質切。○澄質入　定質

豐 豊

165 fēng　甲文豐　金文豐　敷戎切　溥東合三平　溥冬
（103/98；208/210）

豆之豐滿大徐本有"者"**也**[一]**。从豆，象形**[二]**。一曰：《鄉飲酒》有豐侯者**[三]**。凡豐之屬皆从豐。豊，古文豐。**

【譯文】

豆中盛物豐滿的樣子。以"豆"爲構件，象形。另一種説法：指《鄉飲酒禮》中的酒器"豐侯爵"。凡是和"豐"義有關的字都以"豐"爲構件。豊，是古文"豐"字。

【段注】

[一]謂豆之大者也。引申之，凡大皆曰"豐"。《方言》曰："豐，大也。凡物之大皃曰豐。"[①]又曰："朦、龎，豐也。豐，其通語也。趙魏之郊、燕之北鄙凡大人謂之豐。《燕記》：'豐人杼（zhù）首。'燕趙之閒言圍大謂之豐。"[②]許云"豆之豐滿"者，以其引申之義明其本義也。《周頌·豐年》傳曰："豐，大也。"[③]然則"豐年"亦此字引申之義，而賈氏《儀禮疏》不得其解[④]。　[二]"豐"象豆大也，此與"豐"上象形同耳。戴侗云："唐本曰：'从豆从山，丰聲。'蜀本曰：'丰聲，山取其高大。'"[⑤]按：生部云："丰，艸盛丰丰也。"與"豐"音義皆同。《大射儀》注曰："豐其爲字，从豆，豐聲，近似豆，大而卑矣。"[⑥]似鄭時有豐字。但鄭注轉寫至今亦多譌誤，"豐聲"之"聲"或是賸（shèng）字。儀徵阮氏元《説丰字瓦》云："豐字當是丰聲，而屮象形；豐字當是丰聲，而凵象形。一从艸盛之丰，一从艸蔡之丰也。"[⑦]玉裁按：丰丰、丰丰，《説文》無字。如"鬵、鬵"（qín）字从"冘"（qīn）聲，"蒜"字从"祘"聲，"飆、飇"字从"猋"聲、"驫"（biāo）聲，"杁"（同流）、"杁"（同涉）字从"水"（zǐ），皆非無字者也，則唐本、蜀本未可遽（jù）信。敷戎切。九部（東、冬）。

[三]此別一義。"鄉"當作"禮"，與"瓠"下、"觶（zhì）"下之誤同[⑧]。"《禮》飲酒有'豐侯'"，謂《鄉射》《燕》《大射》《公食大夫》之"豐"也。鄭言其形，云"似豆，卑而大，説者以爲若井鹿盧"。言其用，於《鄉射》云"所以承爵也"，於《大射》云"以承尊也"。《公食大夫》之"豐"亦當

是承爵，《燕禮》之"豐"亦當是承尊，皆各就其篇之文釋之。《禮》但云"豐"，許云"豐侯"者，蓋漢時說《禮》家之語⑨。《漢·律曆志》："王命作策《豐刑》。"⑩《竹書紀年·成王十九年》："黜豐侯。"⑪阮諶曰："豐，國名也，坐酒亡國。"崔駰《酒箴》曰："豐侯沈湎，荷甖負缶，自戮於世，圖形戒後。"李尤《豐侯銘》曰："豐侯荒謬，醉亂迷迭，乃象其形，爲禮戒式。後世傳之，固無正說。"⑫三君皆後漢人⑬，諶撰《三禮圖》者，漢人傅會《禮經》有"豐侯"之說。李尤以爲無正說，鄭不之用，許則襲《禮》家說也。

【疏義】

①《方言》第一："敦、豐、厖……京、奘、將，大也。凡物之大貌曰豐。"　②引文見《方言》第二。原文"豐也"之後有"自關而西秦晉之間凡大貌謂之朦，或謂之厖"二句。　③《詩經·周頌·豐年》："豐年多黍多稌(tú)。"毛傳："豐，大。稌，稻也。"　④《儀禮·大射》："兩方壺，膳尊兩甒在南，有豐。"鄭玄注："豐以承尊也。說者以爲若井鹿盧，其爲字從豆，曲聲，近似豆，大而卑矣。"賈公彥疏："云其爲字從豆、曲聲者，此謂上聲下形之字。年和，穀豆多有，故從豆爲形也。豐者，承尊之器，象形也，是以'豐年'之字，'曲'下著'豆'。"　⑤戴侗《六書故·工事》："豐，康成曰：'豐，所以承觶也，似豆而卑。'……徐本曰：'从豆，象形。'唐本曰：'从豆从山，拜聲。'蜀本曰：'丰聲，山取其高大。'"　⑥《儀禮·大射》："膳尊兩甒(wǔ)在南，有豐。"鄭玄注："豐以承尊也。說者以爲若井鹿盧，其爲字從豆，曲聲，近似豆，大而卑矣。"膳尊：爲君而設的尊。甒：古代盛酒的有蓋瓦器。　⑦阮氏元：即阮元，清江蘇儀徵人，乾嘉著名學者，曾任湖廣總督、兩廣總督、體仁閣大學士等職。《說文》生部："丰，艸盛半半也。"《段注》："引申爲凡豐盛之稱。"《說文》丰部："丰，艸蔡也。象艸生之散亂也。""丰"即今所謂"草芥"。　⑧《說文》角部："觚，《鄉飲酒》之爵也。一曰：觶受三升者謂之觚。"《段注》："'鄉'亦當作'禮'，《鄉飲酒禮》有爵、觶，無觚也。《燕禮》《大射》《特牲》皆有觚。"《說文》角部："觶，《鄉飲酒》角也。"《段注》："'鄉'當作'禮'，《禮經》十七篇用'觶'者多矣，非獨《鄉飲酒》也。"　⑨《鄉射》《燕》《大射》《公食大夫》：分別指《儀禮》中的

《鄉射禮》《燕禮》《大射禮》《公食大夫禮》。《鄉射禮》：“命弟子設豐。”鄭玄注：“設豐所以承其爵也。”《大射禮》：“膳尊兩甒在南，有豐。”鄭玄注：“豐以承尊也。說者以爲若井鹿盧，其爲字從豆，豳聲，近似豆，大而卑矣。”《公食大夫禮》：“飲酒，置於觶，加於豐。”鄭玄注：“豐，所以承觶者也。”《燕禮》：“公尊瓦大兩，有豐。”鄭玄注：“豐，形似豆，卑而大。”豐侯：傳說中豐國國君，因嗜酒亡國，後人用“豐侯”代酒器。　　⑩《漢書·律曆志》：“故《畢命》《豐刑》曰：‘惟十有二年六月庚午朏，王命作策《豐刑》。’”顏師古注：“孟康曰：‘《逸書》篇名。’”⑪《竹書紀年·成王十九年》：“十九年，王巡狩侯甸方嶽……遂正百官，黜豐侯。”　　⑫宋李昉等《太平御覽·器物部七·豐》：“《三禮圖》曰：‘射爲罰爵之豐，作人形也。豐，國名也，坐酒亡國，戴盂戒酒。’”“崔駰《酒箴》曰：‘豐侯沉酒，荷甖負缶，自戮於世，圖形戒後。’”“李尤《豐侯銘》曰：‘豐侯荒繆，醉亂迷逸，乃象其形，爲禮戒式。後世傳之，固無正説。’”《三禮圖》：繪有《三禮》名物圖形的書，鄭玄及後漢侍中阮諶等撰，已佚，宋人聶崇義有《三禮圖》纂輯本。阮諶：三國魏人，字士信，餘不詳。崔駰：東漢涿郡安平（今河北安平縣）人，博學善文，與班固齊名。李尤：東漢廣漢雒（今四川廣漢雒城）人，官蘭臺令史、諫議大夫等。　　⑬三君：指阮諶、崔駰、李尤。

【集解】

　　徐灝《説文注箋》：“豐謂豆所盛豐滿，非謂豆之大也，段誤會其恉。”

　　朱駿聲《説文定聲》：“豐，從豆從山，會意，山取其高大，玨象滿形。”

　　饒炯《説文部首訂》：“豳，山名，豐水所出，其謂豳固從山，玨聲……‘豐’上之‘豳’爲一字，即山名，而豐字從之爲聲。”

　　董蓮池《部首新證》：“字見西周金文，寫作 𧯭（衛盉）、𧯭（牆盤），從‘壴’（鼓），不從‘豆’，所從二‘丰’，當同一‘丰’，爲聲旁（從‘二’者，大概取其對稱之故。元戴侗《六書故》引唐本《説文》有‘玨’字，元熊忠《古今韻會》以爲是‘豐’的籀文，檢出土先秦文字，並無以‘玨’爲‘豐’者，戴、熊説不可信），字从‘壴’（鼓）得義。”

【同部字舉例】

豓豔 yàn　好而長也。从豐。豐，大也。盍聲。《春秋傳》曰：“美而豓。”以贍切。○以豔去　定談

豈 166 xī　甲文 ㄓ　　許羈切　曉支開三平　曉支（103/98；208/210）

古陶器也[一]**。从豆，虍**（hū，虎紋）**聲**[二]**。凡豈之屬皆从豈。**

【譯文】

古陶器名。以“豆”爲意符，“虍”爲聲符。凡是和“豈”義有關的字都以“豈”爲構件。

【段注】

[一]“陶”當作“匋”，書多通用。匋，作瓦器也[①]。　[二]許羈切。按：“虍”聲當在五部（魚、鐸），而“豈、戲”轉入十六部（支、錫）、十七部（歌），合音之理也。

【疏義】

①《説文》缶部：“匋，瓦器也。从缶，包省聲。古者昆吾作匋。”“瓦器”句《段注》改爲“作瓦器也”。

【集解】

徐灝《説文注箋》：“‘豈’蓋陶器之似豆者，故从豆，虍聲。”

饒炯《説文部首訂》：“‘豈’即‘虍’之轉注。蓋古陶器飾畫虎紋，因呼之曰虍，以其爲器名，與虎紋之虍義無別，乃轉注豆爲專字。”

【同部字舉例】

虠虠 hào　土鍪（móu，古代的一種鍋）也。从豈，号聲。讀若鎬。胡到切。○匣晧去　匣宵

虍 167 hū　甲文 ㄇ、ㄐ　荒烏切　曉模合一平　曉魚（103/98；209/211）

虎文也。象形[一]**。凡虍之屬皆从虍。讀若《春秋傳》曰“虍有餘”** 大徐本無“讀若”句[二]**。**

【譯文】

　　老虎身上的花紋。象形。凡是和"虍"義有關的字都以"虍"爲構件。讀音如《春秋傳》"虍有餘"之"虍"。

【段注】

　　[一]小徐曰[①]:"象其文章屈曲也。"荒烏切。五部(魚、鐸)。

[二]有譌字不可通,疑是"賈余餘勇"之"賈"[②]。

【疏義】

　　①小徐:指徐鍇《説文繫傳》。　②《左傳・成公二年》:"齊高固入晉師,桀石以投人……曰:'欲勇者賈余餘勇!'"

【集解】

　　饒炯《説文部首訂》:"'虍'當云'从虎省'。"

　　林義光《文源》卷一:"按:(虍)即'虎'之偏旁,不爲字。"

　　孔文居《説文疑疑》:"此即'虎'之省文而以爲偏旁之用者。"

　　章炳麟《文始》:"虍、虎蓋一字。"

　　董蓮池《部首新證》:"由甲骨文'虎'字作🐯、🐅(見同書[指《甲骨文編》]224、225頁)觀之,即虎頭部分。"

【同部字舉例】

　　虞🦌 yú　騶(zōu)虞也,白虎黑文,尾長於身,仁獸,食自死之肉。从虍,吳聲。《詩》曰:"于嗟乎,騶虞(傳說中的義獸名)。"五俱切。○金文🦌、🦌、🦌、🦌　平疑虞　疑魚

　　虙🦌 fú　虎皃。从虍,必聲。房六切。○並屋入　並職

　　虔🦌 qián　虎行皃。从虍,文聲。讀若矜。渠焉切。○金文🦌、🦌、🦌、🦌　羣仙平　羣元

　　盧🦌 cuó　虎不柔不信也。从虍,且聲,讀若鄌(cuó)縣。昨何切。○甲文🦌、🦌　金文🦌、🦌、🦌、🦌、🦌　從歌平　從魚

　　虖🦌 hū　哮虖也。从虍,乎聲。荒烏切。○金文🦌、🦌、🦌、🦌、🦌　曉模平　曉魚

　　虐🦌 nüè　殘也。从虍,虎足反爪人也。🦌,古文虐如此。魚約切。○甲文🦌、🦌、🦌　疑藥入　疑藥

虡 jù　鐘鼓之柎(fū)也,飾爲猛獸。从虍,異象其下足。,虡或从金,豦聲。,篆文虡省。其吕切。○金文、、　羣語上　羣魚

虎168　hǔ　甲文、、、、　金文、、、、、、、　呼古切　曉姥合一上　曉魚(103/98;210/212)

山獸之君。从虍从儿(rén)大徐本無"从儿"二字[一]**,虎足象人足也**大徐本無"也"[二]。大徐本有"象形"二字**凡虎之屬皆从虎。,古文虎。,亦古文虎。**

【譯文】

山中的百獸之王。由"虍、儿"構成,虎足象人足。凡是和"虎"義有關的字都以"虎"爲構件。,是古文"虎"字。,也是古文"虎"字。

【段注】

[一]會意。　[二]已上八字鉉本妄改。張次立復以鉉本改鍇本[①],惟《韻會》如是,此古本之真也[②]。从儿(儿,rén),《韻會》作"从八",此其誤已久耳。儿部曰:"孔子曰:'在人下,故詰屈。'"[③]謂人之股腳也。"虎"之股腳似人,故其字上虍下儿,"虍"謂其文,"儿"謂其足也。《説文》龜頭、黽(měng)頭似它頭,燕尾似魚尾,兔頭似㲋(chuò)頭,萈(huán)足似兔足,能足、㲋足似鹿足,㲋頭似兔足似鹿,文義相同。儿有其字,故先言从儿而後言"虎足象人足"。篆體改作,則"象人足"之云不可通。顧氏藹吉乃疑"虎"下當从"爪"矣[④],今正之。凡篆虎字依隸體从儿爲是。呼古切。五部(魚、鐸)。五部(魚、鐸)與十七部(歌)通。故《左氏》"陽虎",《論語》作"陽貨",非一名一字也。邢昺、孫奭乃有"虎名貨字"之説[⑤]。

【疏義】

①《説文繫傳》虎部:",山獸之君。从虍。虎足象人足,象形。"張次立:宋人,官至殿中丞,工篆書,撰有《説文繫傳補》等書。　②《韻會舉要》麌韻:"虎,火五切。《説文》:'虎,山獸之君。从虍从八,虎足象人足也。'"　③《説文》儿部:"儿(儿),仁人也,古文奇字人也。象

形。孔子曰：‘在人下，故詰屈。’”　④顧氏藹吉：顧藹吉，清長洲（今
江蘇吳縣）人，工書畫，著《隸辨》一書，傳於世。《隸辨》卷六：“‘虎’當
從爪，不當從人。”　⑤《左傳·定公五年》：“天將多陽虎之罪以斃
之。”《論語·陽貨》：“陽貨欲見孔子。”邢昺疏：“陽貨，陽虎也。蓋名
虎，字貨。”《孟子·滕文公下》：“陽貨欲見孔子。”孫奭疏：“陽貨，陽虎
也。名虎，字貨。”

【集解】

王筠《説文句讀》：“虎所君者，但山獸耳。”

林義光《文源》：“‘虎’古作？，橫視之，象形。”

黃天樹《部首與甲骨文》：“甲骨文作？，象一隻張牙舞爪的老虎。”

董蓮池《部首新證》：“甲骨文寫作？（《甲骨文編》224頁），象虎
形，爲獨體象形字。”

【同部字舉例】

虪 ？ mì　白虎也。从虎，昔省聲。讀若鼏（mì）。莫狄切。○明
錫入　明錫

彪 ？ biāo　虎文也。从虎。彡，象其文也。甫州切。○甲文？
金文？、？　幫幽平　幫幽

虤 ？ yín　虎聲也。从虎，斤聲。語斤切。○甲文？、？　疑欣
平　疑文

虩 ？ xì　《易》：“履虎尾虩虩。”恐懼。一曰：蠅虎也。从虎，隙
聲。許隙切。○金文？、？、？　曉陌入　曉鐸

號 ？ guó　虎所攫畫明文也。从虎，寽聲。古伯切。○金文？、
？、？、？、？、？、？　見陌入　見鐸

虤 ？169 yán　甲文？、？、？　金文？　五閑切　疑山開二
平　疑元（104/99；211/213）

　　虎怒也。从二虎[一]**。凡虤之屬皆从虤。**

【譯文】

老虎發怒。由兩個“虎”字構成。凡是和“虤”有關的字都以“虤”
爲構件。

【段注】

[一]此與"狀(yín)，兩犬相齧也"同意。五閑切。十四部(元)。

【集解】

徐灝《説文注箋》："虎之自怒爲虓(xiāo)，相怒爲虤。"

朱駿聲《説文定聲》："从二虎，會意，兩虎鬥也。"

董蓮池《部首新證》："甲骨文寫作𤡅(《甲骨文編》226頁)，西周金文寫作𤢺(即𤢺)，以正倒二'虎'尾部相抵撞形會虎怒之意。"

【同部字舉例】

𤡋𤡋 yín　兩虎爭聲。从虤从曰。讀若憖(yìn)。語巾切。○疑真平　疑真

皿 170 mǐn　甲文 ⋃、⋃、⋃、⋃　金文 ⋃、⋃、𤴐　武永切
明梗開三上　明陽(104/99;211/213)

飯食之用器也[一]。象形，與豆同意[二]。凡皿之屬皆从皿。讀若猛[三]。

【譯文】

餐飲用具。象形，與"豆"的構意相同。凡是和"皿"義有關的字都以"皿"爲構件。讀音同"猛"字。

【段注】

[一]"飯"汲古閣作"飲"，誤①。《孟子》："牲殺器皿。"趙注："皿，所以覆器者。"②此謂"皿"爲"幎"(mì)之假借，似非孟意③。

[二]上象其能容，中象其體，下象其底也，與"豆"略同而少異。

[三]按：古"孟、猛"皆讀如"芒"。"皿"在十部(陽)，今音武永切。

【疏義】

①汲古閣：此指汲古閣所刊行的《説文解字》。　②趙：指東漢學者趙岐。《孟子·滕文公下》："牲殺、器皿、衣服不備，不敢以祭。"趙岐注："皿，所以覆器者也。"　③《説文》巾部："幎，幔也。从巾，冥聲。《周禮》有幎人。"

【集解】

徐灝《説文注箋》："皿，象形，左右垂不相連屬者，用筆然爾，非別

有物附於其旁也。”

王筠《説文句讀》：“‘皿’以盛飯，‘豆’以盛肉，皆食時所用。”

饒炯《説文部首訂》：“‘豆’形上象器之平視，‘皿’形上象器之側視，下皆象其骹（qiāo）跗（fū），惟豆有冪（mì），皿有耳不同。”跗：物體的足部。冪：覆蓋盛器的巾。

林義光《文源》：“‘皿’古作▯，作▯，亦作▯，象皿有所盛形，與‘血’字相混。”

商承祚《殷虚文字》：“卜辭中‘皿’字或作▯，若豆之有骹。”

董蓮池《部首新證》：“甲骨文寫作▯、▯諸形（《甲骨文編》226頁），象一種有沿兒帶座的盛器之形。”

【同部字舉例】

盂 ▯ yú　飯器也。从皿，亏聲。羽俱切。〇甲文▯、▯、▯、▯、▯　金文▯、▯、▯、▯、▯　雲虞平　匣魚

盛 ▯ chéng　黍稷在器中以祀者也。从皿，成聲。氏征切。〇甲文▯　金文▯、▯、▯、▯、▯　禪清平　禪耕

盎 ▯ àng　盆也。从皿，央聲。▯，盎或从瓦。烏浪切。〇影宕去　影陽

盆 ▯ pén　盎也。从皿，分聲。步奔切。〇金文▯、▯　並魂平　並文

盉 ▯ hé　調味也。从皿，禾聲。户戈切。〇金文▯、▯、▯、▯、▯、▯、▯　匣戈平　匣歌

益 ▯ yì　饒也。从水、皿。皿，益之意也。伊昔切。〇甲文▯、▯、▯、▯、▯　金文▯、▯、▯、▯、▯　影昔入　影錫

盈 ▯ yíng　滿器也。从皿、及（gǔ）。以成切。〇以清平　定耕

盅 ▯ zhōng　器虚也。从皿，中聲，《老子》曰：“道盅而用之。”直弓切。〇金文▯、▯、▯、▯　徹東平　透冬

盥 ▯ guàn　澡手也。从臼、水臨皿。《春秋傳》曰：“奉匜沃盥。”古玩切。〇甲文▯、▯、▯、▯　金文▯、▯、▯　見换去　見元

凵凵 ¹⁷¹ qū　去魚切　溪魚開三平　溪魚（104/99；213/215）

凵盧^[一]，**飯器**^[二]。**以柳作** "作" 大徐本作 "爲" **之。象形**^[三]。**凡凵之屬皆从凵。筌，凵或从竹，去聲**^[四]。

【譯文】

凵盧，盛飯用具。用柳條編成。象形。凡是和 "凵" 義有關的字都以 "凵" 爲構件。筌，"凵" 或以 "竹" 爲意符，以 "去" 爲聲符。

【段注】

[一]疊韻爲名。　［二］"凵盧" 詳皿部 "盧" 下①。按：皿部不言 "凵" 者，單評曰 "盧"，纍評曰 "凵盧" 也。　［三］下侈上斂。去魚切。五部（魚、鐸）。　[四]按：《士昏禮》注作 "筌籚"②。《廣韻》曰："筌，飯器。"③

【疏義】

①《説文》皿部："盧，飯器也。"《段注》："《士昏禮》注曰：'筊（fán），竹器而衣者，如今之筥、筌籚矣。'筥、筌籚二物相似。'筌籚' 即 '凵盧' 也。"　②《儀禮·士昏禮》："婦執筊棗。"鄭玄注見注①。③《廣韻》魚韻："筌，飯器。"

【集解】

王筠《説文釋例》："凵下云：'凵盧，飯器。'加 '大' 爲 '去'，再加竹爲 '筌'，則凵之或體。竊意三字固一字也。凵，象形，'去' 加 '大'，大者，蓋也。"

董蓮池《部首新證》："春秋所見寫作凵（秦公簋 '蓋' 中 '去' 所从），與篆形同。盛飯器的象形字。"

去去 ¹⁷² qù　甲文去、去、去、去　金文去、去、去　丘據切
溪御開三去　溪魚（104/99；213/215）

人相違也^[一]。**从大，凵聲**^[二]。**凡去之屬皆从去**。

【譯文】

人從某地離開。以 "大" 爲意符，以 "凵" 爲聲符。凡是和 "去" 義有關的字都以 "去" 爲構件。

【段注】

　　[一]違,離也。人離故从大,大者,人也。　　[二]丘據切。五部(魚、鐸)。

【集解】

　　朱駿聲《説文定聲》:"一説'去'亦古厶字。大,其蓋也。象形。與'蓋'同意。"

　　裘錫圭《古文字論集·説字小記·説"去""今"》:"去"字从"大"从"口",字形所要表示的意義應該就是開口,就是"口呿而不合"的"呿"的初文。

　　董蓮池《部首新證》:"實此字所从的𠘨乃器蓋兒的象形,下面的'凵'是盛器的象形,𠘨在'凵'上,是蓋兒蓋在器口上之象。爲'盍'(蓋)的初文。"

【同部字舉例】

　　朅 𧾚 qiè　去也。从去。曷聲。丘竭切。○溪薛入　溪月

173 xuè　甲文𧗐、𧗐、𧗐、𧗐、𧗐、𧗐、𧗐　呼決切　曉屑合四入　曉質(105/100;213/215)

　　祭所薦牲血也[一]。从皿[二],一象血形[三]。凡血之屬皆从血。

【譯文】

　　祭祀時獻給神靈的牲血。以"皿"爲構件,"一"指代血。凡是和"血"義有關的字都以"血"爲構件。

【段注】

　　[一]肉部曰:"衉(lǔ,同'膟'),血祭肉也。"爨部曰:"釁(xìn),血祭也。"《郊特牲》曰:"毛、血,告幽全之物也。"注:"幽謂血也。"[1]《毛詩》"血以告殺,膋(liáo)以升臭"[2],此皆血祭之事。按:不言人血者,爲其字从"皿",人血不可入於皿,故言"祭所薦牲血"。然則人何以亦名血也? 以物之名加之人。古者茹毛飲血,用血報神,因製"血"字,而用加之人。　　[二]皿者,《周禮》"珠槃、玉敦"之類[3]。　　[三]在皿中也。呼決切。十二部(真)。

【疏義】

　　①䘏:血祭。引文見《禮記·郊特牲》及鄭玄注。　②《詩經·小雅·信南山》:"執其鸞刀,以啟其毛,取其血䘏。"鄭玄箋:"䘏,脂膏也。血以告殺,䘏以升臭,合之黍稷,實之於蕭,合馨香也。"䘏:腸子上的脂肪。蕭:艾蒿。　③《周禮·天官冢宰·玉府》:"若合諸侯,則共珠槃、玉敦。"鄭玄注:"敦,槃類,珠玉以爲飾。古者以槃盛血,以敦盛食。合諸侯者必割牛耳,取其血,歃之以盟,珠槃以盛牛耳。"

【集解】

　　徐鍇《説文繫傳》:"祭薦毛血也。"

　　徐灝《説文注箋》:"从'皿'盛'一',象血。"

　　商承祚《殷虛文字》:"从○者,血在皿中,側視之則爲'一',俯視之則成○矣。"

　　黃天樹《部首與甲骨文》:"甲骨文作𥃷,表示'皿'中有血。"

　　董蓮池《部首新證》:"字見甲骨文,寫作𥃷(《甲骨文編》231頁),古祭祀時薦神之牲血盛以皿,故字从𥃲(皿),◊象血滴形,用以表示'血'。"

【同部字舉例】

　　衁𥁑 huāng　血也。从血,亡聲。《春秋傳》曰:士刲(kuī)羊,亦無衁也。呼光切。○曉唐平　曉陽

　　衃𥁕 pēi　凝血也。从血,不聲。芳杯切。○滂灰平　滂之

　　衄𥁔 nǜ　鼻出血也。从血,丑聲。女六切。○泥屋入　泥覺

　　卹𥁧 xù　憂也。从血,卩聲。一曰:鮮少也。辛聿切。○金文𨚾、𨝱、𨜮、𥁷　心術入　心質

　　`、`　`▮`　174　zhǔ　知庾切　知麌合三上　端侯(105/100;214/216)

有所絶止,▮而識之也[一]。凡▮之屬皆從▮。

【譯文】

　　文中有停頓的地方,用▮號作標記。凡是和▮義有關的字都以"▮"爲構件。

【段注】

[一]按:此於六書爲指事。凡物有分別、事有可不、意所存主、心識其處者皆是,非專謂讀書止,輒乙其處也①。知庚切。古音在四部(侯、屋)。

【疏義】

①《史記·滑稽列傳》:"人主從上方讀之,止,輒乙其處。讀之二月乃盡。"

【集解】

徐鍇《説文繫傳》:"丶猶點柱之'柱',若漢武讀書止,輒乙其處也。"

徐灝《説文注箋》:"丶即古'住'字。"

桂馥《説文義證》:"丶,漢經師作章句者,謂識其絶止也,或作駐。"

王筠《説文句讀》:"部首之丶,只是點句……謂離經絶句也,今字作駐。"

董蓮池《部首新證》:"西周金文寫作丶(丶庚爵),象火炷形,當爲'炷'之象形文。"

【同部字舉例】

主坓 zhǔ 鐙中火主也。从坓,象形。从丶,丶亦聲。之庚切。

○章麌上 章侯

丹　175 dān　甲文月、巳　金文月　都寒切　端寒開一平
端元(106/101;215/218)

巴越之赤石也[一]。**象采丹井**[二]，**|** "**|**"大徐本作
"**一**"**象丹形**[三]。**凡丹之屬皆从丹。**月，**古文丹。**彤，
亦古文丹[四]。

【譯文】

巴郡、南越之地出産的朱砂。字形象采丹砂的礦井，**|** 指代丹砂。
凡是和"丹"義有關的字都以"丹"爲構件。月，是古文"丹"字。彤，也
是古文"丹"字。

【段注】

[一]巴郡、南越皆出丹沙。《蜀都賦》："丹沙赩(xì)熾(chì)出其
坂。"①謂巴也。《吳都賦》："赬(chēng)丹明璣(jī)。"②謂越也。丹者，
石之精，故凡藥物之精者曰丹。　[二]謂月也。采丹之井，《史記》所謂
"丹穴"也③。蜀、吳《二都賦》注皆云："出山中，有穴。"④　[三]都寒
切。十四部(元)。　[四]按：此似是古文彤。

【疏義】

①《蜀都賦》：西晉左思撰。赩：紅色。熾：旺盛。　②赬：紅色。
璣：不圓的珠子。　③《史記·貨殖列傳》："而巴寡婦清，其先得丹
穴，而擅其利數世，家亦不訾。"司馬貞索隱："巴，寡婦之邑。清，其
名。"張守節正義："言資財衆多不可訾量。一云：清多以財餉遺四方，
用衛其業，故財亦不多積聚。"　④《蜀都賦》："丹沙赩熾出其坂。"李
善注："涪陵、丹興二縣出丹砂。丹砂出山中，有穴。"《吳都賦》："赬丹
明璣。"李善注："赬，赤也。丹，丹砂也，出山中，有穴。"

【集解】

徐灝《説文注箋》：“丹有五色，赤者爲貴，遂獨擅其名。”

桂馥《説文義證》：“彡，‘井’象丹井，‘彡’丹飾也。”

饒炯《説文部首訂》：“彡者古文‘丹’，从本形而加彡聲。”

林義光《文源》：“古丹沙以柉盛之。柉者，截竹以盛物，今鄉俗猶常用之。月象柉，●象丹在其中。”

黄天樹《部首與甲骨文》：“本義是朱砂，甲骨文作月，象礦井中有朱砂之形。”

董蓮池《部首新證》：“字甲骨文寫作月（《甲骨文編》232頁），西周金文寫作月（庚嬴卣）……均不从‘井’而从月，篆文亦然。月爲截竹所成之筒形，即‘筒’之象形文……月中之●表丹砂。上古丹砂盛之以柉（庚嬴卣‘錫……丹一柉［柉］’可證），故以从月从●會意。”

【同部字舉例】

騰騰 huò 善丹也。从丹，蒦（huò）聲。《周書》曰：“惟其敱（dù）丹騰。”读若“靃（hè）”。烏郭切。○影鐸入 影鐸

彤彤 tóng 丹飾也。从丹从彡。彡，其畫也。徒冬切。○金文 彤、彤、彤、月 定冬平 定冬

青 青 176 qīng 甲文月 金文青、青 倉經切 清青開四平
清耕（106/101；215/218）

東方色也[一]。木生火，从生、丹[二]。丹青之信，言必“必”大徐本作“象”然[三]。凡青之屬皆从青。青，古文青。

【譯文】

代表東方的顏色。木生火（火同丹色），故字由“生、丹”構成。俗謂“丹青之信”，是説必然如此。凡是和“青”義有關的字都以“青”爲構件。青，是古文“青”字。

【段注】

[一]《考工記》曰：“東方謂之青。”① 　[二]丹，赤石也。赤，南方之色也。倉經切。十一部（耕）。　[三]俗言“信若丹青”，謂其相生之理有必然也，援此以説“从生、丹”之意。

【疏義】

①《周禮・冬官考工記・畫繢》:“東方謂之青,南方謂之赤,西方謂之白,北方謂之黑,天謂之玄,地謂之黄。”

【集解】

徐灝《説文注箋》:“青,其本義爲石之青者,引申之,凡物之青色皆曰‘青’矣。”

王筠《説文句讀》:“[篆],似是从屮从古文[篆],[篆]而作[篆],猶‘口’作‘▽’也。屮者,徹也。地中有寶,其气必通徹於上。”

王筠《説文釋例》:“青即丹之類,字蓋从丹,生聲也。”

朱駿聲《説文定聲》:“青,一説字當从生,井聲。从生猶从木,艸木始生,其色同青,故从生……[篆]者,‘井’字之變,非‘丹’也。”

孔廣居《説文疑疑》:“丹,青類也,故青从丹,生聲。”

林義光《文源》:“‘青’古作[篆],作[篆],从生,草木之生,其色青也,井聲。或作[篆],作[篆],从生省,變作[篆]。”

【同部字舉例】

靜[篆] jìng　審也。从青,爭聲。疾郢切。○金文[篆]、[篆]、[篆]、[篆]　從靜上　從耕

井 [篆]

177 jǐng　甲文[篆]、[篆]、[篆]、[篆]　金文[篆]、[篆]、[篆]　子郢切　精靜開三上　精耕(106/101;216/218)

八家爲“爲”字大徐本無**一丼**“丼”大徐本作“井”,下同[一],**象構韓**“韓”大徐本作“韓”**形**[二],大徐本有・**罋**(wèng)大徐本有“之”**象也**[三]。**古者伯益**(少昊之後,嬴姓之祖,曾助禹治水)**初作井**[四]。**凡丼之屬皆从丼**。

【譯文】

八家共用一井,字形象井口四周的圍欄,● 象打水罐。古時伯益發明了井。凡是和“井”義有關的字都以“井”爲構件。

【段注】

[一]《穀梁傳》曰:“古者公田爲居,井竈葱韭盡取焉。”①《風俗通》曰:“古者二十畝爲一井,因爲市交易,故稱市井。”②皆謂八家共一

井也。《孟子》曰:"方里而井,井九百畝,其中爲公田。"③此古井田之制,因象井韓而命之也④。　　[二]謂"井"也。韓,井上木闌也。其形四角或八角,又謂之"銀牀"。　　[三]缶部曰:"罋,汲缾也。"⑤井,子郢切。十一部(耕)。　　[四]出《世本》⑥。

【疏義】

①引文見《春秋穀梁傳·宣公十五年》。范寧注:"八家共居。"②此爲應劭《風俗通義》佚文。《詩經·陳風·東門之枌》序:"歌舞於市井爾。"孔穎達正義:"《白虎通》云:'因井爲市,故曰市井。'應劭《通俗》云:'……古者二十畝爲一井,因爲市交易,故稱市井。'"　　③《孟子·滕文公上》:"方里而井,井九百畝,其中爲公田,八家皆私百畝。"趙岐注:"方一里者,九百畝之地也,地爲一井,八家各私得百畝。"④韓:同"韓"。《說文》韋部:"韓,井垣也。"井垣:井上的圍欄。⑤罋:打水的陶製器具。缾:同"瓶"。　　⑥《世本》:一部記載上古帝王、諸侯、卿大夫家族世系傳承及都邑、製作等史料的典籍,先秦史官撰,南宋末年佚,有多種輯本。《經典釋文·周易音義》井卦:"《周書》云:'黃帝穿井。'《世本》云:'化益作井。'宋衷云:'化益,伯益也。堯臣。'"

【集解】

徐灝《說文注箋》:"八家之井,據井田之制而言,周制方一里爲田九頃,因有似井字,謂之井田。"

王筠《說文句讀》:"井本是汲井,借爲井田,以●象罋。"

饒炯《說文部首訂》:"水井之'井',中即象井穴形,外乃井田之井。"

孔廣居《說文疑疑》"井象井闌,●象井窟。"

林義光《文源》卷一:"按:古作井,或作井、作口。凡古文中空者多注點其中,●非必象罋也。"

董蓮池《部首新證》:"甲骨文寫作井(《甲骨文編》232頁),西周金文或作井(麥盉),爲汲水之'井'的象形文,本義即水井。"

【同部字舉例】

阱阱 jǐng　陷也。从自从井,井亦聲。阱,阱或从穴。阱,古文阱,从水。疾正切。○從靜上　從耕

荆 xíng 罰辠也。从井、从刀。《易》曰："井，法也。"井亦聲。戶經切。○金文、 匣青平 匣耕

刱 chuàng 造法刱業也。从井，办（chuāng，同"創"）聲。讀若創。初亮切。○金文 初漾去 初陽

皀

178 bī 甲文、、、 金文 皮及切 幫緝開三入 幫緝（106/101；216/219）

穀大徐本作"穀"是，下同**之馨香也**[一]。**象嘉穀在裹中之形**[二]。**匕**（bǐ），**所以扱**（xī，收取）**之**[三]。**或說：皀，一粒也**[四]。**凡皀之屬皆从皀。又讀若香**[五]。

【譯文】

穀子的香氣。字形象穀子裹在穀皮中。匕，是用來取飯的食具。另一說認爲："皀"是一粒（穀）。凡是和"皀"義有關的字都以"皀"爲構件。又讀音同"香"字。

【段注】

[一]禾部曰："穀（原作'穀'，下同），續也。""續"當作"粟"，粟者，嘉穀實也。《曲禮》曰："黍曰薌（xiāng）合，粱曰薌其。"薌，即"香"字①。《左傳》引《周書》曰："黍稷非馨，明德惟馨。"②馨者，香之遠聞者也。香者，芳也。 [二]謂㿝也。《大雅》謂秬、虋（mén）、芑（qǐ）爲嘉穀，毛傳謂苗爲嘉穀③，許書謂禾爲嘉穀，虋、芑、苗、禾一物也。連裹曰"穀"、曰"粟"，去裹曰"米"，米之馨香曰"皀"。裹者，禾部所謂"稃"也、"穭"（kuài）也、"糠"也，穀皮是也④。 [三]說下體从匕之意。匕部曰："匕，所以比取飯，一名柶。"扱（xī）者，收也。 [四]《顏氏家訓》曰："在益州，與數人同坐。初晴，見地下小光，問左右是何物，一蜀豎就視，云：'是豆逼耳。'皆不知所謂。取來，乃小豆也。蜀土呼'豆'爲'逼'，時莫之解。吾云：'《三蒼》《說文》皆有皀字，訓粒，《通俗文》音方力反。'衆皆歡悟。"⑤ [五]"又"字上無所承，疑有奪文。按：顏黄門云《通俗文》音"方力反"⑥，不云出《說文》，然則黄門所據未嘗有"方力反"矣。而許書中"卿、鄉"字从皀聲⑦，"讀若香"之證也。又鳥部"鴔鵖"（fúbī）字从皀聲，《爾雅音義》云："鵖，彼及反，郭房汲

反,《字林》方立反。"⑧是則"皀"有在七部(侵、緝)一音。當云"讀若某",在"又讀若香"之上,今奪。

【疏義】

①引文見《禮記·曲禮下》,大意爲:黍米飯稱作"香合",大黃米飯稱作"香萁"。　②《左傳·僖公五年》:"故《周書》曰:'皇天無親,惟德是輔。'又曰:'黍稷非馨,明德惟馨。'""皇天"二句出《尚書·周書·君陳》。　③《詩經·大雅·生民》:"誕降嘉種,維秬維秠,維穈(mén)維芑。"毛傳:"秬,黑黍也。秠,一稃二米也。穈,赤苗也。芑,白苗也。"《爾雅·釋草》:"虋,赤苗。"虋:赤粱粟。　④《説文》禾部:"禾,嘉穀也。"艸部:"虋,赤苗,嘉穀也。""芑,白苗,嘉穀也。""苗,艸生於田者。"《段注》:"苗之故訓禾也,禾者,今之小米。"禾部:"穀,續也。百穀之總名。"《段注》:"穀必有稃甲。"卤部:"粟,嘉穀實也。"禾部:"稈,穫也。""穫,穬也。"　⑤引文見《顏氏家訓·勉學篇》,與今本有出入。豎:僕人。《三蒼》:字書,《蒼頡篇》《訓纂篇》《滂熹篇》三部字書的合稱。《通俗文》:東漢服虔撰,已佚。　⑥顏黃門:即顏之推,官至黃門侍郎。　⑦《説文》卯部:"卿,章也……从卯,皀聲。"《段注》:"'皀'下曰:'又讀若香。''卿'字正从此讀爲聲也。"《説文》邑部:"鄉,國離邑,民所封鄉也,嗇夫別治……从邑,皀聲。"鄉:今作"鄉"。　⑧《爾雅·釋鳥》:"鶝鵖,戴鵀(rén)。"《經典釋文》:"鶝,彼及反。郭房汲反。《字林》方立反。"鶝鵖、戴鵀:戴勝鳥。郭:郭璞。《字林》:字書,西晉吕忱著,收字12824個。

【集解】

徐灝《説文注箋》:"蜀土呼豆爲'逼',呼豆粒爲'豆逼',逼、粒一聲之轉也。又黑白之'白',疑即此字之上體。逼、白一聲之轉也。"

饒炯《説文部首訂》:"'皀'上即古文'粒'字。"

黃天樹《部首與甲骨文》:"甲骨文作𣪊,本是盛滿黍稷等食物的食器'簋'的象形初文。"

董蓮池《部首新證》:"字見甲骨文,本作𣪊、𣪊諸形(《甲骨文編》233頁),即'簋'的初文。"

【同部字舉例】

卽(即)𩜁 jí　即食也。从皀,卪聲。子力切。○甲文𩜁、𩜁、𩜁、

丣、鉍、鉍、鉍、鉍　金文鉍、鉍、鉍、鉍　精職入　精質

既(既) 幨 jì　小食也。从皀，旡聲。《論語》曰:"不使勝食既。"
居未切。○甲文鉍、鉍、鉍、鉍、鉍、鉍、鉍　金文鉍、鉍、鉍　見未去
見物

皀 𩛿 shì　飯剛柔不調相著。从皀，冂(jiōng)聲。讀若適。施隻
切。○甲文鉍　金文鉍、鉍　書昔入　書錫

鬯 𩰪　179　chàng　甲文鉍、鉍、鉍、鉍、鉍　金文鉍、鉍、鉍、鉍、
鉍、鉍　丑諒切　徹漾　開三去　透陽(106/101;217/219)

以秬(jù,同"秬",黑黍)大徐本作"秬"釀鬱艸,芬芳攸
服,以降神也[一]。从凵[二]。凵,器也[三]。中象
米[四]。匕,所以扱(xī,收取)之[五]。《易》曰:"不喪匕
鬯。"[六]凡鬯之屬皆从鬯。

【譯文】

　　用黑黍和鬱金香草合釀的酒,香氣飄散,用以請神靈降臨。以
"凵"爲構件。凵代表盛飯器具。中間的筆劃象米粒。匕,是用來舀酒
的勺子。《周易》說:"不喪失匕鬯。"凡是和"鬯"義有關的字都以"鬯"
爲構件。

【段注】

　　[一]"攸服"當作"條暢"。《周禮·鬯人》注①、《大雅·江漢》箋
皆云"芬香條暢"可證也②。《郊特牲》云:"周人尚臭,灌用鬯臭,鬱合
鬯,臭陰達於淵泉。"③云"鬱合鬯"與下文"蕭合黍稷"皆謂二物相合
也。《周禮·鬱人》職:"凡祭祀、賓客之祼事,和鬱鬯以實彝而陳之。"
注云:"築鬱金煮之以和鬯酒。"④按:此正所謂"鬱合鬯"也。鄭注《序
官·鬱人》云:"鬱,鬱金香草,宜以和鬯。"⑤注《鬯人》云:"鬯,釀秬爲
酒,芬香條暢於上下也。"是"鬯"與"鬱"之分較然矣。秬釀爲"鬯",芳
艸築煮爲"鬱",二者攪和之爲"鬱鬯"。許說略同,故於"鬯"言"秬
釀",於"鬱"言"芳艸"。其"鬯"下兼言"鬱艸"者,於分中見其合,謂
用秬釀及築煮之鬱艸合和之降神。鬯主於秬釀也,故說字形曰"中象
米,匕所以扱之"。又按:《江漢》傳云:"秬,黑黍也。鬯,香草也,築煮

合而鬱之曰鬯。"⑥此鬱、鬯不爲二物，又謂鬯爲香艸，皆與後來許、鄭異。考《王度記》云："天子以鬯，諸侯以薰，大夫以蘭芝，士以蕭，庶人以艾。"《禮緯》云："鬯艸生郊。"⑦《中候》云："鬯艸生庭。"⑧徐氏《中論》云："煮鬯燒薰以揚其芬。"⑨皆謂鬯爲艸名，與毛説合者也。竊謂"鬱"者蘊積，"鬯"者條暢。凡物必蘊積而後條暢，秬釀非不可言"鬱"，香艸未嘗不言"鬯"也，則秬、艸二物固可各兼二名矣。　[二]音"祛"。[三]△部云："△盧，飯器。"　[四]謂粊也，粊即"米"字斜書之。[五]《士冠》《士昏禮》皆以柶（sì）扱（xī）醴⑩，"柶"即"匕"也。[六]震卦辭⑪。《經》言"鬯"者多矣，獨偁此文者，説"鬯"從"匕"之意也，與"甼、鹵"等字引《易》同⑫。鬯，丑諒切。十部（陽）。

【疏義】

①《周禮·春官宗伯·敍官》："鬯人，下士二人，府一人，史一人，徒八人。"鄭玄注："鬯，釀秬爲酒，芬香條暢於上下也。"鬯人：掌管提供秬鬯的官員。　②《詩經·大雅·江漢》："秬鬯一卣（yǒu）。"鄭玄箋："秬鬯，黑黍酒也。謂之鬯者，芬香條暢也。"秬鬯：用黑黍釀造的酒。卣：古代盛酒的器具。　③引文見《禮記·郊特牲》。　④引文見《周禮·春官宗伯·鬱人》。築：搗爛。　⑤《周禮·春官宗伯·敍官》："鬱人，下士二人，府二人，史一人，徒八人。"鄭玄注："鬱，鬱金香草，宜以和鬯。"鬱人：周官名，掌管用鬱金香調和香酒進行祭祀活動的官員。　⑥《詩經·大雅·江漢》："秬鬯一卣，告于文人。"毛傳："秬，黑黍也。鬯，香草也。築煮合而鬱之曰鬯。"文人：先祖有文德者。築煮：搗爛烹煮。　⑦《王度記》《禮緯》：皆禮書，已佚。《周禮·春官宗伯·鬱人》："和鬱鬯，以實彝而陳之。"賈公彥疏："《王度記》云：'天子以鬯，諸侯以薰，大夫以蘭芝，士以蕭，庶人以艾。'此等皆以和酒。諸侯以薰，謂未得圭瓚之賜，得賜則以鬱耳。《王度記》云'天子以鬯'及《禮緯》云'鬯艸生庭'，皆是鬱金之草，以其和鬯酒，因號爲鬯草也。"⑧《詩經·大雅·江漢》："秬鬯一卣，告于文人。"孔穎達正義："《禮緯》有秬鬯之草，《中候》有鬯草生郊，皆謂鬱金之草也，以其可和秬鬯，故謂之鬯草。"《中候》：漢代緯書，已佚。　⑨徐氏：指徐幹。徐幹（171—217），字偉長，魏晉時北海（今山東濰坊市）人，建安七子之一，

著有《中論》等書。《中論》是一部政論性的著作。《中論·夭壽》：“煮鬯燒薰，所以揚其芬也。”　⑩《儀禮·士冠禮》：“興，筵末坐，啐醴，建柶。”鄭玄注：“建柶，扱柶於醴中。”《儀禮·士昏禮》：“西階上，北面坐，啐醴，建柶。”鄭玄注：“啐，嘗也。建猶扱也。”　⑪《周易》震卦：“震驚百里，不喪匕鬯。”王弼注：“威震驚乎百里，則是可以不喪匕鬯矣。”　⑫《説文》宀部：“寷，大屋也。从宀，豐聲。《易》曰：‘寷其屋。’”艸部：“蘺，艸木相附蘺土而生。从艸，麗聲。《易》曰：‘百穀艸木蘺於地。’”《段注》：“凡引經傳，有證字義者，有證字形者，有證字音者，如‘艸木麗於地’説从艸、麗，‘豐其屋’説从宀、豐，皆論字形耳。”

【集解】

王筠《説文釋例》：“‘中象米’謂‘灬’也，正之即米矣。不言‘从米’者，‘鬯’即釀米爲酒，不復見米形也。”

朱駿聲《説文定聲》：“釀黑黍爲酒曰‘鬯’，築芳艸以煮曰‘鬱’。”

吳大澂《説文古籀補》：“⊌象米在器中。”

林義光《文源》：“古作⊌、作⊌，不从‘匕’。⊌象鬱草，丷象秬在其中。”

黃天樹《部首與甲骨文》：“這是一種用黑黍和香草釀造的香酒。甲骨文作⊌，象容器中盛有香酒之形。”

董蓮池《部首新證》：“甲骨文寫作⊌、⊌諸形（《甲骨文編》235頁），⊌表盛鬯之器，灬表器中鬯酒，後一形體上部作⌣表示有物遮蓋，不使鬯酒香氣外散。”

【同部字舉例】

鬱　yù　芳艸也。十葉爲貫，百廿貫，築以煮之爲鬱。从臼、冂、缶、鬯，彡，其飾也。一曰：鬱鬯，百艸之華，遠方鬱人所貢芳艸，合釀之以降神。鬱，今鬱林郡也。迂勿切。○影物入　影物

爵　jué　禮器也。象爵之形，中有鬯酒，又持之也，所以飲。器象爵者，取其鳴節節足足也。爵，古文爵，象形。即略切。○甲文⅄、⅄、⅄、⅄、⅄、⅄、⅄、⅄、⅄、⅄　金文⅄、⅄、⅄、⅄、⅄、⅄　精藥入　精藥

𩰪𩰪 jù　黑黍也。一稃二米以釀也。从鬯，矩聲。𥝧，𩰪或从禾。其呂切。○金文𩰪、𩰪、𩰪、𩰪、𩰪、𩰪　𥝧語上　𥝧魚

食 食　180 shí　甲文 𩚫、𩚫、𩚫、𩚫、𩚫　金文 𩚫　乘力切　船職
　　　　　　開三入　船職（106/101；218/220）

亼（jí，"集"的古字）大徐本作"一"米也[一]。从皀，亼聲。或説：亼皀也[二]。凡食之屬皆从食[三]。

【譯文】
　　集聚在一起的米粒。以"皀"爲意符，"亼"爲聲符。另有一説："食"由"亼、皀"構成（會意）。凡是和"食"義有關的字都以"食"爲構件。

【段注】
　　[一]各本作"一米也"，《玉篇》同①，蓋孫強時已誤矣。《韻會》本作"米也"②，亦未是，今定爲"亼米"也。由亼字俗罕用而誤也。以"合"下云"亼口"例之，則此當爲"亼米"信矣。亼，集也，集衆米而成食也。引申之，人用供口腹亦謂之"食"，此其相生之名義也。下文云："飯，食也。"此"食"字引申之義也。人食之曰"飯"，因之所食曰"飯"，猶之亼米曰"食"，因之用供口腹曰"食"也。"食"下不曰"飯也"者，何也？食者自物言，飯者自人言，嫌其義不顯，故不以"飯"釋"食"也。"飯"下何以云"食也"？自"饡"篆以下皆自人言，故不嫌也。《周禮·膳夫》職注曰："食，飯也。"③《曲禮》："食居人之左。"注："食，飯屬也。"④凡今人"食"分去、入二聲，"飯"分上、去二聲，古皆不如此分別。　　[二]此九字當作"从亼皀"三字，經淺人竄改，不可通。皀者，穀之馨香也，其字从亼、皀，故其義曰"亼米"，此於形得義之例。乘力切。一部（之、職）。　　[三]鍇本此下有"讀若粒"三字⑤，衍文。

【疏義】
　　①《玉篇》食部："食，是力切，飯食。《説文》曰：'一米也。'"②《韻會舉要》眞韻："食，實職切，音與'實'同。《説文》：'食，米也。'"　③《周禮·天官冢宰·膳夫》："膳夫掌王之食飲膳羞。"鄭玄注："食，飯也。飲，酒漿也。膳，牲肉也。羞，有滋味者。"　④引文見《禮記·曲禮上》及鄭玄注。　⑤《説文繫傳》食部："食，一米也。从

皀、今。或説：亼皀也。凡食之屬皆从食。讀若粒。"

【集解】

朱駿聲《説文定聲》："六穀之飯曰食，从亼、皀，會意。"

饒炯《説文部首訂》："食者，米熟之通稱，合衆粒爲之。或説从亼、皀，會意。"

林義光《文源》："古作𩚃，从𠃊（倒口）在皀上。皀，薦熟物器也。"

黃天樹《部首與甲骨文》："甲骨文作𩚁，象簋中盛着黍稷等食物而上面加蓋之形。"

【同部字舉例】

餾𩛵 liù　飯气蒸也。从食，留聲。力救切。〇來宥去　來幽

飪𩜋 rèn　大孰也。从食，壬聲。𩛊，古文飪。𩚨，亦古文飪。如甚切。〇日寢上　日侵

餅𩛿 bǐng　麪餈（cí：糍粑）也。从食，并聲。必郢切。〇幫静上　幫耕

養𢒠 yǎng　供養也。从食，羊聲。𢏋，古文養。余兩切。〇以養上　定陽

飯𩛊 fàn　食也。从食，反聲。符萬切。〇並願去　並元

飤𩚱 sì　糧也。从人、食。祥吏切。〇邪志去　邪之

餔𩜪 bū　日加申時食也。从食，甫聲。𥀽，籀文餔。从皿，浦聲。博狐切。〇幫模平　幫魚

餐𩜧 cān　吞也，从食，𣦼（cán）聲。𣸈，餐或从水。七安切。〇清寒平　清元

餉𩜬 xiǎng　饟也。从食，向聲。式亮切。〇書漾去　書陽

館𩜌 guǎn　客舍也。从食，官聲。《周禮》：五十里有市，市有館，館有積，以待朝聘之客。古玩切。〇見換去　見元

餓𩛷 è　飢也。从食，我聲。五箇切。〇疑箇去　疑歌

亼 𠓛 181 jí　秦入切　從緝開三入　從緝（108/103；222/225）

三合也。从人、一，象三合之形[一]。凡亼之屬

皆从亼。讀若集^[二]。

【譯文】

　　三面合在一起。由"入、一"構成,象三部分組合在一起的形狀。凡是和"亼"義有關的字都以"亼"爲構件。讀音同"集"字。

【段注】

　　[一]許書通例:其成字者必曰"从某",如此言"从入、一"是也。"从入、一"而非會意,則又足之曰"象三合之形"^①,謂似會意而實象形也。　　[二]秦入切。七部(侵、緝)。

【疏義】

　　①足:補充説明。

【集解】

　　徐鉉《説文解字》:"此疑只象形,非從入、一也。"

　　桂馥《説文義證》:"馥案:北人呼市爲集,所謂合市也。"

　　朱駿聲《説文定聲》:"此於六書爲指事,篆體當作亼,非入、一字。"

　　王筠《説文釋例》:"《詩經》'是用不集',毛傳:'集,就也。'與亼訓合義近。"

　　徐灝《説文注箋》:"亼,古集字,今通用集而本字廢矣。亼象三合之形。"

　　饒炯《説文部首訂》:"當云'合也,象三合之形'。夫合以兩爲度,而篆三之者,蓋合義非一,必三之,方見其會聚意。"

　　董蓮池《部首新證》:"考本部所隸 (合)字,上所从的本爲器蓋兒的象形。"

【同部字舉例】

　　合 hé　合口也。从亼从口。候閤切。○甲文、　金文、、　匣合人　匣緝

　　僉 qiān　皆也。从亼从吅(xuān,喧囂)从从。《虞書》曰:"僉曰伯夷。"七廉切。○金文、、　清鹽平　清談

侖侖 lún　思也。从亼从冊。侖，籀文侖。力屯切。〇甲文侖
金文侖　來諱平　來文

今今 jīn　是時也。从亼从┐，┐，古文及。居音切。〇甲文今
金文今、今、今　見侵平　見侵

舍舍 shè　市居曰舍。从亼，中象屋也，口象築也。始夜切。〇
金文舍、舍、舍、舍、舍　書碼去　書魚

會會 182 huì 甲文會 金文會、會、會、會 等形 黃外切 匣泰合一去 匣祭（109/104；223/225）

合也[一]。从亼，大徐本有"从"曾省[二]。曾，益也[三]。凡會之屬皆从會。㑹，古文會如此。

【譯文】

會合。由"亼"和"曾"的省體構成。曾，增加。凡是和"會"義有關的字都以"會"爲構件。㑹，古文"會"這樣寫。

【段注】

[一]見《釋詁》①。《禮經》："器之蓋曰會，爲其上下相合也。"②凡曰"會計"者，謂合計之也，皆非異義也。　[二]三合而增之，會意。黃外切。十五部（脂、微、物、月）。　[三]説从"曾"之意。土部曰："增，益也。"是則"曾"者，"增"之假借字，如曾祖、曾孫之"曾"即含益義。

【疏義】

①《爾雅·釋詁上》："會，合也。"　②《儀禮·士虞禮》："祝酌醴，命佐食啟會。"鄭玄注："會，合也。謂敦蓋也。"

【集解】

桂馥《説文義證》："馥謂'會合'者，誣加構合也。"

王筠《説文句讀》："从曾之借義，故伸説之，如曾祖、曾孫，即增益之義。故許君自偁曾，曾小子也。增者，曾之分別文。"

朱駿聲《説文定聲》："古文从合从彡。按：彡亦衆多意。"

徐灝《説文注箋》："合者，併也。合併則有所增加，故从亼，从曾省。曾，猶重也。謂相重，相合也，因之凡相遇曰會。"

饒炯《説文部首訂》：“亼者，合之初文；曾者，增之本字。集合聚會，一義相通。”

趙誠《甲骨文字的二重性及其構形關係》：“上面的亼象個蓋子，下面的凵象個器物中間放着一個東西，上下一合，就是此字要表示的意思，當然有會合之意。”。

董蓮池《部首新證》：“（會）其形西周金文寫作 🔲（會始鬲），△與▽中間所從的 🔲 是切細之肉，即‘膾’的象形，用爲形符。而△與▽則是被形符 🔲 分開的‘合’字，其音近‘會’，用爲聲符，故‘會’是形聲字。”

【同部字舉例】

鞶鞶 pí　益也。从會，卑聲。符支切。○並支平　並支

倉 倉 ^183　cāng　甲文🔲、🔲、🔲　金文🔲　七岡切　清唐開一平清陽（109/104；223/226）

穀藏也^[一]。蒼 大徐本作“倉” 黄取而臧之^[二]，故謂之倉^[三]。从食省，口象倉形^[四]。凡倉之屬皆从倉。仐，奇字倉^[五]。

【譯文】

儲藏穀物的地方。因倉皇收割而儲藏起來，所以叫做“倉”。以“食”的省體爲構件，“口”象倉庫的形狀。凡是和“倉”義有關的字都以“倉”爲構件。仐，奇字“倉”的寫法。

【段注】

[一]藏當作臧。臧，善也。引申之義，善而存之亦曰“臧”，臧之之府亦曰“臧”。俗皆作“藏”。分平、去二音。“穀臧”者，謂穀所臧之處也。广部曰：“府，文書藏。”“庫，兵車藏。”“廥（kuài），芻槀藏。”①今音皆徂浪切。　[二]“蒼”舊作“倉”，今正。蒼黃者，匆遽之意②。刈穫貴速也。　[三]蒼、倉疊韻。　[四]七岡切。十部（陽）。
[五]蓋从古文“巨”。

【疏義】

①廥：存放木材、草料的地方。芻、槀：均爲穀類植物的莖杆。

②蒼黄:同"倉惶"。匆遽:迅速。

【集解】

徐鍇《説文繫傳》:"倉,穀熟色蒼黄也。"

朱駿聲《説文定聲》:"倉,叚借爲蒼。"

桂馥《説文義證》:"'穀藏也'者,本書無藏字。"

孔廣居《説文疑疑》:"倉象倉形,亼象苫蓋,丨象牆壁,口象倉底,彐象倉門横疊形。"

黄天樹《部首與甲骨文》:"甲骨文作𠭯,上面是倉頂,下面象儲藏糧食的地窖,中間是一扇倉門,象糧倉之形。"

董蓮池《部首新證》:"甲骨文寫作𠭯(郭沫若《卜辭通纂》別二·十·八,194頁),西周金文寫作𠭯(叔倉父盨),上亼象倉蓋,中曰乃'門'字一半,以表倉門,下凵象倉基,全體是'倉'之象形。"

【同部字舉例】

牄牄 qiāng　鳥獸來食聲也。从倉爿聲。《虞書》曰:"鳥獸牄牄"。七羊切。○清陽平　清陽

入 入 184 rù 甲文𠆢、𠆢、𠆢 金文𠆢、宀、人 人汁切 日緝開 三入 日緝(109/104;224/226)

内也[一]。象從"從"大徐本作"从"上俱下也[二]。凡入之屬皆从入。

【譯文】

進入。字形象從外面全部進入裏面的樣子。凡是和"入"義有關的字都以"入"爲構件。

【段注】

[一]自外而中也。　[二]上下者,外中之象①。人汁切。七部(侵、緝)。

【疏義】

①外中之象:即外、内之象。

【集解】

王筠《説文句讀》:"入、内二字古通用。"

徐灝《説文注箋》:“木根入地,即自上而下也。”

林義光《文源》:“從上俱下無入義,字象鋭端之形,形鋭乃可入物也”。

董蓮池《部首新證》:“甲骨文寫作∧、人諸形(《甲骨文編》240頁),象一鋭可刺入他物之物形。西周金文或作內(井侯簋),增加一被穿之物以增顯其意,此形即‘内’,‘入’、‘内’二形本一字之異體,後采用異體字分工方式分化,以‘入’形表進入義,以‘内’形表内裏義。”

【同部字舉例】

內 內 nèi　入也。从口,自外而入也。奴對切。○甲文 ⋃、⊓　金文 內、⋂　泥隊去　泥物

糴 糴 dí　市穀也。从入从䊫。徒歷切。○定錫入　定藥

全 仝 quán　完也。从入从工。仝,篆文全。从玉,純玉曰全。㒰,古文全。疾緣切。○從仙平　從元

缶 缶 185 fǒu　甲文 缶、缶、凵　金文 缶、缶、缶　方九切
幫有開三上　幫幽(109/104;224/227)

瓦器,所以盛酒漿“漿”大徐本作“䊢”[一],秦人鼓之以節謌(同“歌”)[二]。象形[三]。凡缶之屬皆从缶。

【譯文】

陶器,用來盛酒,秦地人擊打缶以節制歌曲。象形。凡是和“缶”義有關的字都以“缶”爲構件。

【段注】

[一]《釋器》、《陳風》傳皆云:“盎謂之缶。”①許一云:“盎,盆也。甖,缶也。”似許與《爾雅》説異。缶有小有大,如汲水之缶,蓋小者也。如“五獻之尊,門外缶”②,大於一石之壺,五斗之瓦甒(wǔ)③,其大者也。皆可以盛酒漿。　[二]鼓,之錄切④,擊也。《韻會》“鼓”作“擊”⑤,《李斯傳》《廉藺傳》《漢·楊惲傳》皆可證⑥。　[三]字象器形。方九切。三部(幽、覺)。俗作“甀”。

【疏義】

①引文見《爾雅·釋器》與《詩經·陳風·宛丘》毛傳。　②引文

見《禮記・禮器》。　③瓦瓾:陶製的酒器名,盛五斗。　④《玉篇》支部:"鼓,之録切,擊也。又公户切。"按:"鼓"同"鼓"。　⑤《韻會》:即《古今韻會舉要》,"鼓"在《韻會》有韻。　⑥《史記・李斯列傳》:"擊甕叩缶。"《史記・廉頗藺相如列傳》:"秦王爲趙王擊缶。"《漢書・楊惲傳》:"酒後耳熱,仰天拊缶。"顔師古注:"應劭曰'缶,瓦器也。秦人擊之以節歌'。"

【集解】

王筠《説文句讀》:"凡器皿字,惟缶壺有蓋,皆盛酒者也。東楚名缶曰淄。"

桂馥《説文義證》:"馥案:樂器本用缶。"

饒炯《説文部首訂》:"下象所盛之器,上象蓋,中象畫文,以土作之,故寄音於土;而引借爲凡瓦器之大名,如偏旁所從取其義是也。"

董蓮池《部首新證》:"甲骨文寫作🝈(《甲骨文編》241頁),西周金文寫作🝈(缶鼎),春秋寫作🝈、🝈(蔡侯缶)。缶之製作,先以杵搗泥胎而成缶形,再經燒製而成。字所從的ㄩ、ㅂ即表搗成之缶形,个則表搗製所用之杵具,缶爲盆形之器,造字將製作工具也連帶表示了出來,這是爲了從字形上將表缶形的ㄩ、ㅂ與表盛飯器之ㄩ或'口'旁相區別,以明它們是用杵搗製而成之缶。"

【同部字舉例】

匋 🝈 táo　瓦器也。从缶,包省聲。古者昆吾作匋。案:《史篇》讀與缶同。徒刀切。○金文🝈、🝈、🝈　定豪平　定幽

罌 🝈 yīng　缶也。从缶,賏聲。烏莖切。○影耕平　影耕

甖 🝈 chuí　小口罌也。从缶,巠聲。池僞切。○禪支平　禪歌

缾 🝈 píng　罌也。从缶,并聲。🝈,缾或从瓦。薄經切。○並青平　並耕

罃 🝈 yīng　備火,長頸缾也。从缶,熒省聲。烏莖切。○金文🝈　影耕平　影耕

缸 🝈 gāng　瓦也。从缶,工聲。下江切。○匣江平　匣東。

䍃 🝈 yóu　瓦器也。从缶,肉聲。以周切。○以尤平　以宵

缺　缺 quē　器破也。从缶，決省聲。傾雪切。○溪薛入　溪月

罅　罅 xià　裂也。从缶，虖聲。缶燒善裂也。呼迓切。○曉禡去　曉魚。

罄　罄 qìng　器中空也。从缶，殸聲。殸，古文磬字。《詩》云："缾之罄矣。"苦定切。○溪徑去　溪耕

矢 矢 186 shǐ　甲文 矢、矢、矢　金文 矢、矢　式視切　書旨開

三上　書脂(110/105；226/228)

弓弩矢也[一]。**从入**[二]，**象鏑栝**(kuò，箭末扣弦處)**羽之形**[三]。**古者夷牟**(夷牟，傳爲始造箭者，黃帝時人)**初作矢**[四]。**凡矢之屬皆从矢。**

【譯文】

弓弩用的箭。以"入"作爲構件，象箭頭箭末箭羽之形。古時夷牟最初發明了矢。凡是和"矢"義有關的字都以"矢"爲構件。

【段注】

[一]弓弩所用躲之矢也[1]。　　[二]矢欲其中。　　[三]鏑謂｜也。金部曰："鏑，矢鋒也。""栝"作"括"者，誤。栝謂八也。木部曰："栝，矢栝，櫽弦處。"岐其耑以居弦也[2]。羽，謂一也。羽部曰"翦，矢羽"是也。矢羽從[3]，而橫之何也？以識其物耳。矢之制詳於《考工記·矢人》[4]。式視切。十五部(脂、微、物、月)。　　[四]《山海經》曰："少皥生般，般是始爲弓矢。"郭曰："《世本》云：'牟夷作矢，揮作弓。'弓、矢一器，作之兩人，於義有疑，此言般之作，是。"[5]按：弦木爲弧，掞(yǎn)木爲矢。《毄傳》系諸黃帝、堯、舜之下[6]，蓋不妨有同時合成之者。"夷牟"郭作"牟夷"，孫卿作"浮游"[7]。

【疏義】

①躲：同"射"。　　②耑："端"的古字。　　③從："縱"的古字。④《周禮·冬官考工記·矢人》："矢人爲矢，鍭矢參分，茀矢參分，一在前，二在後。兵矢、田矢五分，二在前，三在後。殺矢七分，三在前，四在後。參分其長而殺其一，五分其長而羽其一，以其笴厚爲之羽深，水之以辨其陰陽，夾其陰陽以設其比，夾其比以設其羽，參分其羽以設

其刃,則雖有疾風,亦弗之能憚矣。刃長寸,圍寸,鋌十之,重三垸。前弱則俛,後弱則翔,中弱則紆,中强則揚,羽豐則遲,羽殺則趮。是故夾而搖之,以眂其豐殺之節也;橈之,以眂其鴻殺之稱也。"　⑤引文見《山海經・海內經》。郭:指郭璞。少皞:即少昊,傳說中的遠古東夷首領。　⑥《繫傳》:指《周易・繫辭》。繫,同"繫"。《周易・繫辭下》:"黃帝、堯、舜垂衣裳而天下治,蓋取諸乾、坤……弦木爲弧,剡木爲矢,弧矢之利,以威天下,蓋取諸暌。"　⑦孫卿:即荀子。《荀子・解蔽篇》:"垂作弓,浮游作矢。"

【集解】

徐鍇《説文繫傳》:"丿象括羽。"

王筠《説文句讀》:"人,其鏑也;丨,其榦也;丌,其栝及羽也。"

桂馥《説文義證》:"箭,進也。其本曰足,矢形似木。"

徐灝《説文注箋》:"上象鏑下象栝,引而長之作𢎘,乃見其形。"

饒炯《説文部首訂》:"篆形上象鏑,中直象幹,下象栝,旁出象羽,說解云'从入'者誤矣。"

黃天樹《部首與甲骨文》:"甲骨文作𢎘,象一支箭之形。"

董蓮池《部首新證》:"甲骨文寫作𢎘(《甲骨文編》241頁),上象其鋒,中象其杆兒,下象其尾,是獨體象形字。"

【同部字舉例】

躲 躲 shè　弓弩發於身而中於遠也。从矢从身。𨈥,篆文躲从寸。寸,法度也。亦手也。食夜切。○船禡去　船魚

矯 矯 jiǎo　揉箭箝也。从矢,喬聲。居夭切。○睡虎地簡寫作 𥎔。見小上　見宵

矰 矰 zēng　雉躲矢也。从矢,曾聲。作滕切。○精登平　精蒸

矦(侯) 矦 hóu　春饗所躲矦也。从人从厂,象張布,矢在其下。天子躲熊虎豹,服猛也;諸侯躲熊豕虎,大夫射麋,麋,惑也;士射鹿豕,爲田除害也。其祝曰:"毋若不寧矦,不朝于王所,故伉而躲汝也。"𢍹,古文矦。乎溝切。○甲文 𢎿、金文 𢎿、𢎿　匜侯平　匜侯

短 短 duǎn　有所長短,以矢爲正。从矢,豆聲。都管切。○端緩

上　端元

知 zhī　詞也。从口从矢。陟离切。○金文（智）　知支平端支

矣 yǐ　語已詞也。从矢，㠯聲。于已切。○金文　雲止上匣之

高 187
gāo　甲文、、、　金文、、　古牢切　見豪開一平　見宵（110/105；227/230）

崇也[一]。**象臺觀高之形**[二]。**从冂**（jiōng，遠郊，或説爲“扃”的初文）、**口**[三]，**與倉、舍同意**[四]。**凡高之屬皆从高**。

【譯文】

崇高。象臺閣樓觀高聳之形。下部以“冂、口”爲構件，“高”與“倉、舍”的構意相同。凡是和“高”義有關的字都以“高”爲構件。

【段注】

[一]山部曰：“崇，嵬高也。”　[二]謂合也。　[三]上音莫狄切，下音“圍”①。　[四]倉、舍皆从“口”，象築也。合與𠂇皆象高。古牢切。二部（宵、藥）。

【疏義】

①上指“冂”（冖），下指“口”。段氏以爲“高”的下部由“冂、口”構成。

【集解】

徐鍇《説文繫傳》：“‘與倉、舍同意’，謂皆室屋垣牆周帀之意。”

王筠《説文句讀》：“‘象臺觀高之形’謂字之上半也。‘從冂’同冋，臺觀必有界址。”

王筠《説文釋例》：“从冂者，非音冪之冂，乃坰界之冂，高者必大，象其界也。”

孔廣居《説文疑疑》：“象樓臺層疊形。𠆢象上屋，冂象下屋，口象上下層之户牖也。”

董蓮池《部首新證》：“甲骨文寫作、、、諸形（《甲骨文編》

234、235 頁），以房屋上面再起臺觀以表'高'義。"

【同部字舉例】

亭 霝 tíng　民所安定也。亭有樓，从高省，丁聲。特丁切。○古陶文 霝　定青平　定耕

亳 髙 bó　京兆杜陵亭也。从高省，乇聲。旁各切。○甲文 髙、髙、金文 員、髙、髙　並鐸入　並鐸

冂 H 188 jiōng　金文 **冂**、冋　古熒切　見青合四平　見耕（110/105；228/230）

邑外謂之郊，郊外謂之野，野外謂之林，林外謂之冂[一]**。象遠介**"介"大徐本作"界"**也**[二]**。凡冂之屬皆从冂。冏，古文冂从口，象國邑**[三]**。坰，冋或从土**[四]**。**

【譯文】

國都之外叫做郊，郊外叫做野，野外叫做林，林外叫做冂。字形象遠處的地界。凡是和"冂"義有關的字都以"冂"爲構件。冏，古文"冂"以"口"爲構件，象國都。坰，"冋"或以"土"爲構件。

【段注】

[一]與《魯頌》毛傳同①。邑，國也。距國百里曰郊②。野，郊外也。平土有叢木曰林，皆許説也。《爾雅·釋地》："邑外謂之郊，郊外謂之牧，牧外謂之野，野外謂之林，林外謂之坰。"多"謂之牧，牧外"五字。依《野有死麕》《燕燕》《干旄》傳、《叔于田》箋斷之③，淺人妄增也。"牧"李巡作"田"④。王砅注《素問》作"邑外謂之郊，郊外謂之甸，甸外謂之牧，牧外謂之林，林外謂之坰，坰外謂之野"⑤，所偁更繆。[二]"介"各本作"界"。誤，今正。八部曰："介，畫也。"八象遠所聯互。—象各分介畫也。古熒切。十一部（耕）。　[三]象國邑在介内也。　[四]《詩》《爾雅》皆如此作。

【疏義】

①《詩經·魯頌·駉》："駉駉牡馬，在坰之野。"毛傳："坰，遠野也。邑外曰郊，郊外曰野，野外曰林，林外曰坰。"　②距：同"距"。③《詩經·召南·野有死麕》："野有死麕，白茅包之。"《詩經·邶

風·燕燕》:"之子于歸,遠送于野。"《詩經·鄘風·干旄》:"孑孑干
旄,在浚之郊。"毛傳皆曰:"郊外曰野。"《詩經·鄭風·叔于田》:"叔
適野,巷無服馬。"鄭玄箋:"郊外曰野。"　④《爾雅·釋地》:"郊外謂
之牧,牧外謂之野。"《經典釋文》:"李本'牧'作'田'字,釋云:'田,陳
也。謂陳列種穀之處。陳音陳。'"李:即李巡,東漢汝陽(今河南商
水)人,靈帝時官中黄門,曾倡議定蘭臺漆書經字,撰有《爾雅注》三
卷,已佚。　⑤《黄帝内經·素問》:"九野爲九藏。"唐王砅注:"九野
者,應九藏而爲義也。《爾雅》曰:'邑外爲郊,郊外爲甸,甸外爲牧,牧
外爲林,林外爲坰,坰外爲野。'"

【集解】

朱駿聲《説文定聲》:"冂,假借託明標識字。"

王筠《説文句讀》:"从冂者多訓遠。"

孔廣居《説文疑疑》:"冂當作月,口象國邑之近,H象邊界之遠,以
近校遠,則遠瘉遠。"

饒炯《説文部首訂》:"冂象遠界之表,猶今邑界所栞木石,俗名界
牌者。古文則注口爲封疆,或體又注土明其事。"

楊樹達《積微居小學述林》:"(冂)乃肩之初文……左右二畫象門
左右柱,横畫象門肩之形。"

【同部字舉例】

市 市 shì　買賣所之也。市有垣,从冂从乀。乀,古文及,象物相
及也。之省聲。時止切。○金文 市 禪止上　禪之

央 央 yāng　中央也。从大在冂之内。大,人也。央、旁同意。一
曰:久也。於良切。○甲文 央 　金文 央 、央　影陽平　影陽

靣 靣 189　guō　甲文 靣 、靣 、靣 　金文 靣 、靣 、靣 　古博切　見
鐸開一入　見鐸(110/105;228/231)

度(zhái,同"宅",居)也[一],民所度居也[二]。从回,
象城靣("郭"的古字)之重[三],兩亭相對也[四]。或但从
口[五]。凡靣之屬皆从靣。

【譯文】

居住，人所居住的地方。以"回"爲構件，字象城郭相重，兩亭相對。有的寫法只用一個"口"表示。凡是和"郭"義有關的字都以"郭"爲構件。

【段注】

［一］此以音説義，與"蒦，度也"音義略同。　［二］《釋名》曰："郭，廓也。廓落在城外也。"①按：城郭字今作"郭"，"郭"行而"郭"廢矣。邑部曰："䣜齊之郭氏虛也。"䵻"下云："萬物郭皮甲而出。"當作"䣜"，即今之"廓"字也。　［三］内城外郭。　［四］謂上亼下𠮛也。内城外郭，兩亭相對。《漢典略》曰："雒陽二十街，街一亭，十二城門，門一亭。"②此城内亭也。《百官公卿表》："縣道十里一亭。"③此城外亭也。　［五］音"韋"。謂篆作𩫖也。按：當出𩫖篆，在"皆从郭"之下。

【疏義】

①引文見《釋名·釋宮室》。　②《韻會舉要》青韻："亭，《漢典略》：'洛陽二十街，街一亭，十二城門，門一亭。'《漢·百官志》：'十里一亭，十亭一鄉。'"　③《漢書·百官公卿表》："縣令長皆秦官，掌治其縣……大率十里一亭，亭有長。"

【集解】

《左傳·文公十八年》："不度於善，而皆在於凶德，是以去之。"杜預注："度，居也。"

徐鍇《説文繫傳》："郭，城外亭也。"

王筠《説文句讀》："上亼下𠮛，乃亭字之省。"

《金文詁林》："張日昇曰：'城郭之郭與城垣之郭（墉）義本相近，而字象兩亭相對，形義亦相符。'周法高曰：'郭字與墉字古通，亦猶橐字與東字相通也。'"

黄天樹《部首與甲骨文》："甲骨文繁體作𩫏，簡體作𩫏，繁體字形象四合式的城牆上面建有用以瞭望的門樓，即'城郭'之象形字。"

董蓮池《部首新證》："字見甲骨文，寫作𩫖、𩫖、𩫖諸形（《甲骨文編》245、246 頁），口表城郭，上下左右之 亼 表郭上之城樓。爲城郭之

'郭'的象形初文。"

【同部字舉例】

歃 歃 quē　缺也。古者城闕其南方,謂之歃。从章,缺省。讀若拔物爲決引也。傾雪切。○溪薛入　溪月

京 京

190 jīng　甲文弇、弇、弇　金文弇、弇、弇　舉卿切　見庚開三平　見陽(111/106;229/231)

人所爲絕高丘也[一]。从高省,丨象高形[二]。凡京之屬皆从京。

【譯文】

人工築起的高丘。以高字的省體作爲構件,"丨"表示高大。凡是和"京"義有關的字都以"京"爲構件。

【段注】

[一]《釋丘》曰:"絕高爲之京。非人爲之丘。"郭云"爲之"者,人力所作也①。按:《釋詁》云:"京,大也。"②其引申之義也,凡高者必大。[二]舉卿切。古音在十部(陽)。

【疏義】

①引文見《爾雅·釋丘》。郭璞注:"(京)人力所作。(丘)地自然生。" ②《爾雅·釋詁》:"弘、廓、宏、溥、介、純、夏、幠、厖、墳、嘏、丕、奕、洪、誕、戎、駿、假、京、碩、濯、訏、宇、穹、壬、路、淫、甫、景、廢、壯、冢、簡、剄、昄、晊、將、業、席,大也。"郭璞注:"此皆大,有十餘名而同一實。"

【集解】

桂馥《説文義證》:"馥謂:積尸合土築之,似京,故曰京觀。不得謂京亦築也。"

朱駿聲《説文定聲》:"對文則人力所作者爲京,地體自然者爲邱;散文則亦通稱也。"

黃天樹《部首與甲骨文》:"甲骨文作弇,象建在人造高丘上的建築物。本義爲宗廟。"

董蓮池《部首新證》:"甲骨文寫作弇、弇、弇諸形(《甲骨文編》246頁),西周金文寫作弇(矢方彝),象築起的高高宮觀之形。"

【同部字舉例】

就 jiù 就高也。从京从尤。尤,異於凡也。,籀文就。疾僦切。○從宥去 從幽

亯

191 xiǎng 甲文、、 金文、、、 許兩切 曉養開三上 曉陽(111/106;229/231)

獻也[一]。**从高省**[二]。**⊖象孰物形**此句大徐本作“曰象進孰物形”[三]。**《孝經》曰:“祭則鬼亯之。”**[四] **凡亯之屬皆从亯。,篆文亯**[五]。

【譯文】

進獻。以“高”的省體爲構件。“曰”象進獻的熟食。《孝經》説:“祭祀就有鬼來享用。”凡是和“亯”義有關的字都以“亯”爲構件。,篆文“亯”字。

【段注】

[一]下進上之詞也。按《周禮》用字之例,凡祭亯用“亯”字,凡饗燕用“饗”字,如《大宗伯》“吉禮”下六言“亯先王”①,“嘉禮”下言“以饗燕之禮親四方賓客”②,尤其明證也。《禮經》十七篇用字之例,《聘禮》内臣亯君字作“亯”③,《士虞禮》《少牢饋食禮》尚饗字作“饗”④。《小戴記》用字之例,凡祭亯、饗燕字皆作“饗”,無作“亯”者⑤。《左傳》則皆作“亯”,無作“饗”者⑥。《毛詩》之例,則獻於神曰“亯”,神食其所亯曰“饗”,如《楚茨》“以亯以祀”,下云“神保是饗”⑦。《周頌》“我將我亯”,下云“既右饗之”⑧。《魯頌》“亯祀不忒……亯以騂犧”,下云“是饗是宜”⑨。《商頌》“以假以亯”,下云“來假來饗”⑩。皆其明證也。鬼神來食曰“饗”,即《禮經》尚饗之例也。獻於神曰“亯”,即《周禮》祭亯作“亯”之例也。各經用字,自各有例。《周禮》之“饗燕”,《左傳》皆作“亯宴”。此等葢本書固尒⑪,非由後人改竄。 [二]獻者必高奉之。《曲禮》曰:“執天子之器則上衡,國君則平衡。”⑫後世亦以“舉案齊眉”爲敬。 [三]《禮經》言“饋食”者,薦孰也⑬。許兩切,十部(陽)。“亯”象薦孰,因以爲飪物之偁,故又讀普庚切。“亯”之義訓薦神,誠意可通於神,故又讀許庚切,古音則皆在十部(陽)。其形,薦

神作"亯"，亦作"享"；飪物作"亯"，亦作"烹"。《易》之"元亨"，則皆作"亨"，皆今字也。　　[四]《孝經·孝治章》文⑭。　　[五]後篆者，亼部之例也。據玄應書則"亯"者籀文也⑮。小篆作"𦎧"。故隸書作"亨"、作"享"，小篆之變也。

【疏義】

①《周禮·春官宗伯·大宗伯》："以肆獻祼亯先王，以饋食亯先王，以祠春亯先王，以禴夏亯先王，以嘗秋亯先王，以烝冬亯先王。"吉禮：祭祀之禮。　　②《周禮·春官宗伯·大宗伯》："以嘉禮，親萬民；以飲食之禮，親宗族兄弟；以昏冠之禮，親成男女；以賓射之禮，親故舊朋友；以饗燕之禮，親四方之賓客。"嘉禮：指飲食、婚冠、賓射、饗燕、脤膰、賀慶等禮。　　③《儀禮·聘禮》："受享束帛加璧。"鄭玄注："享，獻也。既聘，又獻，所以厚恩惠也。"內臣：宮廷中的近臣，後亦指宦官。④《儀禮·士虞禮》："卒辭曰：'哀子某，來日某，隮（jī）祔（fù）爾于爾皇祖某甫，尚饗。'"鄭玄注："卒辭，卒哭之祝辭。隮，升也。尚，庶幾也。"　　⑤《禮記·禮器》："大旅具矣，不足以饗帝。"鄭玄注："大旅，祭五帝也。饗帝，祭天。"此"饗"爲祭饗義。《禮記·郊特牲》："大饗尚腶（duàn）脩而已矣。"鄭玄注："此大饗饗諸侯也。"此"饗"爲燕饗義。腶脩：乾肉。《小戴記》：《小戴禮記》。小戴，戴勝。　　⑥例如《左傳·莊公三十二年》："王曰：'若之何？'對曰：'以其物享焉。'"杜預注："享，祭也。"《左傳·宣公十六年》："冬，晉侯使士會平王室，定王享之。"此"享"爲燕饗。享："亯"的今字。　　⑦《詩經·小雅·楚茨》："以享以祀，以妥以侑，以介景福……先祖是皇，神保是饗。"　　⑧《詩經·周頌·我將》："我將我享，維羊維牛……伊嘏文王，既右饗之。"⑨《詩經·魯頌·閟宮》："春秋匪解，享祀不忒。皇皇后帝，皇祖后稷，享以騂（xīng）犧，是饗是宜。"鄭玄箋："春秋猶言四時也。忒，變也。皇皇后帝，謂天也。"騂：赤色的馬，亦指赤色的牛羊。　　⑩《詩經·商頌·烈祖》："以假以享，我受命溥將。自天降康，豐年穰穰。來假來饗，降福無疆。"鄭玄箋："饗謂獻酒使神饗之也。"　　⑪尒：同"爾。"　　⑫引文見《禮記·曲禮下》。鄭玄注："（上衡）謂高於心，彌敬也，此衡謂與心平。"　　⑬饋食：進獻熟食。薦：進獻。孰："熟"的古

字。　⑭《孝經·孝治章》：“夫然，故生則親安之，祭則鬼享之。”李隆
基注：“夫然者，上孝理皆得懽心，則存安其榮，没享其祭。”　⑮玄應
《一切經音義》卷十二“今享”注：“享，籀文作亯。”

【集解】

徐鍇《説文繫傳》：“獻於上也，故从高。”

王筠《説文句讀》：“豆之古文𠀇，上半作⊖，是器物中有物形也。”

徐灝《説文注箋》：“享即亯字，小篆作𠅬，因變爲享。”

饒炯《説文部首訂》：“亯者，有事於廟寢之名。”

黄天樹《部首與甲骨文》：“甲骨文作🄋，象營造在臺基上的宗廟
之形，是鬼神享受的地方。”

董蓮池《部首新證》：“字見甲骨文，寫作𠅬、𠅬諸形（《甲骨文編》
247、248頁）。金文寫作𠅬、𠅬、𠅬諸形（《金文編》376—378頁）。從
考古發掘得知，上古之俗是在墓葬封土之上建造享堂以祭享死者。𠅬
字構形正象其事，⊖表墓葬之封土及墓中死者，𠅬表建於墓葬封土之
上的享堂。”

【同部字舉例】

篤𥰉 dǔ　厚也。从亯，竹聲。讀若篤。冬毒切。○端沃入　端覺

畠　畠 192 hòu　甲文 𠙹　金文 𠙹、𠙹、𠙹　胡口切　匣厚開
一上　匣侯（111/106；229/232）

厚也[一]**。从反亯**[二]**。凡畠**（同“厚”）**之屬皆从畠。**

【譯文】

厚實。以反寫的“亯”字爲構件。凡是與“畠”義有關的字都以
“畠”爲構件。

【段注】

[一]“厚”當作“𥰉”。上文曰：“𥰉，𥑇也。”①此曰：“𥑇，篤也。”是
爲轉注。今字“厚”行而“𥑇”廢矣。凡經典𥑇薄字皆作“厚”。
[二]倒“亯”者，不奉人而自奉，𥑇之意也。胡口切。四部（侯、屋）。

【疏義】

①𥰉：“篤”的古字。𥑇：“厚”的古字。

【集解】

徐鍇《説文繫傳》：“以進上之具反之於下則厚也。”

王筠《説文句讀》：“畗、厚二字同意，經典又皆作厚，故以爲解，實則本部承上部，仍是飲食事也。”

徐灝《説文注箋》：“畗、厚古今字。以厚釋畗者，以常言易曉之字釋所難知，亦同字相訓也。”

董蓮池《部首新證》：“字見金文‘厚’所从，寫作 𠂤（戈厚簋）、𠂤（牆盤）、𠂤（趠鼎）、𠂤（魯伯盤）、𠂤（井人妄鐘）……本義當和城郭厚固有關，非从反‘亯’，許説不確。”

【同部字舉例】

厚 𠪩 hòu　　山陵之厚也。从畗从厂。𠪩，古文厚，从后、土。胡口切。○甲文 𠪩　金文 𠪩、𠪩、𠪩、𠪩、𠪩　匜厚上　匜侯

富 畗 **193** fú　甲文 𠂤、𠂤、𠂤　金文 𠂤、𠂤　芳逼切　滂職開三入
　　　　滂職（111/106；230/232）

滿也[一]。**从高省**[二]。**象高厚之形**[三]。**凡畗之屬皆从畗。讀若伏**[四]。

【譯文】

滿。以“高”的省體爲構件。象高大厚實的形狀。凡是和“畗”義有關的字都以“畗”爲構件。讀音同“伏”。

【段注】

[一]《方言》：“桶、偪，滿也。凡以器盛而滿謂之桶。”注：“言涌出也。”“腹滿曰偪。”注：“言勅偪也。”①按：《廣雅》“桶、福，滿也”本此。而《玉篇》云：“腹滿謂之涌，腸滿謂之畗。”②與今本《方言》異。玄應書“畗塞”注曰“普逼切”，引《方言》“畗，滿也”③，是則希馮、玄應所據《方言》皆作“畗”也。許書無“偪、逼”字。大徐附“逼”於辵部④，今乃知逼仄、逼迫字當作“畗”。“偪、逼”行而“畗”廢矣。《荀卿子》：“充盈大宇而不窕，入郤（xì）穴而不偪。”⑤《淮南·兵略訓》：“入小而不偪，處大而不窕。”⑥凡云“不偪”者，皆謂不塞。《淮南·俶真訓》：“處小隘而不塞。”⑦《要略訓》：“置之尋常而不塞。”⑧《氾

論訓》：“内之尋常而不塞。”⑨《齊俗訓》：“大則塞而不入，小則窕而不周。”⑩“畐”與“塞”義同。畐、偪，正俗字也。《釋言》曰：“逼，迫也。”⑪本又作“偪”，二皆“畐”之俗字。　　［二］謂合也。　　［三］謂田也。　　［四］芳逼切。按：畐、伏二字古音同在第一部（之、職）。今音同房六切。

【疏義】

①《方言》第六：“俌、偪，滿也。凡以器盛而滿謂之俌（郭璞注：言涌出也），腹滿曰偪（郭璞注：言勅偪也。俌，音踴。偪，妨逼反）。”按：“偪”或作“愊、幅”。　②《玉篇》畐部：“畐，普逼、扶六二切。腹滿謂之涌，腸滿謂之畐。”　③畐塞：擁塞，滯塞。語見玄應《一切經音義》卷十二。　④大徐本《説文》辵部新附：“逼，迫也。从辵，畐聲。”　⑤引文見《荀子·賦篇》。　⑥《淮南子·兵略訓》：“是故入小而不偪，處大而不窕。”高誘注：“偪，迫也。”　⑦《淮南子·俶真訓》：“神經於驪山、太行而不能難，入於四海九江而不能濡，處小隘而不塞，橫扃天地之間而不窕。”高誘注：“扃猶閉也。”　⑧《淮南子·要略訓》：“故置之尋常而不塞，布之天下而不窕。”高誘注：“窕，緩也。布之天下，雖大不窕也。”　⑨《淮南子·氾論訓》：“是以舒之天下而不窕，内之尋常而不塞。”高誘注：“不窕，在大能大也。八尺曰尋，倍尋曰常。在小能小，不塞急也。”　⑩《淮南子·齊俗訓》：“拙工則不然，大則塞而不入，小則窕而不周。”　⑪引文見《爾雅·釋言》。

【集解】

朱駿聲《説文定聲》：“疑从畗加丨，象四塞也，指事。字亦作偪，作逼。”

董蓮池《部首新證》：“‘畐’見金文，寫作𤰨（畐父辛爵）、𤰦（士父鐘），象一種酒器滿盛酒漿，是獨體象形字，字形與‘高’無關。”

【同部字舉例】

良 𦭕 liáng　善也。从畐省，亡聲。𦉪，古文良。𦉥，亦古文良。𦉦，亦古文良。呂張切。○甲文𦊛、𦋰、𦭕　金文𦋰、𦊛　來陽平　來陽

亩〇 194 lǐn 甲文🔺、🔺、🔺 力甚切 來寢開三上 來侵
（111/106；230/232）

穀所振入也大徐本無“也”[一]。**宗廟粢盛**（同“粢盛”，盛在祭器内供祭祀的穀物）[二]，**蒼**大徐本作“倉”**黃亩**（“廩”的古字）**而取之，故謂之亩**[三]。**从入**[四]**从**大徐本無“从”**回**[五]，**象屋形**[六]，**中有户牖**[七]。**凡亩之屬皆从亩。廩，亩或从广、稟**“稟”大徐本作“从禾”[八]。

【譯文】

儲藏穀物的地方。宗廟祭祀用的穀物，顔色一泛黄即要懔畏小心地收藏起來，所以稱其藏處爲“亩”。由“入、回”構成，“回”的外形象房屋，中間的“口”象門窗。凡是和“亩”義有關的字都以“亩”爲構件。廩，“亩”或由“广、稟”構成。

【段注】

[一]穀者，百穀總名。《中庸》注曰：“振，猶收也。”①手部曰：“振，舉也。”《周禮》注曰：“米藏曰廩。”② 　[二]“粢”各本作“粢”，今正。粢，稻餅之或字也。粢者，稷之或字也。《甸師》：“以共齍盛。”鄭注齍作“粢”，云：“粢，稷也。穀者稷爲長，是以名云。在器曰盛。”③按：《小宗伯》注云：“齍讀爲粢。六粢謂六穀，黍、稷、稻、粱、麥、苽。”④是則六穀稷爲長，故單舉“粢”也。許於皿部曰：“齍，黍稷器也。”盛黍稷在器中也，字依《周禮》。此作“粢盛”者，齍、粢古今字。《禮記》多用“粢盛”，故許從之，與鄭同也。 　[三]“蒼”舊作“倉”，今正。“亩而取之”之“亩”，當作“瘭”。瘭瘭，寒也。凡戒慎曰“瘭瘭”，亦作“懔懔”。《漢書》通作“廩廩”。許云：“瘭而取之，故謂之亩。”瘭、亩疊韻，如上文“蒼黃取而藏，故謂之倉”，藏、倉疊韻也。上文云“穀所振入也”者，《周禮》所謂“廩人掌九穀之數，以待國之匪頒、賙賜、稍食”也⑤。此云“宗廟粢盛，蒼黃瘭而取之”者，《穀梁傳》所謂“甸粟而内之三宮，三宮米而藏之御廩”⑥。《周禮》所謂“廩人大祭祀則共其接盛”，舉其重者以釋亩之音義也。鄭云：“大祭祀之穀，藉田之收藏於神倉者也，不以給小用。”⑦《釋言》：“廩，廯也。”⑧臧氏鏞堂曰：“廯，古本當作

鮮。”舍人云：“廩，少鮮也。”⑨《公羊》“羣公廩”注云：“連新於上，財令半相連耳。”⑩《襄廿三年》“所傳聞”注亦云：“廩廩近升平。”⑪皆“廩，鮮也”之義。玉裁按：此與《漢書》“廩廩庶幾”、賈誼“爲此癝癝”⑫，皆“癝癝”之假借也。　　　［四］穀所入，故从入。　　　［五］“回”之訓轉也。而此从“回”之意則如下所云。　　　［六］謂外口。“舍”下云：“口，象築。”此云“象屋”者，屋在上者也。亩之户牖多在屋。　　　［七］謂内口。小徐曰：“户牖以防蒸熱也。”⑬力甚切。七部（侵、緝）。　　　［八］會意也。稟亦聲。

【疏義】

①《禮記·中庸》：“振河海而不洩。”鄭玄注：“振，猶收也。”②《禮記·月令》：“天子布德行惠，命有司發倉廩，賜貧窮，振乏絶。”孔穎達正義：“蔡氏云：‘穀藏曰倉，米藏曰廩，無財曰貧，無親曰窮。’”③《周禮·天官冢宰·甸師》：“以共齍盛。”鄭玄注：“粢，稷也。穀者稷爲長，是以名云，在器曰盛。”　④《周禮·春官宗伯·小宗伯》：“辨六齍之名物與其用，使六宫之人共奉之。”注：指鄭玄注。　⑤引文見《周禮·地官司徒·廩人》。鄭玄注：“匪讀爲分，分頒謂委人之職諸委積也。賙賜，謂王所賜予，給好用之式也。稍食，禄廩。”　⑥引文見《春秋穀梁傳·桓公十四年》。范寧注：“甸，甸師，掌田之官也。三宫，三夫人也。”　⑦引文見《周禮·地官司徒·廩人》鄭玄注。　⑧引文見《爾雅·釋言》。　⑨廩：糧倉。舍人：西漢學者，著有《爾雅注》三卷，已佚。《經典釋文》：“舍人云：廩，少鮮也。”臧鏞堂：清乾嘉著名學者，經學家，江蘇武進人，著有《爾雅漢注》等書。　⑩《春秋公羊傳·文公十三年》：“魯祭周公，何以爲盛？周公盛，魯公燾，羣公廩。”何休注：“盛者，新穀。燾者，冒也，故上以新也。廩者，連新於陳上，財令半相連爾。”徐彦疏：“廩，謂全是故穀，但在上少有新穀，財得相連而已，故謂之廩。廩者，希少之名。”　⑪《春秋公羊傳·襄公二十三年》：“夏，邾婁鼻我來奔。邾婁鼻我者何？邾婁大夫也。邾婁無大夫，此何以書？以近書也。”何休注：“以奔無他義，知以治近升平書也。所傳聞世，見治始起，外諸夏，録大略小，大國有大夫，小國略稱人。所聞之世，内諸夏，治小如大，廩廩近升平，故小國有大夫，治之漸也。”　⑫《漢

書·循吏傳》：“此廩廩庶幾德讓君子之遺風矣。”顏師古注：“廩廩，言有風采也。”《漢書·食貨志》：“賈誼説上曰：‘……可以爲富安天下，而直爲此廩廩也，竊爲陛下惜之。’”顏師古注：“李奇曰：‘廩廩，危也。’”　⑬引文見《説文繫傳》“亩”字徐鍇注。

【集解】

王筠《説文釋例》：“案：（亩）从入、回，殊牽強。然知非後增者。於穀所振入徵之，象屋，謂入也。户牖，謂回也。然此乃全體象形字，不可闌入會意。”

徐灝《説文注箋》：“上象其蓋，从蓋象圍繞之形，今俗所謂穀圍即其義。”

章炳麟《文始》：“亩上入，與高上入同，非出入字，回則象牆垣窗牖也。”

黄天樹《部首與甲骨文》：“甲骨文作𠼀，象有苫蓋的穀物堆。這是倉廩之‘廩’的初文。”

董蓮池《部首新證》：“倉廩之‘廩’的初文……‘亩’字見甲骨文，寫作𠼀、𡆫諸形（《甲骨文編》250頁），均象倉廩之形，概爲獨體象形字。”

【同部字舉例】

稟稟 bǐng　賜穀也。从亩从禾。筆錦切。○金文秉、黍、𥝩
幫寢上　幫侵

亶亶 dǎn　多穀也。从亩，旦聲。多旱切。○端旱上　端元

啚啚 bǐ　嗇也。从口、亩。亩，受也。𡅡，古文啚如此。方美切。○甲文𠹛、𠹛、𠼀　金文𠹛、𠹛、𠼀、𠹛、𠹛、𡅡　幫旨上　幫之

嗇 嗇 ^{195} sè　甲文𠼀、𠼀、𠼀　金文𠼀、𠼀　所力切　山職開　三入　山職（111/106；230/233）

愛濇（sè，不通暢）也[一]。从來、大徐本有“从”亩（“廩”的古字）。來者，亩而臧之。故田夫謂之嗇夫[二]。一曰棘省聲大徐本無“一曰”句[三]。凡嗇之屬皆从嗇。𤔛，古文嗇从田。

【譯文】

愛惜。由"來、㐭"構成。小麥這類穀物,要很愛惜地收藏它。所以把農夫稱作"嗇夫"。一説是形聲字,聲旁爲"棘"省去一部分。凡是和"嗇"義有關的字都以"嗇"爲構件。𤲖,古文"嗇"以"田"作構件。

【段注】

[一]嗇、濇疊韻。《廣韻》引作"㗏"。"㗏"與"濇"皆不滑也。《大雅》云:"好是家嗇,力民代食。"箋云:"但好任用是居家之吝嗇於聚斂作力之人。令代賢者處位食禄。"又云:"家嗇維寶,代食維好。"箋云:"言王不尚賢。但貴吝嗇之人與愛代食者而已。"①《老子》曰:"治人事天莫若嗇。"②《詩·序》云:"其君儉嗇褊急。"③　[二]説从"來、㐭"之意也。嗇者多入而少出,如田夫之務蓋藏,故以"來、㐭"會意。"嗇夫"見《左傳》所引《夏書》④。漢制十亭一鄉,鄉有三老,有秩、嗇夫、遊徼,皆少吏之屬⑤。許云"田夫謂之嗇夫"者,若《郊特牲》"先嗇、司嗇、報嗇"⑥。"嗇"皆謂農。古嗇、穡互相假借,如"稼穡"多作"稼嗇"。《左傳》:"小國爲蘩(同緐,白蒿),大國省穡而用之。"⑦即"省嗇"也。所力切。一部(之、職)。　[三]來㐭者,會意。棘省聲者,形聲。別一説也。棘省,謂省並束爲單束。來亦象束。故云棘聲。然少迂矣。

【疏義】

①引文見《詩經·大雅·桑柔》及鄭玄箋。　②引文見《老子》第五十九章。王弼注:"嗇,農夫。"　③《詩經·葛屨·序》:"《葛屨》,刺褊也。魏地狹隘,其民機巧趨利,其君儉嗇褊急而無德以將之。"　④《左傳·昭公十七年》:"故《夏書》曰:'辰不集於房,瞽奏鼓,嗇夫馳,庶人走。'"《夏書》:《尚書》篇名。《左傳》所引見於《尚書·夏書》。　⑤有秩:古代鄉官,秦置,漢承秦制,鄉五千户置有秩,秩百石。嗇夫:鄉官。秦制,鄉置嗇夫,掌聽訟、收取賦税等事務。遊徼:古代鄉官,秦始置,掌管一鄉的巡察緝捕。少吏:漢代特指低於縣丞、縣尉的亭長,或指三老。⑥《禮記·郊特牲》:"蠟之祭也,主先嗇而祭司嗇也,祭百種以報嗇也。"鄭玄注:"先嗇,若神農者。司嗇,後稷是也。嗇所樹蓺之功,使盡

饗之。”　⑦《左傳·昭公元年》：“小國爲蘩，大國省穡而用之，其何實非命？”杜預注：“穆叔言小國微薄猶蘩菜，大國能省愛用之而不棄，則何敢不從命。穡，愛也。”

【集解】

徐鍇《説文繫傳》：“嗇，會意。”

桂馥《説文義證》：“‘从田’者，所謂田夫，謂之嗇夫。”

朱駿聲《説文定聲》：“此字本訓當爲收穀，即穡之古文也。”

饒炯《説文部首訂》：“案：來者，瑞麥也，百穀以來爲重，農事以成爲功，故從來、㐭會意，而其意爲收穀。又因事名人，而稱田夫亦曰嗇。後乃從嗇注禾，以穡爲收穀專字。嗇爲田夫專字，至於愛嗇義，本澀之引借。”

徐灝《説文注箋》：“竊謂：嗇即古穡字。《方言》《廣雅》並云‘嗇，積也’，蓋嗇之本義謂收穫……收穫即斂而藏之，故引申爲愛嗇之偁，因之又謂吝惜爲嗇。如以愛嗇爲本義，則先嗇之祀，嗇夫之官名不正矣。”

黄天樹《部首與甲骨文》：“甲骨文作㐭、㐭，這是個會意字，上從‘來(麥)’或‘禾’，下從‘㐭(倉廩)’，本義爲收藏穀物。”

董蓮池《部首新證》：“考甲骨文寫作㐭、㐭諸形(《甲骨文編》251頁)，一類從‘來’從‘㐭’會意，一類從二‘禾’從‘㐭’會意。‘來’的本義爲麥子，故‘嗇’之本義表示收穀物入倉廩，爲稼穡之‘穡’的初文。”

【同部字舉例】

牆牆 qiáng　垣蔽也。从嗇，爿聲。牆，籀文，从二禾。牆，籀文，亦从二來。才良切。○甲文牆　金文牆　從陽平　從陽

來　來　196 lái　甲文來、禾、來　金文來、來、來　洛哀切　來哈
開一平　來之(111/106；231/233)

周所受瑞麥來麰(móu，大麥)也大徐本無“也”[一]。二麥一夆此句大徐本作“一來二縫”，象其大徐本無“其”芒束之形[二]。天所來也，故爲行來之來[三]。《詩》曰：“詒我來麰。”[四]凡來之屬皆从來。

【譯文】

周國所得到的瑞麥。一麥有兩穗,字象麥子的鋒芒之形。是上天賜來的,所以借“來”爲來去的“來”。《詩經》說:“賜給我麥子。”凡是和“來”義有關的字都以“來”爲構件。

【段注】

[一]“也”字今補。《詩》正義此句作“周受來牟也”五字①。《周頌》:“詒我來麰。”箋云:“武王渡孟津,白魚躍入王舟,出涘以燎,後五日,火流爲烏,五至,以穀俱來。此謂‘遺(wèi)我來牟’……《書》說以穀俱來,云穀紀后稷之德。”②按:鄭箋見《尚書・大誓》《尚書旋機鈐》《合符后》③。《詩》云“來牟”,《書》云“穀”,其實一也。下文云“來麰,麥也”,此云“瑞麥來麰”,然則“來麰”者,以二字爲名。《毛詩》傳曰:“牟,麥也。”④當是本作“來牟,麥也”,爲許麰下所本,後人删“來”字耳。古無謂“來,小麥”“麰,大麥”者。至《廣雅》乃云“麳,小麥;麰,大麥”,非許說也。《劉向傳》作“釐麰”⑤。《文選・典引》注引《韓詩内傳》:“貽我嘉麰。薛君曰:‘麰,大麥也。’”⑥與趙岐《孟子注》同⑦。然《韓傳》未嘗云“來,小麥”。　[二]二麥一夆:各本作“一來二縫”,不可通。惟《思文》正義作“一麥二夆”,今定爲“二麥一夆”。“夆”即“鏠”字之省。許書無“峯”,則山耑字可作“夆”。凡物之標末皆可偁夆。夆者,朿也。“二麥一夆”爲瑞麥,如“二米一稃”爲瑞黍。蓋同夆則亦同稃矣。《廣韻》十六咍引《埤蒼》曰:“秾麰之麥,一麥二稃,周受此瑞麥。”⑧此“一、二”兩字亦是互譌。“二麥一稃”,亦猶“異畮同穎、雙觡(gé)共柢”之類⑨。其字以从象二麥,以⿱人巾象一芒,故云“象其芒朿之形”。洛哀切。古音在一部(之、職)。　[三]自天而降之麥,謂之“來麰”,亦單謂之“來”。因而凡物之至者皆謂之“來”。許意如是,猶之“相背韋”之爲“皮韋”,“朋鳥”之爲“朋攩”,“烏西”之爲“東西”之“西”,“子月”之爲人偁⑩,“烏”之爲“烏呼”之“烏”。皆引申之義行而本義廢矣。如許說,是至周初始有“來”字。未詳其恉。　[四]今《毛詩》“詒”作“貽”,俗字也。“麰”作“牟”,古文假借字也。

【疏義】

①《詩經・周頌・思文》:“貽我來牟。”孔穎達正義:“《說文》云:

'麳,周受來牟也。一麥二夆,象其芒刺之形,天所來也。'"　②引文見《詩經·周頌·思文》及鄭玄箋。　③《大誓》:《尚書·周書》篇名,即《泰誓》,或作《太誓》。《尚書旋機鈐》:書名,見於《詩經·周頌·思文》孔穎達正義,已佚,清人黃奭有輯本。黃奭(1809—1853):著名的輯佚家,江蘇甘泉(今江蘇揚州廣陵區)人。《合符后》:讖緯書,《詩經·周頌·思文》孔穎達正義曾引用此書,全名《尚書中候合符后》,已佚,清人馬國翰有輯本。　④《詩經·周頌·思文》:"貽我來牟。"毛傳:"牟,麥。"　⑤《漢書·劉向傳》:"諸侯和於下,天應報於上。故《周頌》曰:'降福穰穰。'又曰:'飴我釐麰。'釐麰,麥也。"　⑥《文選·符命·典引》:"昔姬有素雉、朱烏、玄秬、黃麰之事耳。"蔡邕注:"《韓詩外傳》曰:'貽我嘉麰。'薛君曰:'麰,大麥也。'"薛君:薛漢,後漢淮陽人,習《韓詩》,曾爲博士,著《韓詩薛君章句》一書,已佚,有玉函山房輯本。《典引》:文章名,班固著,全名《典引一首》。《韓詩外傳》:是一部由軼事、道德說教等組成的雜編,共300多章(篇),每章末都以一句《詩經》作證,藉以發揮詩人之意,表達政治思想。作者韓嬰,韓詩的創立者,西漢人,文帝時爲博士,景帝時任常山太傅。　⑦《孟子·告子上》:"今夫麰麥,播種而耰之。"趙岐注:"麰麥,大麥也。"⑧《廣韻》咍韻:"麳,麳麰之麥,一麥二稃,周受此瑞麥。出《埤蒼》。"《埤蒼》:字書,魏人張揖撰,已佚,後人有多種輯佚本。　⑨異畮同穎:《尚書·微子之命》:"唐叔得禾,異畮同穎。"穎:禾穗末端。雙觡共柢:《史記·司馬相如列傳》:"麳,一莖六穗於庖;犧,雙觡共柢之獸。"觡:麋鹿分叉的角。　⑩《說文》西部:"西,鳥在巢上。象形。日在西方而鳥棲,故因以爲東西之西。"子部:"子,十一月陽氣動,萬物滋,人以爲偁。"

【集解】

徐鍇《說文繫傳》:"今小麥也。"

朱駿聲《說文定聲》:"往來之來,正字是麥。菽麥之麥,正字是來。"

王筠《說文釋例》:"籀文'牆'所从之來作𝐱,則知其首象穗之大,左右則四葉耳。"

徐灝《説文注箋》:"今按:來本麥名……古來麥字祇作來,假借爲行來之來。後爲借義所專,別作秾、秾,而來之本義意廢矣……又行來之字別作徠……又作倈……此二字許書皆不收,蓋古者祇用假借,後人乃增益之也。"

饒炯《説文部首訂》:"蓋象一來二夆在莖之形,二夆者,謂一穗兩實結成夆,即俗謂人字路也。"

商承祚《殷虚文字》:"卜辭中諸來字皆象形,其穗或垂或否者,麥之莖强,與禾不同。而皆假借往來字。"

黄天樹《部首與甲骨文》:"甲骨文作𥝌、來,字形象一株麥子,上部是挺直向上的麥穗,中間是下垂的麥葉,下部是根。"

董蓮池《部首新證》:"考甲骨文寫作𥝌、來諸形(《甲骨文編》251頁),正麥之象形。"

【同部字舉例】

秾秾 sì　《詩》曰:"不秾不來。"从來,矣聲。𢑨,秾或从彳。牀史切。〇崇止上　崇之

麥 麦

197 mài　甲文𡐫、𡐩、𡐪　金文𡐬、𡐫　莫獲切　明麥開二

入　明職(112/107;231/234)

芒穀[一]。秋穜(tóng,先種後熟的穀子)厚薶("埋"的本字),故謂之麥[二]。麥,金也。金王而生,火王而死[三]。从來,有穗者也大徐本無"也"[四],从夊(suī,行走遲緩)[五]。凡麥之屬皆从麥。

【譯文】

有芒刺的穀類。秋時種植深埋,所以稱作"麥"。麥子,屬五行中的金。金旺時(指秋天)生長,火旺時(指夏天)死亡。以"來"作構件,因爲"麥"屬於有穗的莊稼,同時以"夊"爲構件。凡是和"麥"義有關的字都以"麥"爲構件。

【段注】

[一]有芒束之穀也。稻亦有芒,不偁"芒穀"者,麥以周初"二麥

一鏟”箸也。鄭注《大誓》引《禮説》曰:“武王赤鳥,芒穀應。”①許本《禮説》。　[二]蘱、麥疊韻。《夏小正》:“九月樹麥。”②《月令》:“仲秋之月……乃勸種麥,毋或失時。”③麥以秋種。《尚書大傳》《淮南子》《説苑》皆曰:“虚昏中可以種麥。”《漢書·武帝紀》謂之“宿麥”④。[三]程氏瑤田曰:“《素問》云:‘升明之紀,其類火,其藏心,其穀麥。’”⑤鄭注《月令》云:“麥實有孚甲,屬木。”⑥許以時,鄭以形,而《素問》以功性,故不同耳。　[四]“也”字今補。有穗猶有芒也。有芒故從“來”,“來”象芒朿也。　[五]夊:思佳切。行遲曳夊夊也。從夊者,象其行來之狀。莫獲切。古音在一部(之、職)。

【疏義】

①《詩經·周頌·思文》:“貽我來牟,帝命率育。”孔穎達正義:“又《禮説》曰:‘武王赤鳥穀芒,應周尚赤用兵,王命曰爲牟。’”《禮説》:書名。　②《大戴禮記·夏小正》:“九月……榮鞠。鞠,草也。鞠榮而樹麥時之急也。”　③引文見《禮記·月令》。　④《尚書大傳·唐傳》:“主秋者虚,昏中可以種麥。”《淮南子·墜形訓》:“麥秋生夏死。”高誘注:“麥,金也。金王而生,火王而死。”王:通“旺”。劉向《説苑·辨物》:“主秋者虚,昏而中可以種麥。”《漢書·武帝紀》:“遣謁者勸有水災,郡種宿麥。”顏師古注:“秋冬種之,經歲乃熟,故云宿麥。”　⑤程瑤田:清代著名學者,徽派樸學代表人物之一。《素問》:《黃帝内經·素問》,簡稱《素問》,現存最早的中醫理論著作,傳爲黃帝所作。程氏之説見其所著《九穀考》。　⑥《禮記·月令》:“孟春之月……食麥與羊。”鄭玄注:“麥實有孚甲,屬木。羊,火畜也,時尚寒,食之以安性也。”

【集解】

徐鍇《説文繫傳》:“麥之言幕也。埋之意。夊若穗。自後躔之也。”

朱駿聲《説文定聲》:“此字本訓當爲往來之來。至也。從夊來聲,與致往字同意。自古與來字互易承用。”

徐灝《説文注箋》:“穗即采之或體,許以有穗者爲麥,是麥之本義爲麥秀,而來爲麥之本名。”

商承祚《殷虚文字》:“此與來爲一字,許君分爲二字,誤也。來象麥形,此從夊,象自天降下,示天降之誼。”

董蓮池《部首新證》:“字見甲骨文,寫作**𡥀**、**𡥀**諸形(《甲骨文編》252頁),當是‘來’字的繁化形體,其初本作**𡴋**,大概認爲此種作物‘天所來’,故追加**𐋇**,**𐋇**即**𠂢**,爲倒趾。”

【同部字舉例】

麰 **𪏛** móu　來麰,麥也。从麥,牟聲。莫浮切。○明尤平　明幽

麧 **𪏝** hé　堅麥也。从麥,气聲。乎没切。○匣没入　匣物

麩 **𪏵** fū　小麥屑皮也。从麥,夫聲。**𪏸**,麩或从甫。甫無切。○滂虞平　滂魚

麪 **𪏽** miàn　麥末也。从麥,丏聲。弥箭切。○明霰去　明真

夊 **𡕒** ¹⁹⁸ suī　甲文**𡥀**、**𡥀**、**𡥀**　楚危切　心脂合三平　心微
（112/107;232/235）

行遲曳夊夊也大徐本無“也”[一]。**象人网脛有所躧**(xǐ,踩踏)**也**[二]。**凡夊之屬皆从夊**。

【譯文】

走路遲緩拖沓。字形象人兩腿拖曳的樣子。凡是和“夊”義有關的字都以“夊”爲構件。

【段注】

[一]“也”字今補。《曲禮》曰:“行不舉足,車輪曳踵。”①《玉藻》曰:“圈豚行不舉足,齊如流。”②注云孔子執圭,“足縮縮,如有循”是也③。《玉篇》曰:“《詩經》云‘雄狐夊夊’,今作綏。”④　[二]《通俗文》:“履不箸跟曰屣(xǐ)。”“屣”同“躧”。躧、屣古今字也。行遲者,如有所扡曳然⑤,故象之。楚危切,《玉篇》思佳切。十五部(脂、微、物、月)。

【疏義】

①引文見《禮記·曲禮下》。　②引文見《禮記·玉藻》。　③《論語·鄉黨》:“執圭,鞠躬如也,如不勝。上如揖,下如授,勃如戰色,足蹜蹜如有循。”《儀禮·聘禮》:“賓入門,皇;升堂,讓;將授,志趨。”鄭玄注:“孔子之執圭,鞠躬如也,如不勝。上如揖,下如授,勃如戰色,足

蹜蹜，如有循。"縮縮：同"蹜(sù)蹜"，小步快走貌，恭謹貌。　④《詩經·齊風·南山》："南山崔崔，雄狐綏綏。"　⑤屣：拖着鞋走路。拕：同"拖"。

【集解】

王筠《説文句讀》："人象兩脛，\象所躧。"

徐灝《説文注箋》："篆本象一臂一脛，此云'象人兩脛'者，渾言之也。"

饒炯《説文部首訂》："下説'象臂脛之形'，右畫爲足，左畫爲臂，其由脛出於臂外，蓋象手有所曳，而其形夊夊然。"

董蓮池《部首新證》："'夊'即甲骨文所見之，爲倒趾，在古文字構形中表示降、來、復等意。"

【同部字舉例】

夋 qūn　行夋夋也。一曰：倨也。从夊，允聲。七倫切。○清諄平　清文

夌 líng　越也。从夊从兲。兲，高也。一曰：夌偓也。力膺切。○甲文　金文　來蒸平　來蒸

致 zhì　送詣也。从夊从至。陟利切。○知至去　端脂

憂 yōu　和之行也。从夊，𢝊聲。《詩》曰："布政憂憂。"於求切。○影尤平　影幽

愛 ài　行皃。从夊，㤅聲。烏代切。○影代去　影微

夏 xià　中國之人也。从夊从頁从臼。臼，兩手；夊，兩足也。，古文夏。胡雅切。○金文、　匣馬上　匣魚

畟 cè　治稼畟畟進也。从田、人，从夊。《詩》曰："畟畟良耜。"初力切。○初職入　初職

夎 zōng　斂足也。鵲鵙醜，其飛也夎。从夊，兇聲。子紅切。○精東平　精東

夒 náo　貪獸也。一曰母猴，似人。从頁，巳、止、夊，其手足。奴刀切。○甲文、　泥豪平　泥幽

夔 kuí　神魖也。如龍，一足，从夊，象有角、手、人面之形。渠追切。○甲文　金文　羣脂平　羣微

舛 𣥠 [199] chuǎn　昌兖切　昌獮合三上　昌文（113/108；234/236）

對臥也[一]。**从夊㐄**（"跨"的古字）**相背**[二]。**凡舛之屬皆从舛。𣥠，楊雄作舛从足䒑**"楊雄"句大徐本作"楊雄説舛从足春"[三]。

【譯文】

相對而臥。由"夊、㐄"構成，二者相背。凡是和"舛"義有關的字都以"舛"爲構件。𣥠，楊雄認爲"舛"字由"足、䒑"構成。

【段注】

[一]謂人與人相對而休也。引申之足與足相抵而臥亦曰"舛"，其字亦作"僢"（chuǎn）。《王制》注釋"交趾"云"浴則同川，臥則僢足"是也[①]。又引申之凡足相抵皆曰"僢"。《典瑞》"兩圭有邸"注云"僢而同本"是也[②]。《淮南書》及《周禮注》多用"僢"字。　[二]相背猶相對也。昌兖切。古音在十三部（文）。　[三]春聲也。李善注《魏都賦》引司馬彪《莊子注》曰："蹉讀曰舛。舛，乖也。"[③]按：司馬意舛、蹉各字而合之，楊、許則云"蹉"爲"舛"之或也。蓋《訓纂篇》如此作。諸家多用"蹉（chuǎn）駮"[④]，謂讄舛也。

【疏義】

①《禮記·王制》："南方曰蠻，雕題交趾。"鄭玄注："交趾，足相鄉然，浴則同川，臥則僢。"　②《周禮·春官宗伯·典瑞》："兩圭有邸，以祀地旅四望。"鄭玄注："兩圭者，以象地數二也，僢而同邸。祀地，謂所祀於北郊神州之神。"　③《文選·魏都賦》："謀蹉駮於王義。"李善注："司馬彪《莊子注》曰：'蹉讀曰舛。舛，乖也。'駮，色雜不同也。"《魏都賦》：左思著。李善：唐代廣陵江都（今江蘇揚州市）人，曾注《文選》。司馬彪：西晉史學家，字紹統，河內溫縣（今河南溫縣西）人，撰有《續漢書》《莊子注》《兵記》等書。　④蹉駮：錯亂，駮雜。蹉，乖背，錯亂。

【集解】

朱駿聲《説文定聲》："僢謂兩足相向。"

王筠《説文釋例》：“蓋原文作‘从二夂相背’。”

饒炯《説文部首訂》：“蓋从兩夂相背以見義。”

林義光《文源》：“舛非臥義。舛，乖也，象二物相背。”

董蓮池《部首新證》：“字由相背的象形二趾組合而成。”

【同部字舉例】

舞 𦥝 wǔ　樂也。用足相背，从舛，無聲。𦐀，古文舞。从羽、亡。文撫切。○甲文 𠦄、𡗢、𢎺、𦥯（象人雙手執物而舞）　金文 𣞤、𦐀　明虞上　明魚

𨌇 𨍻 xiá　車軸耑鍵也。兩穿相背，从舛；萬省聲。萬，古文偰字。胡戛切。○匣鎋入　匣月

舜 𦥼　200 shùn　舒閏切　書稕合三去　書文（113/108；234/236）

𦳸（同“舜”）大徐本無“𦳸”艸也。楚謂之葍（fú），秦謂之蔓（qióng）[一]。蔓地生而連大徐本無“生而”二字華（同“華”）。象形[二]。从舛（相背）[三]，舛亦聲[四]。凡𦳸之屬皆从𦳸。𦾓，古文𦳸。

【譯文】

　　一種草。楚地叫做“葍”，秦地叫做“蔓”。遍地蔓延花朵相連。象形。“舛”爲意符，“舛”也是聲符。凡是和“𦳸”義有關的字都以“𦳸”爲構件。𦾓，古文“𦳸”字。

【段注】

　　[一]艸部曰：“蔓，茅葍也[1]。一名𦳸。”是一物三名也。

[二]“生而”二字依《爾雅音義》補[2]。𦳸象葉蔓華連之形也。

[三]亦狀蔓連相鄉背之皃。　　[四]舒閏切。十三部（文）。隸作舜。按：此與艸部“蕣”（shùn）音同義別[3]。有虞氏以爲謚者[4]。堯，高也。舜，大也。舜者，俊之同音假借字。《山海經》作“帝俊”[5]。

【疏義】

　　①蔓：花名，旋花。茅葍：多年生蔓草。　　②《爾雅音義》：當指《經典釋文》之《爾雅音義》。　　③蕣：同“舜”，或作“橓”，木槿花。　　④有虞

氏:古部落名,首領爲虞舜。謚:號。　　⑤《山海經·大荒東經》:"日月所出有中容之國。帝俊生中容。"郭璞注:"俊亦舜字,假借音也。"

【集解】

徐鍇《説文繫傳》:"蕣,茅也。"

徐灝《説文注箋》:"小篆作𡕣,從匸,從舛,蔓地周徧之意。舛亦聲。隸省作舜,因變爲舜。"

孔廣居《説文疑疑》:"匸象其蔓也,舛象其蔓之錯亂也。"

饒炯《説文部首訂》:"匸者,曲蔓也;炎者,連華也。中當作炎,象兩簇之重,每簇四華對生,篆涉隸變,遂與炎火字同矣。"

董蓮池《部首新證》:"其從'舛'者,當是其蔓在地而花對生,如兩足相背。"

【同部字舉例】

雗𩾭 huáng　華榮也。從舜,生聲,讀若皇。《爾雅》曰:"雗,華也。"𦻈,雗或從艸、皇。戶光切。〇匣唐平　匣陽

韋韋 [201] wéi　甲文 、 、 　金文 、 　宇非切　雲微合　三平　匣微(113/108;234/237)

相背也[一]。从舛(chuǎn,相違背),口聲[二]。獸皮之韋[三],可以束物大徐本無"物",枉戾相韋背[四],故借以爲皮韋[五]。凡韋之屬皆从韋。𩎖,古文韋。

【譯文】

相違背。"舛"爲意符,"口"爲聲符。獸皮做的韋帶,可以捆束和矯正屈曲不正的東西,所以借"韋"表示皮革。凡是和"韋"義有關的字都以"韋"爲構件。𩎖,古文"韋"字。

【段注】

[一]故從"舛"。今字"違"行而"韋"之本義廢矣。《酒誥》:"薄韋𦺋父。"① 馬云:"韋,違行也。"② 據《羣經音辨》,則《古文尚書》當如是③。　　[二]宇非切。十五部(脂、微、物、月)。　　[三]此"韋"當作"圍",謂繞也。　　[四]"物"字依《韻會》補④。生革爲繂圍束物,可以矯枉戾而背其故也。　　[五]其始用爲革繂束物之字。其後凡革皆儶

“韋”。此與“西、朋、來、子、烏”五字下文法略同⑤,皆言假借之怡也。假借專行而本義廢矣。

【疏義】

　　①引文見《尚書·酒誥》。　②馬:指東漢經學家馬融。引文見《十三經注疏·尚書正義》。　③《羣經音辨》:宋賈昌朝撰。《羣經音辨》是一部專釋經書音義的正音工具書,在唐陸德明《經典釋文》所收異讀材料的基礎上編訂而成。《羣經音辨》卷二《辨字同音異》:“韋,違行也。音回。《書》:‘薄韋農父。’”　④《韻會舉要》“韋”字下釋曰:“韋,於非切,音與‘危’同。《説文》韋部:‘韋,相背也。从舛,口聲。獸皮之韋可以束物枉戾相違背,故藉以爲皮韋。’”　⑤文法:指引申法。“西、朋”等五字的引申法參見 196 部來字《段注》[三]。段氏所舉五字的引申義和本義讀音相同,意義相關。

【集解】

　　徐鍇《説文繫傳》:“韋,皮柔孰爲韋。口音韋。”

　　王筠《説文釋例》:“韋,革、韋一物,分生、熟耳。”

　　桂馥《説文義證》:“韋,古文作◉,篆文變从口。口,回帀也。”

　　朱駿聲《説文定聲》:“獸皮之韋可以束枉。戾相違背,故藉以爲皮韋。按:熟曰韋,生曰革。”

　　徐灝《説文注箋》:“韋,古文𡙇,上下皆象革縷束物之形,中從◉者,圍繞之意。”

　　戴侗《六書故》:“韋本韋背之韋,借爲韋革之韋。”

　　黃天樹《部首與甲骨文》:“是《説文》訓‘離開’之義‘違’的本字。甲骨文作𧤷,口象城邑,上下足趾皆作背城他去之形。本義是違離,引申而有違背的意思。”

　　董蓮池《部首新證》:“字見甲骨文,寫作𧤷、𤔣諸形(《甲骨文編》256 頁),中口代表行程目的地,上𠂆、下𠃊(二趾)不朝向它,用以會違離其地之意,即‘違’的初文,假借爲皮韋之‘韋’。”

【同部字舉例】

　　韠韠 bì　韍(fú,大夫以上官員祭祀或朝覲時遮蔽在衣裳前的服飾)也。所以蔽前,以韋,下廣二尺,上廣一尺,其頸五寸。一命緼韠,

再命赤韠。从韋，畢聲。卑吉切。○幫質入　幫質

　　韜鞱 tāo　劍衣也。从韋，舀聲。土刀切。○透豪平　透幽

　　鞲韝 gōu　射臂決也。从韋，冓聲。古侯切。○見侯平　見侯

　　韔韔 chàng　弓衣（即弓袋）也。从韋，長聲。《詩》曰："交韔二弓。"丑亮切。○徹漾去　透陽

　　韤韤 wà　足衣也。从韋，蔑聲。望發切。○明月入　明月

　　韓韓 hán　井垣也。从韋，取其帀也。倝聲。胡安切。○侯馬盟書作𩏑　匣寒平　匣元

弟 𢎻　202 dì　甲文 𢎻、𢎞、𢎞、𢎞　金文 𢎻、𢎻、𢎻　特計切　定霽開四去　定脂（113/108；236/239）

韋束之次弟也[一]**。从古文**"文"大徐本作"字"**之象**[二]**。凡弟之屬皆从弟。𢎻，古文弟，从古文韋省**[三]**，丿**（piě，撇）**聲**[四]**。**

【譯文】

　　用皮革束物的用量次第。小篆沿用古文的字形。凡是和"弟"義有關的字都以"弟"爲構件。𢎻，古文"弟"字，以古文"韋"的省體作意符，"丿"爲聲符。

【段注】

　　[一]以韋束物。如"輈（zhōu）五束、衡三束"之類①。束之不一則有次弟也②。引申之爲凡次弟之弟，爲兄弟之"弟"，爲豈弟之"弟"。《詩》正義引《説文》有"第"字③。　　[二]"文"各本作"字"，今正。《説文》小篆有从古文之像似者凡三：曰"弟"、曰"革"、曰"民"④，皆各像其古文爲之。特計切。十五部（脂、微、物、月）。　　[三]古文"韋"見韋部。　　[四]丿，右戾也。房密、匹蔑二切。

【疏義】

　　①輈五束：用獸皮在輈上纏束五處。輈，車轅。衡三束：用獸皮在衡上纏束三處。《詩經·秦風·小戎》："小戎俴收，五楘梁輈。"毛傳："梁輈，輈上句衡也。一輈五束，束有歷録。"歷録：紋飾。②次弟：即"次第"。　③《詩經·周南·關雎》孔穎達正義："《説文》云：'第，次

也.’字從竹、弟。”　④《說文》革部：“革,獸皮治去其毛革更之。象古文革之形。”《段注》改爲“獸皮治去其毛曰革”。《說文》民部：“民,衆氓也。從古文之象。”

【集解】

徐鍇《說文繫傳》：“積之而順不相戾者莫近於韋,故取名於韋束之次第。”

朱駿聲《說文定聲》：“按,古文實從韋省、曳省,會意,曳亦聲。”

饒炯《說文部首訂》：“弟,篆從古文而增一束,以象次第之形,兄弟之義即取此。”

林義光《文源》：“按古作 𢎶 ,從弋,己束之,束杙亦有次第也。”

董蓮池《部首新證》：“甲骨文所見作 𢎶 、𢎶 諸形（《甲骨文編》256 頁）,所從 丶 象木橛,己象繩索纏繞,所纏勢如螺旋,用以表先後次第之意。”

【同部字舉例】

𦥔 𦥔 kūn　周人謂兄曰𦥔（同“昆”,兄）。從弟從𦥔。古魂切。○見魂平　見文

夊 夊[203]　zhǐ　陟侈切　知旨開三上　端脂（114/109；237/239）

從大徐本作“从”後至也[一]。象人㒳脛後有致之者[二]。凡夊之屬皆从夊。讀若黹（zhǐ,做針綫）[三]。

【譯文】

從後面來到。字形象人兩腿的後面有跟近者。凡是和“夊”義有關的字都以“夊”爲構件。讀音同“黹”。

【段注】

[一]“至”當作“致”。　[二]致,送詣也。　[三]陟侈切。《玉篇》竹几切。十五部（脂、微、物、月）。

【集解】

黃天樹《部首與甲骨文》：“此字與第 198 部的‘夂’在甲骨文中都寫作 A,均象朝下的腳形。到《說文》中分化爲兩個部首：一個是第 203 部的‘夊’,音 zhǐ,小篆作夊,左上角一捺不出頭,《說文》中凡是腳

形寫在上面的字都歸入此部,例如:夆、夆等。第 198 部的‘夊’,音
suī,小篆作夊,左上角一捺出頭,《説文》中凡是腳形寫在下面的字都
歸入此部,例如:夋、复等。”

　　董蓮池《部首新證》:“實此不過爲倒作之趾(即 Ψ 之作 Λ 者),構
形並非如許所説。”

【同部字舉例】

夆 𩇵 féng　㛁(wǔ,相逢)也。从夊,半聲。讀若縫。敷容切。○
金文𩇵、𩇵、𩇵　並鍾平　並東

久 ㄅ 204　jiǔ　舉友切　見有開三上　見之(114/109;237/239)

　　從後灸之也此句大徐本作“以後灸之”[一]。**象人兩脛
後有岠**“岠”大徐本作“距”**也**[二]。**《周禮》曰:“久**(“灸”的
古字,支撐)**諸牆,以觀其橈**(náo,彎曲)**。”**(《周禮·冬官考工
記·廬人》:“凡試廬事,置而搖之,以眡其蜎也。灸諸牆,以視其橈之
均也。”)**凡久之屬皆从久**。

【譯文】

　　從後面抵住。字形象人的兩腿後面有物抵住。《周禮》説:“(將
矛柄)橫撐在在兩牆之間觀察它彎曲的程度。”凡是和“久”義有關的
字都以“久”爲構件。

【段注】

　　[一]“也”字今補。久、灸疊韻。火部曰:“灸,灼也。”“灼,灸也。”
“灸”有迫箸之義,故以“灸”訓“久”。《士喪禮》:“鬲幎,用疏布,久
之。”鄭曰:“久讀爲灸,謂以蓋塞鬲口也。”①《既夕》:“苞、筲(shāo)、
𤮰、甒(wǔ),皆木桁(héng)久之。”鄭曰:“久讀爲灸,謂以蓋案塞其
口。”②此經二久字,本不必改讀。蓋“久”本義訓“從後距之”。引申之
則凡距塞皆曰“久”。鄭以“久”多訓長久,故易爲“灸”以釋其義。《考
工記》:“灸諸牆,以眡(shì)其橈之均。”鄭曰:“灸,猶柱也。以柱兩牆
之間。”③許所偁作“久”,與《禮經》用字正同。許蓋因經義以推造字之
意。因造字之意以推經義,無不合也。相距則其候必遲,故又引申爲

遲久。遲久之義行而本義廢矣。　　［二］“距”各本作“距”,今正。距,
止也。距,雞距也④。舉友切。古音在一部(之、職)。

【疏義】

①引文見《儀禮·士喪禮》及鄭玄注。　②《儀禮·既夕禮》:“苞
二。筲三,黍、稷、麥。甕三,醯、醢、屑,冪用疏布。甒二,醴、酒。冪用
功布。皆木桁,久之。”　③引文見《周禮·冬官考工記·廬人》及鄭
玄注。“灸諸”句大意:(將戈矛的柄)橫撐在兩牆之間觀察其硬度是
否均勻。灸:拄,撑。眡:觀察。　④雞距:雄雞的後爪。

【集解】

朱駿聲《説文定聲》:“从人,象後有迫而止之者。指事。”

徐灝《説文注箋》:“久,从人从乀。指事。自後止之,故曰‘後有距
也’。”

饒炯《説文部首訂》:“久,當以遲久爲本義。灸灼字乃從久,轉注
之以火耳。”

楊樹達《積微居小學述林》:“古人治病,燃艾灼體謂之灸,久即灸
之初字也。字形從臥人,人病則臥床也。末畫象以灼體之形。許不知
字形從人,而以爲象兩脛,誤矣。”

董蓮池《部首新證》:“此即灸灼之‘灸’的初文。”

桀 桀 [205]　jié　渠列切　羣薛開三入　羣月(114/109;237/240)

磔(zhé,一種酷刑,分裂人體)也[一]。从舛(chuǎn,兩足相
背)在木上也[二]。凡桀之屬皆从桀。

【譯文】

分裂肢體。“舛”爲構件,置於“木”上。凡是和“桀”義有關的字
都以“桀”爲構件。

【段注】

[一]裴駰引《謚法》曰:“賊人多殺曰桀。”故引申爲桀黠字①。

[二]《通俗文》曰:“張伸曰磔(zhé)。”舛在木上,張伸之意也。《毛
詩》:“雞棲於杙爲桀。”②其引申之義。《釋宮》作“榤”③,俗字也。渠
列切。十五部(脂、微、物、月)。《左傳》:“桀石以投人。”④此假“桀”

爲“揭”也。揭,高舉也。

【疏義】

①《史記·夏本紀》:“帝桀之時,自孔甲以來而諸侯多畔夏。”裴駰集解:“《謐法》:‘賊人多殺曰桀。’”桀黠:兇悍狡黠。　　②《詩經·王風·君子于役》:“雞棲於桀。”毛傳:“雞棲於杙(yì)爲桀。”杙:小木椿。　　③《爾雅·釋宮》:“雞棲於杙爲榤,鑿垣而棲爲塒。”④《左傳·成公二年》:“齊高固入晉師,桀石以投人。”

【集解】

徐鍇《説文繫傳》:“古人言桀黠者,謂其兇暴若磔也。”

朱駿聲《説文定聲》:“桀,此字當訓雞棲杙也。舛象雞足。”

王筠《説文句讀》:“元應引《説文》‘磔’字説曰:‘張也,開也。’雖與今本不同,而與桀從舛之意相合。”

饒炯《説文部首訂》:“桀,即磔之古文。”

林義光《文源》:“象兩足在木上形。”

董蓮池《部首新證》:“戰國所見寫作𣓏、𣥂(羅福頤主編《古璽匯編》1387、1390),篆與之同,均以兩只腳張挂於木上會其意。”

【同部字舉例】

磔𥕜 zhé　辜也。从桀,石聲。陟格切。○知陌入　端鐸

卷六上

木 ⽊ 206 mù 甲文 ⽊、⽊、⽊ 金文 ⽊、⽊、⽊ 莫卜切 明屋合一入 明屋(114/110;238/241)

冒也[一]，冒地而生。東方之行。从屮(chè)，下象其根[二]。凡木之屬皆从木。

【譯文】

冒出。破土生出。木在五行中代表東方。"屮"爲構件，下部象其根系。凡是和"木"義有關的字都以"木"爲構件。

【段注】

[一]以疊韻爲訓。冃部曰："冒，冡(měng)而前也。"① ［二]謂⺿也。屮象上出。⺿象下垂。莫卜切。三部(幽、覺)。

【疏義】

①冡："蒙"的古字。

【集解】

徐鍇《説文繫傳》："木之於屮彌高大，故从屮。下有根屮者，木始甲坼也。萬物皆始於微合抱之，木生於毫末，故木從屮。木之性，上枝旁引一尺，下根亦引一尺，故於文木上下均也。"

王筠《説文句讀》："屮者，艸也。而木从之者，古人艸木不甚分別。"

王筠《説文釋例》："木，固全體象形字也。"

黃天樹《部首與甲骨文》："甲骨文作⽊，上象樹冠，下象樹根，整個字形象一棵樹。本義是樹木。"

董蓮池《部首新證》："今考甲骨文，寫作⽊、⽊諸形(《甲骨文編》259頁)，通體象形。"

【同部字舉例】

橘 橘 jú　　果。出江南。从木，矞聲。居聿切。○見術入　見質

橙 橙 chéng　　橘屬。从木，登聲。丈庚切。○澄耕平　定蒸

柚 柚 yòu　　條也。似橙而酢。从木，由聲。《夏書》曰：“厥包橘柚。”余救切。○以宥去　定幽

柿 柿 shì　　赤實果。从木，市聲。鉏里切。○崇止上　崇之

梅 梅 méi　　枏也。可食。从木，每聲。楳，或从某。莫桮切。○金文 𣡌　明灰平　明之

杏 杏 xìng　　果也。从木，可省聲。何梗切。○匣梗上　匣陽

李 李 lǐ　　果也。从木，子聲。杍，古文。良止切。○來止上　來之

桃 桃 táo　　果也。从木，兆聲。徒刀切。○定豪平　定宵

楷 楷 kǎi　　木也。孔子冢蓋樹之者。从木，皆聲。苦駭切。○溪駭上　溪脂

桂 桂 guì　　江南木，百藥之長。从木，圭聲。古惠切。○見霽去　見支

棠 棠 táng　　牡曰棠，牝曰杜。从木，尚聲。徒郎切。○定唐平　定陽

杜 杜 dù　　甘棠也。从木，土聲。徒古切。○甲文 𣏧　金文 杜、杜、杜　定姥上　定魚

檟 檟 jiǎ　　楸也。从木，賈聲。《春秋傳》曰：“樹六檟於蒲圃。”古雅切。○見馬上　見魚

椅 椅 yǐ　　梓也。从木，奇聲。於离切。○影支平　影歌

梓 梓 zǐ　　楸也。从木，宰省聲。榟，或不省。即里切。○精止上　精之

楸 楸 qiū　　梓也。从木，秋聲。七由切。○清尤平　清幽

榛 榛 zhēn　　木也。从木，秦聲。一曰叢也。側詵切。○莊臻平　莊真

樣 樣 xiàng　　栩實。从木，羕聲。徐兩切。○邪養上　邪陽

枇 枇 pí　　枇杷，木也。从木，比聲。房脂切。○並脂平　並脂

桔 桔 jié　　桔梗，藥名。从木，吉聲。一曰直木。古屑切。○見屑

入　見質

柞 zuò　木也。从木，乍聲。在各切。○金文 𣛥　從鐸入　從鐸

梢 shāo　木也。从木，肖聲。所交切。○山肴平　山宵

梭 suō　木也。从木，夋聲。私閏切。○心戈平　心歌

枸 jǔ　木也，可爲醬。出蜀。从木，句聲。俱羽切。○見虞上　見侯

枋 fāng　木，可作車。从木，方聲。府良切。○金文 枋　幫陽
平　幫陽

楊 yáng　木也。从木，昜聲。与章切。○以陽平　定陽

棣 dì　白棣也。从木，隶聲。特計切。○定霽去　定脂

枳 zhǐ　木。似橘。从木，只聲。諸氏切。○章紙上　章支

楓 fēng　木也。厚葉，弱枝，善搖。一名欇。从木，風聲。方戎
切。○幫東平　幫冬

權 quán　黃華木。从木，雚聲。一曰反常。巨員切。○羣仙
平　羣元

柜 jù　木也。从木，巨聲。其呂切。○信陽楚簡 𣏏、𣏏　見
語上　見魚

槐 huái　木也。从木，鬼聲。戸恢切。○匣皆平　匣微

杞 qǐ　枸杞也。从木，己聲。墟里切。○甲文 𣏌、𣏌　金文
𣏌、𣏌　溪止上　溪之

檀 tán　木也。从木，亶聲。徒乾切。○定寒平　定元

櫟 lì　木也。从木，樂聲。郎擊切。○甲文 𣛯　金文 𣛯　來
錫入　來藥

柘 zhè　桑也。从木，石聲。之夜切。○章禡去　章魚

梧 wú　梧桐木。从木，吾聲。一名櫬。五胡切。○疑模平　疑魚

榮 róng　桐木也。从木，熒省聲。一曰：屋梠之兩頭起者爲
榮。永兵切。○金文 𤇅、𤇅、𤇅　雲庚平　匣耕

桐 tóng　榮也。从木，同聲。徒紅切。○金文 𣏟、𣏟　定東平
定東

榆 yú　榆，白枌。从木，俞聲。羊朱切。○甲文 𣐙　以虞平

定侯

梗 檧 gěng　山枌榆。有束，莢可爲蕪夷者。从木，更聲。古杏切。○見梗上　見陽

樵 檦 qiáo　散也。从木，焦聲。昨焦切。○從宵平　從宵

松 檌 sōng　木也。从木，公聲。𥓖，松或从容。祥容切。○金文槪、𥔿　邪鍾平　邪東

柏 栢 bǎi　鞠也。从木，白聲。博陌切。○金文栯朿　幫陌入　幫鐸

机 杭 jī　木也。从木，几聲。居履切。○見旨上　見脂

某 某 mǒu　酸果也。从木从甘。闕。𣚩，古文某，从口。莫厚切。○金文槪　明厚上　明之

樹 樹 shù　生植之總名。从木，尌聲。𣗳，籀文。常句切。○石鼓文檼　禪遇去　禪侯

本 夲 běn　木下曰本。从木，一在其下。𣎵，古文。布忖切。○金文夲　幫混上　幫文

朱 朱 zhū　赤心木。松柏屬。从木，一在其中。章俱切。○甲文 朿 金文朱、朿　章虞平　章侯

根 槻 gēn　木株也。从木，艮聲。古痕切。○見痕平　見文

株 株 zhū　木根也。从木，朱聲。陟輸切。○知虞平　端侯

末 末 mò　木上曰末。从木，一在其上。莫撥切。○金文末　明末入　明月

果 菓 guǒ　木實也。从木，象果形在木之上。古火切。○金文菓　見果上　見歌

枝 枝 zhī　木別生條也。从木，支聲。章移切。○章支平　章支

朴 朴 pò　木皮也。从木，卜聲。匹角切。○滂覺入　滂屋

條 檪 tiáo　小枝也。从木，攸聲。徒遼切。○定蕭平　定幽

枚 枚 méi　榦也，可爲杖。从木从攴。《詩》曰：“施于條枚。”莫栖切。○甲文枚　金文枚、枚　明灰平　明微

梃 梃 tǐng　一枚也。从木，廷聲。徒頂切。○睡虎地簡梃　定迥上　定耕

杪 𣕕 miǎo　木標末也。从木,少聲。亡沼切。〇明小上　明宵

格 𣠶 gé　木長皃。从木,各聲。古百切。〇甲文 �　金文 𣓀、
𣓟、𣒅　見陌入　見鐸

枯 𣕙 kū　槀也。从木,古聲。《夏書》曰:"唯箘輅枯。"木名也。
苦孤切。〇溪模平　溪魚

樸 𣖁 pǔ　木素也。从木,菐聲。匹角切。〇石鼓文 𣖈　滂覺入
滂屋

楨 𣜒 zhēn　剛木也。从木,貞聲。上郡有楨林縣。陟盈切。〇
古匋 𣒉　知清平　端耕

柔 𣐌 róu　木曲直也。从木,矛聲。耳由切。〇日尤平　日幽

材 𣓱 cái　木梃也。从木,才聲。昨哉切。〇從哈平　從之

柴 𣕊 chái　小木散材。从木,此聲。士佳切。〇崇佳平　崇支

杲 𣎵 gǎo　明也。从日在木上。古老切。〇信陽楚簡 𣎴　見晧
上　見宵

杳 𣆤 yǎo　冥也。从日在木下。烏皎切。〇古匋 𣆥　影篠上　影宵

栽 𣙙 zài　築牆長版也。从木,𢦏聲。《春秋傳》曰:"楚圍蔡,里
而栽。"昨代切。〇從代去　從之

築 𥮥 zhù　擣也。从木,筑聲。𥮧,古文。陟玉切。〇金文 𥭴
知屋入　端覺

榦 𦳋 gàn　築牆耑木也。从木,倝聲。古案切。〇金文 𦳓　見翰
去　見元

構 𣚊 gòu　蓋也。从木,冓聲。杜林以爲椽桷字。古后切。〇見
候去　見侯

模 𣚢 mó　法也。从木,莫聲,讀若嫫母之"嫫"。莫胡切。〇明
模平　明侯

棟 𣗍 dòng　極也。从木,東聲。多貢切。〇端送去　端東

極 𣓪 jí　棟也。从木,亟聲。渠力切。〇羣職入　羣職

柱 𣔧 zhù　楹也。从木,主聲。直主切。〇澄麌上　澄侯

楹 𣕦 yíng　柱也。从木,盈聲。《春秋傳》曰:"丹桓宮楹。"以成

切。○以清平　定耕

椽 椽 chuán　榱也。从木，彖聲。直專切。○澄仙平　定元

檐 檐 yán　榱也。从木，詹聲。余廉切。○以鹽平　定談

植 植 zhí　戶植也。从木，直聲。櫃，或从置。常職切。○禪職
入　禪職

樞 樞 shū　戶樞也。从木，區聲。昌朱切。○昌虞平　昌侯

樓 樓 lóu　重屋也。从木，婁聲。洛侯切。○來侯平　來侯

柵 柵 zhà　編樹木也。从木从冊，冊亦聲。楚革切。○初麥入
初錫

桓 桓 huán　亭郵表也。从木，亘聲。胡官切。○匣桓平　匣元

杠 杠 gāng　牀前橫木也。从木，工聲。古雙切。○金文 朮　見
江平　見東

枕 枕 zhěn　臥所薦首者。从木，尤聲。章衽切。○章寢上　章侵

櫛 櫛 zhì　梳比之總名也。从木，節聲。阻瑟切。○莊櫛入
莊質

杷 杷 pá　收麥器。从木，巴聲。蒲巴切。○並麻平　並魚

杵 杵 chǔ　舂杵也。从木，午聲。昌與切。○昌語上　昌魚

杖 杖 zhàng　持也。从木，丈聲。直兩切。○澄養上　定陽

柯 柯 kē　斧柄也。从木，可聲。古俄切。○金文 可　見歌平　見歌

柄 柄 bǐng　柯也。从木，丙聲。棅，或从秉。陂病切。○甲文
天、天　幫映去　幫陽

榜 榜 bēng　所以輔弓弩。从木，旁聲。補盲切。○幫庚平　幫陽

槽 槽 cáo　畜獸之食器。从木，曹聲。昨牢切。○從豪平　從幽

桶 桶 tǒng　木方，受六升。从木，甬聲。他奉切。○透董上
透東

櫓 櫓 lǔ　大盾也。从木，魯聲。樐，或从鹵。郎古切。○金文 櫓、
櫓　來姥上　來魚

檢 檢 jiǎn　書署也。从木，僉聲。居奄切。○見琰上　見談

檄 檄 xí　二尺書。从木，敫聲。胡狄切。○匣錫入　匣藥

　　榷榷 què　水上橫木,所以渡者也。从木,隺聲。江岳切。〇見覺入　見藥

　　梁樑 liáng　水橋也。从木从水,刅聲。𣲠,古文。吕張切。〇金文梁　來陽平　來陽

　　楫檝 jí　舟櫂也。从木,咠聲。子葉切。〇精葉入　精緝

　　校校 jiào　木囚也。从木,交聲。古孝切。〇校:古代刑具。見效去　見宵

　　采采 cǎi　捋取也。从木从爪。倉宰切。〇甲文𤔌、𤓰　金文𤔌、𤓰　清海上　清之

　　橫橫 héng　闌木也。从木,黃聲。户盲切。〇匣庚平　匣陽

　　棱棱 léng　柧也。从木,㚇聲。魯登切。〇來登平　來蒸

　　析析 xī　破木也。一曰折也。从木从斤。先激切。〇甲文析、析　金文析、析　心錫入　心錫

　　休休 xiū　息止也。从人依木。庥,休或从广。許尤切。〇甲文休、休、休　金文休、休、休　曉尤平　曉幽

　　械械 xiè　桎梏也。从木,戒聲。一曰:器之總名。一曰:持也。一曰:有盛爲械,無盛爲器。胡戒切。〇匣怪去　匣之

　　桎桎 zhì　足械也。从木,至聲。之日切。〇章質入　章質

　　梏梏 gù　手械也。从木,告聲。古沃切。〇見沃入　見覺

　　棺棺 guān　關也。所以掩尸。从木,官聲。古丸切。〇見桓平　見元

東 東²⁰⁷ dōng　甲文東、東、東　金文東、東、東　得紅切　端東合一平　端東(126/121;271/273)

動也[一]。**從**大徐本作"从",下同**木。官溥**(蓋東漢人)**說從日在木中**[二]。**凡東之屬皆從東。**

【譯文】

　　萌動。"木"爲構件。按照官溥的説法,"日"爲構件,處在"木"中。凡是和"東"義有關的字都以"東"爲構件。

【段注】

[一]見《漢·律曆志》①。　[二]木,榑木也②。日在木中曰東,在木上曰杲,在木下曰杳。得紅切。九部(東、冬)。

【疏義】

①《漢書·律曆志》:"東,動也,陽氣動物,於時爲春。"　②榑木:榑桑,即扶桑。傳說爲日出之處。

【集解】

徐鍇《説文繫傳》:"東方萬物所甲坼、萌動、平秩,東作,故爲動也。"

朱駿聲《説文定聲》:"《白虎通》:'五行東方者,動方也。萬物始動生也。'此古聲訓之法。"

饒炯《説文部首訂》:"從日在木中者,木即謂榑桑。"

林義光《文源》:"古作🌳,中不從日,⊟象圍束之形,與○同意。"

黃天樹《部首與甲骨文》:"甲骨文作🌳、🌳……從古文字的寫法看,根本不存在'日'形符號,而是一個束住兩頭而且加綁了繩子的橐(袋子)。古代'東'和'橐'兩詞同音,所以借橐形來記錄東方的'東'這個詞。"

董蓮池《部首新證》:"'東'字見商代甲骨文,寫作🌳、🌳諸形(《甲骨文編》266頁),亦見商代金文,寫作🌳(父乙尊),象實物囊中,括其兩端,徐中舒以爲即無底曰橐之'橐'字(《甲骨文字集釋》2029頁),'橐'與'東'透端旁紐雙聲,鐸東二部旁對轉,古音相近,故假爲東方之'東',另造'橐'字以表本義。"

【同部字舉例】

棘𣚊 cáo　二東。曹从此。闕。昨遭切。○甲文𣚊　金文𣚊𣚊
從豪平　從幽

林 𣏟 208 lín　甲文𣏟、𣏟　金文𣏟、𣏟　力尋切　來侵開三平
來侵(126/121;271/273)

平土有叢木曰林[一]**。從二木**[二]**。凡林之屬皆從林。**

【譯文】

平地上有叢生的樹木叫做“林”。由兩個“木”構成。凡是和“林”義有關的字都以“林”爲構件。

【段注】

[一]《周禮·林衡》注曰:“竹木生平地曰林。”①《小雅》:“依彼平林。”傳曰:“平林,林木之在平地者也。”②冂部曰:“野外謂之林。”引申之義也。《釋詁》、毛傳皆曰:“林,君也。”③假借之義也。 [二]力尋切。七部(侵、緝)。

【疏義】

①引文見《周禮·地官司徒·林衡》鄭玄注。 ②《詩經·小雅·車舝》:“依彼平林,有集維鷮(jiāo)。”傳:指毛亨的傳文。 ③《爾雅·釋詁》:“林、烝、天、帝、皇、王、后、辟、公、侯,君也。”《詩經·小雅·賓之初筵》:“百禮既至,有壬有林。”毛傳:“林,君也。”

【集解】

徐鍇《説文繫傳》:“叢木,故从二木;木平土,故从二木齊。”

王筠《説文句讀》:“山上木曰林。”

黃天樹《部首與甲骨文》:“甲骨文畫兩棵樹來表示樹林。”

董蓮池《部首新證》:“甲骨文寫作 𣏟(《甲骨文編》267頁),从二‘木’會意,篆與之同。”

【同部字舉例】

楚 𣠎 chǔ 叢木。一名荊也。从林,疋聲。創舉切。○甲文 𣠎、𣠎、𣠎、𣠎 金文 𣠎、𣠎 初語上 初魚

麓 𪋏 lù 守山林吏也。从林,鹿聲。一曰:林屬於山爲麓。《春秋傳》曰:“沙麓崩。”𣏟,古文从录。盧谷切。○甲文 𣠎 金文 𣠎、𣠎 來屋入 來屋

棼 𣞤 fén 複屋棟也。从林,分聲。符分切。○並文平 並文

森 𣓤 sēn 木多皃。从林从木,讀若曾參之“參”。所今切。○甲文 𣓤 金文 𣓤 山侵平 山侵

才 才

209 cái 甲文 才、才、才 金文 才、才 昨哉切 從咍開一平 從之(126/122;272/274)

艸木之初也[一]。從丨上貫一,將生枝葉也。

　^[二]，地也^[三]。凡才之屬皆從才。

【譯文】

　　草木剛長出地面。字形結構以“丨”爲意符，上面橫貫“一”，代表草木將生出枝葉的意思。這個“一”代表地面。凡是意義與“才”有關的字都以“才”爲意符。

【段注】

　　[一]引申爲凡始之偁。《釋詁》曰：“初、哉，始也。”①“哉”即“才”。故“哉生明”亦作“才生明”。凡“才、材、財、裁、纔”字以同音通用。　　[二]逗。　　[三]“一”謂上畫也。“將生枝葉”謂下畫。才有莖出地而枝葉未出，故曰“將”。艸木之初而枝葉畢寓焉，生人之初而萬善畢具焉，故人之能曰“才”，言人之所蘊也。凡艸木之字：才者，初生而枝葉未見也。中者，生而有莖有枝也。之者，枝莖益大也。出者，益茲上進也。此四字之先後次弟。昨哉切。一部（之、職）。

【疏義】

　　①《爾雅·釋詁》：“初、哉、首、基、肇、祖、元、胎、俶、落、權輿，始也。”

【集解】

　　徐鍇《説文繫傳》：“丨，艸木也。上一，初生歧枝也；下一，地也。古亦用此爲纔始字。”

　　朱駿聲《説文定聲》：“丨引而上行也。會意。十即中之枝葉微也。”

　　王筠《説文句讀》：“才當是指示字，兼象其在地中者。徐鍇以上‘一’爲歧枝，下‘一’爲地，非也。許君兩‘一’字，皆指上‘一’。”

　　饒炯《説文部首訂》：“當云‘從中省，從一。一，地也’。”

　　林義光《文源》：“按：古作🌱（盂鼎），从一。一，地也。🌱，艸木初生形。•，象種。”

　　董蓮池《部首新證》：“甲骨文寫作🌱、🌱諸形（《甲骨文編》269頁）。西周金文寫作🌱（克鐘）、🌱（趞卣）、十（毛公鼎），均象草木自地面鑽出之形。”

卷六下

叒 叒 ²¹⁰ ruò 甲文 ⚘、⚘、⚘ 金文 ⚘、⚘、⚘ 而灼切 日藥開
三入 日鐸(127/123;272/275)

日初出東方湯(yáng)谷,所登榑(fú)桑(傳説中的神
樹)^[一],叒木也^[二]。象形^[三]。凡叒之屬皆从叒。叒,
籀文。

【譯文】

太陽初從東方湯谷升起,登上榑桑樹,即叒木。象形。凡是和
"叒"義有關的字都以"叒"爲構件。叒,"叒"的籀文。

【段注】

[一]句。 [二]按:當云:"叒木,榑桑也。日初出東方湯谷所
登也。""榑桑"已見木部,此處立文當如是。宋本、葉本、宋刻《五音
韻譜》《集韻》《類篇》皆作"湯"^①,別刻作"暘"。毛扆(yǐ)改"湯"爲
"暘"^②,非也。《尚書》"暘谷"自説青州嵎夷之地^③,非日出之地也。
日出之地,豈羲仲所能到?《天問》曰:"出自湯谷,次于蒙汜。"^④《淮
南·天文訓》曰:"日出于湯谷,浴于咸池。拂于扶桑,是謂晨明。"
《墬形訓》注曰^⑤:"扶木,扶桑也。在湯谷之南。"《海外東經》曰^⑥:
"湯谷上有扶桑,十日所浴。"《大荒東經》曰^⑦:"湯谷上有扶木,一日
方至,一日方出,皆載於烏。"按:今《天文訓》作"暘谷",以王逸《楚
辭注》、《史記索隱》、《文選注》所引正之^⑧,則"暘"亦淺人改耳。
《離騷》:"總余轡乎扶桑,折若木以拂日。"二語相聯,蓋"若木"即謂
扶桑。"扶若"字,即"榑叒"字也。 [三]枝葉蔽翳。而灼切。五
部(魚、鐸)。

【疏義】

①《集韻》藥韻:"叒,《説文》曰:'初出東方湯谷,所登榑桑。叒,木也。"《類篇》卷八十:"叒,日初出東方湯谷,所登榑桑。叒,木也,象形。凡叒之類皆從叒。"　②毛扆(yǐ):明代藏書家毛晉之子,曾校刻《説文解字》十五卷(即清初毛氏汲古閣刻本)。　③《尚書·堯典》:"分命羲仲宅嵎夷,曰暘谷。"孔傳:"宅,居也。東表之地稱嵎夷。暘,明也。日出於谷而天下明,故稱暘谷。暘谷、嵎夷一也。"青州:古九州之一,地在今泰山以東至渤海一帶。嵎夷:在今山東東部濱海一帶。④湯谷:即暘谷,古代傳説爲日出之處。蒙汜:古代傳説爲日入之処。⑤指高誘注。墬:同"地"。　⑥《海外東經》:《山海經》篇名。⑦《大荒東經》:《山海經》篇名。　⑧王逸:字叔師,東漢著名學者,南郡宜城(今湖北宜城)人,著《楚辭章句》。《楚辭·天問》:"出自湯谷,次於蒙汜。"王逸注:"次,舍也。汜,水涯也。言日出東方湯谷之中,暮入西極蒙水之涯也。"《史記·五帝本紀》:"分命羲仲居郁夷,曰暘谷。"司馬貞索隱:"舊本作'湯谷',今並依《尚書》字。案:《淮南子》曰:'日出湯谷,浴於咸池。'則'湯谷'亦有他證明矣。"《文選·東京賦》:"左瞰暘谷,右眜玄圃。"李善注:"暘谷,日出之處。玄圃在崑崙山上。《淮南子》曰:'日出於暘谷,浴於咸池。'"

【集解】

徐鍇《説文繫傳》:"叒木,即榑桑。"

徐灝《説文注箋》:"叒,即桑之省體。"

饒炯《説文部首訂》:"叒篆,象形。竹二之,象竹二葉;叒三之,象叒三葉。"

黃天樹《部首與甲骨文》:"《説文》認爲象桑樹形,從古文字的寫法看,不象桑樹的樣子。甲骨文作♨,周代金文加'口'作♨,甲骨文字形象人跪坐在那裏伸出兩手梳理頭髮,篆文之叒即由甲骨文的♨字譌變來的……籀文之♨,是由周代金文加'口'的字形譌變來的。'叒'字後來不用,借用《説文·艸部》訓爲'擇菜'的'若'字來表示它的意思。"

董蓮池《部首新證》:"其實以其所列籀文及大徐所加切語來分析,此即'若'字之譌省。'若'字見甲骨文,寫作♨(《甲骨文編》20

頁),象人跪跽以兩手梳順其髮形,多用爲祥順義。西周金文寫作🌿(盂鼎)、(舀鼎),籀文遂譌作🌿,篆再省爲🌿。"

【同部字舉例】

　　桑🌿 sāng　🌿所食葉木。从矗、木。息郎切。〇甲文🌿、🌿
心唐平　心陽

之🌿 211 zhī　甲文🌿、🌿、🌿　金文🌿、🌿　止而切　章之開三
平　章之(127/123;272/275)

出也[一]。象艸過中[二],枝莖漸大徐本無"漸"益大,有所之也大徐本無"也"[三]。一者,地也。凡之之屬皆從之[四]。

【譯文】

　　生出。象草經過了初生階段,枝莖日漸長大,勢有所往。一,代表地面。凡是和"之"義有關的字都以"之"爲構件。

【段注】

　　[一]引申之義爲往。《釋詁》曰"之,往"是也①。按:"之"有訓爲此者,如"之人也、之德也"②,"之條條、之刀刀"③。《左傳》:"鄭人醢(hǎi)之,三人也。"④《召南》毛傳曰:"之事,祭事也。"⑤《周南》曰:"之子,嫁子也。"⑥此等"之"字皆訓爲"是"。"之"有訓爲上出者,戴先生釋《梓人》曰:"頰側上出者曰之,下垂者曰而,須鬣是也。"⑦　[二]過於中也。　[三]莖漸大,枝亦漸大,勢有日新不已者然。　[四]止而切。一部(之、職)。

【疏義】

　　①《爾雅・釋詁》:"如、適、之、嫁、徂、逝,往也。"　②引文見《莊子・逍遥遊》。　③《莊子・齊物論》:"而獨不見之調調、之刀刀乎?"④引文見《左傳・襄公十五年》。　⑤《詩經・召南・采蘩》:"于以用之,公侯之事。"毛傳:"之事,祭事也。"　⑥《詩經・周南・桃夭》:"之子于歸,宜其室家。"毛傳:"之子,嫁子也。"　⑦戴先生:指戴震。《周禮・冬官考工記・梓人》:"深其爪,出其目,作其鱗之而。"鄭玄注:"謂筍虡之獸也。深猶藏也,作猶起也;之而,頰頷也。"戴震釋語見其

《考工記圖》補注。

【集解】

徐鍇《説文繫傳》:“之者,枝也,象艸木之枝東西旁出,而常連於根本也……象形。”

桂馥《説文義證》:“‘有所之’者,謂枝莖四處也。”

朱駿聲《説文定聲》:“之,指事。與生、屯、乇、韭同意。”

王筠《説文句讀》:“象者象事也。字從一,而不言‘从’者,以字形見字義,故言象也。訓一爲地與訓一爲天同例,乃借指事字爲象形字,故亦不言從。”

黄天樹《部首與甲骨文》:“甲骨文作 ,从‘止’从‘一’,表示離開一個地方前往他處。”

董蓮池《部首新證》:“甲骨文寫作 、 諸形(《甲骨文編》270頁),以一表示地, 、 表示向前之趾,以向前之趾行進在地上表示人往他處去,其本義爲‘往’。”

【同部字舉例】

㞷㞷 huáng　艸木妄生也。从之在土上,讀若皇。户光切。○甲骨文　匩唐平　匩陽

帀 帀 212

zā　金文 、 、 　子荅切　精合開一入　精緝(127/123;273/275)

匊(zhōu)大徐本作“周”**也**[一]。**从反㞢**(即“之”)**而帀也**[二]。**凡帀之屬皆从帀。周盛**(蓋東漢人,生平不詳)**説**[三]。

【譯文】

環繞一周。以翻轉過來的“之”爲構件而成“帀”。凡是和“帀”義有關的字都以“帀”爲構件。這是周盛的説法。

【段注】

[一]“匊”各本作“周”。誤,今正。勹部:“匊,帀徧也。”是爲轉注。按:古多假“襍”爲“帀”。　[二]反“㞢”謂倒之也。凡物順屰往復則周徧矣。子荅切。七(侵、緝)、八(談)部。　[三]周盛者,亦博采通人之一也。

【集解】

徐鍇《説文繫傳》：“日，一日；行，一度，一歲往返而周帀也。指事。”

朱駿聲《説文定聲》：“‘帀也’謂从到之，指事字，亦作迊。俗誤作匝。”

徐灝《説文注箋》：“按：屮象艸木上出，反之則面面皆徧，合屮字以見意，故曰‘反之而帀’也。”

董蓮池《部首新證》：“西周金文所見寫作（師寰簋），戰國金文所見寫作（鄂君啟舟節），均用爲‘師’字，未見用爲‘周’（周遍）義。”

【同部字舉例】

師 𠂤 shī　二千五百人爲師。从帀从自。自四帀，衆意也。𡴴，古文師。疎夷切。○甲文　金文　山脂平　山脂

出 213 chū　甲文 金文 尺律切　昌術

合三入　昌物（127/123；273/275）

進也[一]。象艸木益兹上出達也[二]。凡出之屬皆从出。

【譯文】

長出。象草木滋生向上長出的樣子。凡是和“出”義有關的字都以“出”爲構件。

【段注】

[一]本謂艸木，引申爲凡生長之偁。又凡言“外出”爲“内入”之反。　[二]“兹”各本作“滋”。今正。兹，艸木多益也。艸木由“才”而“屮”而“之”而“出”，日益大矣。尺律切。十五部（脂、微、物、月）。

【集解】

徐鍇《説文繫傳》：“出爲進也。根盛則能上出，下根亦跳出也。象形。”

王筠《説文句讀》：“出字義本指人。”

黄天樹《部首與甲骨文》：“甲骨文作 ，从止从凵（坎）。古人穴居，‘止’（腳）向穴外，表示外出。”

董蓮池《部首新證》：“字見甲骨文，作 、 諸形（《甲骨文編》

272 頁），从凵，表示坎穴，𠈌是向上行進的腳，合起來表示人自坎穴中走出，以會‘出’意。”

【同部字舉例】

敖　𢾅　áo　　游也。从出从放。五牢切。○金文 𢾅　疑豪平　疑宵

賣　𧷓　mài　　出物貨也。从出从買。莫邂切。○明卦去　明支

糶　糶　tiào　　出穀也。从出从糶，糶亦聲。他弔切。○透嘯去　透宵

宋 𣎳　214　pō　普活切　滂末合一入　滂月（127/123；273/276）

艸木盛宋宋然[一]。象形[二]。八聲[三]。凡宋之屬皆从宋。讀若輩[四]。

【譯文】

草木枝葉茂盛勃然的樣子。（中）象草木之形。“八”是聲符。凡是和“宋”義有關的字都以“宋”爲構件。讀音同“輩”。

【段注】

[一]宋宋者，枝葉茂盛因風舒散之皃。《小雅》：“萑（huán）葦淠（pì）淠。”毛曰：“淠淠，衆皃。”① 淠淠者，“宋宋”之假借也。《小雅》：“胡不旆（pèi）旆。”毛曰：“旆旆，旒（liú）垂皃。”② 旆旆者，亦“宋宋”之假借字，非繼旐（zhào）之旆也③。《魯頌》作“伐伐”④。按：《玉篇》𣎳作“市”，引毛傳“蔽市，小皃”⑤。玉裁謂《毛詩》“蔽市”字，恐是用蔽鄃之“市”字⑥，經傳“韍”多作“芾”、作“茀”，可證也。　[二]謂中也。不曰“从中”，而曰“象形”者，艸木方盛，不得云“从中”也。[三]“八”爲“賓”之入聲。在十二部（真），而合於十五部（脂、微、物、月）。　[四]普活切。十五部（脂、微、物、月）。

【疏義】

①引文見《詩經·小雅·小弁》及毛傳。　②引文見《詩經·小雅·出車》及毛傳。　③《説文》㫃部：“旆，繼旐之旗也。”　④《詩經·魯頌·泮水》：“言觀其旂，其旂茷茷。”　⑤《玉篇》市部：“市，甫味切。蔽市，小皃。《説文》普活切，草木市市然。象形。”《詩經·召

南・甘棠》:“蔽芾甘棠,勿翦勿伐,召伯所茇。”毛傳:“蔽芾,小貌。”⑥《説文》市部:“市,韠也。上古衣蔽前而已。市以象之。天子朱市,諸侯赤市,大夫葱衡。从巾,象連帶之形。凡市之屬皆从市。韍,篆文市,从韋从犮。”

【集解】

桂馥《説文義證》:“市,通作‘孛’,又或作‘浡’,又作‘悖’,又作‘勃’,通作‘茀’。盛貌。”

朱駿聲《説文定聲》:“市,疑即‘孛’字之古文字,亦變作‘浡’。”

王筠《説文句讀》:“朩字隸作市,與朱市字同形。”

【同部字舉例】

索 suǒ　艸有莖葉,可作繩索。从朩、糸。杜林説,朩亦朱木字。蘇各切。○甲文作、、　心鐸入　心鐸

孛 bèi　㪍也。从朩。人色也,从子。《論語》曰:“色孛如也。”蒲妹切。○並隊去　並微

南 nán　艸木至南方有枝任也。从朩,羊聲。,古文。那含切。○甲文、、　金文、、　泥覃平　泥侵

生 215

shēng　甲文、、　金文、　所庚切　山庚開二平　山耕(127/123;274/276)

進也。象艸木生出土上[一]。凡生之屬皆从生。

【譯文】

生長。象草木從土中生出的樣子。凡是和“生”義有關的字都以“生”爲構件。

【段注】

[一]下象土,上象出。此與“之、出、朩”以類相從。所庚切。十一部(耕)。

【集解】

徐鍇《説文繫傳》:“土者,吐出萬物……故生从屮、土。”

朱駿聲《説文定聲》:“按:从屮,達土,會意。進於屮也。”

王筠《説文句讀》:“此承屮部而言。屮,出也,已過屮矣。生較屮

又增一筆,是又過中矣,故曰進。"

徐灝《説文注箋》:"生與出同義,故皆訓爲進。"

黃天樹《部首與甲骨文》:"甲骨文作ꩾ、ꩾ,象一棵小草從地裏生長出來的樣子。本義爲生長。"

董蓮池《部首新證》:"甲骨文寫作ꩾ(《甲骨文編》274 頁),象草木從'一'(表土地)上生出之形。"

【同部字舉例】

丰 半 fēng 艸盛丰丰也。从生,上下達也。敷容切。○甲文ꩾ、ꩾ、ꩾ、ꩾ 金文ꩾ 滂鍾平 滂東

産 产 chǎn 生也。从生,彦省聲。所簡切。○金文ꩾ 山産上 山元

隆 𨽻 lóng 豐大也。从生,降聲。力中切。○來東平 來冬

甤 甤 ruí 草木實甤甤也。从生,豨省聲。讀若綏。儒隹切。○日脂平 日微

甡 甡 shēn 衆生並立之皃。从二生。《詩》曰:"甡甡其鹿。"所臻切。○山臻平 山真

屮 ꩾ 216 zhé 甲文ꩾ、ꩾ、ꩾ 陟格切 知陌開二入 端鐸
(127/123;274/277)

艸葉也[一]。ꩾ(即"垂")**采[二],上冊**("貫"的古字)**一,下有根[三]。象形字**大徐本無"字"[四]。**凡屮之屬皆从屮。**

【譯文】

草的葉子。象下垂的穗,上部橫貫"一",下部有根。象形字。凡是和"屮"義有關的字都以"屮"爲構件。

【段注】

[一]當作"艸華兒"。下云"垂采,上貫一"。華則有采①,葉不當言"采"也。 [二]直者,莖也。斜垂者,華之采也。"禾"篆亦以下垂象其采。 [三]在"一"之下者,根也。"一"者,地也。 [四]謂雖中从"一",而於六書爲象形字也。陟格切。五部(魚、鐸)。凡"屮"聲字皆在五部(魚、鐸),用以會意者,古文"丞"字ナ(zuǒ)旁从此②。

【疏義】

①采:同"穗"。　②ナ:同"左"。

【集解】

徐鍇《説文繫傳》:"毛,上葉垂也。一,枝也。"

朱駿聲《説文定聲》:"毛,一,地也。指事。"

王筠《説文句讀》:"毛,一,指事地。"

林義光《文源》:"按个不類艸葉形,本義當爲草木根成,貫地上達。一,地也。"

董蓮池《部首新證》:"今考字見甲骨文,寫作ㄑ、ㄓ諸形(《甲骨文編》315 頁'宅'所從),上無下垂之畫,無'艸葉'或'艸華'、'艸木華葉'之象。形體取象不明。"

巫(垂)艸木 217 chuí　甲文 ^森、森　是爲切　禪支合三平　禪歌
（128/124;274/277）

艸木華葉巫(即"垂")^[一]。**象形**^[二]。**凡巫之屬皆從巫。侈,古文**^[三]。

【譯文】

草木的花朵和葉子下垂。象形。凡是與"垂"義有關的字都以"垂"爲構件。侈,"垂"的古文。

【段注】

[一]引申爲凡下巫之偁。今字"垂"行而"巫"廢矣。　[二]象其莖、枝、華、葉也。此篆各書中直。惟《廣韻》五支及夢英所書作睪①。是爲切。古音在十七部(歌)。　[三]《地理志》曰"武功巫山",古文以爲"敦物"②。豈古文"巫"與"物"字相似故與?

【疏義】

①夢英:宋代僧人,書法家,著有《篆書目録偏旁字源》《篆書千字文》等書。　②《漢書·地理志上》:"右扶風……武功。"顏師古注:"太壹山,古文以爲終南。垂山,古文以爲敦物。皆在縣東。"

【集解】

徐鍇《説文繫傳》:"巫,从夊夊,皆葉之低巫也,非夊雪之字。"

桂馥《説文義證》:"此𠂹當如禾頭偏左。"

朱駿聲《説文定聲》:"𠂹如旗勿之垂,從勿,會意。"

王筠《説文句讀》:"凡下𠂹者,其莖必曲,故曲以象之。左右四曲,其華葉也。四曲蓋不離於莖,今離者,後人改之。"

徐灝《説文注箋》:"𠂹蓋象枝葉倒垂,上曲而折下。"

𠌶(花)  218 huā(舊音 xū)　金文　況于切　曉虞合三平　曉魚(128/124;274/277)

艸木華也[一]。**从𠂹**(即"垂"),**亏聲**[二]。**凡𠌶之屬皆从𠌶。荂,𠌶或从艸从夸**[三]。

【譯文】

草木之花。以"垂"爲意符,"亏"爲聲符。凡是和"𠌶"義有關的字都以"𠌶"爲構件。荂,"𠌶"的異體或由"艸、夸"構成。

【段注】

[一]此與下文"華"音義皆同。華,榮也。《釋艸》曰:"華,荂也。華、荂,榮也。"①今字"花"行而"𠌶"廢矣。　[二]況于切。五部(魚、鐸)。　[三]"夸"聲亦"亏"聲也。《釋艸》有此字。郭曰②:"今江東呼華爲荂,音敷。"按:今江蘇皆言"花"。呼瓜切。《方言》曰:"華、荂,晠(shèng,盛大)也。齊楚之閒或謂之'華',或謂之'荂'。"《吴都賦》曰:"異荂蓲蘛(xūyú)。"③李善曰④:"荂,枯瓜切。"

【疏義】

①引文見《爾雅·釋草》。《爾雅·釋草》:"華,荂也。"　②郭:指郭璞。　③《吴都賦》:左思著。左思:字太沖,西晉臨淄(今山東淄博)人,著名文學家。《文選·吴都賦》:"異荂蓲蘛,夏曄冬蒨。"　④李善:唐代廣陵江都(今江蘇揚州市)人,著有《文選注》。

【集解】

桂馥《説文義證》:"𠌶,从𠂹,則頭當左向。"

朱駿聲《説文定聲》:"𠌶,字亦作'葋',俗作'花'。"

徐灝《説文注箋》:"許以𠌶、荂爲一字,而《爾雅》别之。"

董蓮池《部首新證》:"西周金文所見寫作(命簋)、(花季盨),

象草木之花形,下有花蒂,爲獨體象形字。”

【同部字舉例】

　　韡韡 wěi　盛也。从琴,韋聲。《詩》曰:“萼不韡韡。”于鬼切。○
雲尾上　匣微

華 琴 　219 huā　户瓜切　曉麻合二平　曉魚(128/124;275/277)

　　榮也^[一]。从艸、大徐本有“从”琴^[二]。凡華之屬皆
从華。

【譯文】

　　花朵。由“艸、琴”構成。凡是和“華”義有關的字都以“華”爲
構件。

【段注】

　　[一]見《釋艸》。艸部曰:“葩,華也。”舜部曰:“讔,華榮也。”按:
《釋艸》曰:“蕍(yú)、芛(wěi)、葟,華榮。”①渾言之也。又曰:“木謂之
華,艸謂之榮。榮而實者謂之秀,榮而不實者謂之英。”②析言之也。
引申爲《曲禮》“削瓜爲國君華之”之字③。又爲光華、華夏字。
　　[二]琴亦聲。此以會意包形聲也。户瓜切。又呼瓜切。古音在五部
(魚、鐸)。俗作“花”,其字起於北朝。

【疏義】

　　①引文見《爾雅·釋草》。　②《爾雅·釋草》:“不榮而實者謂之
秀,榮而不實者謂之英。”　③《禮記·曲禮上》:“爲天子削瓜者副之,
巾以絺;爲國君者華之,巾以綌。”

【集解】

　　徐鍇《説文繫傳》:“木謂之華。”

　　桂馥《説文義證》:“漢《韓勑碑》作‘華’,其首左向。”

　　董蓮池《部首新證》:“即‘琴’字加‘艸’繁化的形體,所表亦是草
木花之‘花’。”

【同部字舉例】

　　皣皣 yè　艸木白華也。从華从白。筠輒切。○雲葉入　匣葉

禾 朮 [220] jī　古兮切　見齊開四平　見脂（128/124;275/277）

木之曲頭。止不能上也[一]。凡禾之屬皆从禾。

【譯文】

樹木彎曲的梢頭。被阻止不能上長。凡是和"禾"義有關的字都以"禾"爲構件。

【段注】

[一]此字古少用者。《玉篇》曰："亦作礙。"非是①。"礙"在一部（之、職），"禾"當在十五（脂、微、物、月）、十六部（支、錫）。古兮切。《玉篇》古溉、古兮二切。

【疏義】

①《玉篇》禾部："五溉、古兮二切。《説文》曰：'木之曲頭止不能上。'亦作礙。"

【集解】

《廣韻》代韻："禾，木曲頭不出，又音稽。"

王筠《説文釋例》："禾、稽蓋亦一字，音義皆同也。"

王筠《説文句讀》："凡説解皆先説字義後説字形，而此則'木之曲頭'説字形，'止不能上'説字義者，此字即形爲義，故變其屬辭之例。"

【同部字舉例】

積 綃 zhǐ　多小意而止也。从禾从攴，只聲。一曰：木也。職雉切。○章紙上　章支

稽 稫 [221] jī　古兮切　見齊開四平　見脂（128/124;275/278）

留止也[一]。从禾从尤[二]，旨聲[三]。凡稽之屬皆从稽。

【譯文】

停留。由"禾、尤"構成，"旨"爲聲符。凡是和"稽"義有關的字都以"稽"爲構件。

【段注】

[一]玄應書引"留止曰稽"①。高注《戰國策》曰:"留其日,稽留其日也。"②凡稽留則有審慎求詳之意,故爲稽考。禹會諸侯於會稽。稽,計也③。稽考則求其同異。故説《尚書》"稽古"爲"同天"④。稽,同也。如"流,求也"之例⑤。　　[二]取"乙"欲出而見閡之意。[三]古兮切。十五部(脂、微、物、月)。

【疏義】

①玄應:唐代高僧,生卒不詳,著有《一切經音義》一書,二十五卷。②《戰國策·宋衛策》:"臣請受邊城,徐其攻而留其日。"高誘注:"留其日,稽留其日也。"　③《史記·夏本紀》:"或言禹會諸侯江南,計功而崩,因葬焉,命曰會稽。會稽者,會計也。"　④《尚書·堯典》:"曰若稽古帝堯。"孔穎達正義:"《論語》偁'惟堯則天',《詩》美文王'順帝之則',然則聖人之道莫不同天合德,豈待'同天'之語然後得同之哉?"　⑤《詩經·周南·關雎》:"參差荇菜,左右流之。"毛傳:"流,求也。"

【集解】

王筠《説文句讀》:"稽即是禾字。字乳寖多,遂各自爲義,兩部凡六字,每字説中皆有止字,亦可見其不異。"

孔廣居《説文疑疑》:"禾,木之曲頭止不能上者;尤者,色之美者也;旨,食之美者也。美食美色皆足以留滯人。"

董蓮池《部首新證》:"凡是從'稽'的字,本義和停止相關。"

【同部字舉例】

稴糳 zhuó　特止也。从稽省,卓聲。竹角切。○知覺入　端鐸

巢 𣎳 222 cháo　甲文𣎳　鉏交切　崇肴開二平　崇宵(128/124;275/278)

鳥在木上曰巢,在穴曰窠[一]。从木,象形[二]。凡巢之屬皆从巢。

【譯文】

鳥在樹上的窩叫"巢",在洞穴中的窩叫"窠"。"木"爲構件,其上

象巢形。凡是和"巢"義有關的字都以"巢"爲構件。

【段注】

　　[一]穴部曰："穴中曰窠,樹上曰巢。"巢之言高也,窠之言空也。
在穴之鳥,如鴝鵒(qúyù)之屬[1]。今江蘇語言通名禽獸所止曰窠
(kē)。　　[二]象其架高之形。鉏交切。二部(宵、藥)。

【疏義】

　　①鴝鵒:鳥名,俗稱八哥。

【集解】

　　徐鍇《説文繫傳》:"臼,巢形也。巛,三鳥也。"

　　朱駿聲《説文定聲》:"獸鳥之所乳謂之巢。"

　　王筠《説文句讀》:"川者鳥形,臼者巢形也。"

　　王筠《説文釋例》:"巛則鳥形,臼則巢形。三鳥者況其多耳,且皆
謂雛也。"

　　董蓮池《部首新證》:"西周金文寫作🪶(班簋),象樹上有鳥
巢形。"

【同部字舉例】

　　學🪶 biǎn　傾覆也。从寸,臼覆之。寸,人手也。从巢省。杜林
説以爲貶損之貶。方斂切。○幫琰上　幫談

桼　223　qī　親吉切　清質開三入　清質(128/124;276/278)

木汁。可以髤(xiū,同"髹",赤黑漆,以漆漆物)物[一]。
从木[二],象形[三]。桼如水滴而下也大徐本無"也"[四]。
凡桼之屬皆从桼。

【譯文】

　　樹汁。可以漆飾器物。"木"爲構件,象樹形。桼如水滴流下。凡
是和"桼"義有關的字都以"桼"爲構件。

【段注】

　　[一]木汁名桼,因名其木曰桼。今字作"漆"而"桼"廢矣。漆,水
名也[1],非木汁也。《詩》《書》"梓桼、桼絲"皆作"漆"[2],俗以今字易之

也。《周禮・載師》:"漆林之征二十而五。"③大鄭曰:"故書'漆林'爲
'漆林'。杜子春云'當爲漆林'。"④是則漢人分別二字之嚴,今注疏
謬舛爲正之如此。《周禮・巾車》注"髤、漆"字皆作"漆",不作
"漆"⑤。漢人多假"漆"爲"七"字。《史記》:"六律五聲八音,來
始。"⑥"來始"正"漆始"之誤。《尚書大傳》《漢・律歷志》皆作"七
始"⑦。《史》《漢》同用《今文尚書》也。　　[二]各本無。今補。《韻
會》作"象木形"⑧,亦誤。　　[三]謂左右各三,皆象汁自木出之形也。
親吉切。十二部(真)。　　[四]"也"字補,説"象形"之意也。左右各
三象水滴下。

【疏義】

①漆:古水名。渭水支流,發源於陝西省麟遊縣西,東南流至武功
縣西注入渭水。　②《詩經・鄘風・定之方中》:"樹之榛栗,椅桐梓
漆。"《尚書・禹貢》:"厥貢漆絲,厥篚織文。"　③引文見《周禮・地官
司徒・載師》。　④大鄭:即鄭衆,又稱鄭司農,世稱"大鄭"或"先
鄭",稱鄭玄爲"後鄭"。杜子春:東漢河南緱氏(今河南偃師南)人,曾
注《周禮》,其書久佚。鄭玄注:"鄭司農云:'任地謂任土地以起税賦
也。國宅,城中宅也。無征,無税也。故書'漆林'爲'漆林',杜子春
云當爲'漆林'。"　⑤《周禮・春官宗伯・巾車》:"駹車,藿蔽,然漆,
髤飾。"鄭玄注:"故書'駹'作'龍','髤'爲'軟'。杜子春云'龍'讀爲
'駹','軟漆'讀爲'漆垸'之'漆',直謂髤漆也。"　⑥《史記・夏本
紀》:"予欲聞六律五聲八音,來始滑,以出入五言,女聽。"　⑦《尚書
大傳・虞傳》:"定以六律五聲八音七始。"《漢書・律歷志》:"《書》曰:
'子欲聞六律五聲八音七始。'"　⑧引文見《韻會舉要》屑韻。

【集解】

徐鍇《説文繫傳》:"漆,六點皆象水而非水也。象形。"

王筠《説文句讀》:"漆,四點是漆,小篆加兩點,故不曰'從水'而
曰'如水也'。"

饒炯《説文部首訂》:"漆爲木汁,似水而黏,其形難狀,因從木而汁
在樹之形,又以其質黏而寄音於黏。"

黃天樹《部首與甲骨文》:"裘錫圭先生《戰國貨幣考》認爲:'漆'

古文字偏旁作㳂。木，表示樹；幾個點表示樹身上流出來的汁液。
'桼'字是由'木'字及其兩側象徵漆汁的四道短劃構成的。所以'桼'
字的本義是木汁涂料。"

【同部字舉例】

　　黍𩼺 xiū　桼也。从桼，髟聲。許由切。○曉尤平　曉幽

　　麭𩼮 pào　桼垸已，復桼之。从桼，包聲。匹皃切。○滂效去
滂幽

束 朿 224 shù　甲文 ⛫、𣏃、朿　金文 ⛀、⛿　書玉切　書燭
合三入　書屋（128/124；276/278）

縛也[一]。从口、木[二]。凡束之屬皆从束。

【譯文】

　　束縛。由"口、木"構成。凡是和"束"義有關的字都以"束"爲
構件。

【段注】

　　[一]糸部曰："縛，束也。"是爲轉注。《雜記》曰："納幣一束，束五
兩，兩五尋。"①　[二]"口"音"韋"，回也。《詩》言"束薪、束楚、束
蒲"，皆口木也②。書玉切。三部（幽、覺）。

【疏義】

　　①引文見《禮記·雜記》。　②《詩經·國風·鄭風》："揚之水，
不流束薪……揚之水，不流束楚……揚之水，不流束蒲。"

【集解】

　　徐鍇《説文繫傳》："束，薪也。口音圍，象纏。"

　　朱駿聲《説文定聲》："束，會意。"

　　王筠《説文句讀》："《詩》'束楚、束薪'其本義也。"

　　黃天樹《部首與甲骨文》："甲骨文作𣏃，有人認爲'束'不從'木'，
與'東'原本是一個字，象一個縛住兩頭的囊（袋子）（編按：有人認爲
字形象一捆薪木，故有束縛之義）。"

　　董蓮池《部首新證》："考甲骨文，寫作⛫（《甲骨文編》275頁），西
周金文寫作⛀（大簋）、⛿（舀鼎），亦均縛木之象。"

【同部字舉例】

束 **柬** jiǎn　分別簡之也。从束从八。八,分別也。古限切。○金文 **柬**、**柬**　見産上　見元

剌 **剌** là　戾也。从束从刀。刀者,剌之也。盧達切。○甲文 **剌**、**剌**　金文 **剌**、**剌**、**剌**、**剌**　來曷入　來月

橐 **橐**　225　hùn　胡本切　匣混合一上　匣文(128/124;276/279)

　　橐(tuó,袋子)也[一]。从束,圂(hùn,豬圈)聲[二]。凡橐之屬皆从橐。

【譯文】

　　捆囊。“束”爲意符,“圂”爲聲符。凡是和“橐”義有關的字都以“橐”爲構件。

【段注】

　　[一]《廣韻》曰:“橐,大束。”①　[二]胡本切。十三部(文)。按:《五經文字》云“捕幺反”②。《廣韻》云“符霄切”③。是以橐音爲橐音也。

【疏義】

　　①引文見《廣韻》混韻。　②《五經文字》:參見 32 部是字疏義③,引文見《五經文字》下橐部。　③引文見《廣韻》宵韻。

【集解】

　　徐鍇《説文繋傳》:“橐,木束縛囊橐之名。”

　　王筠《説文句讀》:“似當云‘束橐’也。”

　　王筠《説文釋例》:“从束圂聲而不作束圂者,此形聲兼象形、會意之法也。囊橐貯物,則腹必果然,故分束字於上下,以見其中之張大也。且束其口以防漏洩,無底者兩頭束之,其分束之爲兩,亦會此意。”

　　徐灝《説文注箋》:“此字從束,其義當爲束物,而訓爲橐者,蓋橐無底,與橐相類也。”

　　宋育仁《部首箋正》:“橐從束,束縛也,即今語之捆。捆物者,韜其中身,露其兩端;橐爲無底之囊,用以韜物,形正與捆物類,故説橐

爲橐。"

黄天樹《部首與甲骨文》："'橐'是一種没有底兩頭相通的口袋，作 〇 形。裝東西的時候，先要綁住下頭，裝完東西之後，再縛住上頭，作 〇 形。有時，在 〇 的上部再加上象捆住上口的繩索形的小圈，就成爲 〇 了。所以'橐'字是在象形初文上加注聲符'石'而成的形聲字，而不是从'橐'省的字。橐反倒是从'橐'的象形初文，从'圂'省聲的字。"

董蓮池《部首新證》："實此字應分析爲从'東'从'豕'，本部'橐'，西周所見寫作 〇（毛公鼎），春秋所見寫作 〇（石鼓文），从 〇、〇 可證，〇、〇 爲兩端扎繫之橐袋橐的象形，'橐'（橐）从'東'，中置'豕'，兩端扎繫，以會捆縛意。"

【同部字舉例】

橐　橐　tuó　囊也。从橐省，石聲。他各切。○甲文 〇　透鐸入透鐸

囊　囊　náng　橐也。从橐省，襄省聲。奴當切。○泥唐平　泥陽

櫜　櫜　gāo　車上大橐。从橐省，咎聲。《詩》曰："載櫜弓矢。"古勞切。○見豪平　見幽

橐　橐　pāo　囊張大皃。从橐省，匋省聲。符宵切。○滂豪平滂幽

囗　囗　226　wéi　羽非切　雲微合三平　匣微（129/125；276/279）

回也[一]。象回帀之形[二]。凡囗之屬皆从囗。

【譯文】

回繞。象環繞一周的樣子。凡是和"囗"義有關的字都以"囗"爲構件。

【段注】

[一]回，轉也。按：圍繞、週圍，字當用此。"圍"行而"囗"廢矣[1]。[二]帀，周也[2]。羽非切。十五部（脂、微、物、月）。

【疏義】

①圍：古字"囗"。　②《説文》帀部："帀，周也。"

【集解】

桂馥《説文義證》:"囗,通作圍。"

徐灝《説文注箋》:"囗、圍古今字。古文蓋作圓形,小篆變爲方體。"

黄天樹《部首與甲骨文》:"象四周圍起來的樣子。按傳統的音讀,'囗'跟'圍'同音。'圍'、'圓'二字古音相近,'囗'字顯然是由'○'(圓)字變來的。"

董蓮池《部首新證》:"本部所隸'圜'、'團'、'困'、'圓'、'圂'、'圓'諸字,其所從之'囗'表示周圍,等於'圓'的初文,字義均同圓相關。所收'圖'、'國'、'圈'、'囿'、'園'、'圃'、'囹'、'圉'、'壼'、'固'、'圍'、'囚'、'困'、'圂'、'囮'、'図'諸字,所從之'囗'表示區域或界圍,字義均同區域或界圍相關。"

【同部字舉例】

圜圜 yuán　天體也。从囗,睘聲。王權切。○雲仙平　匣元

團團 tuán　圜也。从囗,專聲。度官切。○金文⬛　定桓平
定元

圓圓 yuán　圜全也。从囗,員聲。讀若員。王問切。○雲仙平
匣文

回囘 huí　轉也。从囗,中象回轉形。⬛,古文。戶恢切。○甲文
⬛、⬛　金文⬛　匣灰平　匣微

圖圖 tú　畫計難也。从囗从啚。啚,難意也。同都切。○金文
⬛、⬛、⬛、⬛　定模平　定魚

圛圛 yì　回行也。从囗,睪聲。《尚書》:"曰圛。"圛,升雲半有半
無。讀若驛。羊益切。○以昔入　定鐸

國國 guó　邦也。从囗从或。古惑切。○甲文⬛　金文⬛、⬛、
⬛、⬛　見德入　見職

困囷 qūn　廩之圜者。从禾在囗中。圜謂之囷,方謂之京。去倫
切。○溪真平　溪文

圈圈 juàn　養畜之閑也。从囗,卷聲。渠篆切。○羣獮上　羣元

囿囿 yòu　苑有垣也。从囗,有聲。一曰:禽獸曰囿。⬛,籀文

囿。于救切。○甲文 ▨、▨、▨、▨、▨　金文 ▨　雲宥去　匣之

　　園 ▨ yuán　　所以樹果也。从囗，袁聲。羽元切。○雲元平　匣元

　　圃 ▨ pǔ　　穜菜曰圃。从囗，甫聲。博古切。○金文 ▨　幫姥上　幫魚

　　因 ▨ yīn　　就也。从囗、大。於真切。○甲文 ▨、▨　金文 ▨　影真平　影真

　　囜 ▨ niè　　下取物縮藏之。从囗从又，讀若聶。女洽切。○甲文 ▨　泥洽入　泥緝

　　圖 ▨ líng　　獄也。从囗，令聲。郎丁切。○來青平　來耕

　　圄 ▨ yǔ　　守之也。从囗，吾聲。魚舉切。○疑語上　疑魚

　　囚 ▨ qiú　　繫也。从人在囗中。似由切。○甲文 ▨　邪尤平　邪幽

　　固 ▨ gù　　四塞也。从囗，古聲。古慕切。○金文 ▨　見暮去　見魚

　　圍 ▨ wéi　　守也。从囗，韋聲。羽非切。○甲文 ▨、▨　金文 ▨　雲微平　匣微

　　困 ▨ kùn　　故廬也。从木在囗中，▨，古文困。苦悶切。○甲文 ▨　溪恩去　溪文

　　圂 ▨ hùn　　廁也。从囗，象豕在囗中也。會意。胡困切。○甲文 ▨、▨、▨　金文 ▨　匣恩去　匣文

員 ▨　227 yuán　甲文 ▨、▨、▨　金文 ▨　王權切　雲仙合三平　匣文（129/125；279/281）

物數也[一]**。从貝**[二]**，口聲**[三]**。凡員之屬皆从員。▨，籒文，从鼎**[四]**。**

【譯文】

　　物的數量。“貝”爲意符，“口”爲聲符。凡是和“員”義有關的字

都以“員”爲構件。,籒文以“鼎”爲構件。

【段注】

[一]本爲物數,引申爲人數。俗僞官員。《漢·百官公卿表》曰“吏員自佐史至丞相,十二萬二百八十五人”是也①。數木曰“枚”、曰“梃”。數竹曰“箇”。數絲曰“紽(tuó)”、曰“緫(zōng)”②。數物曰“員”。《小雅》“員于爾輻”。毛曰:“員,益也。”③此引申之義也。又假借爲“云”字,如《秦誓》“若弗員來”④,《鄭風》“聊樂我員”⑤,《商頌》“景員維河”。箋云:“員,古文云。”⑥　　[二]貝,古以爲貨物之重者也。　　[三]王權切。古音“云”在十三部(文),“口”聲在十五部,合韻最近。　　[四]“鼎”下曰:“籒文以鼎爲貝字。”故“員”作“鼎”,“則”作“劓”。

【疏義】

①《漢·百官公卿表》:即《漢書·百官公卿表》。按:段所引“十二萬二百八十五人”《公卿表》作“十三萬二百八十五人”。　②紽:五絲爲一紽。緫:絲八十根爲一緫。　③引文見《詩經·小雅·正月》及毛傳。　④《尚書·秦誓》:“我心之憂,日月逾邁,若弗云來。”　⑤引文見《詩經·鄭風·出其東門》。　⑥引文見《詩經·商頌·玄鳥》及鄭玄箋。

【集解】

徐鍇《説文繫傳》:“古以貝爲貨,故員數之字从貝,若言一錢二錢也。”

黃天樹《部首與甲骨文》:“甲骨文作(《合》20592),从○从鼎,與《説文》籒文寫法相同,‘○’,鼎口,鼎絶大多數是圓口的。所以在‘○’下加注‘鼎’字,以避免跟別的字相混。古文字鼎、貝形近,故小篆譌作从貝。‘員’是‘○’的繁體,跟‘圓’是同一個字的初文跟後起字。‘員’又有‘員數’之義。所以後來又在‘員’字上加了一個‘口’旁,分化出‘圓’字來專門表示‘圓’這個詞。”

董蓮池《部首新證》:“字見甲骨文,寫作、諸形(《甲骨文編》277頁),从○从鼎,○即‘圓’的初文,○下的‘鼎’是爲了避免○與形近字相混而追加上去的,之所以加'鼎',是因爲鼎口多數是圓的,故'鼎'實爲增繁的'圓'字。"

【同部字舉例】

員貝 員貝 yún　物數紛員貝亂也。从員,云聲。讀若《春秋傳》曰"宋皇鄖"。羽文切。○雲文平　匣文

貝 貝 228 bèi　甲文 ⊕ 、⫸ 、⫷ 、⊕　金文 ⊕ 、⊕ 、⊕ 、⊕　博蓋切
幫泰開一去　幫祭(129/125;279/281)

海介蟲也[一]**。居陸名猋**(biāo,犬奔貌)**,在水名蜬**(hán,小螺,水中的貝類)[二]**。象形**[三]**。古者貨貝而寶龜**[四]**。周而有泉**[五]**,至秦,廢貝行錢**[六]**。凡貝之屬皆从貝。**

【譯文】

海中殼類動物。在陸地上叫"猋",在水中叫"蜬"。象形。古時以貝爲貨幣而視龜爲寶物。周代有了泉幣,秦代廢除貝幣而推行錢幣。凡是和"貝"義有關的字都以"貝"爲構件。

【段注】

[一]介蟲之生於海者①。　[二]見《釋魚》②。"猋"作"賳",俗字也。"蜬"亦當作"函",淺人加之偏傍耳。虫部曰:"蜬,毛蠹也。"則非貝名。　[三]象其背穹隆而腹下岐。博蓋切。十五部(脂、微、物、月)。　[四]謂以其介爲貨也。《小雅》:"既見君子,錫我百朋。"箋云:"古者貨貝,五貝爲朋。"③《周易》亦言"十朋之龜"④。故許以"貝"與"龜"類言之。《食貨志》:王莽貝貨五品⑤。大貝、壯貝、幺貝、小貝皆二枚爲一朋。不成貝不得爲朋。龜貨四品⑥。元龜當大貝十朋,公龜當壯貝十朋,侯龜當幺貝十朋,子龜當小貝十朋。此自莽法⑦。鄭箋《詩》云:"古者五貝爲朋。"注《易》以《爾雅》之十龜,未嘗用歆、莽説也。　[五]《周禮》:"外府,掌邦布之入出,以共百物而待邦之用。"⑧"泉府,掌以市之征布。斂市之不售、貨之滯於民用者。"注云:"布,泉也。讀爲宣布之'布'。其藏曰泉,其行曰布。取名於水泉,其流行無不徧。泉始蓋一品。周景王鑄大泉而有二品。"按:許謂周始有泉,而

不廢貝也。　［六]秦始廢貝專用錢。變"泉"言"錢"者,周曰泉,秦曰錢。在周秦爲古今字也。金部"錢"下鍇本云:"一曰貨也。"⑨《檀弓注》曰:"古者謂錢爲泉布。"⑩則知秦漢曰錢,周曰泉也。《周禮》"泉府"注云:"鄭司農云:'故書泉或作錢。'"⑪蓋周人或用假借字,秦乃以爲正字。

【疏義】

①介蟲:貝類生物。　②《爾雅·釋魚》:"貝居陸䗯,在水者蜬。"郭璞注:"水陸異名也。"　③引文見《詩經·小雅·菁菁者莪》及鄭玄箋。　④引文見《周易·損·六五》。　⑤《食貨志》:指《漢書·食貨志》。王莽:西漢魏郡元城(河北大名縣東)人,新朝的建立者。王莽稱帝後進行了一系列重要改革,包括幣制改革。貝貨:古代用貝作貨幣,稱作貝貨。五品:五種。《漢書·食貨志下》:"大貝四寸八分以上,二枚爲一朋,直二百一十六。壯貝三寸六分以上,二枚爲一朋,直五十。幺貝二寸四分以上,二枚爲一朋,直三十。小貝寸二分以上,二枚爲一朋,直十。不盈寸二分,漏度不得爲朋,率枚直錢三。是爲貝貨五品。"　⑥龜貨四品:《漢書·食貨志下》:"元龜岠冉長尺二寸,直二千一百六十,爲大貝十朋。公龜九寸,直五百,爲壯貝十朋。侯龜七寸以上,直三百,爲幺貝十朋。子龜五寸以上,直百,爲小貝十朋。是爲龜寶四品。"　⑦莽法:指王莽稱帝後頒布的幣制。　⑧引文見《周禮·天官冢宰·外府》與鄭玄注。　⑨徐鍇《說文繫傳》金部:"錢,銚也。古者田器。从金,戔聲。一曰:庤乃錢鎛。一曰:貨也。"　⑩《禮記·檀弓上》:"既葬子碩,欲以賵布之餘具祭器。"鄭玄注:"古者謂錢爲泉布,所以通布貨財。"　⑪引文見《周禮·地官司徒·泉府》及鄭玄注。

【集解】

徐鍇《說文繫傳》:"下象其坠足尾形,龜可決疑,故寶之。泉即錢也。謂之泉者欲其貿易。"

朱駿聲《說文定聲》:"貝,古以爲貨,故特祥其名目形色也。"

黃天樹《部首與甲骨文》:"甲骨文作⟨⟩,象一種海貝。古人用它做飾物和貨幣,所以跟財富有關的字多從'貝'。"

　　董蓮池《部首新證》:"甲骨文寫作 🔲、🔲 諸形(《甲骨文編》277頁),象貝之兩殼張開。"

【同部字舉例】

　　賄 🔲 huì　　財也。从貝,有聲。呼罪切。○曉賄上　曉之

　　財 🔲 cái　　人所寶也。从貝,才聲。昨哉切。○從咍平　從之

　　貨 🔲 huò　　財也。从貝,化聲。呼臥切。○曉過去　曉歌

　　資 🔲 zī　　貨也,从貝,次聲。即夷切。○精脂平　精脂

　　賑 🔲 zhèn　　富也,从貝,辰聲。之忍切。○章震去　章文

　　賢 🔲 xián　　多才也。从貝,臤聲。胡田切。○金文 🔲、🔲　匣先平　匣真

　　賁 🔲 bì　　飾也。从貝,卉聲。彼義切。○幫實去　幫文

　　賀 🔲 hè　　以禮相奉慶也。从貝,加聲。胡箇切。○金文 🔲　匣箇去　匣歌

　　貢 🔲 gòng　　獻功也。从貝,工聲。古送切。○見送去　見東

　　贊 🔲 zàn　　見也。从貝从兟。則旰切。○精翰去　精元

　　貸 🔲 dài　　施也。从貝,代聲。他代切。○透代去　透職

　　賂 🔲 lù　　遺也。从貝,各聲。洛故切。○來暮去　來魚

　　贈 🔲 zèng　　玩好相送也。从貝,曾聲。昨鄧切。○從嶝去　從蒸

　　賚 🔲 lài　　賜也。从貝,來聲。《周書》曰:"賚尒秬鬯。"洛帶切。○金文 🔲　來代去　來之

　　賞 🔲 shǎng　　賜有功也。从貝,尚聲。書兩切。○甲文 🔲　金文 🔲、🔲、🔲、🔲、🔲　書養上　書陽

　　賜 🔲 cì　　予也。从貝,易聲。斯義切。○金文 🔲、🔲　心寘去　心支

　　貤 🔲 yì　　重次弟物也。从貝,也聲。以豉切。○以寘去　定歌

　　賴 🔲 lài　　贏也。从貝,剌聲。洛帶切。○按:賴,利益。　　來泰

去　來祭

負負 fù　恃也。从人守貝，有所恃也。一曰：受貸不償。房九切。○並有上　並之

貯貯 zhù　積也。从貝，宁聲。直呂切。○甲骨文𤖼、𤖼　金文𤖼、𤖼、𤖼　澄語上　定魚

貳貳 èr　副益也。从貝，弍聲。弍，古文二。而至切。○金文𤖼、𤖼、𤖼　日至去　日脂

賓賓 bīn　所敬也。从貝，㝂聲。𤖼，古文。必鄰切。○甲文𤖼、𤖼　金文𤖼、𤖼、𤖼、𤖼　幫真平　幫真

貰貰 shì　貸也。从貝，世聲。神夜切。○書祭去　書祭

贅贅 zhuì　以物質錢。从敖、貝。敖者，猶放，貝當復取之也。之芮切。○章祭去　章祭

質質 zhì　以物相贅。从貝从所。闕。之日切。○章質入　章質

貿貿 mào　易財也。从貝，夘聲。莫候切。○金文𤖼　明候去　明幽

費費 fèi　散財用也。从貝，弗聲。房未切。○金文𤖼、𤖼　滂末去　滂微

責責 zé　求也。从貝，朿聲。側革切。○甲文𤖼、𤖼　金文𤖼、𤖼、𤖼　莊麥入　莊錫

賈賈 gǔ　賈市也。从貝，襾聲。一曰：坐賣售也。公戶切。○見姥上　見魚

販販 fàn　買賤賣貴者。从貝，反聲。方願切。○幫願去　幫元

買買 mǎi　市也。从网、貝。《孟子》曰：“登壟斷而网市利。”莫蟹切。○甲文𤖼、𤖼　金文𤖼、𤖼　明蟹上　明支

賤賤 jiàn　賈少也。从貝，戔聲。才線切。○從線去　從元

賦賦 fù　斂也。从貝，武聲。方遇切。○金文𤖼　幫遇去　幫魚

貪貪 tān　欲物也。从貝，今聲。他含切。○透覃平　透侵

貶 𦙫 biǎn　損也。从貝从乏。方斂切。○幫琰上　幫談

貧 𧴪 pín　財分少也。从貝从分，分亦聲。𡧮，古文，从宀、分。符巾切。○並真平　並文

賃 𧷗 lìn　庸也。从貝，任聲。尼禁切。○金文𧷗　泥沁去
泥侵

購 𧹑 gòu　以財有所求也。从貝，冓聲。古候切。○見候去
見侯

貲 𧴶 zī　小罰以財自贖也。从貝，此聲。漢律：民不繇，貲錢二十
二。即夷切。○精支平　精支

貴 𧷓 guì　物不賤也。从貝，臾聲。臾，古文蕢。居胃切。○見未
去　見微

邑 𱃸 229 yì　甲文 𱃸 、𱃸 、𱃸　金文 𱃸 、𱃸　於汲切　影緝開三入　影緝（131/127；283/285）

國也[一]。从口[二]。先王之制，尊卑有大小，从卩（jié，同"卩"，"節"的古字，古時出使的憑證）[三]。凡邑之屬皆从邑。

【譯文】

城邑。以"口"爲構件。先王定下的制度，邑隨尊卑而有大小，故以"卩"爲構件。凡是和"邑"義有關的字都以"邑"爲構件。

【段注】

　　[一]鄭莊公曰："吾先君新邑於此。"①《左傳》凡偁人曰"大國"，凡自偁曰"敝邑"。古國、邑通偁。《白虎通》曰："夏曰夏邑，商曰商邑，周曰京師。"②《尚書》曰"西邑夏"、曰"天邑商"、曰"作新大邑於東國雒"皆是③。《周禮》："四井爲邑。"④《左傳》："凡邑，有宗廟先君之主曰都，無曰邑。"⑤此又在一國中分析言之。　　[二]音"韋"，封域也。[三]"尊卑"謂公、侯、伯、子、男也。"大小"謂方五百里、方四百里、方三百里、方二百里、方百里也。土部曰："公、侯百里，伯七十里，子、男五十里。"從《孟子》説也⑥。尊卑大小出於王命。故从卩⑦。於汲切。

七部(侵、緝)。

【疏義】

①《左傳·隱公十一年》:"吾先君新邑於此,王室而既卑矣,周之子孫日失其序。"　②引文見《白虎通·京師篇》。　③《尚書·商書·太甲上》:"惟尹躬先見于西邑夏。"《尚書·周書·多士》:"肆予敢求爾于天邑商。"《尚書·周書·康誥》:"周公初基,作新大邑於東國洛。"　④《周禮·地官司徒·小司徒》:"九夫爲井,四井爲邑,四邑爲丘。"　⑤引文見《左傳·莊公二十八年》。　⑥《孟子·萬章下》:"天子之制,地方千里,公、侯皆方百里,伯七十里,子、男五十里,凡四等。"　⑦卩:符節,印信。

【集解】

王筠《說文句讀》:"邑之名古大而今小……《多士》曰'今朕作大邑於茲洛'是周初猶沿夏商之名也。至於春秋,則《左氏》曰:'凡邑有宗廟先君之主曰都,無曰邑。'與子尾邑,豎牛取鄙三十邑以與南遺,則皆聚落之稱矣,故列國自稱'敝邑',以爲謙也。然則曰'國'也者,舉古制也;曰'縣'也者,以漢法況古制也。"

商承祚《殷虛文字》:"凡許書所謂卩字,考之卜辭及古金文皆作𖨆,象人踞形。邑爲人所居,故從口,從人。"

黃天樹《部首與甲骨文》:"甲骨文作𖩈,從口從卩。上面的口,象城邑形,下面附加跪坐的人形'卩',意在強調'口'是住人的地方。'邑'的本義是城邑。"

董蓮池《部首新證》:"考甲骨文,字寫作𖩈、𖩈諸形(《甲骨文編》280頁),從口,表示一個區域,從𖨆,爲人踞坐之形,合起來表示人所聚居之處。"

【同部字舉例】

邦 𖩈 bāng　國也。從邑,丰聲。𖩈,古文。博江切。○甲文𖩈、𖩈　金文𖩈、𖩈、𖩈、𖩈　幫江平　幫東

郡 𖩈 jùn　周制:天子地方千里,分爲百縣,縣有四郡。故《春秋傳》曰"上大夫受郡"是也。至秦初,置三十六郡,以監其縣。從邑,君聲。渠運切。○金文𖩈(春秋兵器銘刻)　羣問去　羣文

都𩛈 dū　有先君之舊宗廟曰都。从邑，者聲。《周禮》：距國五百里爲都。當孤切。○金文𨝮、𨛫　端模平　端魚

鄰𨜞 lín　五家爲鄰。从邑，粦聲。力珍切。○來真平　來真

鄙𨝐 bǐ　五酇爲鄙。从邑，啚聲。兵美切。○甲文𠤐、𠬝、𠤔　金文𠤎　幫旨上　幫之

郊𨛬 jiāo　距國百里爲郊。从邑，交聲。古肴切。○見肴平　見宵

郛𨜒 fú　郭也。从邑，孚聲。甫無切。○外城。　敷虞平　敷幽

郵𨛜 yóu　境上行書舍。从邑、垂。垂，邊也。羽求切。○以尤平　定幽

郿𨜑 méi　右扶風縣。从邑，眉聲。武悲切。○明脂平　明脂

郁𨜒 yù　右扶風郁夷也。从邑，有聲。於六切。○影屋入　影職

鄠𨟓 hù　右扶風縣名。从邑，雩聲。胡古切。○匣姥上　匣魚

郝𨝣 hǎo　右扶風鄠盩厔鄉。从邑，赤聲。呼各切。○曉鐸入　曉鐸

酆𨟼 fēng　周文王所都。在京兆杜陵西南。从邑，豐聲。敷戎切。○金文𧯮　滂東平　滂冬

鄭𨛷 zhèng　京兆縣。周厲王子友所封。从邑，奠聲。宗周之滅，鄭徙潧洧之上，今新鄭是也。直正切。○甲文𠒋、𤔔　金文𨙶、𨞕、𨛥、𨞟　澄勁去　定耕

郃𨙾 hé　左馮翊郃陽縣。从邑，合聲。《詩》曰："在郃之陽。"候閤切。○匣合入　匣緝

鄜𨟃 fū　左馮翊縣。从邑，鹿聲。甫無切。○滂虞平　滂幽

邞𨝗 yóu　左馮翊高陵。从邑，由聲。徒歷切。○以尤平　定幽

邽𨜙 guī　隴西上邽也。从邑，圭聲。古畦切。○見齊平　見支

部𨝌 bù　天水狄部。从邑，音聲。蒲口切。○並厚上　並之

郟𨜥 rǔ　河南縣直城門官陌地也。从邑，辱聲。《春秋傳》曰："成王定鼎于郟鄏。"而蜀切。○日燭入　日屋

邙 máng　河南洛陽北亡山上邑。从邑，亡聲。莫郎切。○金文 明唐平　明陽

鄆 yùn　河內沁水鄉。从邑，軍聲。魯有鄆地。王問切。○金文 雲問去　匣文

邶 bèi　故商邑，自河內朝歌以北是也。从邑，北聲。補妹切。○金文 並隊去並之

邵 shào　晉邑也。从邑，召聲。寔照切。○金文 禪笑去　禪宵

邲 bì　晉邑也。从邑，必聲。《春秋傳》曰：“晉楚戰于邲。”毗必切。○並質入　並質

郤 xì　晉大夫叔虎邑也。从邑，谷聲。綺戟切。○溪陌入溪鐸

邢 xíng　周公子所封，地近河內懷。从邑，开聲。户經切。○金文 匣青平　匣耕

祁 qí　太原縣。从邑，示聲。巨支切。○羣脂平　羣脂

鄴 yè　魏郡縣。从邑，業聲。魚怯切。○疑業入　疑葉

邯 hán　趙邯鄲縣。从邑，甘聲。胡安切。○匣談平　匣談

鄲 dān　邯鄲縣。从邑，單聲。都寒切。○金文 端寒平端元

鄢 yǎn　潁川縣。从邑，匽聲。於建切。○金文 、、影阮上　影元

郟 jiá　潁川縣。从邑，夾聲。工洽切。○見洽入　見葉

郪 xī　姬姓之國，在淮北。从邑，息聲。今汝南新郪。相即切。○心職入　心職

郹 jú　蔡邑也。从邑，臭聲。《春秋傳》曰：“郹陽封人之女奔之。”古闃切。○見錫入　見錫

鄧 dèng　曼姓之國。今屬南陽。从邑，登聲。徒亙切。○金文 、 定嶝去　定蒸

郢 yǐng　故楚都。在南郡江陵北十里。从邑，呈聲。，郢或

省。以整切。○金文𨝻、𨝻　以静上　定耕

鄢𨝻 yān　南郡縣。孝惠三年改名宜城。从邑，焉聲。於乾切。○影仙平　影元

鄂𨝻 è　江夏縣。从邑，咢聲。五各切。○金文𨝻、𨝻、𨝻　疑鐸入　疑鐸

邾𨝻 zhū　江夏縣。从邑，朱聲。陟輸切。○金文𨝻、𨝻　知虞平　端侯

鄖𨝻 yún　漢南之國。从邑，員聲。漢中有鄖關。羽文切。○雲文平　匣文

鄘𨝻 yōng　南夷國。从邑，庸聲。余封切。○金文𨝻、𨝻　以鍾平　定東

郫𨝻 pí　蜀縣也。从邑，卑聲。符支切。○並支平　並支

鄱𨝻 pó　鄱陽，豫章縣。从邑，番聲。薄波切。○金文𨝻　並戈平　並歌

郴𨝻 chēn　桂陽縣。从邑，林聲。丑林切。○徹侵平　透侵

鄞𨝻 yín　會稽縣。从邑，堇聲。語斤切。○疑真平　疑文

郜𨝻 gào　周文王子所封國。从邑，告聲。古到切。○金文𨝻　見号去　見幽

鄄𨝻 juàn　衞地。今濟陰鄄城。从邑，垔聲。吉掾切。○見線去　見文

邛𨝻 qióng　邛地在濟陰縣。从邑，工聲。渠容切。○金文𨝻、𨝻、𨝻　羣鐘平　羣東

鄒𨝻 zōu　魯縣，古邾國，帝顓頊之後所封。从邑，芻聲。側鳩切。○漢印𨝻　莊尤平　莊侯

郰𨝻 zōu　魯下邑。孔子之鄉。从邑，取聲。側鳩切。○金文𨝻、𨝻　莊尤平　莊侯

郎𨝻 láng　魯亭也。从邑，良聲。魯當切。○來唐平　來陽

邳𨝻 pī　奚仲之後，湯左相仲虺所封國。在魯薛縣。从邑，丕聲。

敷悲切。○金文 🐦　並脂平　並之

郭 𨛶 zhāng　紀邑也。从邑，章聲。諸良切。○章陽平　章陽

郯 𨟝 tán　東海縣。帝少昊之後所封。从邑，炎聲。徒甘切。○
金文 🜚　定談平　定談

鄫 𨜉 zēng　姒姓國。在東海。从邑，曾聲。疾陵切。○金文 🜚、
🜚、🜚　從蒸平　從蒸

邪 𨙙 yé　琅邪郡。从邑，牙聲。以遮切。○以麻平　定魚

郪 𨠯 qī　齊地也。从邑，桼聲。親吉切。○清質入　清質

郭 𨜈 guō　齊之郭氏虛。善善不能進，惡惡不能退，是以亡國也。
从邑，𩰊聲。古博切。○見鐸入　見鐸

邱 𨜮 qiū　地名。从邑，丘聲。去鳩切。○溪尤平　溪之

邨 𨜰 cūn　地名。从邑，屯聲。此尊切。○清魂平　清文

𨛜 𨛜 230 xiàng　甲文 🜚　胡絳切　匣絳開二去　匣東(136/132;300/303)

鄰道也[一]**。从邑、从邑**[二]**。凡𨛜之屬皆从𨛜。闕**[三]**。**

【譯文】
　　鄰邑。由"邑、邑"構成。凡是和"𨛜"義有關的字都以"𨛜"爲構件。讀音闕如。

【段注】
　　[一]"道"當爲"邑"，字之誤也。其字從二"邑"會意。　[二]隸變作"邻"(xiàng)。　[三]"闕"者謂其音未聞也。大徐云"胡絳切"，依"鄉"(xiàng)字之音，非有所本。如"𨛜"字，或依"䜔"(suì)字之音，或依"𨸏"(fù)字之音[①]。皆非是。

【疏義】
　　①䜔:同"燧"。𨸏:同"阜"。

【集解】
　　徐鍇《説文繫傳》:"𨛜，二邑爲鄰也。會意。"

　　王筠《説文句讀》：“以‘邨’从二‘臣’相違推之，則當云‘二邑相向’。　　邑、邑音義皆同，只是一字……兩鄰望衡對宇，中間闕然爲道，故曰鄰道。居南者北向，居北者南向，故反一邑以見意。”

　　朱駿聲《説文定聲》：“鄉，鄰道也。从邑从邑，會意。”

　　饒炯《説文部首訂》：“從兩邑相背以指事。即部屬鄉（巷）之古文，而鄉則從邨加聲，重文䢽，又從鄉省形。”

　　孫海波《甲骨文編》：“象二人相向之形，《説文》訓從二邑。非是。”

【同部字舉例】

　　鄉 xiāng　　國離邑，民所封鄉也，嗇夫別治。封圻之内六鄉，六鄉治之。从鄉，皀聲。許良切。○甲文、、　金文、　曉陽平　曉陽

卷七上

日 **231** rì 甲文ᐁ、日、ᐂ、ᐃ 金文ᐄ、ᐅ 人質切 日質開
三入 日質(137/134;302/305)

實也[一]。**大昜**("陽"的古字)"大昜"大徐本作"太陽"**之
精不虧**[二]。**从○**"○"大徐本作"口"、**一。象形**[三]。**凡
日之屬皆从日。⊖,古文,象形**[四]。

【譯文】

　　充實。太陽的精氣永不虧缺。由"○、一"構成。象形。凡是和
"日"義有關的字都以"日"爲構件。⊖,是"日"的古文,象形。

【段注】

　　[一]以疊韻爲訓。《月令》正義引《春秋元命包》云:"日之爲言實
也。"①《釋名》曰:"日,實也,光明盛實也。"② 　[二]故曰"實"。
[三]○象其輪郭,"一"象其中不虧。人質切,十二部(真)。 　[四]蓋
象中有烏,武后乃竟作"囸"③,誤矣。

【疏義】

　　①引文見《禮記·月令》孔穎達正義。 　②引文見劉熙《釋名·
釋天》。 　③囸:武則天所造,义同"日"。《集韻》質韻:"日,唐武后
作囸。"

【集解】

　　朱駿聲《説文定聲》:"造字以中'一'象之,古文並象其移動微曲
之形。"

　　王筠《説文句讀》:"然不可曰从'口、一'以爲會意,又不可以正方
者爲象形也。且古文'⊖'下云'象形',足知此文有改易矣。中央之

‘一’,乃古文‘乙’之變。”

徐灝《説文注箋》:“相傳日中有烏者,以黑點如羣鳥飛耳。古文或作⊖,蓋後人以乙象烏也。此字全體象形,小篆由古文變爲方體,析而言之則曰‘從口、一’。”

饒炯《説文部首訂》:“日體無虧,本象滿形。”

商承祚《殷虚文字》:“案日體正圓,卜辭中諸形,或爲多角形,或正方者,非日象如此,由刀筆能爲方,不能爲圓故也。”

黄天樹《部首與甲骨文》(續一):“象太陽。”

董蓮池《部首新證》:“‘日’字商代甲骨文寫作⊙、⊖,或作⊟,方折形以便契刻(《甲骨文編》283頁)。爲日的象形,中加一點是爲了和方圓之‘圓’的初文○(金文‘員’所從)相區别,並非用來表示‘太陽之精不虧’。商代金文寫作○(日癸簋)。字應以獨體象形爲釋,不應分析爲‘從口、一’。”

【同部字舉例】

旻 昃 mín　秋天也。從日,文聲。《虞書》曰:“仁閔覆下,則稱旻天。”武巾切。○明真平　明文

時 時 shí　四時也。從日,寺聲。旹,古文時,從之、日。市之切。○甲文旹　金文旹　禪之平　禪之

早 早 zǎo　晨也。從日在甲上。子浩切。○精晧上　精幽

昧 昧 mèi　爽,旦明也。從日,未聲。一曰闇也。莫佩切。○金文昧　明隊去　明微

暏 暏 shǔ　旦明也。從日,者聲。當古切。○端姥上　端魚

晢 晢 zhé　昭晣,明也。從日,折聲。《禮》曰:“晣明行事。”旨熱切。○章薛入　章月

昭 昭 zhāo　日明也。從日,召聲。止遙切。○金文昭、昭、昭　章宵平　章宵

晤 晤 wù　明也。從日,吾聲。《詩》曰:“晤辟有摽。”五故切。○疑暮去　疑魚

曠 曠 kuàng　明也。從日,廣聲。苦謗切。○溪宕去　溪陽

旭 旭 xù　日旦出皃，从日，九聲。(讀)若勖。一曰：明也。許玉切。○曉燭入　曉覺

晉 𣈆 jìn　進也。日出萬物進。从日从臸。《易》曰："明出地上，晉。"即刃切。○甲文𣉘　金文𣉘𣉘、𣉘　精震去　精真

暘 暘 yáng　日出也。从日，昜聲。《虞書》曰："暘谷。"與章切。○以陽平　定陽

晹 晹 yì　日覆雲暫見也。从日，易聲。羊益切。○以昔入　定錫

晏 晏 yàn　天清也。从日，安聲。烏諫切。○影諫去　影元

景 景 jǐng　光也。从日，京聲。居影切。○見梗上　見陽

晧 晧 hào　日出皃。从日，告聲。胡老切。○匣晧上　匣幽

暤 暤 hào　皓旰也。从日，皋聲。胡老切。○匣晧上　匣幽

暉 暉 huī　光也。从日，軍聲。許歸切。○曉微平　曉文

旰 旰 gàn　晚也。从日，干聲。《春秋傳》曰："日旰君勞。"古案切。○見翰去　見元

晷 晷 guǐ　日景也。从日，咎聲。居洧切。○見旨上　見幽

昃 昃 zè　日在西方時側也。从日，仄聲。《易》曰："日厢之離。"阻力切。○甲文𣊫、𣊫　金文𣊫　莊職入　莊職

晚 晚 wǎn　莫也。从日，免聲。無遠切。○明阮上　明元

昏 昏 hūn　日冥也。从日，氐省。氐者，下也。一曰：民聲。呼昆切。○甲文𣈏、𣈏　曉魂平　曉文

暗 暗 àn　日無光也。从日，音聲。烏紺切。○影勘去　影侵

晦 晦 huì　月盡也。从日，每聲。荒內切。○曉隊去　曉之

曀 曀 yì　陰而風也。从日，壹聲。《詩》曰："終風且曀。"於計切。○影霽去　影脂

旱 旱 hàn　不雨也。从日，干聲。乎旰切。○匣旱上　匣元

曏 曏 xiàng　不久也。从日，鄉聲。《春秋傳》曰："曏役之三月。"許兩切。○曉養上　曉陽

曩 曩 nǎng　曏也。从日，襄聲。奴朗切。○泥蕩上　泥陽

昨 昨 zuó　壘日也。从日，乍聲。在各切。○從鐸入　從鐸

暇 xiá　閑也。从日，叚聲。胡嫁切。○匣禡去　匣魚

暫 zàn　不久也。从日，斬聲。藏濫切。○從闞去　從談

昌 chāng　美言也。从日从曰。一曰：日光也。《詩》曰：“東方昌矣。”，籒文昌。尺良切。○甲文　金文、　昌陽平
昌陽

暑 shǔ　熱也。从日，者聲。舒呂切。○書語上　書魚

暴 pù　晞也。从日从出从収从米。，古文暴。从日，麃聲。薄報切。○並屋入　並藥

曬 shài　暴也。从日，麗聲。所智切。○山卦去　山支

晞 xī　乾也。从日，希聲。香衣切。○曉微平　曉微

昔 xī　乾肉也。从殘肉，日以晞之。與俎同意。，籒文，从肉。思積切。○甲文、、、　金文　心昔入　心鐸

暱 nì　日近也。从日，匿聲。《春秋傳》曰：“私降暱燕。”，暱或从尼。尼質切。○泥質入　疑職

昆 kūn　同也。从日从比。古渾切。○金文　見魂平　見文

普 pǔ　日無色也。从日从並。滂古切。○滂姥上　滂魚

曉 xiǎo　明也。从日，堯聲。呼鳥切。○曉篠上　曉宵

昕 xīn　旦明，日將出也。从日，斤聲，讀若希。許斤切。○甲文、　曉欣平　曉文

旦 232 dàn　甲文、　金文、　得案切　端翰開一去
端元（140/136；308/311）

朙大徐本作“明”也[一]。从日見一上。一，地也[二]。凡旦之屬皆从旦。

【譯文】
　　天明。以“日”爲構件，出現在“一”上。一，代表地。凡是和“旦”義有關的字都以“旦”爲構件。

【段注】
　　[一]“明”當作“朝”。下文云：“朝者，旦也。”二字互訓。《大雅・板》毛傳曰：“旦，明也。”①此旦引申之義，非其本義。《衛風》：“信

誓旦旦。"傳曰："信誓旦旦然。"②謂明明然也。　　[二]《易》曰："明出地上,晉。"③得案切。十四部(元)。

【疏義】

①《詩經·大雅·板》："昊天曰旦,及爾遊衍。"毛傳："旦,明。"②《詩經·衞風·氓》："總角之宴,言笑晏晏,信誓旦旦。"毛傳："總角,結髮也。晏晏,和柔也。信誓旦旦然。"　③晉:同"晉"。引文見《周易》晉卦。

【集解】

王筠《説文釋例》:"《積古齋》旦字婁見,三作🔴,兩作🔴。吾聞之海人云,日之初出,爲海氣所吞吐,如火如花,承日之下,摩盪既久,日似決然舍去者,乃去海已高。余居土國,日出亦近似所言。金刻'旦'有物承'日'下,正是氣形。"

黃天樹《部首與甲骨文》(續一):"象太陽剛剛從地面上升起,表示'天明'。"

【同部字舉例】

暨🔴 jì　日頗見也。从旦,既聲。其異切。○曁至去　曁微

倝 🔴

233 gàn　古案切　見翰開一去　見元(140/136;308/311)

日始出[一],光倝倝也。从旦,㫃(yǎn,旌旗飛揚貌)聲[二]。凡倝之屬皆从倝。

【譯文】

太陽初升,光芒四射。"旦"爲意符,"㫃"爲聲符。凡是和"倝"義有關的字都以"倝"爲構件。

【段注】

[一]始:式吏切。　[二]古案切。十四部(元)。

【集解】

徐灝《説文注箋》:"倝,日始出,高處先得其景,故從旦。㫃,旌旗也。"

饒炯《説文部首訂》:"謂其閃灼,如旌旗游之㫃騫,因以㫃名之,而後注'日'爲專字。"

董蓮池《部首新證》："戰國寫作（𪓐羌鐘）、（王孫𦸗鐘）、（包山楚簡），从，與此時'旦'之作形不同，似'倝'非从'旦'。然以形觀之，表示'日始出'似無疑義。"

【同部字舉例】

𠦝𠦝 zhāo　旦也。从倝，舟聲。陟遙切。○𠦝：同"朝"。甲文　知宵平　端宵

㫃 234

yǎn　甲文、　金文　於幰切　影阮開三上　影元（140/136；308/311）

旌旗之游（liú，旌旗上的飄帶）**，㫃蹇之皃**[一]。**从屮**（chè，草木初生）**，曲而垂下**"垂下"大徐本作"下垂"**，㫃相出入也**[二]。**讀若偃**[三]。**古人名㫃，字子游**（即言偃，孔門十哲之一）[四]。**凡㫃之屬皆从㫃。，古文㫃字，象旌旗之游及㫃之形**此句大徐本作"象形，及象旌旗之游"[五]。

【譯文】

旌旗的飄帶，飄舞的樣子。以"屮"爲構件，其下彎曲而下垂，右邊象飄帶一出一入。讀音同"偃"。古代有個名叫㫃的，字子游。凡是和"㫃"義有關的字都以"㫃"爲構件。，是古文㫃字，象旌旗的飄帶和飄帶飛舞之形。

【段注】

［一］旌旗者，旗之通偁。旌，有羽者，其未有羽者，各舉其一以該九旗也。王逸《九歌》注云："偃蹇，舞皃。"①《大人賦》説旌旗曰"掉指撟（jiǎo）以偃蹇"②。張揖曰："偃蹇，高皃。"③　［二］此十一字當作"从屮，曲而下垂者游，从入，游相出入也"十五字。从"屮"者，與"豈、青（què）、𡵂（yuè）"同意，謂杠首之上見者④。曲而下垂者象游。"游相出入"者，謂从風往復如一出一入然，故从入。大徐云此字从屮下垂，當只作"㫃"，相承多一畫。玉裁謂，从屮謂竿首，下垂謂游也。鼎臣殊誤會⑤。　［三］於幰切。十四部（元）。　［四］晉有籍偃、荀偃，鄭有公子偃、駟偃，孔子弟子有言偃，皆字"游"。今之經傳皆變作

“偃”。“偃”行而“㫃”廢矣。　　[五]此小徐本也，大徐作“象形及象
旌旗之游”⑥，皆不可通。其篆形各本古文與上小篆文皆不可分别，惟
小徐本牽連其上端略異，與《古文四聲韻》及《汗簡》合⑦。此等不能强
爲之説。或曰當是“㫃，古文以爲偃字”七字之誤。

【疏義】

　　①王逸：東漢著名學者，字叔師，南郡宜城（今湖北宜城）人，著有
《楚辭章句》一書。引文見《楚辭·九歌》及王逸注。　　②《大人賦》：
司馬相如撰。　　③張揖：三國時期著名的文字訓詁學家，字稚讓，清河
（今河北清河）人，一云河間人，官至博士，著有《廣雅》《埤蒼》《古今字
詁》等書。《史記·司馬相如列傳》司馬貞索隱：“張揖曰：‘指矯，隨風
指靡。偃蹇，高皃。’”　　④《説文》壴部：“壴，陳樂立而上見也。从中
从豆。”《段注》：“其顛上出可望見。”《説文》冂部：“青，幬（chóu）帳之
象。从冂。屮其飾也。”厂部：“屵，岸上見也。从厂，从之省。讀若
躍。”《段注》：“按：‘之省’二字當作‘屮’。”　　⑤鼎臣：即徐鉉，字鼎
臣。　　⑥小徐本：指徐鍇《説文繫傳》。《説文繫傳》：“𣃓，古文㫃字如
此，象旌旗之游及㫃之形。”　　⑦《古文四聲韻》：夏竦撰。夏竦：北宋
古文字學家、文學家，江西德安縣人。除《古文四聲韻》外，又著有《策
論》《箋奏》《聲韻圖》等書。《汗簡》：郭忠恕撰。郭忠恕：北宋洛陽人，
畫家、學者，除《汗簡》外，又著有《三體陰符經》《佩觿》等書。以上二
書中的㫃字古文均作𣃓。

【集解】

　　徐鍇《説文繫傳》：“旌旗之斿綴屬㫃，旌旗故有九斿、七斿。象其
兩斿皆下垂从風偃蹇逶迤之狀。屮其綴屬處也。”

　　朱駿聲《説文定聲》：“从中，象竿首。曲其下者，象通帛之旆柄。
曲旁垂者象游。从入，飄揚如一出一入然。”

　　王筠《説文句讀》：“石鼓文有�******、�** 二形，蓋是也……筠意㫃象旗
杠華蓋之形。”

　　王筠《説文釋例》：“吾謂此篆當依石鼓文作�**，説解當云‘旗杠’，
�**之植者爲杠旗，上之歧出者爲雕鏤之華飾，横而右出者，華蓋也。”

　　商承祚《殷虚文字》：“屮象杆與首之飾，乙象游形。”

周法高《金文詁林》：“高鴻縉曰：‘㫃當即旗之初文，象形名詞。’”

黃天樹《部首與甲骨文》（續一）：“象古代的一種旗。跟旗幟有關的字多从‘㫃’。‘㫃’是‘旗’的初文。”

董蓮池《部首新證》：“字見甲骨文，寫作卜、㇇、𠂤諸形（《甲骨文編》289頁），是整體象形字。丫象旌旗之杆，杆的上部帶飾。乁象杆上之游。”

【同部字舉例】

旗 旗 qí　熊旗五游。以象罰星。士卒以爲期。从㫃，其聲。《周禮》曰：“率都建旗。”渠之切。○羣之平　羣之

旆 旆 pèi　繼旐之旗也。沛然而垂。从㫃，宋聲。蒲蓋切。○並泰去　並祭

旌 旌 jīng　游車載旌。析羽注旄首，所以精進士卒。从㫃，生聲。子盈切。○精清平　精耕

旂 旂 qí　旗有衆鈴，以令衆也。从㫃，斤聲。渠希切。○金文旂、旂、　羣微平　羣文

旝 旝 kuài　建大木，置石其上，發以機，以追敵也。从㫃，會聲。《春秋傳》曰：“旝動而鼓。”《詩》曰：“其旝如林。”古外切。○見泰去　見祭

旃 旃 zhān　旗曲柄也。所以旃表士衆。从㫃，丹聲。《周禮》曰：“通帛爲旃。”旜，旃或从亶。諸延切。○金文旃　章仙平　章元

施 施 shī　旗皃。从㫃，也聲。齊欒施，字子旗，知施者旗也。式支切。○金文施　書支平　書歌

游 游 yóu　旌旗之流也。从㫃，汓聲。㳺，古文游。以周切。○甲文游、游、游、游　金文游、游、游　以尤平　定幽

旋 旋 xuán　周旋，旌旗之指麾也。从㫃从疋。疋，足也。似沿切。○甲文旋、旋　金文旋、旋　邪仙平　邪元

旄 旄 máo　幢也。从㫃从毛，毛亦聲。莫袍切。○金文旄　明豪平　明宵

旅 旅 lǚ　軍之五百人爲旅。从㫃从从。从，俱也。㫃，古文旅。

古文以爲魯、衛之魯。力舉切。○甲文 𣃦 、 𣃦 　金文 𣃦 、 𣃦 、 𣃦 　來語上來魚

族 㺓 zú　矢鋒也。束之族族也。从扙从矢。昨木切。○甲文 𣃦 、 𣃦 、 𣃦 　金文 𣃦 、 𣃦 　從屋入　從屋

冥 𡨴　235　míng　甲文 𡨴 　莫經切　明青開四平　明耕（141/137；312/315）

窈（yǎo，幽深）大徐本作“幽”也[一]。从日、大徐本有“从”六，从冖（mì，覆蓋）“从冖”大徐本作“冖聲”[二]。日數十，十六日而月始虧，冥大徐本作“幽”也[三]。冖亦聲大徐本無此句[四]。凡冥之屬皆从冥。

【譯文】

　　幽暗。由“日、六、冖”構成。日的計時分爲十，每月十六日月始虧而變暗，這是“冥”的構意。“冖”也是聲符。凡是和“冥”義有關的字都以“冥”爲構件。

【段注】

　　[一]“窈”各本作“幽”，唐玄應同①。而李善《思玄賦》《歎逝賦》、陶淵明《赴假還江陵詩》三注皆作“窈”②。許書多宗《爾雅》、毛傳。《釋言》曰：“冥，窈也。”孫炎云：“深闇之窈也。”郭本作“幼”，釋云：“幼稚者多冥昧。”頗紆洄。《小雅·斯干》傳曰：“正，長也。冥，窈也。”正謂宮室之寬長深窈處。王肅本作“幼”，其説以人之長幼對文，與下“君子攸寧”不相屬。然則三者互相證，知皆當作“窈”。穴部曰：“窈，深遠也。”“窈”與“杳”音義同。故“杳”之訓曰“冥也”，“莫”之訓曰“日且冥也”，“昏”之訓曰“日冥也”。鄭箋《斯干》曰：“正，晝也。冥，夜也。”③引申爲凡闇昧之偁。　　[二]从冖，各本作“冖聲”，下文曰“冖亦聲”，則此祇當云“从冖”矣。冖者，覆也，覆其上則窈冥。　　[三]“冥”各本作“幽”，今依玄應本。“冥也”二字當作“冥之意也”四字，此釋“从日、六”之義也。“日之數十”，昭五年《左傳》文④，謂甲至癸也，歷十日復加六日而月始虧，是“冥”之意，故从

日、六。　　[四]"亦"字舊奪。依小徐說補⑤。"冖"今音莫狄切,鼎蓋之鼏用爲聲⑥。蚰部"蠠"又用"鼏"爲聲。"冥"在十一部(耕),莫經切,以雙聲爲聲也。

【疏義】

①指玄應《一切經音義》。《一切經音義》卷十七:"冥,幽也。幽,闇也。"　②《文選·思玄賦》:"踰厖鴻於宕冥兮,貫倒景而高厲。"《文選·歎逝賦》:"或冥邈而既盡,或寥廓而僅半。"李善注皆曰:"《說文》曰:'冥,窈也。'"《文選·辛丑歲七月赴假還江陵夜行塗口一首》:"閑居三十載,遂與塵事冥。"李善注:"《說文》曰:'冥,窈也。'又曰:'窈,深遠也。'"　③《詩經·小雅·斯干》:"噲噲其正,噦噦其冥,君子攸寧。"毛傳:"正,長也。冥,幼也。"鄭玄箋:"噲噲猶快快也。正,晝也。噦噦猶煴煴也。冥,夜也。言居之晝日則快快然,夜則煴煴然,皆寬明之貌。"《經典釋文》:"幼,王如字(本書按:王指王肅)。本或作'窈'。"孔穎達正義:"'幼'者,《爾雅》亦或作'窈'。孫炎曰:'冥,深闇之窈也。'"《爾雅·釋言》:"冥,幼也。"郭璞注:"幼稚者冥昧。"
④《左傳·昭公五年》:"日之數十。"杜預注:"甲至癸,故有十時,亦當十位。"　⑤《說文繫傳》:"冥,幽也。从日、六,冂聲。日數十,十六日而月數始虧也。冂聲。凡冥之屬皆从冥。臣鍇曰:當言'冂亦聲',傳寫脫誤。"　⑥《說文段注》鼎部:"鼏(mì,鼎蓋),鼎覆也。从鼎、冖,冖亦聲。"

【集解】

徐鍇《說文繫傳》:"當言冂亦聲。"

王筠《說文句讀》:"日部:'昏,日冥也。'則說'冥'當曰'昏也'。而曰'幽也'者,从'六'難解。故主月而言,望後漸闕,月體實無所損。只是隱而不見耳。"

董蓮池《部首新證》:"字見甲骨文,寫作𩇔(《甲骨文合集》154,43頁),唐蘭謂字形象兩手以巾覆物形。"

【同部字舉例】

鼆𪎮 měng 冥也。从冥,黽聲。讀若黽蛙之"黽"。武庚切。○明耿上　明陽

晶 晶 236　jīng　甲文 ⊞、品、晶、⊹、晶　子盈切　精清開三

平　精耕（141/137；312/315）

精光也[一]。从三日[二]。凡晶之屬皆从晶。

【譯文】

光輝。由三個“日”構成。凡是和“晶”義有關的字都以“晶”爲構件。

【段注】

[一]凡言物之盛，皆三其文。日可三者，所謂㶱日也。　　[二]子盈切。十一部（耕）。

【集解】

朱駿聲《説文定聲》：“晶，會意……乃象星三兩聚之形。或曰‘晶即古星字’。”

王筠《説文句讀》：“物之精者必有光……光莫盛於日，故从日。天無二日，而三之者，晶本動字，故爲譬況之詞。”

王筠《説文釋例》：“晶當作品，且當爲星之古文。”

徐灝《説文注箋》：“晶即星之象形文，故曑、晨字從之……小篆變體有似於三日，而非從日也。古書、傳於‘晶’字別無他義，‘精光’之訓即星之引申。”

章炳麟《文始》：“疑‘晶’本作‘品’，後乃注其中作三日。”

黃天樹《部首與甲骨文》（續一）：“甲骨文品、⋇等形，象羣星之形。天上的太陽和月亮都只有一個，星星則有很多個，所以古人用三個以上的‘品’來表示星。純象星形的品和加注聲符‘生’的⋇在商代甲骨文中均已存在，過去以爲在卜辭中其義無別，都是記録‘星星’之義，可以看作一字異體。最新研究表明，這兩個字形實際上已發生分化，用各有當，不能混同。象星形的字當日月星的‘星’講……加注聲符‘生’的⋇（星）當陰晴的‘晴’講。”

董蓮池《部首新證》：“此即‘星’的象形初文。甲骨文寫作晶、品諸形（《甲骨文編》292頁）。象星三三兩兩相在之形。追加聲旁‘生’而作⋇、⋇（同前書，293頁），構形和‘日’無關，‘口’中之點是飾筆。‘精光也’是‘星’的引申義。後來‘晶’與‘星’二形發生分化，以‘晶’

專表精光之義，以‘星’專表星辰之星。”

【同部字舉例】

曑 shēn　商星也。从晶，㐱聲。，曑或省。所今切。○金文、　山侵平　山侵

曟 chén　房星。爲民田時者。从晶，辰聲。，曟或省。植鄰切。○禪真平　禪文

月 [237]

yuè　甲文、、、、　金文、　魚厥切　疑月合三入　疑月(141/137;313/316)

闕也。大侌“侌”大徐本作“陰”**之精**[一]。**象形**[二]。**凡月之屬皆从月**。

【譯文】

虧缺。太陰的精華。象形。凡是和“月”義有關的字都以“月”爲構件。

【段注】

[一]月闕，疊韻。《釋名》曰：“月，缺也。滿則缺也。”①　[二]象不滿之形。魚厥切。十五部(脂、微、物、月)。

【疏義】

①引文見《釋名・釋天》。

【集解】

朱駿聲《説文定聲》：“象上下弦缺形。”

王筠《説文句讀》：“鐘鼎文皆作，當是籀文。古文明字所从之，當是古文。”

黄天樹《部首與甲骨文》(續一)：“象月牙形。‘月’與‘夕’古本同源，卜辭中已有分别，即字形因時代或組别不同而異。賓組‘月’字作，‘夕’字作。”

董蓮池《部首新證》：“甲骨文寫作、諸形(《甲骨文編》294頁)，象半月形。日永圓滿無虧缺，故以圓形表示日，月常虧缺少圓滿，故以缺半形表示月。月現而夕至。月是夕最有特徵性的代表物，故夕又藉‘月’表示。甲骨文中、或表示‘月’或表示‘夕’，其區别只能

依靠語言環境。後來 ☽ 與 ☽ 二形發生分化，以 ☽ 專表‘夕’，以 ☽ 專表‘月’。”

【同部字舉例】

朔 🜊 shuò　月一日始蘇也。从月，屰聲。所角切。○山覺入　山鐸

朏 🜊 fěi　月未盛之明。从月、出。《周書》曰：“丙午朏。”普乃切，又芳尾切。○金文 🜊　滂尾上　滂微

霸 🜊 pò　月始生霸然也，承大月二日，承小月三日。从月，�聲。《周書》曰：“哉生霸。”🜊，古文霸。普伯切。○滂陌入　滂鐸

朗 🜊 lǎng　明也。从月，良聲。盧黨切。○來蕩上　來陽

朓 🜊 tiǎo　晦而月見西方謂之朓。从月，兆聲。土了切。○透篠上　透宵

期 🜊 qī　會也。从月，其聲。🜊，古文期。从日、丌。渠之切。○金文 🜊、🜊　羣之平　羣之

有 🜊 238　yǒu　甲文 🜊、🜊、🜊　金文 🜊、🜊　云九切　雲有
開三上　匣之（141/138；314/317）

不宜有也[一]**。《春秋傳》曰：“日月有食之。”从月**[二]**，又聲**[三]**。凡有之屬皆从有。**

【譯文】

不當有而有。《春秋傳》説：“日月有食。”“月”爲意符，“又”爲聲符。凡是和“有”義有關的字都以“有”爲構件。

【段注】

[一]謂本是不當有而有之偁。引申遂爲凡有之偁。凡《春秋》書“有”者，皆“有”字之本義也。　[二]“日”下之“月”，衍字也。此引經釋“不宜有”之恉，亦即釋“从月”之意也。日不當見食也，而有食之者，孰食之？月食之也。月食之，故字从月。《公羊傳》注曰：“不言月食之者，其形不可得而覩也。故疑言‘日有食之’。”[1]引孔子曰：“多聞闕疑，慎言其餘，則寡尤。”[2]　[三]云九切。古音在一部（之、職）。古多叚“有”爲“又”字。

【疏義】

①引文見《春秋公羊傳·隱公三年》何休注。"不言月食之者"一語原文作"不言月食者"。《春秋·隱公三年》:"三年春,王二月己巳,日有食之。"《春秋公羊傳》:"何以書? 記異也。日食,則曷爲或日或不日? 或言朔,或不言朔? ……"何休注:"諸言何以書者,問主書……不言月食者,其形不可得而覩也,故疑言'日有食之'。孔子曰:'多聞闕疑,慎言其餘,則寡尤。'"　②孔子語見《論語·爲政》。

【集解】

徐灝《説文注箋》:"凡言'有'者,皆自無而有,然後謂之有。月由晦而生明,自無而有之象也。或曰从肉,古者未知稼穡,食鳥獸之肉,故从又持肉爲'有'也。"

饒炯《説文部首訂》:"蓋月闕而又復,事最明著,故从月,又聲,其義爲再,而取音于覆。"

林義光《文源》:"按:有,非不宜有之義。有,持有也。古作𢆃(尤敦)、作𢆫(盂鼎),从又持肉,不从月。"

孔廣居《説文疑疑》:"有與無皆虛字,難於取象,故偶舉一物之自無而有者以爲有,亦舉一物之自有而無者以爲無也。"

湯可敬《説文解字今釋》:"按:古以日蝕月蝕爲不祥之兆,故曰'不宜有'。"

蔣人傑《説文解字集注》:"楊樹達曰:王靜安云:'有字古文从又持肉,然其本義當爲侑食之侑,後世譌肉爲月;余謂有無之有與尋、獲、取諸字義皆相類,故造文之意亦大同。尋字甲金文皆从又持貝,獲字甲金文作隻,从又持隹,取字从又持耳,以三文證有字,从手持肉,其爲有無之有甚明,非侑食本字也。"

董蓮池《部首新證》:"'有'字見西周金文,寫作𢆫(盂鼎),所从𠂔與𠂎(月)形迥異,乃'肉'字,故'有'字是从'又'(手)持'肉',以表獲有、佔有、有無之'有',和'月'無關。"

【同部字舉例】

𪚅𪚛 yù　有文章也。从有,戫声。於六切。○影屋入　影職

朙 ⟨朙⟩　239　míng　甲文⟨⟩、⟨⟩、⟨⟩　金文⟨⟩、⟨⟩、⟨⟩、⟨⟩　武兵切
明庚開三平　明陽(141/138;314/317)

　　照也[一]。**从月**、大徐本有"从"**囧**(jiǒng,窗户透明)[二]。
凡朙之屬皆从朙。⟨⟩,**古文**大徐本有"朙"**从日**[三]。

【譯文】

　　明亮。由"月、囧"構成。凡是和"朙"義有關的字都以"朙"爲構
件。⟨⟩,古文以"日"爲構件。

【段注】

　　[一]火部曰:"照,明也。"小徐作"昭"①。日部曰:"昭,明也。"
《大雅·皇矣》傳曰:"照臨四方曰明。"②凡明之至則曰"明明"。"明
明"猶"昭昭"也。《大雅》《大明》《常武》傳皆云"明明,察也"。《詩》
言"明明"者五③。《堯典》言"朙朙"者一④。《禮記·大學》篇曰:"大
學之道,在明明德。"鄭云:"明明德,謂顯明其至德也。"《有駜》:"在公
明明。"鄭箋云:"在於公之所但明明德也。"引《禮記》"大學之道,在明
明德"。夫由微而著,由著而極,光被四表,是謂明明德於天下。自孔
穎達不得其讀而經義隱矣⑤。　　[二]从"月"者,月以日之光爲光也。
从"囧",取"窗牖麗廔闓明"之意也⑥。囧亦聲。不言者,舉會意包形
聲也。武兵切。古音在十部(陽)。　　[三]云古文作"明",則"朙"非
古文也。蓋籀作朙,而小篆隸从之。《干祿字書》曰"明通朙正"⑦,顏
魯公書無不作"朙"者⑧。開成石經作"明",從張參説也⑨。漢石經作
"明"。

【疏義】

　　①小徐:徐鍇。《説文繫傳》朙部:"朙,昭也。"　　②《詩經·大
雅·皇矣》:"貊其德音,其德克明。克明克類,克長克君。"鄭玄箋:
"德正應和曰貊,照臨四方曰明。"　　③《詩經·小雅·小明》:"明明上
天,照臨下土。"鄭玄箋:"明明上天,喻王者當光明如日之中也。"《詩
經·大雅·大明》:"明明在下,赫赫在上。"毛傳:"明明,察也。文王
之德明明於下,故赫赫然著見於天。"《詩經·大雅·常武》:"赫赫明
明。"毛傳:"赫赫然盛也,明明然察也。"《詩經·魯頌·有駜》:"夙夜

在公,在公明明。"鄭玄箋:"夙,早也。言時臣憂念君事,早起夜寐,在於公之所。在於公之所,但明義明德也。《禮記》曰:'大學之道,在明明德。'"《詩經·魯頌·泮水》:"明明魯侯,克明其德。"鄭玄箋:"言僖公能明其德,修泮宮而德化行於是。"　④《尚書·堯典》:"明明揚側陋。"孔傳:"堯知子不肖,有禪位之志,故明舉明人在側陋者,廣求賢也。"　⑤引文見《禮記·大學》。孔穎達正義:"明明德者,言大學之道在於章明己之光明之德,謂身有明德而更張顯之。"　⑥《説文》囧部:"囧,窗牖麗廔闓明也。象形。凡囧之屬皆从囧。讀若獷。賈侍中説:讀與明同。"　⑦唐顏元孫《干禄字書》平聲:"明朙京京……上通下正。"　⑧顏魯公:即顏真卿,唐代著名書法家。　⑨《五經文字》月部:"明、朙、明,上古文,中《説文》,下石經,今並依上字。"

【集解】

朱駿聲《説文定聲》:"會意。按:囧亦聲。古文从日、月會意。"

王筠《説文句讀》:"《易·繫辭》:'縣象者,明莫大乎日月'。"

黃天樹《部首與甲骨文》(續一):"甲骨文中作⦿(⦿)、⦿)兩形,是一字異體。前者从'囧'('田'是'囧'的變形,象窗形)从'月'。'囧'象鏤孔的窗牖。朙,取義於夜間室內黑暗,惟有月光透過窗戶照進屋子裏,表示明亮之義。後者从'日'从'月',與《説文》古文同,以日月相映表示明亮。"

董蓮池《部首新證》:"字見甲骨文,寫作⦿(《甲骨文編》295頁),西周金文寫作⦿(矢令彝)、⦿(毛公鼎)、⦿(牆盤)、⦿(明我鼎),均从'囧'从'月'。'囧'爲窗牖之象,从'月',取月照窗牖以會意。"

【同部字舉例】

� ⦿ huāng　翌也。从明,亡聲。呼光切。○曉唐平　曉陽

囧 ⦿ 240 jiǒng　甲文 ⦿、⦿　金文 ⦿　俱永切　見梗合三上
見陽(142/138;314/317)

窗大徐本作"窻"**牖麗廔**(lóu。麗廔,窗戶的疏孔,玲瓏透明)**闓**(kǎi)**朙也**[一]。**象形**[二]。**凡囧之屬皆从囧。讀若獷**(guǎng,獸類兇猛)[三]。**賈侍中説:讀與朙同**[四]。

【譯文】

窗戶格子玲瓏透亮。象形。凡是和“囧”義有關的字都以“囧”爲構件。讀音同“獷”。賈侍中説，“朙”的讀音與“囧”同。

【段注】

[一]“麗、婁”雙聲，讀如“離婁”，謂交疏(shū)玲瓏也[1]。闓明，謂開明也。　[二]謂象窗牖玲瓏形。　[三]獷，古音如“廣、囧”，音同也。㕚，讀若誑，“㕚”聲之“粲”爲古文“囧”字可以證矣[2]。古音在十部(陽)，今音“俱永切”。　[四]賈侍中説讀若芒也[3]。

【疏義】

①妭:同“疏”。　②《説文》桀部:“粲，驚走也。一曰往來也。从桀、㕚。《周書》曰:‘伯粲。’古文㕚古文囧字。”《段注》:“(古文㕚古文囧字)七字當作‘古文以爲囧字’六字，轉寫譌舛也。”　③賈侍中:即賈逵，東漢經學家，扶風平陵(今陝西咸陽西北)人，先後任左中郎將、侍中等職。

【集解】

桂馥《説文義證》:“囧、朙聲相近。”

朱駿聲《説文定聲》:“字从口，中象形。”

王筠《説文釋例》:“此字之形與囱相似，皆是外匡内橺，而不得與囱同爲象形者，取義於麗婁闓明也。”

王筠《説文句讀》:“《廣韻》作‘麗婁’，云‘綺窗’，即古詩所云‘交疏結綺窗也’。許君云‘闓明’，《蒼頡篇》亦曰:‘囧，大明也。’知是指事字。”

黃天樹《部首與甲骨文》(續一):“甲骨文作⊗，象鏤孔的窗牖。”

董蓮池《部首新證》:“字見甲骨文，寫作⊗、⊗諸形(《甲骨文編》296頁)，西周金文寫作⊗(戈父辛鼎)，春秋寫作⊗(秦公簋‘明’所从)，象窗牖。”

【同部字舉例】

盟盟 méng 《周禮》曰:“國有疑則盟。”諸侯再相與會，十二歲一盟，北面詔天之司慎司命。盟，殺牲歃血，朱盤玉敦，以立牛耳。从囧从血。盟，篆文从朙。盟，古文从明。武兵切。○甲文⊗、⊗、⊗　金文⊗、⊗　明庚平　明陽

夕 Ｐ²⁴¹　xī　甲文 ☽、☽、☾ 金文 ☽、☽　祥易切　邪昔開三入　邪鐸(142/138;315/318)

䒑大徐本作"莫"也[一]。从月半見[二]。凡夕之屬皆从夕。

【譯文】

傍晚。字形象月亮現出一半。凡是和"夕"義有關的字都以"夕"爲構件。

【段注】

[一]䒑者①,日且冥也。日且冥而月且生矣。故字从月半見。旦者,日全見地上。䒑者,日在茻中。夕者,月半見。皆會意象形也。

[二]祥易切。古音在五部(魚、鐸)。

【疏義】

①䒑:"暮"的古字。

【集解】

桂馥《説文義證》:"夕,經典或借'昔'字。"

王筠《説文句讀》:"黄昏之時,日光尚在,則月不大明,故曰'半見'。"

徐灝《説文注箋》:"古當作☽,象初月之形。月初生當日莫時見,因謂其時而夕也。'夕'古音讀與'朔'同,疑即古'朔'字。《春秋·文六年》'閏月不告月',下'月'字當作'夕','夕'即'朔'也。《釋文》云:'月或作朔。'是其明證。"

黄天樹《部首與甲骨文》(續一):"'夕'和'月'本來用同一字形,中間既可加點也可不加點,後來'夕'字專用不加點的字形,指夜晚。"

董蓮池《部首新證》:"字見甲骨文,寫作☽、☾、☽諸形(《甲骨文編》297頁),與'月'同字,均取象半月形。其後分化,以☽形專表'夕',以☽形專表'月'。"

【同部字舉例】

夜夾 yè　舍也。天下休舍也。从夕,亦省聲。羊謝切。○金文 夾、夾、夾　以禡去　定魚

夢𦐕 mèng　不明也。从夕，瞢省聲。莫忠切，又亡貢切。○甲
文𣎴、𦎫　明東平　明蒸

夤𡩟 yín　敬惕也。从夕，寅聲。《易》曰："夕惕若夤。"𡩟，籀文
夤。翼真切。○金文𡩟　以真平　定真

外𡰥 wài　遠也。卜尚平旦。今夕卜，於事外矣。𡰥，古文外。
五會切。○金文𠨧、𠨧、𠨧　疑泰去　疑祭

夙(夙)𠂂 sù　早敬也。从丮。持事雖夕不休，早敬者也。𠂂，
古文夙，从人、囟。𠂂，亦古文夙，从人、西。宿从此。息逐切。○甲文
𠂂、𠂂　金文𠂂、𠂂　心屋入　心覺

多 𗱩 242 duō　甲文𠃐、𠃐　金文𠃐、𠃐　得何切　端歌開一平　端歌(142/138；316/319)

緟(chóng)大徐本作"重"也[一]。从緟夕[二]。夕者，
相繹也，故爲多[三]。緟夕爲多，緟日爲疊(同"疊")。
凡多之屬皆从多。𗱩，古文，並夕"古文"二句大徐本作"古
文多"[四]。

【譯文】
重復。由兩個"夕"相重而成。夕，是連續不斷的意思，所以能夠
變多。"夕"相重爲"多"，"日"相重爲"疊"。凡是和"多"義有關的字
都以"多"爲構件。𗱩，"多"的古文，並列"夕"而成。

【段注】
　　[一]緟者，增益也，故爲多。多者勝少者，故引申爲勝之偁。戰功
曰多①，言勝於人也。　　[二]會意。得何切。十七部(歌)。　　[三]相
繹者，相引於無窮也。抽絲曰繹②。夕、繹疊韻，説从重夕之意。
[四]有並與重別者，如"棘、棗"是也。有並與重不別者，"夙、多"
是也。

【疏義】
　　①《尚書·文侯之命》："汝多修，扞我于艱。"孔安國傳："戰功曰
多，言汝之功多甚修矣。"　　②《説文》糸部："繹，抽絲也。"

【集解】

徐鍇《説文繫傳》:"今夕復尋前夕之事是爲多。多者,事之過多也;疊者,重積前日之事以成之也,不爲過多也。故重日則爲疊,重夕則爲多。夕者,萬物息焉。君子之所以安身,小人之所以息力。故宴樂之事,猶曰臣卜其晝,未卜其夜,況於力役而可夕爲之乎,故重夕爲多也。"

王筠《説文句讀》:"重複則多也。"

徐灝《説文注箋》:"庶事紛紜,無名可象,重夕絫日,則事疊積矣,故重夕爲多,重日爲疊。"

黄天樹《部首與甲骨文》(續一):"甲骨文作多,象兩塊肉之形,多義自見。"

董蓮池《部首新證》:"考甲骨文'多'字寫作𠬞、𠣪諸形(《甲骨文編》299頁),均从二𠯑,𠯑本'肉'字,並非'夕'字,字以从重'肉'會意,以表示多少之'多'。"

【同部字舉例】

裸 𧝟 huǒ　齊謂多爲裸。从多,果聲。乎果切。○匣果上　匣歌

毌 毌 243 guàn　甲文毌、毌、毌、毌、毌　古丸切　見換合一去
見元(142/139;316/319)

穿物持之也。从一橫毌"毌"大徐本作"貫"[一],毌象寶貨(貨幣)之形[二]。凡毌之屬皆从毌。讀若冠[三]。

【譯文】

把東西穿起來拿上。"一"爲構件,橫穿過毌,毌象寶貨的形狀。凡是和"毌"義有關的字都以"毌"爲構件。讀音同"冠"。

【段注】

[一]各本"毌"作"貫",淺人所改也,今正。　[二]各本脱"毌",今補。毌者,寶貨之形。獨言"寶貨"者,例其餘①。一者,所以穿而持之也。古貫穿用此字,今"貫"行而"毌"廢矣。毌之用廣,如"𦉥"(jiōng)下云"以物橫毌鼎耳而舉之也","軸"下云"所以持輪也",皆是。貫之用專,後有串字、有弗(chǎn)字②,皆毌之變也。"毌"不見於經傳,惟《田完世家》:"宣公取毌丘。"索隱曰:"毌音貫。"③　[三]古

丸切。十四部(元)。

【疏義】

①例其餘:表示貨幣以外的寶物。　②弗:以鐵籤串物燒烤。通"串"。　③《史記·田敬仲完世家》:"宣公與鄭人會西城,伐衞,取冊丘。"司馬貞索隱:"冊音貫,古國名,衞之邑。"

【集解】

徐鍇《説文繫傳》:"冊,古貝穿之,又珠亦穿之,謂之琲。"

桂馥《説文義證》:"冊,穿聲相近……貫當爲冊。"

朱駿聲《説文定聲》:"一橫穿之,指事。按:小篆亦作串。"

饒炯《説文部首訂》:"蓋冊篆外象寶貨之體,中象罅隙,'一'象貫以穿之。"

徐灝《説文注箋》:"冊、貫古今字。"

董蓮池《部首新證》:"字見甲骨文,寫作 、 、 諸形(《甲骨文編》300頁),象盾,是以丨表示一豎形物穿綁在一方形物上見意,許釋本義未達,解説篆形所从冊象寶貨(錢貝)亦不確。因'冊'作爲一種盾牌是穿綁而成,所以引申而有貫穿意。"

【同部字舉例】

貫 guàn　錢貝之貫。从冊、貝。古玩切。○見換去　見元

虜 lǔ　獲也。从冊、从力,虍聲。郎古切。○來姥上　來魚

弓 244　hàn　乎感切　匣感開一上　匣侵(142/139;316/319)

嗿(dàn)也[一]。艸木之華未發,圅(同"函")然[二]。象形[三]。凡弓之屬皆从弓。讀若含[四]。

【譯文】

含苞。字象草木之花尚未開放,含苞的樣子。象形。凡是和"弓"義有關的字都以"弓"爲構件。讀音同"含"。

【段注】

[一]口部曰:"嗿者,含深也。"　[二]圅之言含也,深含未放。

[三]下象承華之莖,上象未放之蓓蕾。　[四]乎感切①。古音在七部

(侵、緝)。

【疏義】

①马字《廣韻》胡感切,又胡男切。

【集解】

朱駿聲《説文定聲》:"象莖耑蓓蕾之形也。"

王筠《説文句讀》:"(ㄋ,嘾也)嘾,含深也,故其字作包容之狀,此謂字象舌形也。(艸木之華未發圅然)此又謂字象花蓓蕾之形也。"

邵瑛《羣經正字》"此與'圅萏'之'圅'爲古今字。"

董蓮池《部首新證》:"其實此字是截取'圅'之初文(《甲骨文編》300頁)的右邊表示提把的部分連帶邊框筆畫而成。"

【同部字舉例】

圅 hán　舌也。象形,舌體马马。从马,马亦聲。,俗圅,从肉、今。胡男切。○甲文、、、、　金文　匣覃平　匣侵

甬 yǒng　艸木華甬甬然也。从马,用聲。余隴切。○金文、、　以腫上　定東

朿(㮟)　245　hàn　甲文、　金文　胡感切　匣感開一上　匣侵(142/139;317/320)

艸木垂華實也此句大徐本作"木垂華實"[一]。**从木、马**[二]**,马**(hàn)**亦聲**[三]。**凡朿之屬皆从朿**"朿"大徐本作"㮟"。

【譯文】

草木懸掛花果貌。由"木、马"構成,"马"也是聲符。凡是和"朿"義有關的字都以"朿"爲構件。

【段注】

[一]艸字依《玉篇》補。　[二]小徐本及大徐宋本皆同。惟趙抄、宋本作"从木㚅(xián),㚅亦聲",《五音韻譜》有同之者①,殊誤。蓋篆體一㔾在木中,寫者屈曲反覆似从二㔾,因改此解,又於前部末增㚅篆耳。㚅,音胡先切,則用爲聲之篆,不當胡感切也。　[三]胡感切。古音在七部(侵、緝)。

【疏義】

①東字見《五音韻譜》上聲四。《五音韻譜》即《説文解字五音韻譜》,南宋李燾撰。

【集解】

饒炯《説文部首訂》:"凡物盛則垂,故東義爲木垂華實。初但以弓爲弓盛名,之後乃加木爲專字,蓋屬別義轉注也。"

董蓮池《部首新證》:"今人認爲戰國飼料盆所見𣎜即此字。構形象'木'中有物纏束,不从'弓',無'木垂華實'之象。"

【同部字舉例】

韚 韚 wéi　束也。从東,韋聲。于非切。○甲文 𩎛、𩎝、𩎠、𩎟　雲微平　匣微

卤 卤　246　tiáo　甲文 𠦜、𠦝、𠦞　徒遼切　定蕭開四平定幽
　　　　　　　　（143/139;317/320）

艸木實垂卤卤然[一]**。象形。凡卤之屬皆从卤。讀若調**[二]**。𣡏,籒文从三卤作**此句大徐本作"籒文三卤爲卤"[三]。

【譯文】

草木之實下垂貌。象形。凡是和"卤"義有關的字都以"卤"爲構件。讀音同"調"。𣡏,籒文由三個卤構成。

【段注】

[一]卤卤,垂兒。《莊子》曰"之調調、之刀刀"①,之,此也。"調調"謂長者,"刀刀"謂短者。"調調"即"卤卤"也。卤之隸變爲卣。《周書·雒誥》曰:"秬鬯(chàng)二卣。"②《大雅·江漢》曰:"秬鬯一卣。"毛云:"卣,器也。"③鄭注《周禮》"廟用修"曰④:"修,讀曰卣。卣,中尊。"凡彝爲上尊,卣爲中尊,罍(lěi)爲下尊。中尊謂獻象之屬⑤。按:如許説則木實垂者其本義,段借爲中尊字也。　[二]徒遼切。二部(宵、藥)。按:調本周聲。中尊之義羊久反,又音"由"。乃部之"卣"(yóu)用"卤"爲聲。古三部(幽、覺)與二部合音最近。　[三]然則卤爲古文,小篆用之。

【疏義】

①《莊子·齊物論》:"泠風則小和,飄風則大和,厲風濟則衆竅爲

虚,而獨不見之調調、之刁刁乎?"　②引文見《尚書・周書・雒誥》。
③引文見《詩經・大雅・江漢》及毛傳。　④廟用修:"修"當做"脩",
阮校本《周禮・春官宗伯・邑人》作"廟用脩"。　⑤《周禮・春官宗
伯・邑人》:"廟用脩。"鄭玄注:"脩讀曰卤。卤,中尊,謂獻象之屬。
尊者,彝爲上,罍爲下。"

【集解】

徐鍇《説文繫傳》:"卤與茜同,謂草木之秀實也。卤,實形也。卜,
上華芒也。"

朱駿聲《説文定聲》:"家大人曰:'卤者,酉字之變。'"

王筠《説文釋例》"篆蓋本作𠧧,上其蒂也,下則外爲實之輪廓,内
爲實之文理也。下垂之物多叢聚,故籀文三之,非徒尚繁縟也。"

徐灝《説文注箋》:"卤者,艸木實之通名,故栗、粟皆從之。"

董蓮池《部首新證》:"此字由本部所隸'栗'、'粟'二字表示果實
部份的象形寫法變來。"

【同部字舉例】

槀(粟)𥟇 sù　嘉穀實也。从卤从米。孔子曰:"槀之爲言續也。"
𥠖,籀文槀。相玉切。○甲文𥝌　心燭入　心屋

齊 𪗋[247] qí　甲文𣂏、𪗊、𪗊、𪗊　金文𪗊、𪗋　徂兮切　從齊開
四平　從脂(143/139;317/320)

禾麥吐穗上平也。象形[一]。凡齊"齊"大徐本作
"𪗋"之屬皆从齊。

【譯文】

禾麥的穗子上部整齊貌。象形。凡是和"齊"義有關的字都以
"齊"爲構件。

【段注】

[一]从二者,象地有高下也①。禾麥隨地之高下爲高下,似不齊
而實齊。參差其上者,蓋明其不齊而齊也。引申爲凡齊等之義。古叚
爲臍字。亦叚爲𪗋(齋)字。徂兮切。十五部(脂、微、物、月)。

【疏義】

①今按:甲文、早期金文𪗊象禾麥之穗,不从二。

【集解】

徐鍇《說文繫傳》：“生而齊者莫若禾麥也。二，地也。兩旁在低處也。”

朱駿聲《說文定聲》：“‘二’象地其中高地之禾，左右下地之禾也。”

王筠《說文句讀》：“魏三體石經古文作𣫭，三平無參差。此參差者，作篆者配合之，取適觀耳。又加‘二’以象地形。”

徐灝《說文注箋》：“禾麥在地，彌望皆平，物之至齊者也，故造字取焉。小篆參差，取勢可觀耳。從二，象地。”

董蓮池《部首新證》：“字見甲骨文，寫作◊◊◊、△△、𐎛𐎛諸形（《甲骨文編》303 頁），西周金文寫作△（齊史疑觶）、𠂤（師旋簋），均不見‘禾麥吐穗上平也’之象。形體取象不明。戰國時其下部加二爲飾，寫作㘔（羅福頤主編《古璽文編》176 頁）、㿟（商鞅方升），篆本之而作齊。”

【同部字舉例】

齌𪗉 qí　等也。从齊，妻聲。徂兮切。○從齊平　從脂

朿 𣫫
248 cì　甲文𣫯、𣎵、𣫰　金文𣫱、𣫲　七賜切　清實開三　去　清支（143/139；318/321）

木芒也[一]。象形[二]。凡朿之屬皆从朿。讀若刺[三]。

【譯文】

樹上的刺。象形。凡是和“朿”義有關的字都以“朿”爲構件。讀音同“刺”。

【段注】

[一]芒者，艸耑也。引申爲凡鐵銳之偁，今俗用鋒鋩字[①]，古祇作“芒”。“朿”今字作“刺”，“刺”行而“朿”廢矣。《方言》曰：“凡草木刺人，北燕朝鮮之閒謂之茦（cì），或謂之壯。自關而東或謂之梗，或謂之劌。自關而西謂之刺。江湘之閒謂之棘。”[②]　[二]不言“从木”者，朿附於木，故但言“象形”也。　[三]七賜切。十六部（支、錫）。

【疏義】

①鐵：同"尖"。鋩：刀劍的尖鋒。　②引文見揚雄《方言》第三。

【集解】

徐鍇《説文繫傳》："朿，从木形，左右象刺生之形也。"

朱駿聲《説文定聲》："朿，从木，象形。"

王筠《説文句讀》："朿，鐘鼎文作朿，乃足象形。"

黃天樹《部首與甲骨文》（續一）："甲骨文作朿、朿，象樹木或武器上的刺。後來此字不用而用'刺'字。"

董蓮池《部首新證》："字見甲骨文，寫作朿、朿、朿、朿、朿諸形（《甲骨文合集》22282、22285、34240、5157、22074），無'木芒'之象。于省吾云：'甲骨文朿字有一鋒三鋒四鋒等形，乃刺殺人和物的一種利器。'（于省吾《甲骨文字釋林》176頁）甚是。"

【同部字舉例】

棗　棗　zǎo　羊棗也。从重朿。子皓切。○金文棗　精晧上　精幽

棘　棘　jí　小棗叢生者。从並朿。己力切。○金文棘、棘　見職入見職

片　片　249　piàn　匹見切　滂霰開四去　滂元（143/139；318/321）

判木也[一]。**从半木**[二]。**凡片之屬皆从片。**

【譯文】

被剖分開的木頭。由"木"字的半邊作爲構件。凡是和"片"義有關的字都以"片"爲構件。

【段注】

[一]謂一分爲二之木。片、判以疊韻爲訓。判者，分也。《周禮·媒氏》："掌萬民之判。"①《喪服》傳曰："夫妻，胖合也。"②"胖"當作"片"，"片"即《媒氏》"判"字。鄭注《周禮》云："判，半也。得耦爲合，主合其半，成夫婦也。"③按：夫婦各半而合，故取象於合巹（jǐn）④。《漢書》"一半冰"⑤，亦叚半爲片字。　[二]木字之半也。匹見切。十四部（元）。

【疏義】

①引文見《周禮·地官司徒·媒氏》。　②胖：當作"牉"。阮元校本《儀禮·喪服》："世父母、叔父母。"傳曰："父子一體也,夫妻一體也,昆弟一體也。故父子,首足也;夫妻,牉合也;昆弟,四體也。"③引文見《周禮·地官司徒·媒氏》"媒氏,掌萬民之判"一語鄭玄注。④合卺：即合巹,"卺"同"巹"。古代的婚禮儀式,其制破瓠爲瓢,名"巹",夫婦各執一瓢飲,稱作"合巹"。　⑤《漢書·李陵傳》："令軍士人持二升糒,一半冰。"顏師古注："如淳曰:'半讀曰片。'或曰:'五升曰半。'師古曰:半讀曰判,判大片也。時冬寒有冰,持之以備渴也。"

【集解】

徐鍇《説文繫傳》："片,木字之半也。"

朱駿聲《説文定聲》："片,从半木,指事。"

王筠《説文句讀》："片,謂已判之木也。"

桂馥《説文義證》："片,判木也者。《廣韻》:'片,半也,判也,析木也。'"

張參《五經文字》："片象半木形。"

徐灝《説文注箋》："片即今義之半字。以一木分而爲二,從半木,會意。"

饒炯《説文部首訂》："説解云'半木'者,其實從木省其半以見事,當即版之古文。"

孫海波《甲骨文編》："按:古文一字可以反正互寫,片、爿當是一字。"

李孝定《甲骨文字集釋》："按:當是'床'之初文,橫之作兀,上象片版,下象足木廣之形。"

董蓮池《部首新證》："字亦見戰國,寫作爿(中山王䜌壺'臍'所从)。凡是从'片'的字,本義與板狀木製品有關。"

【同部字舉例】

版 版 bǎn　判也。从片,反聲。布綰切。○幫漕上　幫元

牐 牐 bì　判也。从片,畐聲。芳逼切。○並職入　並職

牘 牘 dú　書版也。从片,賣聲。徒谷切。○定屋入　定屋

牒 牒 dié　札也。从片，枼聲。徒叶切。○定帖入　定葉

牑 牑 biān　牀版也。从片，扁聲。讀若邊。方田切。○幫先平
幫真

牖 牖 yǒu　穿壁以木爲交窻也。从片、户、甫。譚長以爲，甫上日
也，非户也，牖所以見日。與久切。○以有上　定幽

牏 牏 yú　築牆短版也。从片，俞聲。讀若俞。一曰：若紐。度侯
切。○以虞平　定侯

鼎 鼎　250　dǐng　甲文 ⿱⿰⿱ 、⿱⿰ 、⿰ 、⿰　金文 ⿰ 、⿰　都挺切
端迥開四上　端耕（143/140；319/322）

三足兩耳，和五味之寶器也[一]。**象析木以
炊**[二]，**貞省聲**大徐本無"象析"二句[三]。**昔禹收九牧之金**
（九牧之金：九州之長所貢納的金屬），**鑄鼎荆山之下。入山林
川澤者**大徐本無"者"[四]，**离魅蝄**大徐本作"螭魅蝄"**蜽莫能
逢之，以協承天休**（天休：上天的福佑）[五]。**《易》卦：巽木
於下者爲鼎**（《周易》鼎卦："鼎，元吉，亨。彖曰：鼎，象也。以木巽
火，亨飪也。"）[六]。**古文以貝爲鼎，籀文以鼎爲貝**"古文"
二句大徐本作"象析木以炊也，籀文以鼎爲貞字"[七]。**凡鼎之屬
皆从鼎**。

【譯文】

　　三足兩耳用來調和五味的寶器。字形象劈開木柴燒火做飯的樣
子，"貞"的省體又作爲聲符。古時大禹收集九州之長貢獻的金屬，在
荆山下鑄鼎（鑄魑魅魍魎於其上）。進入山林川澤去的人，事先看到鼎
上的鑄圖就會避免遇到魑魅魍魎，因此得到上天的賜福。《周易》將入
木於火下作爲鼎卦的卦形。古文中把"貝"借爲"鼎"字用，籀文中又
把"鼎"借爲"貝"字用。凡是和"鼎"義有關的字都以"鼎"爲構件。

【段注】

　　[一]"三足兩耳"謂器形，非謂字形也。《九家易》曰："鼎，三足以

象三台也。”①《易》曰:“鼎,黄耳。”“和”當作“盉”②。許亦從俗通用。
[二]已下次第依《韻會》所據小徐本訂③。片者,判木也。反片爲爿,
一 木 析爲二之形。炊鼎必用薪,故像之。唐張氏參誤會“三足兩耳”爲
字形,乃高析木之兩旁爲耳。唐人皆作鼎,非也。唐氏玄度既辨之
矣④。　　[三]大徐本無。無此三字則上體未説。此謂上體目者,貞省
聲也。或曰:“離爲目,巽爲木,鼎卦上離下巽。”⑤何不以此説字乎?曰
言《易》卦之取象則可,若六書之會意,必使二字相合成文,如“人言、
止戈”是⑥,“目”與“木”不相合也,故釋下體爲象形,上體爲諧聲。古
叚鼎爲丁,如《賈誼傳》“春秋鼎盛”、《匡衡傳》“匡鼎來”皆是⑦。鼎之
言當也,正也。都挺切。十一部(耕)。　　[四]此字依《韻會》補。
[五]“离”俗用“螭”。依内部則當作“离”。此用宣三年《左傳》王孫
滿説⑧。傳不言“鑄鼎荆山之下”。《尚書古文疏證》云:“陝西同州朝
邑縣西南三十二里有懷德城,漢縣也。”《漢志·左馮翊》“襃德”下曰:
“《禹貢》北條荆山在南。”皇甫謐《帝王世紀》:“禹鑄鼎於荆山,在馮翊
懷德之南,山下有荆渠。”酈氏《水經注》:“懷德縣故城在渭水之北,沙
苑之南。《禹貢》北條荆山在南,山下有荆渠,即夏后鑄九鼎處也。”⑨
[六]此引《易》證下體象析木之意,與“曑”下引《易》證“從日”一例。
[七]二貝字小徐皆作“貞”⑩。郭忠恕《佩觿》云⑪:“古文以貞爲鼎,籒
文以鼎爲則。”亦誤,今正。京房説“貞”字“鼎”聲,此古文以“貝”爲
“鼎”之證也。許説“劓、鼏、鼏、敳”者,籒文之“則、員、貫、妘”字,此籒
文以鼎爲貝之證也⑫。

【義疏】

　　①唐李鼎祚《周易集解》鼎卦:“《九家易》:‘鼎受一斛,天子飾以
黄金,諸侯白金。三足以象三台,足上皆作鼻目爲飾也。’”三台:星名,
謂上台、中台、下台,共六星。又象徵人事,稱三公爲三台。　②《易·
鼎·六五》:“鼎黄耳金鉉。”黄耳:給鼎耳飾以黄色。鉉:舉鼎用具,狀
如木棍。《説文》皿部:“盉,調味也。”《段注》:“調聲曰龢,調味曰盉,
今則‘和’行而‘龢、盉’皆廢矣。”　③按:大徐本对“鼎”的説解與《韻
會舉要》所引小徐本不同,《段注》的説解依據《韻會舉要》所引。《韻
會舉要》迥韻:“鼎,《説文》:‘鼎,三足兩耳,和五味之寶器也。象析木

以炊,从貞省聲。禹收九牧之金,鑄鼎荊山之下,入山林川澤者,螭魅
蝄蛃莫能逢之。'又卦名,《易》:巽木於下者爲鼎。象曰:'鼎,以木巽
火,烹飪也。'……《説文》徐曰:'古文以貞爲鼎,籒文以鼎爲貞。'"
④《五經文字》鼎部:"象足耳形。"《九經字樣》雜辨部:"鼎,音頂。《説
文》云:'和五味之寶器也。上從貞省聲,下象析木以炊。'又《易》鼎
卦:'巽下離上。'巽爲木,離爲火。篆文木如此,析之兩向,左爲爿,爿
音牆。右爲片。今俗作鼑,云'象耳足形',誤也。"　⑤鼎:六十四卦之
一,卦形爲䷱,巽下離上。巽代表木,離代表火。　⑥《説文》言部:
"信,誠也。从人、言。"戈部:"武,楚莊王曰:'夫武,定功戢兵,故止戈
爲武。'"　⑦《漢書·賈誼傳》:"天子春秋鼎盛。"《漢書·匡衡傳》:
"諸儒爲之語曰:'無説詩,匡鼎來。'"　⑧《左傳·宣公三年》:"楚子
問鼎之大小輕重焉,(王孫滿)對曰:'在德不在鼎……桀有昏德,鼎遷
于商,載祀六百,商紂暴虐,鼎遷于周……周德雖衰,天命未改。鼎之
輕重,未可聞也。'"　⑨《尚書古文疏證》:清閻若璩撰。閻若璩
(1638—1704):字百詩,號潛丘,山西太原人,僑居江蘇淮安府山陽縣,
著名學者、考據家,清代漢學發軔之初最重要的代表人物之一。皇甫
謐(215—282):字士安,東漢安定朝那(今寧夏固原市彭陽縣)人,著
名的文學家、史學家和醫學家,著有《歷代帝王世紀》《高士傳》《逸士
傳》《列女傳》《元晏先生集》等書。酈氏:即酈道元,北魏范陽涿州(今
河北涿州)人,著名的地理學家、散文家。《禹貢》:《尚書》篇名。
⑩《説文繋傳》:"籒文以'鼎'爲'貞'字。凡鼎之屬皆从鼎。"　⑪《佩
觿》:字書,北宋郭忠恕撰。　⑫《説文》卜部:"貞,卜問也。从卜,貝
以爲贄。一曰:鼎省聲,京房所説。"刀部:"則,等畫物也。从刀从貝。
貝,古之物貨也……𠟭,籒文則,从鼎。"員部:"員,物數也。从貝,口
聲。凡員之屬皆从貝。鼎,籒文,从鼎。"雨部:"霣,雨也。齊人謂靁爲
霣。从雨,員聲。一曰:雲轉起也。𩅱,古文霣。"女部:"妘,祝融之後
姓也。从女,云聲。�,籒文妘,从員。"

【集解】

　　桂馥《説文義證》:"馥案:鬲象三足,鼎象析木,各有意義……本

書員字籀文作鼎，則字籀文作鼎，此皆籀文以鼎爲貝之證。蓋因貞下有‘一曰鼎省聲’之文，遂以爲貞字，不知‘鼎省聲’當作‘鼎聲’，後人妄加省字也。”

王筠《説文句讀》：“鼎，金刻有　、　諸體，多有兩耳，而非三足，蓋小篆整齊之而作鼎。”

徐灝《説文注箋》：“鼎从析木指事，貞省爲聲，而兼取　象鼎體，　象鼎耳及足，固無不可也。”

黄天樹《部首與甲骨文》（續一）：“甲骨文作　，象古代三足兩耳用於煮食盛食的圓鼎。”

董蓮池《部首新證》：“商代甲骨文寫作　、　諸形（《甲骨文編》277 頁‘員’所从），商代金文寫作　（鼎文），下爲三足，上爲兩耳，是‘鼎’的象形。”

【同部字舉例】

　　zī　鼎之圜掩上者。从鼎，才聲。《詩》曰：“鼏鼎及鼏。”鎡，俗鼏从金从兹。子之切。○金文　　精之平　精之

　　nài　鼎之絶大者。从鼎，乃聲。《魯詩》説：“鼐，小鼎。”奴代切。○泥代去　泥之

克　251 kè　甲文 　、　、　、　　金文 　、　、　　苦得切
溪德開一入　溪職（143/140；320/323）

肩也[一]。象屋下刻木之形[二]。凡克之屬皆从克。　，古文克。　，亦古文克。

【譯文】

以肩負物。字形象在屋下刻木的樣子。凡是和“克”義有關的字都以“克”爲構件。　，是“克”的古文。　，也是“克”的古文。

【段注】

[一]《周頌》傳曰：“仔肩，克也。”[①]人部曰：“仔，克也。”此曰：“克，肩也。”然則《周頌》“仔肩”絫言之[②]，毛謂二字皆訓“克”也。肩謂任，任事以肩，故任謂之肩，亦謂之克。《釋詁》云：“肩，克也。”又曰：“肩，勝也。”[③]鄭箋云：“仔肩，任也。”[④]許云：“勝，任也。”“任，保

也。”“保，當也。”⑤凡物壓於上謂之克。今蘇常俗語如是⑥。《釋言》
曰：“克，能也。”⑦其引申之義。《左傳》曰：“凡師，得儁曰克。”⑧於《鄭
伯克段於鄢》曰：“如二君，故曰克。”⑨即“得儁”之説也。《穀梁》曰：
“克者何？ 能也。何能也？ 能殺也。”⑩此《釋言》之説也。《公羊》曰：
“克之者何？ 殺之也。”⑪此以相勝爲義。《大雅》毛傳云：“掊克，自伐
而好勝人也。”⑫俗作“剋”。　　　[二]上象屋，下象刻木录录形。木堅而
安居屋下挈(qì)刻之，能事之意也，相勝之意也。苦得切。一部(之、
職)。刻、克疊韻。

【疏義】

①《詩經・周頌・敬之》：“佛時仔肩，示我顯德行。”毛傳：“佛，大
也。仔肩，克也。”　②絫言：指同義連用。　③《爾雅・釋詁》：“勝、
肩、戡、劉、殺，克也。”　④《詩經・周頌・敬之》：“佛時仔肩，示我顯
德行。”鄭玄箋：“仔肩，任也。”　⑤《説文》力部：“勝，任也。”人部：
“任，保也。”“保，養也。”　⑥蘇常：即蘇州、常州。　⑦引文見《爾
雅・釋言》。　⑧得儁(jùn)：俘獲敵方的將領。儁，才智過人的人。
引文見《左傳・莊公十一年》。　⑨引文見《左傳・隱公元年》。
⑩引文見《春秋穀梁傳・隱公元年》。　⑪引文見《春秋公羊傳・隱
公元年》。　⑫《詩經・大雅・蕩》：“曾是彊禦，曾是掊克。”毛傳：“彊
禦，彊梁禦善也。掊克，自伐而好勝人也。”

【集解】

徐鍇《説文繫傳》：“肩者，任也。《尚書》曰：‘朕不肩好貨。’不委
任好貨也。任者，又負荷之名也，與人肩膊之肩義通，故此字下亦微象
肩字之上也，能勝此物謂之克，故亦象刻木也。”

桂馥《説文義證》：“‘克、刻’聲相近。‘克’作‘剋’。”

朱駿聲《説文定聲》：“以肩任物曰克。物高于肩，故从高省。下
象肩形，古文亦象肩形。又古文，疑當爲‘录’之古文，許所云‘刻木
录录’也。今蘇俗負小兒于背，語兒云‘克在肩上’，猶有此言。”

徐灝《説文注箋》：“屋下刻木，楹柱枅櫨之屬，所以負楣梁也。上
象屋，下象柱櫨之形。”

林義光《文源》：“按：屋下刻木，形意具非是。克，能也，古作(克

彝),象以肩任物形,尸象肩,猶肩字,从户,象形(見户字條)。即由字(見古字條),重物也。以肩任重物,能事之意。”

羅振玉《增訂殷虚書契考釋》:“(古文字)象人戴胄形。”

董蓮池《部首新證》:“甲骨文所見寫作、諸形(《甲骨文編》306頁),西周金文寫作(利簋)、(井侯簋)等形,春秋戰國寫作(曾伯匠),均象人下蹲肩物。”

彔(录) 252

lù　甲文、、　金文、、　盧谷切　來屋合一入　來屋(144/140;320/323)

刻木录录也[一]。象形[二]。凡录之屬皆从录。

【譯文】

木刻的畫紋歷歷可數。象形。凡是和“录”義有關的字都以“录”爲構件。

【段注】

[一]小徐曰:“录录,猶歷歷也。一一可數之皃。”①按:“剥”下曰:“录,刻割也。”录录,麗廔嵌空之皃。《毛詩》“車歷録”亦當作“歷录”②。　[二]盧谷切。三部(幽、覺)。

【疏義】

①引文見《説文繫傳》录部。　②麗廔:窗户上的疏孔,亦形容玲瓏透明。嵌空:空闊。《詩經·秦風·小戎》:“小戎俴(jiàn)收,五楘(mù)梁輈。”毛傳:“小戎,兵車也。俴,淺。收,軫也。五,五束也。楘,歷録也。梁輈,輈上句衡也。一輈五束,束有歷録。”。孔穎達正義:“‘楘,歷録’者,謂所束之處,因以爲文章歷録然。歷録,蓋文章之貌。”

【集解】

朱駿聲《説文定聲》:“此字實即‘剥’之古文。”

王筠《説文釋例》:“‘録録’猶云‘歷録’,形容之詞。”

林義光《文源》:“按:録與刻木形不類。古作(大保彝),作(録敦),實剥之古文,,所剥之物(象果形),,所下之皮也。”

董蓮池《部首新證》:“字見甲骨文,寫作、諸形(《甲骨文編》

307 頁),西周金文寫作󰀀(录卣)、󰀀(大保簋)等形,象吊一盛物之囊濾其中之水形,應是過濾之‘瀧’的本字。”

禾 禾 253 hé　甲文 禾、禾、禾　金文 禾、禾、禾　戶戈切　匣戈　合一平　匣歌(144/141;320/323)

　　嘉穀也[一]。以大徐本無“以”二月始生,八月而孰。得之中和此句大徐本作“得時之中”,故謂之禾[二]。禾,木也。木王(通“旺”)而生,金王而死[三]。从木[四],大徐本有“从㡀省,㡀”四字象其穗[五]。凡禾之屬皆从禾。

【譯文】

　　優良的穀子。二月開始發芽,八月成熟。得到四季的中和之氣,所以稱作“禾”。禾,屬於五行中的木。春天木旺而生長,秋天金旺而枯死。以“木”作爲構件,上部象禾穗。凡是和“禾”義有關的字都以“禾”爲構件。

【段注】

　　[一]嘉禾疊韻。《生民》詩曰:“天降嘉穀,維穈(mén)維芑。”① “穈、芑”《爾雅》謂之“赤苗、白苗”②。許艸部皆謂之“嘉穀”③,皆謂“禾”也。《公羊》何注曰:“未秀爲苗,已秀爲禾。”④《魏風》“無食我黍、無食我麥、無食我苗”,毛曰:“苗,嘉穀也。”⑤嘉穀,謂禾也。《生民》傳曰:“黃,嘉穀也。”⑥嘉穀,亦謂禾。民食莫重於禾,故謂之嘉穀。嘉穀之連稿者曰禾,實曰粟,粟之人曰米⑦,米曰粱,今俗云小米是也。[二]依《思玄賦》注、《齊民要術》訂⑧。和、禾疊韻。　[三]謂二月生,八月孰也。伏生、《淮南子》、劉向所著書皆言張昏中種穀⑨,呼禾爲穀。《思玄賦》注引此下有“故曰木禾”四字。　[四]禾,木也。故从“木”。　[五]各本作“从木,从㡀省,㡀象其穗”九字,淺人增四字。不通。今正。下从木,上筆㡀者象其穗,是爲从木而象其穗。禾穗必下垂。《淮南子》曰:“夫子見禾之三變也,滔滔然曰:‘狐向丘而死,我其首禾乎!”高注云:“禾穗垂而向根,君子不忘本也。”⑩張衡《思玄賦》曰:“嘉禾垂穎而顧本。”王氏念孫說,莠與禾絕相似,雖老農不辨。及其吐穗,則禾穗必屈而倒垂,莠穗不垂,可以識別。艸部謂“莠揚

生”⑪。古者造“禾”字，屈筆下垂以象之。户戈切。十七部（歌）。

【疏義】

①引文見《詩經・大雅・生民》：“誕降嘉種，維秬（jù）維秠（pī），維穈（mén）維芑（qǐ）。”毛傳：“天降嘉種。秬，黑黍也。秠，一稃二米也。穈，赤苗也。芑，白苗也。”　②《爾雅・釋草》：“虋，赤苗。芑，白苗。”　③《説文》艸部：“虋，赤苗嘉穀也。”“芑，白苗嘉穀。”　④《春秋公羊傳・莊公七年》：“無苗則曷爲先言無麥而後言無苗？”何休注：“苗者，禾也。生曰苗，秀曰禾。”　⑤《詩經・魏風・碩鼠》：“碩鼠碩鼠，無食我苗。”毛傳：“苗，嘉穀也。”　⑥《詩經・大雅・生民》：“茀厥豐草，種之黄茂。”毛傳：“茀，治也。黄，嘉穀也。”　⑦稿：禾秆。人：通“仁”，稻粟或果核内可食的部分。　⑧張衡《思玄賦》：“發昔夢於木禾兮，穀崑崙之高岡。”李善注：“《説文》曰：‘嘉穀也。二月生，八月熟，得中和，故曰禾。木王而生，木衰而死，故曰‘木禾’。”魏賈思勰《齊民要術・種穀》：“《説文》曰：‘禾，嘉穀也。以二月始生，八月而熟，得之中和，故謂之禾。禾，木也。木王而生，金王而死。”　⑨伏生：一作伏勝，生卒年月不詳，漢初人，舊題爲《尚書大傳》的撰者。《尚書大傳》：解釋《尚書》的著作，已佚，後人有輯本。《尚書・堯典》：“以告時授事。”孔穎達正義：“或以《書傳》云：‘主春者張，昏中可以種穀。主夏者火，昏中可以種黍。”《淮南子・主術訓》：“昏張中則務種穀，大火中則種黍。”劉向：西漢沛縣（今屬江蘇徐州）人，字子政，經學家、目録學家、文學家，著作有《新序》《説苑》等。《説苑・辨物篇》：“主春者張，昏而中，可以種穀。”　⑩引文見《淮南子・繆稱訓》及高誘注。⑪《段注》艸部：“莪，禾粟下，揚生莪也。”大徐本作“禾粟下生，莪”。

【集解】

王筠《説文句讀》：“許君説‘虋、芑’皆曰嘉穀。是知嘉穀者，禾之別名也。”

饒炯《説文部首訂》：“篆本全體象形，而隸變似木，篆亦譌之。”

徐灝《説文注箋》：“古蓋作𥝌，象禾穗連稈及根之形，其立文與木相似。”

黄天樹《部首與甲骨文》(續一):“甲骨文作，象垂着穗兒成熟了的穀子。本義是穀子。”

董蓮池《部首新證》:“考字見甲骨文,寫作、、諸形(《甲骨文編》308頁),金文寫作(曶鼎),是穀子的獨體象形文。”

【同部字舉例】

秀 xiù 上諱。息救切。○心宥去 心幽

稼 jià 禾之秀實爲稼,莖節爲禾。从禾,家聲。一曰:稼,家事也。一曰:在野曰稼。古訝切。○見禡去 見魚

穡 sè 穀可收曰穡。从禾,嗇聲。所力切。○山職入 山職

穜 zhòng 埶也。从禾,童聲。之用切。○章用去 章東

稙 zhí 早穜也。从禾,直聲。《詩》曰:“稙稚尗麥。”常職切。○知職入 端職

種 chóng 先穜後孰也。从禾,重聲。直容切。○澄鍾平 定東

稠 chóu 多也。从禾,周聲。直由切。○澄尤平 定幽

稀 xī 疏也。从禾,希聲。香依切。○曉微平 曉微

穆 mù 禾也。从禾,㣎聲。莫卜切。○甲文 金文、、 明屋入 明覺

私 sī 禾也。从禾,厶聲。北道名禾主人曰私主人。息夷切。○心脂平 心脂

稷 jì 齋也。五穀之長。从禾,畟聲。,古文稷省。子力切。○甲文 精職入 精職

秫 shú 稷之黏者。从禾,术象形。,秫或省禾。食聿切。○甲文、 船術入 船物

稻 dào 稌也。从禾,舀聲。徒皓切。○甲文、、、 金文、、、、 定晧上 定幽

稗 bài 禾别也。从禾,卑聲。琅邪有稗縣。旁卦切。○並卦去 並支

移 yí 禾相倚移也。从禾,多聲。一曰禾名。弋支切。○以支

平　定歌

穎 yǐng　禾末也。从禾，頃聲。《詩》曰："禾穎穟穟。"余頃切。○以靜上　定耕

秒 miǎo　禾芒也。从禾，少聲。亡沼切。○明小上　明宵

秠 pī　一稃二米。从禾，丕聲。《詩》曰："誕降嘉穀，惟秬惟秠。"天賜后稷之嘉穀也。敷悲切。○滂脂平　滂之

穫 huò　刈穀也。从禾，蒦聲。胡郭切。○匣鐸入　匣鐸

積 jí　聚也。从禾，責聲。則歷切。○精錫入　精錫

秩 zhì　積也。从禾，失聲。《詩》曰："穧之秩秩。"直質切。○澄質入　定質

穅 kāng　穀皮也。从禾从米，庚聲。㡿，穅或省。苦岡切。○甲文，金文　溪唐平　溪陽

稭 jiē　禾稾去其皮，祭天以爲席。从禾，皆聲。古黠切。○見皆平　見脂

稈 gǎn　禾莖也。从禾，旱聲。《春秋傳》曰："或投一秉稈。"秆，稈或从干。古旱切。○見旱上　見元

稾 gǎo　稈也。从禾，高聲。古老切。○見晧上　見宵

秕 bǐ　不成粟也。从禾，比聲。卑履切。○幫旨上　幫脂

穰 ráng　黍𥸨已治者。从禾，襄聲。汝羊切。○日陽平　日陽

秧 yāng　禾若秧穰也。从禾，央聲。於良切。○影陽平　影陽

季 nián　穀孰也。从禾，千聲。《春秋傳》曰："大有季。"奴顛切。○甲文，金文　泥先平　泥真

稔 rěn　穀孰也。从禾，念聲。《春秋傳》曰："鮮不五稔。"而甚切。○日寑上　日侵

租 zū　田賦也。从禾，且聲。則吾切。○精模平　精魚

稅 shuì　租也。从禾，兌聲。輸芮切。○書祭去　書祭

稍 shāo　出物有漸也。从禾，肖聲。所教切。○山效去　山宵

秋　㸤 qiū　禾穀孰也。从禾，𤎬省聲。𥤛，籀文，不省。七由切。○甲文𧀹、𣆠、𤓪　清尤平　清幽

秦　𥠡 qín　伯益之後所封國，地宜禾。从禾，舂省。一曰：秦，禾名。𥠣，籀文秦，从秝。匠鄰切。○甲文𥠡、𥡆、𥡅、𥡊、𥡉　金文𥡇、𥡈、𥡋、𥡌、𥡍　從真平　從真

稱　䅾 chēng　銓也。从禾，爯聲。春分而禾生，日夏至晷景可度。禾有秒，秋分而秒定。律數十二秒而當一分，十分而寸。其以爲重：十二粟爲一分，十二分爲一銖，故諸程品皆从禾。處陵切。○甲文𥝢、𥝥　金文𥝦、𥝤　昌蒸平　昌蒸

科　䉼 kē　程也。从禾从斗。斗者，量也。苦禾切。○溪戈平　溪歌

程　䅫 chéng　品也。十髮爲程，十程爲分，十分爲寸。从禾，呈聲。直貞切。○澄清平　定耕

秷　䄷 shí　百二十斤也。稻一秷爲粟二十升，禾黍一秷爲粟十六升大半升。从禾，石聲。常隻切。○禪昔入　禪鐸

秝　秝 254 lì　甲文𣂷、秝、𣂸　郎擊切　來錫開四入　來錫（146/143；329/332）

稀疏適(dí)**秝**(適秝，同"適歷"，分布稀疏均勻)大徐本無"秝"也[一]。**从二禾**[二]。**凡秝之屬皆从秝。讀若歷**[三]。

【譯文】

稀疏均勻的樣子。由二"禾"構成。凡是和"秝"義有關的字都以"秝"爲構件。讀音同"歷"。

【段注】

[一]各本無"秝"字。今依江氏聲、王氏念孫説補①。適秝，上音的，下音歷，疊韻字也。《玉篇》曰："稀疏㾕㾕然。"②蓋凡言"歷歷可數、歷録束文"皆當作秝③，"歷"行而"秝"廢矣。《周禮·遂師》："及窆(biǎn)抱磿(lì)。"鄭云："磿者，適歷，執綍(fú)者名也，遂人主陳之，而遂師以名行挍之。"賈公彦云："天子千人，分布於六綍之上，稀疏

得所,名爲適歷也。"④王氏念孫《廣雅疏證》云,《子虛賦》、《七發》、楊雄《蜀都賦》、《南都賦》、《論衡·譴告篇》、嵇康《聲無哀樂論》皆云勺藥,伏儼、文穎、晉灼⑤、李善皆説是調和之名。上丁削反,下旅酌反。"勺藥"之言"適歷"也。《周禮注》及《説文》皆云"適歷"。《説文》麻字下云"治也",𥢶字下云"調也"。凡均調謂之"適歷"。　　[二]禾之疏密有章也。　　[三]郎擊切。十六部(支、錫)。

【疏義】

　　①江聲:清代著名學者,本安徽休寧人,寓居元和(今江蘇吳縣),終生未仕,中年師事惠棟,著有《尚書集注音疏》《六書説》《恒星説》《艮庭小慧》等書。王念孫:字懷祖,清代著名學者,高郵(今江蘇高郵縣)人,著有《廣雅疏證》《讀書雜志》《道河議》《河源紀略》等書。《廣雅疏證·釋詁》"稀、秭、闊、遠,疏也"條:"秭者,《説文》'秭,稀疏適秭也'。"　　②《玉篇》秭部:"秭,郎的切,稀疏秭秭然。"　　③歷録:文采貌。束文:交織的花紋。《説文》木部:"𣚴(加固車轅的皮帶,裝飾),車歷録束文也。"　　④抱歷:抱持名版,查點執紼人數。歷,古代送葬時登記執紼人姓名的木版。紼:引棺的大繩。引文見《周禮·地官司徒·遂師》及鄭玄注與賈公彥疏。"稀疏得所"原文作"分布稀疏得所"。　　⑤引文見王念孫《廣雅疏證·釋草》"𦰚夷,芍藥"條。《子虛賦》:西漢揚雄撰。《七發》:西漢枚乘撰。《南都賦》:東漢張衡撰。伏儼:字景宏,東漢琅琊(今山東膠南市)人,史學家,著有《前漢糾謬》一書,久佚。文穎:東漢南陽(今河南南陽市)人,字叔良,著有《移零陵文》《漢書注》等書,皆佚。晉灼:晉代河南人,官尚書郎,著有《漢書音義》一書。

【集解】

　　徐鍇《説文繫傳》:"適者,宜也。禾,人手種之,故其稀疏等也。"

　　朱駿聲《説文定聲》:"適秭者,均匀之貌。"

　　王筠《説文句讀》:"二禾離立,取其疏也。""平安館,朱仲子尊有𥢶字,蓋即'秭'。兩禾字相背作之。"

　　董蓮池《部首新證》:"字見甲骨文,寫作𥞉、𥞉諸形(《甲骨文編》312頁),从二'禾'會意。"

【同部字舉例】

兼 � jiān　并也。从又持秝。兼持二禾,秉持一禾。古甜切。○
金文 𩓣　見添平　見談

黍 � 255　shǔ　甲文 𤆇、𣎴、𤆇、𧰼、𩓣　金文 𣎴　舒吕切　書語
開三上　書魚(146/143;329/332)

[一]禾屬而黏者也[二]。以大暑而穜(tóng,先種後熟
的穀子),故謂之黍[三]。从禾,雨省聲[四]。孔子曰:
"黍可爲酒[五],故从 大徐本無"故从"二字 禾入水也。"[六]
凡黍之屬皆从黍。

【譯文】

帶黏性的穀類。大暑時節種植,所以稱作"黍"。"禾"爲意符,
"雨"的省體爲聲符。孔子説:"黍可以用來釀酒,所以字由'禾、入、
水'構成。"凡是和"黍"義有關的字都以"黍"爲構件。

【段注】

[一]許云"雨省聲",則篆體當如是①。引"孔子曰"者,其別説也。
[二]《九穀考》曰:"以禾況黍,謂黍爲禾屬而黏者,非謂禾爲黍屬而不
黏者也。禾屬而黏者黍,禾屬而不黏者穈(má)。對文異,散文則通偁
黍。謂之禾屬,要之皆非禾也。"今山西人無論黏與不黏統呼之曰穈
黍,太原以東則呼黏者爲黍子,不黏者爲穈子。黍宜爲酒,爲羞籩
(biān)之餌餈(cí),爲酏(yǐ)粥②。穈宜爲飯。禾、黍、稻、稷各有黏不
黏二種。按:黍爲禾屬者,其米之大小相等也。其采(同"穗")異,禾
穗下垂如椎而粒聚,黍采略如稻而舒散。　　[三]大:衍字也。《九穀
考》曰"伏生《尚書大傳》、《淮南》、劉向《説苑》皆云'大火中種黍
菽'",而《吕氏春秋》則云"日至樹麻與菽"。麻,正穈之誤。又《夏小
正》:"五月初昏大火中種黍菽穈。""穈"字因下文誤衍。諸書皆言種
黍以夏至,《説文》獨言以大暑,蓋言種暑之極時,其正時實夏至也。玉
裁謂:種植有定時,古今所同,非可叚借,許書經轉寫妄增一字耳。以
暑種故謂之黍,猶二月生,八月孰得中和,故謂之禾。皆以疊韻訓釋。
[四]舒吕切。五部(魚、鐸)。　　[五]如稬(nuò)與秫(shú)皆宜

酒③。 ［六］依《廣韻》補“故从”二字④。此説字形之異説也。凡云“孔子曰”者,通人所傳。以禾入水不見其必爲酒,故先“雨省聲”之説,而“禾入水”會意之説次之。今之隸書則从“禾入水”,不从“雨省”。

【疏義】

①《段注》“黍”篆文與大徐不同。 ②引文見清程瑤田《通藝録·九穀考》,文字略有出入。羞:進獻的食品。籩:古代祭祀和宴會時盛果品等的竹器。餌:糕餅。餈:同“糍”,糍粑。酏:稀粥。 ③稬:同“糯”。秫:黏高粱。 ④《廣韻》語韻:“黍,《説文》云:‘禾屬而黏也。’引孔子曰:‘黍可爲酒,故从禾入水也。’”

【集解】

王筠《説文句讀》:“種當作埶。”

蔣人傑《説文解字集注》:“甲骨文黍字多象黍形,亦从水;金文字亦从水,从禾,會意;許説第二義是也,从雨蓋从水之譌變;余意黍字初本爲象形,殷人尚酒,始創以黍釀酒,故字又改爲从黍从水,至金文則又簡化爲从禾从水。”

黃天樹《部首與甲骨文》(續一):“穀子的穗是聚而下垂的,黍子的穗是散的,麥子的穗是直上的。所以甲骨文把‘禾’字寫作🌾,‘黍’字寫作🌾,‘來’字寫作🌾(‘來’的本義是小麥),主要依靠穗形的不同來區别它們。甲骨文‘黍’字作🌾、🌾,象一種多穗而且穗形呈分叉斜垂散開的禾類作物。後一種寫法加有‘水’旁。後來爲了書寫方便,象黍子的形符被簡化而換成‘禾’旁。黍,今稱黍子,去皮稱大黃米。味佳可口,故成爲商周時代貴族最主要的飯食。此外,黍又是釀酒的主要原料……黍可釀酒,所以小篆‘黍’字由‘禾’、‘入’、‘水’三字會意。”

董蓮池《部首新證》:“字見甲骨文,寫作🌾,爲黍的象形,又寫作🌾(《甲骨文編》312頁),从‘黍’从‘水’會意,並非‘从禾,雨省聲’。到西周,改‘黍’用‘禾’,但仍从‘水’,寫作🌾(仲馭父盤),亦和‘雨’無關。”

【同部字舉例】

🌾🌾 bǐ 黍屬。从黍,卑聲。并弭切。○幫紙上 幫支

黏 𪏮 nián　相箸也。从黍，占聲。女廉切。○泥鹽平　泥談

䵑 𪏲 nì　黏也。从黍，日聲。《春秋傳》曰："不義不䵑。"𪏾，䵑或从刃。尼質切。○泥質入　泥質

香 𪒠
256 xiāng　甲文 𥠼、𥠽　許良切　曉陽開三平　曉陽
（147/143；330/333）

芳也[一]。从黍从甘[二]。《春秋傳》曰："黍稷馨香。"[三]凡香之屬皆从香。

【譯文】

芳香。由"黍、甘"構成。《春秋傳》說："黍稷馨香。"凡是和"香"義有關的字都以"香"爲構件。

【段注】

[一]艸部曰："芳，艸香也。"芳謂艸，香則氾言之①。《大雅》曰："其香始升。"②　[二]會意。許良切。十部（陽）。　[三]約舉《左傳·僖五年》文③，此非爲香證，說香必从黍之意也。

【疏義】

①氾：即"泛"。　②《詩經·大雅·生民》："其香始升，上帝居歆。"　③《左傳·僖公五年》："故《周書》曰：'皇天無親，惟德是輔。'又曰：'黍稷非馨，明德惟馨。'"

【集解】

朱駿聲《說文定聲》："穀與酒之臭曰香。"

王筠《說文句讀》："香主謂穀，芳主謂艸。甘者穀之味，香者穀之臭。"

徐灝《說文注箋》："從黍甘會意，甘以味言，味者，氣之本也。"

饒炯《說文部首訂》："艸臭之美者曰芳，穀臭之美者曰香，然穀食之臭，黏者尤甚，故芳香之香，從黍甘會意。"

李孝定《甲骨文字集釋》："蓋字象以器盛黍稷之屬，以見馨香之意，爲會意字。"

黃天樹《部首與甲骨文》（續一）："《說文》：'芳也。从黍从甘。'甲骨文'香'字上部正作𥠼、𥠽等形（《甲骨文字集釋》2393頁）。古人

認爲,在各種農作物裏,黍是最好吃的一種穀物……'香'字从黍正説明這一點。"

董蓮池《部首新證》:"'香'本義指黍稷芳香,故'香'字从'黍';黍稷屬穀物,穀物味甘,故'香'字又从'甘'。"

【同部字舉例】

馨　𪏰　xīn　香之遠聞者。从香,殸聲。殸,籀文磬。呼形切。〇曉青平　曉耕

米　𠂤²⁵⁷　mǐ　甲文⫶、⫶　莫禮切　明薺開四上　明脂(147/143;330/333)

粟實也[一]。**象禾黍**"黍"大徐本作"實"**之形**[二]。**凡米之屬皆从米。**

【譯文】

米粟的籽實。字象禾穀的形狀。凡是和"米"義有關的字都以"米"爲構件。

【段注】

[一]卤部曰:"粟,嘉穀實也。"嘉穀者,禾黍也。"實"當作"人"①。粟舉連秠(pī)者言之②,米則秠中之人,如果實之有人也。果人之字古書皆作"人",金刻本艸尚無作"仁"者③,至明刻乃盡改爲"仁"。鄭注《冢宰》職"九穀"不言"粟"④。注《倉人》"掌粟人之藏"云:"九穀盡藏焉,以粟爲主。"⑤"粟"正謂"禾黍"也。禾者,民食之大同;黍者,食之所貴,故皆曰"嘉穀"。其去秠存人曰米,因以爲凡穀人之名,是故禾黍曰米,稻稷麥芘亦曰米,《舍人》注所謂"六米"也⑥。"六米"即《膳夫》《食醫》之"食用六穀"也⑦。賓客之車米、筥(jǔ)米,喪紀之飯米⑧,不外黍、粱、稻、稷四者。凡穀必中有人而後謂之秀,故秀从禾、人。　　[二]大徐作"禾實",非是。米謂禾黍,故字象二者之形。四點者,聚米也。"十"其閒者,四米之分也。篆當作四圜點以象形,今作長點,誤矣。莫禮切。十五部(脂、微、物、月)。

【疏義】

①人:果仁。　②秠:黑黍的一種,每個殼中有二粒米。　③艸:

疑衍。　④《周禮·天官冢宰·大宰》:"一曰三農,生九穀。"鄭玄注:
"九穀:黍、稷、秫(shú)、稻、麻、大小豆、大小麥。"秫:黏高粱。　⑤引
文見《周禮·地官司徒·倉人》。　⑥《周禮·地官司徒·舍人》:"掌
米粟之出入,辨其物。"鄭玄注:"九穀,六米。"　⑦《周禮·天官冢
宰·膳夫》:"凡王之饋,食用六穀。"《周禮·天官冢宰·食醫》:"食醫
掌和王之六食。"　⑧《周禮·地官司徒·舍人》:"賓客,亦如之,共其
禮車米、筥米、芻禾。喪紀,共飯米、熬穀。"車米、筥米、芻禾:分別指所
致糧草的數量。古代諸侯朝聘,入居館舍後,主國向來賓贈送食品。
"車米"指車載之米。"筥米"指用筥裝之米;筥,圓形的盛物竹器。
"芻禾"指飼料,包括飼草和禾秆,據《禮記·聘禮》,"致饗"之禮,致禾
三十車,致芻之數是禾的一倍。喪紀:喪事。

【集解】

徐鍇《説文繫傳》:"穬,顆粒也。十,其秠彙開而米見也;八八,米
之形也。象形。"

王筠《説文釋例》:"四點,米也,十則聊爲界畫耳……石鼓文糜字
從꜀,以一爲梗而六點則米也。"

朱駿聲《説文定聲》:"四注象米,十其介者。"

王筠《説文句讀》:"禾實仍是粟實,必重複言之者,蓋謂米是圓
物,四點象之足矣;而有十以象其穎與機者,以米難象,故原其在禾時
以象之也。"

商承祚《殷虛文字》:"象米粒瑣碎縱橫之狀,古金文從米之字皆
如此。"

黃天樹《部首與甲骨文》(續一):"甲骨文作꜀,象米粒。字形中
間加一橫,大概是爲了把此字跟甲骨文'小'字區別開來。後來中間的
上下兩點連成一豎。"

董蓮池《部首新證》:"字見甲骨文,寫作꜀、꜀諸形(《甲骨文編》
313 頁),西周金文寫作꜀(偏旁。見容庚《金文編》508 頁'粱'所從),
均象一堆米粒。後漸變作꜀(偏旁。同前書,508 頁'粱'所從),꜀(信
陽楚簡),上下的中間點與橫畫穿通相連,爲篆所本。"

【同部字舉例】

梁 liáng　米名也。从米，梁省聲。吕張切。○金文 、 、 、 來陽平　來陽

粲 càn　稻重一秅(shí，一百二十斤爲一秅)，爲粟二十斗、爲米十斗曰毇(huǐ)；爲米六斗太半斗曰粲。从米，奴(cán，殘破)聲。倉案切。○秦簡 　清翰去　清元

糲 lì　粟重一秅，爲十六斗太半斗，舂爲米一斛曰糲。从米，萬聲。洛帶切。○來泰去　來祭

精 jīng　擇也。从米，青聲。子盈切。○精清平　精耕

粺 bài　毇也。从米，卑聲。旁卦切。○並卦去　並支

粗 zù　疏也。从米，且聲。徂古切。○從姥上　從魚

粒 lì　糂也。从米，立聲。 ，古文粒。力入切。○來緝入　來緝

糜 mí　糝也。从米，麻聲。靡爲切。○明支平　明歌

糟 zāo　酒滓也。从米，曹聲。 ，籀文，从酉。作曹切。○精豪平　精幽

糒 bèi　乾也。从米，葡聲。平祕切。○並至去　並之

糗 qiǔ　熬米麥也。从米，臭聲。去九切。○楚簡 　溪有上　溪幽

糈 xǔ　糧也。从米，胥聲。私呂切。○心語上　心魚

糧 liáng　穀也。从米，量聲。吕張切。○來陽平　來陽

糴 dí　穀也。从米，翟聲。他弔切。○定錫入　定藥

粹 cuì　不雜也。从米，卒聲。雖遂切。○心至去　心微

氣 xì　饋客芻米也。从米，气聲。《春秋傳》曰："齊人來氣諸侯。" ，氣或从既。 ，氣或从食。許既切。○曉未去　曉微

粠 hóng　陳臭米。从米，工聲。戶工切。○匣東平　匣東

粉 fěn　傅面者也。从米，分聲。方吻切。○幫吻上　幫文

竊 qiè　盜自中出曰竊。从穴从米。卤、廿皆聲。廿，古文疾；卤，古文偰。千結切。○清屑入　清質

毇 毇[258]　huǐ　許委切　曉紙合三上　曉微（148/145；334/337）

糲大徐本無“糲”米一斛舂爲九“九”大徐本作“八”斗也[一]。从臼、米大徐本作“从臼”（臼 jiù,熟乾米粉）[二]，从殳（shū,杖屬）[三]。凡毇之屬皆从毇。

【譯文】

一斛（十斗）糲米加工成九斗細米。由“臼、米”和“殳”構成。凡是和“毇”義有關的字都以“毇”爲構件。

【段注】

[一]“九斗”各本譌“八斗”，“檕”下“八斗”各本譌“九斗”，今皆正。《九章筭術》曰：“糲米率三十，粺（bài）米二十七，檕米二十四，御米二十一。”①《毛詩》鄭箋：“米之率，糲十、粺九、檕八、侍御七。”②米部曰：“粺，毇也。”是則“毇”與“粺”皆一斛舂爲九斗明甚。“毇”見“糳”下，謂稻米也③。稻米之始亦得云糲。此云糲米者，兼稻米、粟米言也。　[二]依《韻會》本④。　[三]从臼、米者，謂舂也。从殳者，殳猶杵也。許委切。十五部（脂、微、物、月）。鉉本“从臼、米”作“从臼（jiù）”。

【疏義】

①《九章筭術》：中國傳統數學經典，出現在東漢以前。“糲米”四句：比率糲米三十，相當於粺米二十七、檕米二十四、貢米二十一。引文見《九章算術·粟米》，原文作：“粟米之法：粟率五十，糲米三十，粺米二十七，鑿米二十四，御米二十一。”御米：貢米。　②粺：精米。侍御：供帝王食用的優質米糧。《詩經·大雅·召旻》“彼疏斯粺”毛傳：“彼宜食疏，今反食精粺。”鄭玄箋：“疏，粗也，謂糲米也。米之率，糲十、粺九、檕八、侍御七。”孔穎達正義：“其術在《九章·粟米之法》。彼云：‘粟率五十，糲米三十，粺二十七，鑿二十四，御二十一。’言粟五升，爲糲米三升。以下則米漸細，故數益少。四種之米，皆以三約之，得此數也。”　③《説文》米部：“糳，稻重一秅，爲粟二十斗、爲米十斗曰毇；爲米六斗太半斗曰糳。”　④《韻會舉要》紙韻：“毇，《説文》：‘糲米一斛舂爲八斗也。从臼、米，从殳。’糙米也。”

【集解】

徐鍇《説文繫傳》：“此會意也。”

桂馥《説文義證》：“毇，當爲九斗。”

朱駿聲《説文定聲》：“稻米曰毇，禾黍米曰粺。”

饒炯《説文部首訂》：“謂毇、糳皆爲糲之再舂者。”

【同部字舉例】

糳 zuò 糲米一斛舂爲九斗曰糳。从毇，丵聲。則各切。○精

鐸入 精藥

臼²⁵⁹ jiù 其九切 羣有開三上 羣幽（148/145；334/337）

舂臼大徐本無“臼”也^[一]。古者掘地爲臼^[二]，其後穿木石^[三]。象形^[四]。中象大徐本無“象”米也^[五]。凡臼之屬皆从臼。

【譯文】

舂米的臼。古時掘地成臼，後來在木頭或石頭上鑿坑成臼。象形。字的中間象米粒。凡是和“臼”義有關的字都以“臼”爲構件。

【段注】

[一]各本無“臼”字，今補。“杵”下云：“舂杵也。”則此當云“舂臼也”明矣。引申凡凹者曰臼。 [二]見《易·繫辭》傳①，蓋黃帝時雍父初作如此②。 [三]或穿木，或穿石。 [四]“口”象木石臼也。[五]所舂也。其九切。三部（幽、覺）。

【疏義】

①《周易·繫辭下》：“斷木爲杵，掘地爲臼。臼杵之利，萬民以濟。” ②雍父：傳説爲黃帝之臣，杵臼的發明者。

【集解】

王筠《説文句讀》：“臼，中象米，謂丷也。”

桂馥《説文義證》：“臼，‘象形’者，象掘地形也，故凵象地穿。”

董蓮池《部首新證》：“字見甲骨文，寫作 凵（《甲骨文編》314 頁

'春'所从），西周金文寫作 〰（伯春簋'春'所从），戰國寫作 〰（包山竹簡），象舂米之臼形。"

【同部字舉例】

春 𣂫 chōng　擣粟也。从廾持杵臨臼上。午，杵省也。古者雝父初作舂。書容切。○甲文 𦥔、𦥑、𦥒、𦥓　金文 𣂫　書鍾平　書東

舂 𦥮 chā　舂去麥皮也。从臼，干所以臿之。楚洽切。○初洽入初葉

臽 𦥑 xiàn　小阱也。从人在臼上。戶猎切。○甲文 𧮫、𧮰、𧮭、𧮩　金文 𦥮　匣陷去　匣談

凶 凶

260 xiōng　許容切　曉鍾合三平　曉東（148/145；334/337）

惡也^[一]。象地穿交陷其中也^[二]。凡凶之屬皆从凶。

【譯文】

險惡（之地）。字形象地上凹陷有物交互落入其中。凡是和"凶"義有關的字都以"凶"爲構件。

【段注】

[一]凶者，吉之反。　[二]此爲指事。許容切。九部（東、冬）。

【集解】

徐鍇《説文繫傳》："惡不可居，象地之塹也，惡可以陷人也。"

王筠《説文句讀》："與口部'吉，善也'對文。'交'謂'乂'也。"

饒炯《説文部首訂》："蓋凵即坎之古文，而乂象交陷於中以指事。"

董蓮池《部首新證》："字見戰國，寫作 𠙶（楚帛書）、𠙶（睡虎地秦簡），从'凵'，爲坎窞之象。从'乂'，象交陷凵中。"

【同部字舉例】

兇 兇 xiōng　擾恐也。从人在凶下。《春秋傳》曰："曹人兇懼。"許拱切。○曉鍾平　曉東

卷七下

朮 朮 261 pìn　匹刃切　滂震開三去　滂文(149/146;335/339)

分枲(xǐ)莖皮也[一]。从中(chè,草木初生)[二]，八象枲大徐本有"之"皮[三]。凡朮之屬皆从朮。讀若髕(bìn,膝蓋骨)[四]。

【譯文】

　　剝取麻杆皮。以"中"爲構件，"八"象麻杆皮。凡是和"朮"義有關的字都以"朮"爲構件。讀音同"髕"。

【段注】

　　[一]謂分擘(bò)枲(xǐ)莖之皮也①。　[二]象枲莖。　[三]兩旁者,其皮分離之象也。此字與讀若輩之宋(bèi)別②。　[四]匹刃切。十二部(真)。

【疏義】

　　①擘:剖,分開。枲:大麻的雄株,泛指麻。　②宋:草木繁榮貌。

【集解】

　　徐鍇《說文繫傳》:"朮,剝麻之剝也。剝之則莖經手,故一求也。"

　　桂馥《說文義證》:"(中)象莖,'八'象皮分也。"

　　王筠《說文句讀》:"'八'象皮,'中'象莖,全體象形字也。"

　　董蓮池《部首新證》:"西周金文所見寫作朮(見櫢車父簋'橄'所从,又見師麻匡'麻'所从),篆與之形同。屮象枲(即麻),'八'則象枲皮剝下來。"

【同部字舉例】

枲󠄀 xǐ　麻也。从朩,台聲。𦸡,籒文枲,从𣏟(pài),从辝。胥里切。○心止上　心之

𣏟 262 pài　匹卦切　滂卦開二去　滂支(149/146;335/339)

萉(fèi,麻子,亦指麻)大徐本作"葩"**之總名也**[一]**。𣏟之爲言微也**[二]**,微纖爲功**[三]**。象形**[四]**。凡𣏟之屬皆从𣏟。**

【譯文】

麻類的總名。"𣏟"的意思是"微",纖細柔韌度好是它的用途。象形。凡是和"𣏟"義有關的字都以"𣏟"爲構件。

【段注】

[一]各本"萉"作"葩",字之誤也①,與《吕覽・季冬紀》注誤同②,今正。艸部曰:"萉,枲實也。"䕯(fén),或"萉"字也。萉本謂麻實,因以爲苴(jū)麻之名③。此句疑尚有奪字,當云"治萉枲之總名",下文云"𣏟,人所治也"可證④。萉、枲則合有實無實言之也。趙岐、劉熙注《孟子》"妻辟纑"皆云"緝績其麻曰辟"⑤。按:"辟"音"劈",今俗語緝麻析其絲曰劈,即𣏟也。　[二]𣏟、微音相近。《春秋説題辭》曰⑥:"麻之爲言微也。"𣏟、麻古蓋同字。　[三]絲起於糸,麻縷起於𣏟。[四]按:此二字當作"从二朩"三字。朩謂析其皮於莖,𣏟謂取其皮而細析之也。匹卦切。十六部(支、錫)。

【疏義】

①葩:花;華美。　②《吕氏春秋・季冬紀・士節篇》:"齊有北郭騷者,結罘網,捆蒲葦,織萉屨。"高誘注:"一作'葩履'。"　③苴麻:大麻的雌株,也叫種麻。　④下文:指下一部首"麻"字的釋文。⑤《孟子・滕文公下》:"彼身織屨,妻辟纑,以易之也。"東漢趙岐注:"彼仲子身自織屨,妻緝纑以易食宅耳。緝績其麻曰辟,練其麻曰纑,故云'辟纑'。"《文選・張景陽〈雜詩十首〉》:"取志於陵子,比足黔婁生。"李善注:"《孟子章句》曰:'……仲子織屨,妻辟纑,以易之。'劉熙

曰：'緝績其麻曰辟，練絲曰纑也。'"緝：把麻析成縷連接起來。績：把麻搓捻成綫或繩。練：把生絲、麻或布帛煮熟，使之柔軟潔白。纑：麻綫。　⑥《春秋説題辭》：兩漢時期的緯書。引文見宋李昉《太平御覽·百卉部二》（卷九九五）。

【集解】

　　徐鍇《説文繫傳》："葩即麻也，猶言派也。派亦水分微也。"

　　朱駿聲《説文定聲》："林，从二朮，會意。"

　　王筠《説文句讀》："不言从二朮者，種麻必密比，故从林象其密。朮，分其皮，故半之，而許亦云'象形'者，緣列朮於前之故，是古麻字。"

　　董蓮池《部首新證》："説解文'葩之總名也'不可解，'葩'本訓'華'（花），而'林'字从二'朮'，与枲有關。"

【同部字舉例】

　　枡糤 sàn　分離也。从攴从林。林，分枡之意也。穌旰切。〇金文糤　心翰去　心元

麻 麻 263 má　金文麻　莫遐切　明麻開二平　明歌（149/146;336/339）

枲也[一]。从林（麻的總名）从广[二]。林，人所治也，在屋下以上數句大徐本作"與林同。人所治，在屋下。从广从林"[三]**。凡麻之屬皆从麻。**

【譯文】

　　就是"枲"（麻類植物的總稱）。由"林、广"構成。林，需要人加工，在屋内進行。凡是和"麻"義有關的字都以"麻"爲構件。

【段注】

　　[一]麻與枲互訓，皆兼苴麻、牡麻言之①。　[二]會意。莫遐切。古音在十七部（歌）。　[三]説从广之意。林必於屋下績之，故从广。然則未治謂之枲，治之謂之麻。以已治之偁加諸未治，則統謂之麻。此條今各本皆奪誤，惟《韻會》所據小徐本不誤。今從之。

【疏義】

　　①苴麻：麻的雌株，開花後結實，又叫子麻。牡麻：麻之雄株。

【集解】

徐鍇《説文繫傳》:"在田野曰萉,實曰枲,加工曰麻。广,廡屋也,與宀異。宀,交覆深屋也。此广蓋廡敞之形,於其下治麻。"

桂馥《説文義證》:"顔注《急就篇》:'麻謂大麻及胡麻。'"

朱駿聲《説文定聲》:"古無木棉,凡言布皆麻爲之。"

王筠《説文句讀》:"凡一字遞增而在兩部者,所增必本物……'林'增爲'麻',則尤遼遠矣,它字無似此者,故人多不知爲一字。"

【同部字舉例】

廫 廫 zōu　麻藣(jiē)也。从麻,取聲。側鳩切。○莊尤平　莊侯

尗　尗　264　shū　式竹切　書屋合三入　書覺(149/146;336/339)

豆也[一]。尗象大徐本作"象尗"豆生之形也[二]。凡尗之屬皆从尗。

【譯文】

豆類的總稱。字形象豆類植物生長的樣子。凡是和"豆"義有關的字都以"豆"爲構件。

【段注】

[一]尗、豆古今語,亦古今字。此以漢時語釋古語也。《戰國策》:"韓地五穀所生,非麥而豆,民之所食,大抵豆飯藿(huò)羹。"[①]《史記》"豆"作"菽"[②]。　[二]"尗象"各本作"象尗",誤,今正。重言尗者,著其形也。豆之生也,所種之豆必爲兩瓣,而戴於莖之頂,故以一象地,下象其根,上象其戴生之形。式竹切。三部(幽、覺)。今字作菽。

【疏義】

①引文見《戰國策·韓策》。　②《史記·張儀列傳》:"韓地險惡山居,五穀所生,非菽而麥,民之食,大抵飯菽藿羹。"

【集解】

《韻會舉要》屋韻:"菽,《説文》:尗,豆也。从尗生形。徐曰:'豆性引蔓,故从丨,有歧枝,非从上下之上也,故曰从尗生形。小象

根也。"

王筠《説文句讀》："高注《淮南・時則訓》曰：'菽、豆連皮也。'此漢時呼'菽'爲'豆'，因爲'菽'別作義也。"

桂馥《説文義證》："古但稱'未'不言豆。"

朱駿聲《説文定聲》："指事。古謂之未，漢謂之豆，今字作菽。菽者，衆豆之總名。"

徐灝《説文注箋》："古食肉之器謂之豆，無以'未'爲'豆'者，自戰國以後乃有此稱。"

董蓮池《部首新證》："今考甲骨文寫作𠂹（郭沫若《殷契粹編》499片'督'所从）、𠂹（《甲骨文合集》30894'督'所从，3770頁），金文寫作𠂹、𠂹（《金文編》191頁'叔'所从），从𠂹、𠂹、𠂹、𠂹，从𠂹、𠂹、𠂹，前者即'朱'的初文，形體即橛朱的象形；後者是土點的表示，合起來表示橛朱從土中掘出或拔出，所从土點用以狀其掘出拔出之象，即'叔'字的省體。"

【同部字舉例】

　敊 𣏓 chǐ　配鹽幽未也。从未，支聲。𣏓，俗敊，从豆。是義切。
○禪實去　禪支

耑 𢿱　265 duān　甲文𢿱、𢿱、𢿱　金文𢿱、𢿱　多官切　端桓合一平　端元(149/146;336/340)

物初生之題也[一]。上象生形[二]，下象根也[三]。凡耑("端"的古字)之屬皆从耑。

【譯文】

植物初生出的芽端。字的上部象生出之形，下部象根。凡是和"耑"義有關的字都以"耑"爲構件。

【段注】

[一]題者，額(é)也①。人體額爲最上，物之初見即其額也。古發端字作此，今則"端"行而"耑"廢，乃多用"耑"爲專矣。《周禮・磬氏》："已下，則摩其耑。"②耑之本義也。《左傳》："履端於始。"③假端爲耑也。　[二]以才、屯、韭字例之，一，地也。𠂹象初生。　[三]"一"下

則象其根也。多官切。十四部(元)。

【疏義】

　　①頯:同"額"。　②引文見《周禮·冬官考工記·磬氏》。　③引文見《左傳·文公元年》。原文作:"先王之正時也,履端於始,舉正於中,歸餘於終。"杜預注:"步厤之始,以爲術之端首。期之日,三百六十有六日,日月之行又有遲速,而必分爲十二月,舉中氣以正。月有餘日,則歸之於終,積而爲閏,故言歸餘於終。"

【集解】

　　徐鍇《説文繫傳》耑部:"題猶額也,端也。古發端之耑直如此而已。一,地也。"

　　朱駿聲《説文定聲》:"耑,一者,地也。指事。"

　　王筠《説文句讀》:"�,其端也,不正者,與'之'上半同意。凡豆及瓜桃李初生皆如此。"

　　王筠《説文釋例》:"上象生形,下象其象根也。生形而不正者,初生必句曲,所以爲耑也。"

　　董蓮池《部首新證》:"字見甲骨文,寫作 𢓊 、 𢓊 諸形(《甲骨文編》314頁),正象植物初生的樣子。上 ㄣ 象初生歧葉,中一表地,下 𠆢 是根的象形,點當表土形。植物破土而出,枝葉上面常有土(或以爲表水,水是養物者)。"

韭 韭 266 jiǔ　舉友切　見有開三上　見幽(149/146;336/340)

韭菜也"韭菜"句大徐本作"菜名"[一]。**一穜**(zhòng,同"種")**而久生者也**"生者也"大徐本作"者",**故謂之韭**[二]。**象形**[三],**在一之上。一,地也。此與耑同意**[四]。**凡韭之屬皆从韭。**

【譯文】

　　韭菜。一經種下就能長久地生長,所以叫做"韭"。象韭菜之形,在"一"的上面。一,代表地面。這和"耑"字的構義("一"表示地面)相同。凡是和"韭"義有關的字都以"韭"爲構件。

【段注】

[一]三字一句。　　[二]此與説“禾”同例①。韭、久疊韻。
[三]謂韭。　　[四]屮亦象形,在“一”之上也。“屮”下不言“一,地
也”。錯見互相足。舉友切。三部(幽、覺)。

【疏義】

①同例:指用聲訓作解釋。《段注》禾部:“禾,嘉穀也。以二月始
生,八月而孰。得之中和,故謂之禾。”

【集解】

王筠《説文釋例》:“韭則莖葉長,紛紜滿畦,如剪斯齊,故字之中
兩直正其狀也。旁出之六筆,亦非岐枝也,象其多耳。”

朱駿聲《説文定聲》:“久、韭雙聲。”

徐灝《説文注箋》:“韭葉最長,與莖相迭,非象其形。”

【同部字舉例】

韱　韱 xiān　山韭也。从韭,㦭聲。息廉切。○心鹽平　心談

瓜 瓜　267 guā　金文 瓜　古華切　見麻合二平　見魚(149/
146;337/340)

蓏(yǔ,瓜多而根蔓弱)大徐本作“瓜” **也**[一]。**象形**[二]。

凡瓜之屬皆从瓜。

【譯文】

瓜類植物的果實。象形。凡是和“瓜”義有關的字都以“瓜”爲
構件。

【段注】

[一]蓏,大徐作“瓜”,誤。艸部曰:“在木曰果,在地曰蓏。”瓜者,
縢生布於地者也。　　[二]徐鍇曰:“外象其蔓,中象其實。”①古華切。
古音在五部(魚、鐸)。

【疏義】

①徐鍇《説文繫傳》瓜部“瓜”:“厶,瓜實也,外蔓也。”

【集解】

朱駿聲《説文定聲》:“按:(瓜)蓏也。縢生布于地,外象其蔓,中

象其實。"

徐灝《説文注箋》:"瓜者,果蓏之合聲,古音讀若孤,今江浙人語近之。"

董蓮池《部首新證》:"戰國寫作 𠙹(命狐君壺),几爲瓜之秧,𡰪象其上所結之瓜,字爲表示瓜而連帶畫出了瓜秧。"

【同部字舉例】

𤬛 𤬛 dié　𤬛(bó,小瓜)也。从瓜,失聲。《詩》曰:"緜緜瓜𤬛。" 𤬛,𤬛或从弗。徒結切。○定屑入　定質

瓣 瓣 bàn　瓜中實。从瓜,辡聲。蒲莧切。○並襇去　並元

㼆 㼆 yǔ　本不勝末,微弱也。从二瓜。讀若庾。以主切。○以麌上　定魚

瓠 瓠 [268] hù　胡誤切　匣暮合一去　匣魚(150/147;337/341)

匏(páo,瓠瓜)也[一]。从瓜,夸聲[二]。凡瓠之屬皆从瓠。

【譯文】

匏瓜。"瓜"爲意符,"夸"爲聲符。凡是和"瓠"義有關的字都以"瓠"爲構件。

【段注】

[一]包部曰:"匏,瓠也。"二篆左右轉注。《七月》傳曰:"壺,瓠也。"[①]此謂叚借也。　[二]胡誤切。五部(魚、鐸)。

【疏義】

①《詩經·豳風·七月》:"七月食瓜,八月斷壺。"毛傳:"壺,瓠也。"

【集解】

朱駿聲《説文定聲》:"今蘇俗謂之'壺蘆','瓠'即'壺蘆'之合音。"

王筠《説文句讀》:"今人以細長者爲'瓠',圓而大者爲'壺蘆'。古無此別也。"

饒炯《説文部首訂》:"匏有甘苦二種。甘者人以爲食,苦者多作瓢器。但以壺長言之則曰壺蘆,又以壺蘆合呼之曰瓠耳。"

【同部字舉例】

瓢 𤬛 piáo　蠡也。从瓠省，𤐫（biāo）聲。符宵切。○並宵平

並宵

宀 𠔼　269 mián　甲文∩、∧、∩　武延切　明仙開三平　明元

（150/147；337/341）

交覆突“突”大徐本作“深”屋也[一]。象形[二]。凡宀

之屬皆从宀。

【譯文】

廳堂交接的深宅。象形。凡是和“宀”義有關的字都以“宀”爲

構件。

【段注】

[一]古者屋四注，東西與南北皆交覆也①。有堂有室，是爲深屋。

自部“𡨄”（mián）下曰：“宀宀，不見也。”是則宀宀謂深也。　　[二]象

兩下之形，亦象四注之形。武延切。古音當在十二部（真）。

【疏義】

①四注：指屋宇四邊有簷，可使頂上的水從四面流下。交覆：交相

覆蓋。

【集解】

徐鍇《説文繫傳》：“宀，象屋兩下垂覆也。”

王筠《説文句讀》：“‘交覆’對‘广’而言。广是堂皇形，三面有牆。

宀是屋室形，四面有牆。”

王筠《説文釋例》：“∩當作∧，乃一極兩宇兩牆之形也。”

黃天樹《部首與甲骨文》（續一）：“甲骨文作∧，象房屋。”

董蓮池《部首新證》：“字見甲骨文，寫作∩、∩諸形（《甲骨文編》

314 頁），象房屋之形。”

【同部字舉例】

家 𡩣 jiā　居也。从宀，豭省聲。𡩚，古文家。古牙切。○甲文

𡨢、𡨢　金文𡩅、𡩅　見麻平　見魚

宅 𡧍 zhái　所託也。从宀，乇聲。𡨚，古文宅。㡯，亦古文宅。

場伯切。○甲文🄰、🄰　金文🄰　澄陌入　定鐸

　　室🄰 shì　實也。从宀从至。至，所止也。式質切。○甲文🄰
金文🄰、🄰　書質入　書質

　　宣🄰 xuān　天子宣室也。从宀，亘聲。須緣切。○甲文🄰、🄰
金文🄰、🄰　心仙平　心元

　　宛🄰 wǎn　屈草自覆也。从宀，夗聲。🄰，宛或从心。於阮切。
○影阮上　影元

　　宸🄰 chén　屋宇也。从宀，辰聲。植鄰切。○禪真平　禪文

　　宇🄰 yǔ　屋邊也。从宀，于聲。《易》曰："上棟下宇。"🄰，籀文
宇，从禹。王榘切。○金文🄰、🄰、🄰　雲麌上　匣魚

　　宏🄰 hóng　屋深響也。从宀，厷聲。戶萌切。○金文🄰　古文
🄰　匣耕平　匣蒸

　　定🄰 dìng　安也。从宀从正。徒徑切。○甲文🄰、🄰　金文🄰、
🄰　端徑去　端耕

　　寔🄰 shí　止也。从宀，是聲。常隻切。○禪職入　禪錫

　　安🄰 ān　靜也。从女在宀下。烏寒切。○甲文🄰、🄰　金文
🄰、🄰　影寒平　影元

　　宓🄰 mì　安也。从宀，必聲。美畢切。○明質入　明質

　　宴🄰 yàn　安也。从宀，晏聲。於甸切。○金文🄰、🄰　影霰去
影元

　　察🄰 chá　覆也。从宀、祭。初八切。○初黠入　初月

　　完🄰 wán　全也。从宀，元聲。古文以爲寬字。胡官切。○匣
桓平　匣元

　　富🄰 fù　備也。一曰厚也。从宀，畐聲。方副切。○幫宥去
幫之

　　實🄰 shí　富也。从宀从貫。貫貨貝也。神質切。○船質入
船質

　　容🄰 róng　盛也。从宀、谷。🄰，古文容，从公。余封切。○甲
文🄰、🄰　以鍾平　定東

　　寶𡪍 bǎo　珍也。从宀从王从貝，缶聲。𡪡，古文寶，省貝。博皓切。○甲文𡪡、𡪡　金文𡪡、𡪡　幫晧上　幫幽

　　宦𡪡 huàn　仕也。从宀从臣。胡慣切。○金文𡪡　匣諫去匣元

　　宰𡪡 zǎi　辠人在屋下執事者。从宀从辛。辛，辠也。作亥切。○甲文𡪡、𡪡　金文𡪡、𡪡、𡪡　精海上　精之

　　守𡪡 shǒu　守官也。从宀从寸。寺府之事者。从寸。寸，法度也。書九切。○金文𡪡　書有上　書幽

　　寵𡪍 chǒng　尊居也。从宀，龍聲。丑壟切。○徹腫上　透東

　　宥𡪡 yòu　寬也。从宀，有聲。于救切。○金文𡪡　雲宥去　匣之

　　宜𡪡 yí　所安也。从宀之下，一之上，多省聲。𡪡，古文宜。𡪡，亦古文宜。魚羈切。○甲文𡪡、𡪡　金文𡪡、𡪡、𡪡　疑支平　疑歌

　　寫𡪍 xiě　置物也。从宀，舄聲。悉也切。○心馬上　心魚

　　宵𡪡 xiāo　夜也。从宀，宀下冥也；肖聲。相邀切。○金文𡪡、𡪡　心宵平　心宵

　　宿𡪍 sù　止也。从宀，佰聲。佰，古文夙。息逐切。○心屋入　心覺

　　寢𡪍 qǐn　臥也。从宀，㝱聲。𡪡，籀文寢，省。七荏切。○清寢上　清侵

　　寬𡪡 kuān　屋寬大也。从宀，莧聲。苦官切。○溪桓平　溪元

　　寡𡪍 guǎ　少也。从宀从頒。頒，分賦也，故爲少。古瓦切。○金文𡪡、𡪡　見馬上　見魚

　　客𡪡 kè　寄也。从宀，各聲。苦格切。○金文𡪡、𡪡、𡪡、𡪡　溪陌入　溪鐸

　　寄𡪡 jì　託也。从宀，奇聲。居義切。○見寘去　見歌

　　寓𡪍 yù　寄也。从宀，禺聲。𡪡，寓或从广。牛具切。○疑遇去　疑侯

　　寒𡪍 hán　凍也。从人在宀下，以茻薦覆之，下有仌。胡安切。○金文𡪡、𡪡　匣寒平　匣元

害 hài　傷也。从宀从口。宀、口，言从家起也。丯聲。胡蓋切。○金文、、　匣泰去　匣祭

宄 guǐ　姦也。外爲盜，內爲宄。从宀，九聲。讀若軌。，古文宄。，亦古文宄。居洧切。○甲文、　金文、　見旨上　見幽

宕 dàng　過也。一曰洞屋。从宀，碭省聲。汝南項有宕鄉。徒浪切。○甲文、、　金文、　定宕去　定陽

宋 sòng　居也。从宀从木。讀若送。蘇統切。○甲文、　金文、　心宋去　心冬

宗 zōng　尊祖廟也。从宀从示。作冬切。○甲文、、　金文、、　精冬平　精冬

宙 zhòu　舟輿所極覆也。从宀，由聲。直又切。○甲文　澄宥去　定幽

宮 ²⁷⁰ gōng　甲文、、　金文、、　居戎切　見東　合三平　見東（152/149；342/346）

室也^[一]**。从宀，躳**（同"窮"）**省聲**^[二]**。凡宮之屬皆从宮。**

【譯文】

屋舍。"宀"爲意符，以"躳"的省體爲聲符。凡是和"宮"義有關的字都以"宮"爲構件。

【段注】

[一]《釋宮》曰："宮謂之室，室謂之宮。"郭云："皆所以通古今之異語。明同實而兩名。"①按：宮言其外之圍繞，室言其內。析言則殊，統言不別也。《毛詩》"作于楚宮、作于楚室"。傳曰："室猶宮也。"②此統言也。宮自其圍繞言之，則居中謂之宮。五音：宮商角（jué）徵（zhǐ）羽③。劉歆云："宮，中也。居中央，唱四方。唱始施生，爲四聲綱也。"④　[二]按：說宮謂从宀吕會意，亦無不合。宀，繞其外；吕，居其中也。吕者，脊骨也，居人身之中者也。居戎切。九部（東、冬）。

【疏義】

①郭：指郭璞。引文見《爾雅·釋宮》及郭璞注。　②《詩經·鄘

風·定之方中》:"定之方中,作于楚宮。揆之以日,作于楚室。"毛傳:
"室猶宮也。"　③五音:我國古代五聲音階中的五個音級,即宮、商、
角、徵、羽,相當於簡譜中的 1、2、3、5、6,唐以後或稱合、四、乙、尺、工。
④劉歆:字子駿(約前 50—23),西漢末年人,劉邦異母弟楚元王劉交
的五世孫,他在其父劉向《别録》的基礎上,撰成我國歷史上第一部圖
書分類目録《七略》。引文見《漢書·律曆志》。

【集解】

桂馥《説文義證》:"古者貴賤同稱宮,秦漢以來,惟王者所居
偁宮。"

朱駿聲《説文定聲》:"按:郭忠恕《汗簡》引華嶽碑作寙,不省。"

王筠《説文句讀》:"金刻'宮'字皆作愈,疑是从𦥑(邕)省聲。"

徐灝《説文注箋》:"鐘鼎文宮之屢見,皆从二口,不从呂。"

饒炯《説文部首訂》:"篆從宀者,宀下説:'交覆深屋也,象形。' 蓋
謂形象重屋,而室亦前有堂,後有北堂,左右有東西房,故宮从宀而云
室也;然室正當堂後左右之中,如人身之呂,故宮又从呂,而讀爲居戎
切者,本从中義寄音,無取躬省爲聲。"

董蓮池《部首新證》:"字見甲骨文,寫作愈、宮諸形(《甲骨文編》
327 頁),从冂(宀)从呂、𠂤。呂、𠂤即宮之初形,象宮室毗連比並之狀。"

【同部字舉例】

營闣 yíng　市居也。从宮,熒省聲。余傾切。○金文𤇷　以清平
定耕

呂(吕) � 271 lǚ 甲文呂 金文𠂤 力舉切　來語開三上　　來
魚(152/149;343/346)

脊骨也。象形[一]。昔大嶽爲禹心呂之臣,故封
呂侯[二]。凡呂之屬皆从呂。𦛗,篆文呂,从肉,
旅聲[三]。

【譯文】

脊椎骨。象形。當初大嶽是大禹的心呂(心臟和脊椎)大臣,所以
被封爲呂侯。凡是和"呂"義有關的字都以"呂"爲構件。𦛗,篆文

“呂”字,“肉”爲意符,“旅”爲聲符。

【段注】

[一]“呂”象顆顆相承[①],中象其系聯也。沈氏彤《釋骨》曰:“項大椎之下二十一椎通曰脊骨、曰脊椎、曰膂骨。或以上七節曰背骨,第八節以下乃曰膂骨。”[②]力舉切。五部(魚、鐸)。　[二]《周語》大子晉曰:“伯禹念前之非度,釐(lí)改制量[③],象物天地[④],比類百則,儀之于民,而度之于羣生[⑤]。共之從孫四嶽佐之[⑥],高高下下,疏川道滯……帥象禹之功,度之于軌儀[⑦]。莫非嘉績,克厭帝心[⑧]。皇天嘉之,胙以天下。賜姓曰‘姒’,氏曰‘有夏’[⑨],謂其能以嘉祉殷富生物也[⑩]。胙四嶽國,命爲侯伯[⑪],賜姓曰‘姜’[⑫],氏曰‘有呂’,謂其能爲禹股肱心膂,以養物豐民人也[⑬]。”按曰:共之從孫,賈逵、韋昭皆曰:“共,共工也。”[⑭]《外傳》曰“四嶽”,《内傳》曰“大嶽”[⑮],一也,官名也。《外傳》以“祉”訓“姒”,以“殷富”訓“夏”,以“膂”訓“呂”,以“養”訓“姜”。韋解云:“呂之爲言膂也。”是“呂、膂”各字。呂者,國名,以國爲氏。許云:“大嶽爲禹心呂之臣,故封呂侯。”“膂”爲小篆“呂”,是許所據《國語》“股肱心膂”作“股肱心呂”。本無二字,後之爲《國語》學者不得其解,乃以“氏曰有呂”作古文,“股肱心膂”作小篆。韋氏習而不察,乃云“呂之爲言膂”矣,以“心呂”之意名其地而侯之[⑯],而氏之。《潛夫論》曰:“宛西三十里有呂。”[⑰]酈道元、徐廣、司馬貞説皆同[⑱]。宛城,今南陽府治附郭南陽縣是也。許《自序》曰:“大岳左夏,呂叔作藩,俾侯於許,世胙遺靈。”[⑲]大岳者,許之先也,故詳之。　[三]“呂”本古文。以古文爲部首者,因“躳”从“呂”也。此“二(上)”部之例也[⑳]。《秦誓》“旅力既愆”,《小雅》“旅力方剛”,古注皆訓爲“衆力”[㉑],不敢曰“旅”與“膂”同者,知《詩》《書》倘以“心膂”爲義,則其字當从“呂”矣。僞《君牙》襲《國語》云“股肱心膂”[㉒],此未知古文無“膂”,秦文乃有“膂”也。《急就篇》:“尻寬脊膂要背僂,股腳膝臏脛爲柱。”[㉓]云“要背僂”,曰“脛爲柱”,辭意相對。《皇象碑》本不誤[㉔]。若顔本“膂、呂”重出,師古不得不以“脊内肉、脊骨”分釋之[㉕],似史游早不識字矣!“膂”之譌或爲“膂”。《華陽國志》:“孝子隗通爲母汲江膂水,天爲出平石至江中。”[㉖]江膂水,謂江心水也。

【疏義】

①顒顒相承:指脊椎骨節節相連。　②引文見沈彤《果堂集·釋骨》。沈彤:清吳江人,著有《周禮禄田考》《儀禮小疏》等書。　③引文見《國語·周語下》(卷三),下同。伯禹:大禹。韋昭注:“釐,理也。量,度也。”　④韋昭注:“取法天地之物象也。在天成象,在地成形也。”　⑤韋昭注:“度之,謂不傷害也。”　⑥韋昭注:“共,共工也。從孫,昆季之孫也。四嶽,官名,主四嶽之祭,爲諸侯伯。佐,助也。言共工從孫爲四嶽之官,掌帥諸侯,助禹治水也。”　⑦韋昭注:“帥,循也。軌,道也。儀,法也。”　⑧韋昭注:“謂禹與四嶽也。嘉,善也。績,功也。克,能也。厭,合也。帝,天也。”　⑨韋昭注:“堯賜禹姓曰姒,封之於夏。”　⑩韋昭注:“祉,福也。殷,盛也。賜姓曰‘姒’,氏曰‘有夏’者,以其能以善福殷富天下,生育萬物。姒,猶祉也。夏,大也。以善福殷富天下爲大也。”　⑪韋昭注:“堯以四嶽佐禹有功,封之於呂,命爲侯伯,使長諸侯也。”　⑫韋昭注:“姜,四嶽之先,炎帝之姓也。炎帝世衰,其後變易,至嶽有德,帝復賜之祖姓,使紹炎帝之後。”　⑬韋昭注:“以國爲氏也。肱,臂也。豐,厚也。氏曰‘有呂’者,以四嶽能輔成禹功,比於股肱心膂也。呂之爲言膂也。”　⑭賈逵説見於《左傳·莊公二十二年》“姜,大嶽之後也”一語孔穎達正義。韋昭説見其《國語注》。《國語·周語下》:“共之從孫四嶽佐之。”韋昭注:“共,共工也。從孫,昆季之孫也。”　⑮《外傳》:指《春秋外傳》,即《國語》。《內傳》:指《春秋內傳》,即《左傳》。《左傳·莊公二十二年》:“姜,大嶽之後也。”杜預注:“姜姓之先爲堯四嶽。”《左傳·襄公十四年》:“姜戎氏!昔秦人迫逐乃祖吾離於瓜州。”杜預注:“四嶽之後,皆姓姜,又別爲允姓。瓜州地在今燉煌。”孔穎達正義:“四嶽,官名。大嶽者,主四嶽之祭焉。”　⑯心呂:同“心膂”,心與脊骨,比喻得力親信之人。

⑰《潛夫論·志氏姓》:“宛西三十里有呂望。”“呂望”或稱“呂城”。《潛夫論》:子書,東漢王符撰,主要討論治國安民的方法及哲學問題。

⑱酈道元《水經注·淯水》:“淯水又南,梅溪水注之……梅溪又徑宛西呂城東。《史記》曰:‘呂尚先祖爲四嶽,佐禹治水有功,虞夏之際受封於呂,故因氏爲‘呂尚’也。”司馬遷《史記·齊太公世家》:“或封於

申,姓姜氏。”裴駰集解:“徐廣曰:‘呂在南陽宛縣西。’”司馬貞索隱:
“《地理志》在南陽宛縣,申伯國也。呂亦在宛縣之西也。”　⑲《自
序》:指許慎《説文解字·後敘》。大岳:即共工從孫四嶽。左:義同
“佐”。呂叔:大嶽之後,即文叔,周武王時封文叔於許。世胙句:世代
得到祖先神靈的保護享受俸禄。胙:通“祚”。遺靈:祖先的神靈。
⑳《説文》上部:“上(上),高也,此古文‘上’。”《段注》:“古文‘上’作
‘二’,故‘帝’下、‘旁’下、‘示’下皆云‘从古文上’,可以證古文本作
‘二’,篆作上。各本誤以上爲古文,則不得不改篆文之‘上’爲上,而
用‘上’爲部首,使下文从‘二’之字皆無所統。”按:《段注》改“上”爲
“二”。　㉑《尚書·秦誓》:“番番良士,旅力既愆,我尚有之。”孔安國
傳:“勇武番番之良士,雖衆力已過老,我今庶幾欲有此人而用之。”
《詩經·小雅·北山》:“旅力方剛,經營四方。”毛傳:“旅,衆也。”鄭
箋:“王謂此事衆之氣力方盛乎,何乃勞苦使之經營四方。”　㉒《尚
書·周書·君牙》:“今命爾予翼,作股肱心膂。”孔安國傳:“今命汝爲
我輔翼,股肱心體之臣。”君牙:周穆王時人,任大司徒。《國語·周語
下》:“謂其能爲禹股肱心膂。”按:《古文尚書》屬僞書,故段氏稱《君
牙》爲“僞《君牙》”。　㉓《急就篇》:即《急就章》,漢代字書,史游著,
全書共兩千餘字,集句成韻。《急就篇》第十八章:“尻髖脊膂腰背呂,
股腳膝臏脛爲柱。”顏師古注:“髖音寬。”要:“腰”的古字。　㉔《皇象
碑》:三國時吳人皇象曾以章草石刻《急就篇》,《皇象碑》即指此石刻
本。　㉕《急就篇》第十七章:“尻髖脊膂腰背呂,股腳膝臏脛爲柱。”
顏師古注:“尻,脽也。髖,髀上也。膂,夾脊内肉也。呂,脊骨也。”
㉖《華陽國志》:東晉常璩撰。引文見於《華陽國志·蜀志》。

【集解】

桂馥《説文義證》:“其爲字象形,非兩‘口’也。”

董蓮池《部首新證》:“戰國所見寫作呂(古璽‘躬’所从)、<small>8</small>(睡虎
地秦簡)、<small>8</small>(戰國幣文),取象脊椎骨節相疊連形。”

【同部字舉例】

躬躳 gōng　身也。从身从呂。躳,躬或从弓。居戎切。○見東
平　見冬

穴 272 xué　胡決切　匣屑合四入　匣質（152/149；343/347）

土室也[一]。**从宀**[二]，**八聲**[三]。**凡穴之屬皆从穴**。

【譯文】

地窨子。"宀"爲意符，"八"是聲符。凡是和"穴"義有關的字都以"穴"爲構件。

【段注】

[一]引申之，凡空竅（qiào）皆爲穴。　　[二]覆其上也①。[三]胡決切。十二部（真）。

【疏義】

①覆其上：指覆蓋在地穴之上。

【集解】

黃天樹《部首與甲骨文》（續一）："古文字偏旁中的'穴'作⋂，象洞穴形。《説文》：'从宀八聲。'疑是'變形音化'，即把原爲象形字的'穴'改造成爲形聲字。"

董蓮池《部首新證》："字見西周金文，寫作⋂（伯寬父盨'寬'所从）、⋀（强伯作井姬突鼎'突'所从），从⋂形象屋室，⋂形中著八，成穿空之象，是象形字，非从'八聲'。"

【同部字舉例】

　　穿 chuān　通也。从牙在穴中。昌緣切。○秦簡　昌仙平 昌元

　　空 kōng　竅也。从穴，工聲。苦紅切。○金文　溪東平　溪東

　　窺 kuī　小視也。从穴，規聲。去隨切。○金文　、　溪支平　溪支

　　窒 zhì　塞也。从穴，至聲。陟栗切。○秦簡　知質入　端質

　　突 tū　犬从穴中暫出也。从犬在穴中。一曰：滑也。徒骨切。○甲文　、　定没入　定物

　　究 jiū　窮也。从穴，九声。居又切。○見宥去　見幽

寱寱 273 mèng 甲文寱、寱、寱 莫鳳切 明送合三去 明蒸
（153/150；347/350）

寐而覺者也大徐本作"寐而有覺也"[一]。**从宀从疒**（疒
nè），**夢聲**[二]。**《周禮》：以日月星辰占六寱之吉
凶**[三]。**一曰正寱**[四]，**二曰罞**（è）**寱**[五]，**三曰思寱**[六]，
四曰寤"寤"大徐本作"悟"**寱**[七]，**五曰喜寱**[八]，**六曰懼
寱**[九]。**凡寱之屬皆从寱**。

【譯文】

　　睡眠中而有所知覺。"宀、疒"爲表意構件，"夢"爲聲符。《周
禮》：通過日月星辰預測六種夢的吉凶。第一種是正夢，第二種是噩
夢，第三種是思夢，第四種是寤夢，第五種是喜夢，第六種是懼夢。凡
是和"夢"義有關的字都以"夢"爲構件。

【段注】

　　[一]"寐而覺"與"醒"字下"醉而覺"同意①。今字叚"夢"爲之，
"夢"行而"寱"廢矣②。　[二]宀者，覆也；疒者，倚著也③；夢者，不明
也。夢亦聲。古音在六部（蒸）。今莫鳳切。　[三]鄭注詳矣④。
[四]鄭云："無所感動。平安自夢也。"　[五]罞者，譁訟也，借爲驚遷
之"遷"⑤。《周禮》作"噩夢"。杜子春云："當爲驚愕之'愕'，謂驚愕
爲夢也。"　[六]鄭云："覺時所思念之而夢也。""思"小徐作"觭"
（qí），誤⑥。　[七]鄭云："覺時所道之而夢也。""寤"大徐作"悟"。
[八]鄭云："喜悅而夢也。"　[九]鄭云："恐懼而寱也。"已上《周
禮·占夢》文。

【疏義】

　　①《説文》酉部："醒，病酒也。一曰：醉而覺也。"《段注》："許無
'醒'字，醉中有所覺悟即是醒也，故'醒'足以兼之。"　②《説文》夕
部："夢，不明也。从夕，瞢省聲。"　③《説文》宀部："宀，交覆深屋也。
象形。"疒部："疒，倚也。人有疾病，象倚箸之形。"　④《周禮·春官
宗伯·占夢》："以日月星辰占六夢之吉凶：一曰正夢，二曰噩夢，三曰
思夢，四曰寤夢，五曰喜夢，六曰懼夢。"鄭玄注："（正夢）無所感動平

安自夢。(噩夢)杜子春云：'噩'當爲驚愕之'愕'，謂驚愕而夢。(思夢)覺時所思念之而夢。(寤夢)覺時道之而夢。(喜夢)喜悦而夢。(懼夢)恐懼而夢。" ⑤《說文》辵部："遻，相遇驚也。从辵从罗，罗亦聲。"遻：同"愕"。 ⑥徐鍇《說文繫傳》："三曰觭夢。"《周禮·春官宗伯·太卜》："(太卜)掌三夢之法：一曰致夢，二曰觭夢，三曰咸陟。"鄭玄注："杜子春云：'觭讀爲奇偉之奇，其字當直爲奇。'玄謂觭讀如'諸戎掎'之'掎'。"今按：致夢、觭夢、咸陟均爲周人的占夢法。

【集解】

徐鍇《說文繫傳》："寢之言蒙也，不明之皃。"

黃天樹《部首與甲骨文》(續一)："甲骨文作𤕫，表示一個人睡在牀上做夢。小篆變爲'从宀从疒夢聲'的形聲字，'疒'是從'丬'譌變來的。"

董蓮池《部首新證》："字見甲骨文，寫作𤕫、𤕫諸形以及𤕫形(前二形的簡略寫法)(《甲骨文編》328、329頁)，𤕫是帶有眉形之目(即象形的'眉'字)的人形，人形後的𤕫是牀的象形文，表示人寢臥在牀上。"

【同部字舉例】

寐 𤸪 mèi 臥也。从寢省，未聲。蜜二切。○明至去 明微

寤 𤸄 wù 寐覺而有信曰"寤"。从寢省，吾聲。一曰：晝見而夜寢也。𤷂，籀文寤。五故切。○疑暮去 疑魚

疒 疒 274 nè 甲文𤕫、𤕫、𤕫 女戹切 泥麥開二入 泥錫
(154/151；348/351)

倚也[一]。人有疾痛也此句大徐本作"人有疾病"[二]，象倚箸之形[三]。凡疒之屬皆从疒。

【譯文】

依靠。人有病痛，字象人有所依靠的樣子。凡是和"疒"義有關的字都以"疒"爲構件。

【段注】

[一]"倚"與"疒"音相近。 [二]"也"字《玉篇》有①。
[三]橫者、直者相距，故曰"象倚箸之形"②。或謂即"牀、狀、牆、戕"之左旁，不知其音迥不相同也。女戹切。十六部(支、錫)。

【疏義】

①《玉篇》疒部：“疒，女戹切。《説文》曰：‘倚也。人有疾病也，象倚著之形。’又音牀。”　②相距：相依。倚箸：依靠，同“倚著”。

【集解】

黄天樹《部首與甲骨文》(續一)：“甲骨文作𤕫，表示人有疾病臥牀休息。人形旁邊的小點，表示病人在出汗。”

董蓮池《部首新證》：“字見甲骨文，寫作𤕫、𤕫、𤕫諸形(《甲骨文編》329、330頁)，从𠆢(人)从爿，爿即牀的象形，字以人臥牀上會疾病意，爲疾病之‘疾’的初文。”

【同部字舉例】

疾 𤶋 jí　病也。从疒，矢聲。𤴣，古文疾。𤶃，籒文疾。秦悉切。○甲文𤞤、𤞤　金文𤶙　從質入　從質

痛 𤴯 tòng　病也。从疒，甬聲。他貢切。○透送去　透東

病 𤶃 bìng　疾加也。从疒，丙聲。皮命切。○並映去　並陽

疵 𤶊 cī　病也。从疒，此聲。疾咨切。○從支平　從支

疝 𤶆 shàn　腹痛也。从疒，山聲。所晏切。○山諫去　山元

瘤 𤷌 liú　腫也。从疒，留聲。力求切。○來尤平　來幽

疥 𤶐 jiè　搔也。从疒，介聲。古拜切。○見怪去　見祭

痂 𤶔 jiā　疥也。从疒，加聲。古牙切。○見麻平　見歌

痔 𤷎 zhì　後病也。从疒，寺聲。直里切。○澄止上　定之

痿 𤷑 wěi　痺也。从疒，委聲。儒隹切。○影支平　影歌

痺 𤷒 bì　溼病也。从疒，畀聲。必至切。○幫至去　幫脂

疲 𤶟 pí　勞也。从疒，皮聲。符羈切。○並支平　並歌

冖　⌒　275　mì　甲文⌒　金文⌒　莫狄切　明錫開四入　明錫
　　　　　(156/153；353/356)

覆也[一]。**从一下垂**大徐本有“也”[二]。**凡冖“冖”**大徐本作“冂”**之屬皆从冖**。

【譯文】

覆蓋。字象一物下垂的樣子。凡是和“冖”義有關的字都以“冖”

爲構件。

【段注】

[一]覆者,蓋也。　[二]"一"者,所以覆之也,覆之則四面下垂。《廣韻》引《文字音義》云:"以巾覆,从一,下垂。"①莫狄切。十六部(支、錫)。按:"冥"下曰"冖聲"②,"鼏"亦冖聲③,則亦在十一部(耕),支、耕之合也④。

【疏義】

①引文見《廣韻》錫韻。《文字音義》:據《新唐書》,爲李隆基撰,全名《開元文字音義》,共三十卷。　②《説文》冥部:"冥,幽也。从日从六,冖聲。"　③《説文》鼎部:"鼏,以木横貫鼎耳而舉之。从鼎,冖聲。"　④亦在十一部:指"冖"在十六部,也在十一部,即耕部。支、耕之合:指支、耕二部相配。

【集解】

徐鍇《説文繫傳》:"冖,冒字,低廣兩垂直下也。"

鈕樹玉《説文解字校録》:"冖,今俗作'羃'。"

黄天樹《部首與甲骨文》(續一):"古文字作冂,象一塊向下披覆的巾,把東西覆蓋住似的,故'冠'字从'冖'……'冖'指蓋在頭上的頭巾,演化爲冂、冃字,冃就是冒(帽)字。"

董蓮池《部首新證》:"西周金文寫作冂(盂鼎)。取象巾覆物兩邊下垂形。"

【同部字舉例】

冠𡥀 guān　絭(juàn)也。所以絭髮,弁冕之總名也。从冂从元,元亦聲。冠有法制,从寸。古丸切。〇見桓平　見元

冃冃　276　mǎo　莫保切　明候開一去　明幽(156/153;353/357)

重覆也[一]。从冂、一[二]。凡冃之屬皆从冃。讀若艸苺(méi)苺[三]。

【譯文】

層層覆蓋。由"冂、一"構成。凡是和"冃"義有關的字都以"冃"

爲構件。讀音同"艸苺苺"的"苺"。

【段注】

[一]下"一",覆也,上又加"冖",是爲重覆。　[二]會意。
[三]汲古閣作"艸苺之苺"①,"之"字誤賸,今依宋本。"苺"當作
"莓"。中部曰:"莓,艸盛上出也。""莓"隸書作"苺"。《左傳》:"輿人
誦曰:'原田苺苺。'"杜注:"晉君美盛,若原田之草苺苺然。"②《魏都
賦》"蘭渚苺苺"③,"每"上加"艸",非。按:古音蓋在之、尤二部閒,今
音莫保切。

【疏義】

①汲古閣:明代藏書家毛晉的藏書樓。毛氏曾勘定《説文》。
②《左傳・僖公二十八年》:"晉侯患之,聽輿人之誦曰:'原田每每,舍
其舊而新是謀。'"杜預注:"高平曰原。喻晉君美盛,若原田之草每每
然,可以謀立新功,不足念舊惠。"　③《魏都賦》:左思撰。

【集解】

饒炯《説文部首訂》:"冂,象頭衣上下左右外廓界畫之形。"

【同部字舉例】

同同 tóng　合會也。从冂从口。徒紅切。○甲文 金文 、
、 定東平　定東

冡冡 méng　覆也,从冂、豕。莫紅切。○明東平　明東。

冃 冃　277 mào　古報切　明號開一去　明幽(156/153;353/
357)

　小兒及蠻夷頭衣也[一]。从冂;二,其飾也[二]。
凡冃之屬皆从冃。

【譯文】

小孩和蠻夷民族的頭巾。"冂"爲構件;二,象上面的飾物。凡是
和"冃"義有關的字都以"冃"爲構件。

【段注】

[一]謂此二種人之頭衣也①。小兒未冠,夷狄未能言冠,故不冠
而冃。荀卿曰:"古之王者有務而拘領者矣。"楊注:"'務'讀爲'冒',

'拘'與'勾'同。"《淮南書》曰:"古者有鍪(móu)而綣領以王天下者。"②高注:"古者,蓋三皇以前也。鍪,著兜鍪帽,言未知制冠。"③按:高注"兜鍪"二字蓋淺人所加,"務"與"鍪"皆讀爲"冃","冃"即今之"帽"字也。後聖有作,因冃以制冠冕,而冃遂爲小兒蠻夷頭衣。

[二]古報切。古音在三部(幽、覺)。

【疏義】

①頭衣:頭巾。　②《荀子·哀公篇》:"古之王者有務而拘領者矣,其政好生而惡殺焉。"楊倞注:"'務'讀爲'冒','拘'與'句'同,曲領也。言雖冠衣拙樸而行仁政也。"　③高:指東漢學者高誘。語出《淮南子·氾論訓》高注。

【集解】

徐鍇《説文繫傳》:"《史記》云'薄太后以冒絮提文帝'是也,今作'帽'。"

桂馥《説文義證》:"帽,小兒頭衣,本作'冃'。"

黃天樹《部首與甲骨文》(續一):"《説文》以爲象'頭衣'(冠冕)。冖、冂、冃一字。"

董蓮池《部首新證》:"西周金文寫作⌒(九年衛鼎'冒'所从),戰國寫作冃(詛楚文'冒'所从),即小兒及蠻夷所戴之冠。"

【同部字舉例】

冕 冕 miǎn　大夫以上冠也。邃延(冕上覆)、垂瑬(liú,冠冕前後下垂的玉串)、紞(dǎn,下垂貌)纊(kuàng,細棉絮)。从冃,免聲。古者黃帝初作冕。絻,冕或从糸。亡辡切。○明獮上　明元

冑 冑 zhòu　兜鍪也。从冃,由聲。䩜,《司馬法》"冑"从"革"。直又切。○金文冑、冑、冑、冑、冑　澄宥去　定幽

冒 冒 mào　冢而前也。从冃从目。冃,古文冒。莫報切。○金文冒　明号去　明幽

最 最 zuì　犯而取也。从冃从取。祖外切。○精泰去　精祭

网 (兩) 网　278 liǎng　金文网、兩、网、网、网　良獎切　來養開三上　來陽(157/154;354/358)

再也[一]。从冂[二]从从(liǎng)[三]从丨"从从"二句大

徐本作"闕"^[四]。《易》曰："參天网地。"^[五]凡网之屬皆從网。

【譯文】

二。由"冂、从、丨"構成。《易經》説："取奇數於天,取偶數於地。"凡是和"网"義有關的字都以"网"爲構件。

【段注】

[一]鬲(chēng)部曰:"再者,一舉而二也。"①凡物有二,其字作"网"不作"兩"。兩者,二十四銖之偶也②。今字"兩"行而"网"廢矣。[二]覆其上也。　[三]入部曰:"从,二入也。""网"從此,與此正相印合。而鉉本此作"从冖,闕",其誤甚矣。　[四]二字今補,蓋爲二入之介也。良奬切。十部(陽)。　[五]《説卦》傳文③,蓋孟氏《易》如此④。

【疏義】

①《説文》冓部:"再,一舉而二也。從冓省。""冓,并舉也。從爪,冓省。"　②《説文》网部:"兩,二十四銖爲一兩。"　③《周易‧説卦》:"參天兩地而倚數。"韓康伯注:"參,奇也。兩,耦也。"　④孟氏:西漢學者孟喜,字長卿,東海蘭陵(今山東蒼山縣西南)人,創立今文《易》學孟氏學,著有《孟氏京房》《災異孟氏京房》等書,已佚,清馬國翰《玉函山房輯佚書》有《周易孟氏章句》一卷。

【集解】

黄天樹《部首與甲骨文》(續一):"甲骨文作冈,取象於一衡兩軛代表一輛車。"

董蓮池《部首新證》:"許云'闕'者,謂不知'冂'中何以從从。字見金文,寫作网、网諸形(《金文編》547頁)。于省吾認爲是截取甲骨文、金文中'車'字轅前雙軛形的部分(引按:即截取之部分)而成。引申之,凡成對並列都可稱兩(于省吾《釋兩》,載《古文字研究》第十輯),其説甚是。"

【同部字舉例】

兩 兩 liǎng　二十四銖爲一兩。從一;网,平分,亦聲。良奬切。○金文兩、网　來養上　來陽

网 网　279 wǎng　甲文网、网、网　金文网　文紡切　明養合三　上　明陽（157/155；355/358）

庖犧氏_{大徐本無“氏”}所結繩以田_{大徐本無“以田”}以漁也^[一]。从冖^[二]，下象网交文^[三]。凡网之屬皆从网。网，网或加^{“加”大徐本作“从”}亡^[四]。网，_{大徐本有“网”}或从糸^[五]。网，古文网，从冖，亡聲^{“从冖”二句大徐本無}。网，籀文，从冂^{“籀文”二句大徐本作“籀文网”}。

【譯文】

　　庖犧氏用繩子結成的打獵工具。“冖”爲構件，下部象网子交錯的花紋。凡是和“网”義有關的字都以“网”爲構件。网，“网”或加聲符“亡”。网，“网”或加構件“糸”。网，古文“网”以“冖”爲意符，“亡”爲聲符。网，“网”的籀文以“冂”爲構件

【段注】

　　[一]“以田”二字依《廣韻》《太平御覽》補^①。《周易·繫辭》傳文^②。　　[二]冪（mì）其上也^③。　　[三]㸚象网目。文紡切。在十部（陽）。《五經文字》曰：“《説文》作网，今依石經作网。”^④　　[四]亡聲也。　　[五]以結繩爲之也。

【疏義】

　　①《廣韻》養韻：“网，网罟（gǔ）。《説文》曰：‘网，庖犧所結繩以田以漁也。’”宋李昉《太平御覽·資産部·网罟》：“《説文》曰：‘网，庖犧所結以田以漁也。’”　　②《周易·繫辭下》：“古者包犧氏之王天下也……作結繩而爲罔罟，以佃以漁。”　　③冪：遮蓋。　　④引文見《五經文字》网部。石經：指漢熹平石經。

【集解】

　　桂馥《説文義證》：“取獸曰网，取魚曰罟。”

　　黄天樹《部首與甲骨文》（續一）：“甲骨文作网、网，象一張張開的網形。”

　　董蓮池《部首新證》：“字見甲骨文，寫作网、网、网諸形（《甲骨文

編》332 頁），是'网'的象形，獨體字，不可分析爲从'冂'。"

【同部字舉例】

罩 zhào　捕魚器也。从网，卓聲。都教切。○知效去　端宵

罪 zuì　捕魚竹网，从网，非秦以"罪"爲"辠"字。徂賄切。○
從賄上　從微

罟 gǔ　网也。从网，古聲。公户切。○見姥上　見魚

羅 luó　以絲罟鳥也。从网从維。古者芒氏初作羅。魯何切。
○來歌平　來歌。

署 shǔ　部署，有所网屬。从网，者聲。常恕切。○禪御去
禪魚

罷 bà　遣有辠也。从网、能。言有賢能而入网，而貫（貰）遣
之。《周禮》曰："議能之辟。"薄蟹切。○並蟹上　並歌

置 zhì　赦也。从网、直。陟吏切。○知志去　端職

襾 ²⁸⁰　yà　呼訝切　影禡開二去　影魚（158/155；357/360）

覆也。从冂，上下覆之[一]。凡襾之屬皆从襾。讀若晋(yà)[二]。

【譯文】

覆蓋。以"冂"爲構件，由上向下覆蓋。凡是和"襾"義有關的字都以"襾"爲構件。讀音同"晋"。

【段注】

[一]"下"字賸（shèng）①。冂者，自上而下也。凵者，自下而上也，故曰"上覆之"。覆者，覂（fěng）也②。从"一"者，天也，上覆而不外乎天也。　[二]呼訝切。古音在五部（魚、鐸）。

【疏義】

①賸：多餘。　②《説文》襾部："覂，反覆也。"

【集解】

徐鍇《説文繫傳》："襾，覆也……臣鍇曰：表裏反覆之也。"

饒炯《説文部首訂》："部屬三文義皆爲反覆而無覆蓋，足證説解

'从门上下覆之'非。"

【同部字舉例】

　　覈霿 hé　實也。考事，両筜（逼迫）邀遮（攔阻）其辝得實曰覈。从両，敫聲。霿，覈或从雨。下革切。〇匣麥入　匣錫

　　覆霿 fù　覂也。一曰：蓋也。从両，復聲。敷救切。〇金文霿滂屋入　滂覺

巾 　281 jīn　甲文巾　金文巾　居銀切　見真開三平　見文
　　　　　　（158/155；357/360）

　　佩巾也[一]。从冖[二]，丨象系大徐本作"糸"也[三]。凡巾之屬皆从巾。

【譯文】

　　佩巾。"冖"爲構件，"丨"象系帶。凡是和"巾"義有關的字都以"巾"爲構件。

【段注】

　　[一]"帶"下云："佩必有巾。"①佩巾，《禮》之紛帨（shuì）也。鄭曰："紛帨，帨物之佩巾也。"②按：以巾拭物曰"巾"，如以帨拭手曰"帨"。《周禮》："巾車之官。"鄭注："巾猶衣也。"③然《吳都賦》"吳王乃巾玉路"④、陶淵明文曰"或巾柴車，或櫂（zhào）孤舟"⑤，皆謂拂拭用之，不同鄭説也。陶句見《文選》江淹《雜體詩》注⑥。今本作"或命巾車"，不可通矣。《玉篇》曰："本以拭物，後人著之於頭。"　[二]巾可覆物，故从"冖"。《周禮·幎人》注："以巾覆物曰幎。"⑦　[三]有系而後佩於帶。居銀切。十二部（真）。

【疏義】

　　①《説文》巾部："帶，紳也。男子鞶帶，婦人帶絲。象繫佩之形。佩必有巾，从巾。"　②《禮記·内則》："左佩紛帨。"鄭玄注："紛帨，拭物之佩巾也。今齊人有言紛者。"　③《周禮·春官宗伯·巾車》："巾車，下大夫二人。"鄭玄注："巾猶衣也。巾車，車官之長。"

④左思《吳都賦》："吳王乃巾玉輅（lù），軺（yáo）驌驦。"巾玉輅：用巾拂拭玉鑲的大車。輅，帝王乘坐的大車。軺驌驦：用驌驦馬拉輕

便小車。軺,輕便的小馬車。驦驪,良馬名。　⑤陶淵明《歸去來兮辭》:"農人告余以春及,將有事於西疇。或命巾車,或棹孤舟。"⑥江淹《雜體詩三十首·陶徵君田居》(卷三十一):"日暮巾柴車,路闇光已夕。"李善注:"《歸去來》曰:'或巾柴車。'鄭玄《周禮》注曰:'巾猶衣也。'"　⑦《周禮·天官冢宰·幂人》:"幂人,奄一人,女幂十人,奚二十人。"鄭玄注:"以巾覆物曰幂。女幂,女奴曉幂者。"奄:宦官。奚:奴隸。

【集解】

董蓮池《部首新證》:"字見甲骨文,寫作巾(《甲骨文編》335頁),西周金文寫作巾(元年師兌簋),篆與之同。象一幅巾下垂。"

【同部字舉例】

帥 帥 shuài　佩巾也。从巾、𠂤。帨,帥或从兌,又音稅。所律切。○金文帥、帥、帥、帥　山質入　山物

幣 幣 bì　帛也。从巾,敝聲。毗祭切。○並祭去　並祭

幅 幅 fú　布帛廣也,从巾,畐聲。方六切。○幫屋入　幫職

帶 帶 dài　紳也。男子鞶帶,婦人帶絲。象繫佩之形。佩必有巾,从巾。當蓋切。○端泰去　端祭

常 常 cháng　下帬也。从巾,尚聲。裳,常或从衣。市羊切。○金文尚　禪陽平　禪陽

帬 帬 qún　下裳也。从巾,君聲。裠,帬或从衣。渠云切。○羣文平　羣文

帳 帳 zhàng　張也。从巾,長聲。知諒切。○知漾去　端陽

幕 幕 mù　帷在上曰幕,覆食案亦曰幕。从巾,莫聲。慕各切。○明鐸入　明鐸

帖 帖 tiè　帛書署也。从巾,占聲。他叶切。○透帖入　透葉

帚 帚 zhǒu　糞也。从又持巾埽冂内。古者少康初作箕、帚、秫酒。少康,杜康也,葬長垣。支手切。○甲文帚、帚　金文帚、帚、帚　章有上　章幽

席 席 xí　籍也。《禮》:天子、諸侯席有黼繡純飾。从巾,庶省。

厰,古文席,从石省。祥易切。○邪昔入　邪鐸。

布 𢾭 bù　枲織也。从巾,父聲。博故切。○金文 𢾭、𢾭、𢾭

幫暮去　幫魚

市 巿 282 fú 金文市、朩、𣐈　分勿切　幫物合三入　幫月

（160/157;362/366）

韠(bì)**也**[一]**。上古衣蔽前而已。巿以象之**[二]**。天子朱巿,諸侯赤巿,卿**大徐本無"卿"**大夫蔥(葱)衡**[三]**。从巾,象連帶之形**[四]**。凡巿之屬皆从巿。𩏩,篆文巿,从韋从犮**[五]**,俗作紱**大徐本無"俗作"句**[六]**。**

【譯文】

蔽膝。上古時人們圍於衣前用以蔽護膝蓋的大巾。用"巿"象其形。天子用朱色巿,諸侯用赤色巿,卿大夫用飾有蔥衡的巿。"巾"爲構件,"一"象巿的帶子。凡是和"巿"義有關的字都以"巿"爲構件。𩏩,篆文的"巿"由"韋、犮"構成,俗體寫成"紱"。

【段注】

[一]韋部曰:"韠,韍(fú)也。"二字相轉注也。鄭曰"韠之言蔽也""韍之言亦蔽也"。祭服偁"韍",玄端服偁"韠"①。　[二]鄭注《禮》曰:"古者佃漁而食之。衣其皮,先知蔽前,後知蔽後。後王易之以布帛,而獨存其蔽前者,不忘本也。"②　[三]"卿大夫"下當有"赤巿"二字,奪文也。《斯干》箋云:"芾,天子純朱,諸侯黃朱。"③《采芑》傳曰:"芾,黃朱芾也。"鄭注《易》云:"朱深於赤。"④則黃朱爲赤也。《乾鑿度》曰:"《困》九五,文王爲紂三公,故言困於赤紱。至於九二,周將王,故言朱紱方來。"引孔子曰:"天子三公九卿朱紱,諸侯赤紱。"⑤《玉藻》曰:"一命縕韍幽衡,再命赤韍幽衡,三命赤韍蔥衡。"鄭注:"縕,赤黃之閒色,所謂韎(mèi)也。衡,佩玉之衡也同'珩'⑥。'幽'讀爲'黝',黑謂之黝。青謂之蔥。"《周禮》:"公、侯、伯之卿三命,其大夫再命,其士一命。子、男之卿再命。其大夫一命,其士不命。"⑦按:云赤巿蔥衡者,以別於再命之赤巿也。　[四]謂"一"也。《玉藻》云:"頸五寸,肩革帶博二寸。"鄭曰:"頸五寸亦謂廣也。頸中央,肩兩角,

皆上接革帶以繫之,肩與革帶廣同。"⑧分勿切。十五部(脂、微、物、月)。　　[五]发(bá)聲也。此爲篆文,則知"巿"爲古文也。先古文,後小篆,此亦二部(即上部)之例。以有从"巿"之"帢",故以"巿"爲部首,而"韍"次之。假令無从"巿"之字,則以"韍"入"韋",而以"巿"次之⑨。　　[六]疑當出一篆而注之。按:經傳或借"黻"(fú)爲"韍",如《明堂位》注曰"韍或作黻"是也⑩。或借"芾"爲之,如《詩·侯人、斯干、采菽》是也⑪。或借"沛"爲之,如《易》"豐其沛"一作"芾",鄭云"蔽厀"是也⑫。"芾"與"沛",蓋本用古文作"巿",而後人改之。或借"茀"爲之,如《詩》釋文所載及李善所引《詩》皆是也⑬。或作"紱",如今《周易乾鑿度》"朱紱、赤紱"是也⑭。《倉頡篇》曰:"紱,綬也。"⑮韍、佩廢而存其係綂(nì)⑯,秦乃以采組連結於綂,光明章表,轉相結受,故謂之"綬",亦謂之"紱"。糸部曰:"綬,韍維也。"然則"韍"廢而"綬"乃出,"韍"字廢而"紱"字乃出。

【疏義】

①《禮記·玉藻》:"韠,君朱,大夫素。"鄭玄注:"此玄端服之韠也。韠之言蔽也。"《玉藻》:"一命縕韍幽衡,再命赤韍幽衡,三命赤韍蔥衡。"鄭玄注:"此玄冕、爵弁服之韠,尊祭服,異其名耳。韍之言亦蔽也。縕,赤黃之間色。衡,佩玉之衡也。幽讀爲黝,黑謂之黝,青謂之蔥。"孔穎達正義:"他服稱韠,祭服稱韍,是異其名。韍、韠皆言爲蔽,取蔽鄣之義也。"玄冕:古代天子、諸侯祭祀的禮服。爵弁:古代禮冠的一種,次冕一等。玄端:天子、諸侯、士大夫所穿的黑色禮服。　②《詩經·小雅·采菽》:"赤芾在股。"鄭玄箋:"芾,大(太)古蔽膝之象也。"孔穎達正義:"《易乾鑿度》注云:'古者田漁而食,因衣其皮,先知蔽前,後知蔽後,後王易之以布帛,而猶存其蔽前者,重古道,不忘本。'"《易乾鑿度》:西漢末緯書《易緯》中的一種,或稱《易緯乾鑿度》《周易乾鑿度》。　③《詩經·小雅·斯干》:"朱芾斯皇。"鄭玄箋:"皇,猶煌煌也。芾者,天子純朱,諸侯黃朱。"　④《詩經·小雅·采芑》:"服其命服,朱芾斯皇。"毛傳:"朱芾,黃朱芾也。"王應麟輯《周易鄭注》困卦:"文王將王天子,制用朱韍,朱深于(于,或作云)赤。"　⑤《易乾鑿度》(卷上):"孔子曰:紱者,所以別尊卑,彰有德也。故朱赤者,盛色

也。是以聖人法以爲紱服，欲百世不易也。故《困》九五，文王爲紂三公，故言困於赤紱也。至於九二，周將王，故言朱紱方來，不易之法也。孔子曰：《易》天子三公諸侯緺服，皆同色……天子三公九卿朱紱，諸侯赤紱。”　⑥韍：赤黄色。珩：佩玉上的横玉，形狀像磬。　⑦《周禮·春官宗伯·典命》：“公之孤四命，以皮帛視小國之君。其卿三命，其大夫再命，其士一命……侯、伯之卿、大夫、士亦如之。子、男之卿再命，其大夫一命，其士不命。”命：士大夫的等級。　⑧《禮記·玉藻》：“韠下廣二尺，上廣一尺，長三尺，其頸五寸，肩革帶博二寸。”鄭玄注：“頸五寸，亦謂廣也。頸中央、肩兩角皆上接革帶以繫之，肩與革帶廣同。凡佩，繫於革帶。”　⑨“假令”三句：如果没有從“市”的字，則應將“韍”字歸入韋部，而將“市”列於“韍”字之後。　⑩《禮記·明堂位》：“有虞氏服韍。”鄭玄注：“韍或作黻。”　⑪《詩經·曹風·侯人》：“三百赤芾。”毛傳：“芾，韠也。”《詩經·小雅·斯干》：“朱芾斯皇。”《詩經·小雅·采菽》：“赤芾在股。”　⑫《周易·豐·九三》：“豐其芾。”《周易鄭注》：“芾，祭祀之蔽膝。”　⑬《詩經·小雅·采芑》：“朱芾斯皇。”《經典釋文》：“‘芾’本又作‘韍’，或作‘紱’，皆音‘弗’。”《文選·曹植〈責躬詩一首〉》（卷二十）：“冠我玄冕，要我朱紱。”李善注：“《毛詩》曰：‘朱芾斯皇。’‘芾’與‘紱’同。”　⑭《周易乾鑿度》：“天子三公九卿朱紱，諸侯赤紱。”鄭玄注：“朱、赤雖同而有深淺之差。”　⑮曹植《責躬詩一首》：“冠我玄冕，要我朱紱。”李善注：“《蒼頡篇》曰：‘紱，綬也。’”　⑯繸：佩玉的絲帶。《後漢書·輿服志下》：“繸者，古佩璲也。佩綬相迎受，故曰繸。”

【集解】

邵瑛《羣經正字》：“‘芾’即‘市’之俗譌……‘紱’又‘韍’之俗譌也。正字當作‘市’，或作‘韍’。”

董蓮池《部首新證》：“西周金文寫作 巿（盂鼎）、巿（豆閉簋）。從‘巾’從‘一’。從‘巾’，表示‘市’與衣物相關；從‘一’，表示用來把‘市’繫在身上的帶子。‘市’之爲物是古代皮製的一種遮蔽腰前至膝部的衣物，朝覲或祭祀把它繫在衣裳外面。”

【同部字舉例】

　　帢槍 jiá　士無市，有帢。制如槥（kē，盒一類的器物），缺四角。爵弁（古代禮冠的一種，次冕一等）服，其色緹（mèi，赤黃色）。賤不得與裳同。司農曰：“裳，纁（xūn，淺紅色）色。”从市，合聲。韐，帢或从韋。古洽切。○金文𩏇　見洽入　見緝

帛

283　bó　甲文帛　金文帛　旁陌切　並陌開二入　並鐸
（160/157；363/367）

繒也[一]。从巾，白聲[二]。凡帛之屬皆从帛。

【譯文】

　　絲織品。“巾”爲意符，“白”爲聲符。凡是和“帛”義有關的字都以“帛”爲構件。

【段注】

　　[一]糸部曰：“繒，帛也。”《聘禮》《大宗伯》注皆云：“帛，今之璧色繒也。”[1]　　[二]旁陌切。古音在五部（魚、鐸）。

【疏義】

　　[1]《儀禮·聘禮》：“受享，束帛加璧。”鄭玄注：“帛，今之璧色繒也。”《周禮·春官宗伯·大宗伯》：“孤執皮帛，卿執羔，大夫執雁。”鄭玄注：“帛，如今璧色繒也。羔，小羊，取其羣而不失其類。雁，取其候時而行。”

【集解】

　　徐灝《説文注箋》：“帛者，縑（jiān，雙絲的細絹）素之通名。璧色，白色也，故从白引申爲雜色繒之稱。”

　　黃天樹《部首與甲骨文》（續一）：“甲骨文作帛，从‘白’从‘巾’，會意字，白色的繒帛。”

　　董蓮池《部首新證》：“甲骨文寫作帛（《甲骨文編》336頁），西周金文寫作帛（大簋），戰國寫作帛（古璽文），均‘从巾，白聲’，篆與之同。”

【同部字舉例】

　　錦錦 jǐn　襄邑織文。从帛，金聲。居飲切。○見寑上　見侵

白 白 284 bái 甲文●、● 金文●、● 旁陌切　並陌開二入
並鐸（160/157；363/367）

西方色也。舍大徐本作"陰"，下同用事，物色白。从
入合二[一]。二，舍數[二]。凡白之屬皆从白。●，古
文白。

【譯文】

代表西方的顏色。在黑暗中做事，其物呈現白色。由"入"包含
"二"構成。二，屬於陰數。凡是和"白"義有關的字都以"白"爲構件。
●，是"白"的古文。

【段注】

[一]出者，陽也；入者，陰也，故从"入"。　[二]説从"二"之恉。
旁陌切。古音在五部（魚、鐸）。

【集解】

徐鍇《説文繫傳》："物入陰，色剥爲白。"

徐灝《説文注箋》："'白'从'入、二'，義不可通，以古文證之，則其
非'入、二'明矣。"

姚孝遂《許慎與説文解字》（80 頁）："古文字'白'作●，示人之首，
其本義亦爲人首。商代人頭骨刻辭即書刻有●字。'貌'字作●，足證
●爲人首之象形。《説文》'皃'即'人白'，而其或體作貌，亦可證'白'
與'皃'可通。"

【同部字舉例】

皎皎 jiǎo 月之白也，从白，交聲。《詩》曰："月出皎兮。"古了切。
○見篠上　見宵

皙皙 xī 人色白也。从白，析聲。旡（應作先）擊切。○心錫入
心錫

皤皤 pó 老人白也。从白，番聲。《易》曰："賁如皤如。"●，皤
或从頁。薄波切。○並戈平　並歌

皚皚 ái 霜雪之白也。从白，豈聲。五來切。○疑咍平　疑微

皅皅 pā 艸華之白也。从白，巴聲。普巴切。○滂麻平　滂魚

敝 㡀[285] bì 甲文偏旁作 㡀　　毗祭切　並祭開三去　並祭
（161/158；364/367）

敗衣也[一]。从巾，象衣敗之形[二]。凡㡀之屬皆从㡀。

【譯文】

　　破舊的衣裳。以"巾"爲構件，象衣服破爛的樣子。凡是和"㡀"義有關的字都以"㡀"爲構件。

【段注】

　　[一]此敗衣正字①，自"敝"專行而"㡀"廢矣。　[二]毗際切。十五部（脂、微、物、月部）。

【疏義】

　　①敗衣：破舊的衣裳。

【集解】

　　饒炯《説文部首訂》："當云'敗也'，本通謂敗曰'㡀'，不得專言衣之敗。"

　　黄天樹《部首與甲骨文》（續一）："甲骨文有'敝'無'㡀'。以'巾'上有灰塵來表示破舊之義。"

　　董蓮池《部首新證》："字見甲骨文，寫作㡀（《甲骨文編》337頁'敝'所从），篆與之同。从'巾'，巾上之點當表灰塵。字形是以巾上有塵會衣物破舊意。"

【同部字舉例】

　　敝 㡀 bì　帗也。一曰：敗衣。从攴从㡀，㡀亦聲。毗祭切。〇甲文 㡀、㡀、㡀　並祭去　並祭

黹 黹[286] zhǐ 甲文黹、𢅴　金文黹、黹、黹　陟几切　知旨開三
上　端脂（161/158；364/367）

箴縷所紩（zhì）衣也大徐本無"也"**[一]。从㡀，丵（zhuó）省，象刺文也**此句大徐本無**[二]。凡黹之屬皆从黹。**

【譯文】

　　用針綫縫製的衣服。由"㡀"和"丵"的省體構成，象刺繡的紋理。

凡是和"黹"義有關的字都以"黹"爲構件。

【段注】

[一]"箴"當作"鍼"。箴所以綴衣,鍼所以縫也[①]。紩,縫也。縷,綫也。絲亦可爲綫矣。以鍼貫縷紩衣曰"黹"。《釋言》曰:"黹,紩也。"[②]《皋陶謨》曰"絺繡",鄭本作"希",注曰:"'希'讀爲黹。黹,紩也。"《周禮·司服》"希冕",鄭注引《書》"希繡"。又云:"'希'讀爲'黹',或作'絺',字之誤也。"今本《周禮》注疏傳寫倒亂[③]。今俗語云鍼黹是此字。按:許多云"希聲"而無"希"篆,疑"希"者,古文"黹"也。从"巾",上象繡形。　　[二]《韻會》有此四字[④]。丵者,叢生艸也。鍼縷之多象之。陟几切。十五部(脂、微、物、月)。

【疏義】

①《説文》竹部:"箴,綴衣箴也。"《段注》:"綴衣,聯綴之也,謂箴之使不散,若用以縫則從'金'之'鍼'也。"　②《爾雅·釋言》:"黹,紩也。"郭璞注:"今人呼縫紩衣爲黹。"　③引語在《尚書·益稷》,段玉裁《古文尚書撰異》將《益稷》併入《皋陶謨》。《周禮·春官宗伯·司服》:"祭社稷五祀則希冕。"鄭玄注:"玄謂《書》曰'予欲觀古人之象,日、月、星辰、山、龍、華蟲作繢,宗彝、藻、火、粉米、黼、黻希繡',此古天子冕服十二章……'希'讀爲'絺',或作'黹',字之誤也。"孔穎達正義:"云'希讀爲絺,或作黹,字之誤也'者,本有此二文不同,故云'誤',當從'絺'爲正也。"黹冕:繡有花紋的冠冕。　④《韻會舉要》旨韻:"《説文》:'黹,箴縷所紩衣。从丵,丵省,象刺文也。'"

【集解】

徐鍇《説文繫傳》:"'业'象刺文也。"

黃天樹《部首與甲骨文》(續一):"甲骨文作𢆶,象縫衣服的針腳或所刺花紋。"

董蓮池《部首新證》:"字見甲骨文,寫作乙、𢆶諸形(《甲骨文合集》8284、5401,1231、778頁),西周金文寫作黹(頌鼎)、黹(㝬簋),是其花紋的象形。構形與'丵'、'黹'無關。西周或作黹(休盤),上部的屮形下面寫作𢆶,譌出類似'巾'形的形體,春秋寫作黹(曾伯簠),

上部出現ㄓ形,下部全似巾形。戰國寫作𢁥(三體石經'黻'所从),由
𢁥形譌成了'黹',爲小篆所本。"

【同部字舉例】

　　黼 黼 fǔ　白與黑相次文。从黹,甫聲。方榘切。○金文黼　　幫
麇上　　幫魚

　　黻 黻 fú　黑與青相次文。从黹,友聲。分勿切。○幫物入
幫月